国际关系研究的
历史路径

A HISTORICAL APPROACH TO
INTERNATIONAL STUDIES

刘德斌 著

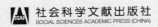

社会科学文献出版社
SOCIAL SCIENCES ACADEMIC PRESS (CHINA)

写在前面

　　探路历史与国际关系研究是笔者学术生涯的一条主线。从关注"史学危机"开始，到从"历史"看"国际关系"，到探索国际关系史解读框架，再到求证历史学与国际关系学的关系，提出国际关系研究"历史路径"的必要性与可能性，实际上都是围绕历史研究如何在国际关系的现实探索和理论构建中发挥作用这一线索展开的。在这之中，学界有关全球史、全球史观和全球化的讨论极大地促进了笔者对国际关系史的思考，并使笔者对英国学派的复兴产生了浓厚的兴趣；有关大国兴衰的讨论促使笔者对美国霸权的历史转型、软实力理论的由来和发展及软实力与公共外交的关系投入了相当的精力，并提出了国际关系已经进入"公共外交时代"的假说；有关"后冷战时代"种种判定的讨论，从"历史的终结"到"历史的回归"、从"世界秩序的崩塌与重构"到"百年未有之大变局"的展开，更让笔者认识到仍有许多的问题等待我们站在一个历史的高度去厘清和解读。笔者特别羡慕那些专注于文献解读的历史学家，但又不甘心让自己的精力在一个问题上停留时间太久，总有更为宏观的问题召唤笔者去在一个更为长远的历史时段中考察国际关系的来龙去脉。笔者对那些有志于国际关系理论批判和构建的理论家更是充满敬意，但又发现西方的国际关系理论与国际关系史只能"局部地和间歇性地"吻合，冷战后国际关系理论的发展更是处于"追赶"现实的境地。笔者之所以对英国学派感兴趣，一个重要的原因是它在理论和方法上的多元主义；另一个重要原因是新兴的英国学派努力跳出"西方中心主义"的窠臼，把"非西方"的历史经验纳入国际关系理论构建，这就使它处于一种开放状态，为自身的发展和与其他"学派"的交流留下了广阔的空间。笔者大学本科学的是历史学专业，当时想潜心学问，远离政治，但后来发现历史学与政治学有一种天然的联系，在某种程度上历史学就是"大政治学"，文明的演进和国家的兴衰一直是历史学家关注的主题，因此笔者有意识地开始研读政治学著作，并在硕士和博士研究生阶段转向了国际关系和政治学。令笔者感到高兴和振奋的是，随着冷战的终结，特别是随着 21 世纪"百年未有之大变局"的展开，无论在中国还是在西方学界，超越"西方中心主义"，努力把非西方包括中国的历史经验纳入国际关系理论乃至整个人文社会科学理论构建，已成大势所趋，无论以什么理论视角切入国际关系研究，都可发现。国际关系的历史研究正在被时代赋予新的使命和新的意义。

一　关于"史学危机"的思考

改革开放初期，历史学因"拨乱反正"的展开和深入而获得新的生机，但很快就开始"遇冷"，"史学危机"的说法不胫而走。其中的原因，既有迅速兴起的市场经济热潮对"冷门"学科的冲击，也有历史学科自身的问题。作为一个历史学科的"新兵"，笔者原本想专注于美国的政治史研究，但有感于所学专业的"遭遇"，竟然也开始为史学走出"危机"而大声疾呼了，并就这个问题连续发声二十年，相继发表了《"史学危机"的摆脱与中国改革的前途》（1988 年）、《十年来的中国史学及其发展趋势》（1989 年）、《史学家的前途在于走出历史》（1994 年）、《历史学：在遥远的历史与鲜活的现实之间》（1996 年）和《30 年后的新起点》（2008 年）等，认为"史学危机"的摆脱不仅涉及一个学科的发展进步，而且与改革开放的理论储备联系在一起；即使已经走出"谷底"，史学在政治地位、学术功能和知识结构方面也面临挑战；甚至发出"史学家的前途在于走出历史"这样"耸人听闻"的断言，呼吁历史学家跳出传统的"小生产"式的研究手段与方法，突破限制自己才能增长的专业束缚，认为"只有走出历史，才能更好地深入历史，观察历史，研究历史，发展历史"。在 2008 年应邀为《史学理论研究》纪念改革开放三十周年撰写的文章中，笔者认为中国史学的发展进步是改革开放三十年中国社会发展进步的一个缩影，但还不能说一直与中国社会的进步和中国与世界关系的变革同步，中国学者还没有做好向世界解释中国的准备，历史学在这方面承担着比其他专业更大的责任。一个真正强大的国家，不应该依靠别人来解读自己，而应该有能力自己解读自己和自己所认识到的世界，并且有能力让其他国家了解甚至认同我们对自己和世界的解读。这样一种认识，实际上已经与笔者当时对软实力的研究联系在一起。对比其他人对"史学危机"的分析和反思，笔者可能更看重的是史学在中国改革开放理论探索和储备中的作用，更看重史学在整个人文社会科学理论创新中的"基础"作用，更看重史学在"讲好中国故事"中的作用。这种在笔者脑海中已经逐渐淡去的思考，又在笔者最近几年发表的文章中展现出来。

二 从"历史"看"国际关系"

从历史的角度观察当今世界国际关系的发展变化，是笔者学术探讨的一个主攻方向，从对美国历史与现实问题的研究开始，逐步过渡到对整个国际关系发展变化的关注。除了几篇有关美国政治和外交的论文，笔者大部分的文章可以归入"从'历史'看'国际关系'"的范围。美国是世界近代史上的新兴大国，"没有中世纪的废墟挡路"，在极短的时间内完成了从殖民地到超级大国的崛起过程，成为世界首屈一指的大国，美国史自然成了改革开放之后史学界关注的重点，在中国形成了庞大的研究队伍，笔者也曾有幸成为其中的一员。但从 20 世纪 90 年代初期开始，笔者的关注范围逐渐放宽，一直把"后冷战时代"国际关系总体的发展变化作为自己关注的重点，这样的观察促进了笔者对国际关系史阐释体系的理解和认识。

笔者在 1996 年发表了《也谈历史的终结》、《现代化的演进与国际关系的变革》和《冷战后的美国政治与美国外交》。《也谈历史的终结》质疑福山的"历史终结论"，强调冷战实际上是以欧洲为中心的一战、二战之后的"第三次世界大战"，冷战的终结似乎意味着"西方"对"东方"的胜利，但东亚的崛起表明非西方的国家也已经成功地进入现代化进程的主流，而这是苏联对西方的挑战所未能做到的，因此冷战的终结也是西方主导世界历史的终结。《现代化的演进与国际关系的变革》把现代化的演进过程与国际关系的变革结合起来考察，讨论了现代化与全球化的关系，认为全球化和高新技术革命的结合正在使现存的国际关系体系面临着根本性的、革命性的变革。《冷战后的美国政治与美国外交》认为，冷战后美国政治频繁的戏剧性变化表明美国政治进入了一个新的调整期和波动期。这种波动不仅是政策性的，也是方向性的，党派冲突与文化检讨纠缠在一起，演变成美国人价值观念的冲突和匡正，美国外交政策也被置于这种冲突和匡正的争执之中，美国外交也就更加以美国国内的政治斗争为首要出发点，而较少面对国际政治的现实。

世纪之交，给所有人反思历史、展望未来创造了一次难得机会，也促使笔者深入思考历史与现实的交叉、断裂和延续问题。笔者在 1999 年发表的《难以告别的 20 世纪——20 世纪留给 21 世纪的几个主要问题》中指出：20 世纪的经历已经深深地扎根于每一个民族的灵魂和躯体，是我们难以告别的一个世纪，并列举了战争、民族冲突、现代化与全球化的双重压力、冷战意识和全球文化认同等五个 20 世纪留下的难题。在同年发表的《世纪之交的历史回想》中，笔者强调中国在 20 世纪终于从睡梦中醒来，实现了急剧的历史变革，通过辛亥革命、新民主主义革命、社会主义革命和改革开放，跃进到世界现代化进程的主流中来。中国与西方、中国与世界的关系将是 21 世纪历史演变的一个主题。在 2000 年发表的《中美关系的特点与实质》中，笔者强调中美关系不仅仅是两个国家之间的关系，更是两种历史与文化、两种不同社会制度与生活方式之间的关系，而且正是这种巨大的差异使两国关系已经超越了建交初期单纯的政府间关系的范围，而与两国人民的政治情感和日常生活越来越直接地联系在一起，形成当今世界上最复杂、最具挑战性的双边关系。中美关系的根本好转需要多方面的努力，但中国自身的稳定和发展是根本的前提。

从 1991~1993 年访学英国、1997~1998 年访学美国开始，笔者一直跟踪西方学界关于"后冷战时代"的种种推测与判定。刚到英国，笔者就发现了塞缪尔·亨廷顿 1991 年在《幸存》杂志上发表的一篇文章，强调日本对美国后冷战时代的世界地位构成了最主要的威胁。[①] 但在 1993 年，他又在《外交》杂志上发表了《文明的冲突？》，认定西方文明与伊斯兰文明及儒家文明的冲突将是冷战结束后主导世界的主要矛盾。[②] 亨廷顿的观点变化之快，说明像他

---

① Samuel P. Huntington, "America's Changing Strategic Interests", *Survival*, Vol. 33, No. 1, January/February 1991, pp. 3-17.

② Samuel P. Huntington, "The Clash of Civilizations?", *Foreign Affairs*, Vol. 72, No. 3, 1993, pp. 21-49.

这样的资深学者也需要时间来确定自己对后冷战时代的推测与判定。笔者在2002年和2010年先后发表了《"后冷战时代"的推测与判定》和《当代世界的不同解读》，就冷战结束以来西方学界接连不断地对世界形势发展变化的种种推测与判定进行了分析和评价。在这之中，笔者有两种非常强烈的感觉。首先，对"后冷战时代"或"当代世界的解读"大多来自西方学者特别是美国学者，而"解读"往往发挥着某种"暗示"和"引导"的作用。中国学界的声音还不够响亮，还没有引起国际学术界的重视。这不禁使笔者想起2003年约翰·米尔斯海默到访长春时所说的话：只有真正的世界大国才能产生世界历史和国际关系的学问，以前是英国，现在是美国，下一个轮到你们了！其次，随着中国等非西方大国的快速发展，西方学界关于"后冷战时代"或"当代世界"的解读越来越流于偏颇，这或许是因为21世纪以来，特别是2008年以来，"百年未有之大变局"的呈现远远超出了西方学界的想象，以至于"历史的回归"甚至"重回丛林世界"成为美国学界一种标志性的"解读"，并对美国政府的对外政策特别是对华政策产生了很大影响。从"历史的终结"到"历史的回归"美国学界对冷战后世界的解读似乎经历了一个"循环"，折射了一个时代的变化！

从21世纪初受邀参加中国国际关系学会年会开始，笔者越来越多地参与国际关系学界的活动，同时笔者还组织了多次历史学与国际关系学学人之间的对话。这些对话让笔者获益匪浅，促使笔者从不同角度观察国际关系的发展变化。2012年发表的《聚合与裂变：当代世界的历史演进》强调当今世界的变化已经超出"后冷战时代"的预期：一方面，经济全球化的不断深入使世界各国各地区越来越紧密地联系在一起，人类社会已经真正形成一个相互依存的命运共同体；另一方面，各种矛盾又在持续上升，大国博弈重新开始，全球化在经济上"荡平"世界的同时也带来传统地缘政治的回归。聚合与裂变在同时塑造着这个世界，近代以来的世界历史基础已经发生变化，催促我们以新的视角来解读我们曾经熟悉的世界历史。同时，笔者也应邀撰写了一些时事类文章，就具体的国际关系问题发表看法，如《管控中美关系"漂流状态"》（2013年）和《中国安全的大局和谋局》（2014年）等。新冠肺炎疫情发生之后，笔者还应邀撰写了《重复与超越：世界历史上疫情防治的经验和教训》

（2020 年）。这一主题实际上超出了笔者的研究领域，但为了撰写这篇文章，笔者不得不努力拓展自己的知识面，并开始重新审视"疫情大流行"在世界历史和国际关系演进中的作用。

当然，笔者的主要精力还是用在后冷战时代的"变局"问题上，相继发表了《世界秩序的崩塌与重构》（2015 年）、《中俄关系与欧亚变局》（2017 年）、《世界的重塑：从"帝国"到"民族国家"》（2019 年）、《西方的"困局"与中国的应对》（2019 年）、《百年变局中的历史转换与战略机遇》（2020 年）、《国家形态与国际领导权》（2020 年）和《世界的重塑：百年历史演进的动力》（2021 年）等。《世界秩序的崩塌与重构》认为，如果以威斯特伐利亚体系的演进、大国的兴衰和第三世界的形成与演变作为基本线索来阐释近代以来世界秩序发展变化的话，那么我们会发现这三条线索都处于一个新的转折点上。《中俄关系与欧亚变局》认为，进入 21 世纪以来，美国反恐战争"脱轨"，中东极端恐怖势力"勃兴"，中东国家和地区"失序"，欧洲从"债务危机"走向"政治危机"，美国急于逃离中东"泥潭"并"重返亚太"，特别是中国的快速发展和俄罗斯的"复兴"，已经让布热津斯基的"大棋局"破局，并让中俄"全面战略协作伙伴关系"的形成具备了影响世界秩序的意义。《世界的重塑：从"帝国"到"民族国家"》认为，"民族国家"遭遇的挑战，特别是构建中国家的种种遭遇，不仅表明多数"民族国家"徒有其名，而且也表明这个百年前开始的世界重塑过程依然没有完成。历史地看，无论帝国还是民族国家，都是人类共同体的组织形式，人类历史实际上也就是一部不同类型和规模的"共同体"演化的历史。拓展共同体研究，中国的历史经验和现实考量具有非常重要的意义。《西方的"困局"与中国的应对》认为，"西方"的历史演进及其心目中的"东方"都不是一成不变的。西方最早意义上的东方是西方学界自我构建的一个"他者"，但西方已经多元化了。中国应对西方的战略应该是消解西方的疑忌，避免新的东西方两极对抗局面的形成，力争把世界引导到一个超越东西方对抗的境界之中。《百年变局中的历史转换与战略机遇》一文认为，从福山的"历史的终结"到卡根的"历史的回归"，实际上讨论的就是"百年未有之大变局"的问题。虽然他们的结论迥异，但基本出发点依然是西方的"主体"思维，依然没有跳出"西方中心主义"的窠臼。实际上，百年变局的深度已经远远超出了冷战结束以来西方学者的种种预测和判定，其最重要的表现是世界体系结构的变化，这种变化对中国既是前所未有的挑战，也是百年未有的战略机遇。

笔者的这些文章，有的发表在历史学的杂志上，但更多发表在国际关系学的杂志上。笔者要特别感谢这些杂志的主编或执行主编，他们的邀请和催促逼着笔者把自己的一些思考和在一些会议上的发言转换成书面文字，发表出来，记录下来，以供学界同人批评和参考。

三 探求国际关系研究的"历史路径"

从"历史"看"国际关系"，实际上都是围绕国际关系史发展变化展开的。文章涉猎的方面比较宽，不够"精专"，都是笔者在探索和改进国际关系史阐释体系的过程中碰到和思考的问题。读大学的时候笔者就对国际关系史产生了浓厚兴趣，记得当时在图书馆里找到了两本大部头的《外交史》和《国际关系史》，都是从俄文翻译过来的，笔者利用假期仔细阅读，记了不少卡片。但读完的时候觉得头绪太多，难以理出一个清晰的脉络来。20世纪90年代中期，在教育部历史学科教学指导委员会审批"面向21世纪教学内容与课程体系改革项目"的会议上，一位老先生说，看了这么多项目申报书，竟然没有"国际关系史"，真是一大缺憾，并当场向高教司的领导建议由笔者牵头组织一个国际关系史的项目。笔者当时也是"初出茅庐"，以为项目的主要任务只是就相关的课程教学内容与课程体系进行调查研究，提出改革建议，后来发现不同学科的教改项目都以新编教材形式出版了，才认识到我们的最终成果应该是编写一部新的教材。2003年，笔者和学术团队推出了以国际体系的演变为主线索的《国际关系史》，由高等教育出版社出版，并且很快就被许多高校选为教材或参考书。实际上，所谓的学术团队主要是由我的研究生组成，因为当时笔者所在的教师团队青黄不接，一批学有所长的教师刚刚退休，所以主要的工作是由笔者和笔者当时的学生完成的。这批学生非常优秀，毕业后在学术界工作的人都已经成为知名学者，在其他相关领域工作的人也都在发挥骨干和中坚作用。2018年，笔者和现在的同事又推出了《国际关系史》第二版，增加了对"前现代"和"非西方"国际体系演进的阐释，试图更为全面地展示国际关系史发展变化的图景。

《国际关系史》第一版出版之后，国际关系史的"学科"建设，特别是如何改进国际关系史的阐释体系一直是笔者学术研究的一个出发点。笔者认为与其他的"专门史"不同，国际关系史的阐释必须"与时俱进"，不仅要反映国际关系史研究的最新成果，还要对当下国际关系发展变化的现实给出最基本的解读。而冷战之后，特别是 21 世纪以来，世界在"聚合"与"裂变"的震荡中前行，我们曾经熟知的"现代化"进程，在全球化的背景下不断地以我们既熟悉又陌生的方式展现出来，我们所能感知到的近代以来非西方世界遭遇的现代化压力，正在一个更为全球化和一体化，同时也更为多元化和碎片化的环境中释放出来。所谓"近代"、"现代"和"后现代"的因素在世界历史的演进中交织、叠加在一起。这样一种形势势必改变我们对世界近现代史的理解和划分，也势必改变我们对国际关系史的理解和认识。笔者认为，国际关系史"学科"建设的成败在很大程度上就看其能否就这一历史变化的原因给出正确的解读。当然，这是一个宏大的目标，也是一项艰巨的任务，笔者个人的努力可能微不足道，但笔者一直在努力探索。笔者在 2012 年发表的《国家类型的划分——拓展国际安全研究的一种思路》中提出，在将"国体"和"政体"作为国家分类的标准之外，还应该从国际关系史演进的角度，把世界上的国家划分成"已构建国家"、"再构建国家"和"构建中国家"，强调当今世界大部分国家依然在构建之中，在"民族国家"定义的背后，是一个千差万别的世界，国际关系史和国际关系理论研究应该更加贴近这一现实。在 2014 年发表的《国际关系史解读的几个问题》中，笔者围绕国际关系史的"学科"定位、当代国际关系的发展变化与传统国际关系史解读框架的局限、非西方国家与当代国际关系体系和面貌的重塑、国际关系史与国际关系理论的关系和重新构建国际关系史解读体系的理论意义等几个问题进行了讨论，比较详细地讨论了当时笔者对改进国际关系史阐释体系的理解。

国际关系史"学科"的发展变化与历史学和国际关系学之间有着直接和密切的联系，而历史学与国际关系学的关系又一直是学术界关心和争论的一个问题，见仁见智。1997 年，美国的《国际安全》杂志曾经邀请一批美国知名历史学家和政治学家，专门就历史研究与政治学理论特别是与国际关系理论研究的关系进行过一次深入的讨论。2001 年，哈佛大学肯尼迪学院贝尔福科学与国际事务中心又邀请大致同一批学者撰写了《桥梁与界限：历史学家、政治学家和国际关系研究》一书。① 这是笔者迄今所见就历史学与政治学特别是国际关系学之间的关系进行的最为深入的讨论。书中表达的一个核心观点是，面对同一种历史现象或历史事件，历史学家和政治学家往往得出不同的结论，历史学家更愿意发现它的特殊性，而政治学家则往往更倾向于挖掘它的普遍性，这可能是所有国家历史学与政治学之间普遍存在的一种差异。时过境迁，今天看来，当时美国学者聚焦的主要是两个学科之间的学理性差别，而没有和学科构建的基础联系起来。2018 年，《战略研究杂志》刊登了哈尔·布兰茨和英博登的文章，指出随着历史模式竞争的回归，以及历史恩怨对"修正主义"国家的刺激，世界重新陷入了历史的泥潭，并列举了研究历史的 10 个方面的作用。② 这似乎是对罗伯特·卡根《历史的回归与梦想的终结》的呼应，但强调的是"历史"而不是历史学的作用。这也是一种普遍现象：当人们谈论"历史"的时候，往往谈论的是历史的应用价值，而不是历史学作为一种解读世界知识体系的作用。

实际上，历史研究正在国际关系学乃至政治学的"重构"中发挥着越来越重要的作用，这对国际关系史的研究和阐释提出了更高的要求。2018年，笔者曾就 21 世纪世界史与国际关系跨学科研究的发展问题接受过《国际政治研究》杂志的采访，后来经过一段时间的研究和思考，笔者又撰写了《历史学中的"国际关系"研究》一文，发表在 2020 年《四川大学学报》（哲学社会科学版）上。这篇文章先后被《新华文摘》和《中国社会科学文摘》等几家杂志转载，这使笔者进一步认识到有关历史学与国际关系学关系讨论的重要意义。实际上，从构思《国际关系史》（第一版）的阐释框架开始，笔者就一直关注国际关系学科的变化，之后在翻译巴里·布赞和

---

① Colin Elman and Miriam Fendius Elman, *Bridges and Boundaries: Historians, Political Scientists, and the Study of International Relations*, Cambridge: The MIT Press, 2001.

② Hal Brands and William Inboden, "Wisdom without Tears: Statecraft and the Uses of History", *Journal of Strategic Studies*, No. 5, 2018, pp. 1-31.

理查德·利特尔的《世界历史中的国际体系：国际关系研究的再构建》过程中，笔者进一步认识到世界历史的阐释与国际关系理论和学科构建之间的基础性关系。近年来，随着有关百年变局的讨论不断走向深入，笔者对这方面的感觉更强烈了。为此笔者先后撰写了《国际关系研究"历史路径"的必要性和可能性》（2019 年）和《当代国际关系的历史叠加与观念重塑》（2020 年），把笔者对国际关系学科的认识及其与世界历史和现实之间的关系阐释出来，并邀请一批中青年学者，包括中国史专家，加入讨论。笔者在北京的一次国际关系学科百周年学术讨论会上甚至抛出了这样的预言：中国国际关系理论的突破可能在很大程度上取决于中国历史研究的突破，因为中国的历史经验还没有在中国国际关系理论的构建中充分展示出来。2019 年，中华人民共和国成立七十周年之际，笔者应邀撰写了《扬帆远航正当时：中国国际关系学科 70 周年回顾与展望》（2019 年），阐释了笔者对中国国际关系学科七十年来发展变化的认识及前景展望。2021 年，笔者还以《大变局形势下的世界历史研究》一文对世界史学科的发展提出了自己的看法。这些文章或许有些"大言不惭"，但表达了笔者对这两个学科的真实想法和美好愿望。

四　全球史观与英国学派

我们对世界历史的理解往往是循着世界古代史、中世纪史和近现代史这样的线索展开的，而这样的线索是以欧洲的历史经验为基础的。在欧洲以外，我们很难找到一个国家和地区的历史是按照这种"三段式"的逻辑演变的。因此，全球史研究的兴起、有关全球史观的讨论，以及有关现代化与全球化理论的讨论，都对笔者的历史理解产生了很大影响。记得 20 世纪 90 年代第一次看到斯塔夫里阿诺斯的《全球通史》（上海社会科学院出版社）和《全球分裂：第三世界的历史进程》（商务印书馆）时，印象极深，感到他为学界跳出"欧洲中心论"的窠臼打开了一个窗口。因此，当 2005 年北京大学出版社约请笔者为《全球通史》第七版写推荐序的时候，笔者欣然应允，把笔者对全球史的理解和这本书的价值写了出来。当然，除斯塔夫里阿诺斯外，威廉·麦克尼尔和杰里·本特利等人有关全球史作品的作用也不容低估。与此同时，我还参加了有关"全球史观"的讨论,《"全球历史观"的困局与机遇》(2005 年)认为,尽管杰弗里·巴拉克拉夫等人从 20 世纪 50 年代就开始阐释的"全球历史观"依然没有为西方学界广泛接受,但时代背景的转换已经对"全球历史观"提出了新的要求,这就是对"欧洲中心论"和原来意义上"全球历史观"的双重超越。十年之后,我在《全球历史观:理想与现实之间的徘徊》(2015 年)一文中围绕三个问题进行了讨论:全球史观只是一种新的提法,还是在反思和批判以往世界历史研究中对不同理论和方法基础上的超越和创新?全球史研究是世界历史研究的一个分支,还是整个学科的升级换代?全球史观与全球化理论研究能否契合以及这种契合对中国学界有什么重要意义?文章认为经过十年的发展进步,中国学界已经不再把全球史观当成西方的"舶来品",而是把它与全球化进程的深入乃至全球化问题的探索联系在一起,超越了简单的引进和借鉴。中国特色全球史阐释框架的构建,将不仅为国际学术界全球史观的讨论刻下中国的烙印,还将为中国人文社会科学的创新注入新的活力。全球化理论的兴起对学界全球史观的讨论形成了新的冲击,2014 年,笔者在翻译安娜贝拉·穆尼和贝琪·埃文斯主编的《全球化关键词》的时候,着手梳理中国学界关于全球化研究的发展线索,并应邀为《第三世界季刊》撰写了《介入全球化:中国的视角》(2015 年)一文。文章在介绍了中国官方和学界对全球化认识的发展变化之后强调,中国的改革开放几乎与新一轮全球化进程同步;新一轮全球化为中国的快速发展提供了有利时机,中国的介入也深刻地改变了全球化进程;正是在介入全球化的过程中,中国对自己在世界上的身份认同也有了新的变化,对全球治理形成了新的认识,并逐渐形成了全球化战略。[①]

对全球史、全球史观和全球化理论的关注实际上为笔者理解英国学派的理论和方法奠定了基础。笔者对国际关系理论的关注最初也主要集中于以美国为大本营的现实主义、自由主义和建构主义三大流派,每一种流派都对笔者理解国际关系有很大的启发,但是很难找到一种流派的理论能够完满诠释国际关系

---

① Liu Debin, Yan Zhen, "Engaging with Globalisation: Chinese Perspective", *Third World Quarterly*, 2015, No. 11, pp. 2002-2022.

史的发展变化。如果把国际关系学诞生的 20 世纪放到一个更长的时段去考察，就会发现，虽然威斯特伐利亚体系已经延展至全世界，但它还不是一个定型的时代，而是一个新启的时代。因此，作为一门诞生于 20 世纪初的"新兴学科"，国际关系的理论和学科建设仍有很长的路要走，一个基本前提是要纳入所谓的"前现代"和"非西方"的历史经验。前面提到，笔者之所以对英国学派感兴趣，是因为它在理论和方法的多样化以及在汲取非西方历史经验方面的持续努力，这为它的持续发展和与其他"学派"的交融预留了广阔的空间，而这与国际关系学作为一门新兴学科发展的大方向是一致的。从这个角度来看，从领导英国学派的"重聚"，到与阿米塔夫·阿查亚等一起推动"全球国际关系学"的构建，巴里·布赞近年来的学术发展就是水到渠成的了。

有关英国学派，笔者的文章主要属于介绍与评价类，《世界历史的视野与国际关系研究的重建：来自巴里·布赞的挑战》（2003 年）或许是中国学界第一次将巴里·布赞的名字置于文章的标题之中。这篇文章并没有谈论多少英国学派，只是强调了布赞通过强调历史基础重构国际关系学的重要意义。文章认为，冷战结束后西方学界对国际关系理论的反思和批判大多是在新形势下对过去国际关系理论体系的修补，而不是全新意义上的重建。巴里·布赞通过超越威斯特伐利亚"情结"，重新诠释国际体系在更为久远而宏观的世界历史背景中的演变，构建了一个新的国际关系研究框架，在历史视野和多元化方法论体系上向西方主流国际关系理论体系提出了根本的挑战；笔者 2004 年发表的《新的历史诠释与新的学科构建》主要是介绍和评价了布赞和利特尔的《世界历史中的国际体系：国际关系研究的再构建》；2007 年发表的《巴里·布赞与英国学派》比较详细地讨论了布赞的学派属性。巴里·布赞本人并不认为自己属于英国学派或其他什么学派，但他成了"重聚"英国学派的理想人选。笔者认为他属于英国学派，但他的学术思想也是美国主流国际关系理论体系的一部分，他实际上早已经超越了所谓"学派"的限制，并一直以这样一种方式前行。为了使历史和国际关系学界都能在英国学派的经验中获益，笔者还和世界知识出版社合作，组织翻译了"英国学派译丛"，这套丛书除布赞的《英国学派理论导论》外，大都围绕国际体系和国际社会的演进选编，特别加入了前现代和非西方历史经验的阐释，目的是为专注于国际关系理论创新的中国学人提供比较系统的历史撰述。①

五　软实力与公共外交

世纪之交，对"后冷战时代"推测与判定的一个主要维度是对美国霸权兴衰的判定。在冷战后相当长的一段时期内，美国霸权的"单极时刻"是国际战略格局的主要特征，从而使人对保罗·肯尼迪在《大国的兴衰》中的结论产生了怀疑，而约瑟夫·奈的"软权力"概念成为剖析美国霸权特性的一个新切入点。但奈最初主要是提出了一个概念，随着时间的推移他在不断地加以补充，其他国家的学者在借鉴这个概念的同时，都根据冷战后国际形势的发展变化和自己对美国霸权和软实力的理解进行了不同深度的探索。奈的软实力概念在中国尤其受到重视，许多学者参与了讨论，笔者也投入了一定的精力。笔者在《软权力：美国霸权的挑战与启示》（2001 年）一文中对美国霸权的"历史转型"进行了分析，提出美国软权力共有三个层级的表现形式，认为美国霸权已经不仅仅体现在它在经济上和军事上的优势地位，更体现在冷战后美国"软权力"的迅速膨胀与无形扩张上。美国软权力的膨胀和扩张改变了美国霸权的最初形式，同时也改变了大国之间的竞争方式和主题。笔者在《"软权力"说的由来与发展》（2004 年）中追溯了奈"软权力"概念的来源（彼得·巴克莱奇和摩尔顿·拜拉茨"权力的第二张面孔"），指出虽然 1990 年之后约瑟夫·奈的"软权力"说不断发展和完善，但保罗·肯尼迪对"软权力"说的质疑依然具有普遍意义。问题的关键是能否通过构建一个可以量化的诠释体系而把"软权力"说与主流国际关系理论衔接起来；或者通过对"同化性"权力学说的深入阐释而重新解读国际关系中的"权力"；面对中美力量对比的发展变化，中国学界更应该在这一领域取得进展。

随着百年未有之大变局的展开，特别是随着中美两个大国之间的竞争日趋

---

① "英国学派译丛"包括：《世界历史中的国际体系：国际关系研究的再构建》（2015 年）、《英国学派理论导论》（2018 年）、《国际社会的演进》（2019 年）、《文明与帝国：中国与日本遭遇欧洲国际社会》（2019 年）和《早期现代世界的国际秩序：西方崛起的前夜》（2019 年）等，均由世界知识出版社出版。

加剧，软实力的培育和公共外交的拓展对中国这个新兴大国具有了更为重要的战略意义。源自对软实力研究的学术兴趣，也源自工作需要，笔者的学术研究自然也延伸至公共外交领域。《公共外交时代》（2015 年）认为，经济全球化和社会信息化的迅速发展，不仅改变了各国和整个世界的经济和政治形态，而且改变了国家之间的互动方式，不同社会之间的互动正在愈益广泛和深入地渗透国际关系的构建之中，着眼于赢得其他国家人民理解和认同的外交即公共外交正在成为一国在国际社会赢得主动的主要方式，国际关系进入了"公共外交"时代。《中国叙事、公共外交与时代博弈》（2017 年）认为，习近平有关"构建新型国际关系"和"人类命运共同体"新理念的提出，标志着中国以一种新的充满自信的国家身份伫立在世界舞台上，中国的公共外交也承担起了更为重大的责任。归根结底，中国的公共外交需要向世界说明中国是一个什么样的国家，中国的开放性、改革性、全球化、超大规模和社会主义特性决定了中国从"独善其身"到"兼济天下"的必然发展，也决定了中国引导世界走出"不确定"状态的责任和动力。与此同时，笔者还受邀组织课题组对美、英、法、德、日、印等大国公共外交的经验和教训进行了专题调研，并提出了制定公共外交评价机制的建议。

六　关于全球史、全球化理论与全球国际关系学

前面提到，全球史、全球史观和全球化问题一直是笔者在历史和国际关系研究中关注的问题，这种关注不仅表现在笔者的相关论文里，也表现在笔者有针对性地组织翻译的作品中。笔者给每一本翻译的学术著作都写了"译者序"。在"译者序"中，笔者不仅介绍和评价相关作品，而且把笔者自己的相关思考坦露出来，实际上这些译者序构成了笔者学术研究不可分割的一部分。

说来有趣，笔者这类文章流传最广的是笔者为北京大学出版社撰写的斯塔夫里阿诺斯《全球通史》（第七版）的"推荐序"，由此，许多素不相识的读者来信与笔者探讨全球史方面的问题。据笔者所知，这本书十多年来一直是各大机场书店里的畅销书，许多非学术界的人士在出差途中与其邂逅，从此知道了对世界历史的另一种解读方式，这证明了当时北京大学出版社编辑在遴选题

材方面的远见卓识。由于笔者对这本书早已印象深刻，并且正在撰写全球史观方面的文章，所以笔者几乎是一气呵成地写完了"推荐序"。但是为巴里·布赞和理查德·利特尔《世界历史中的国际体系：国际关系研究的再构建》撰写译者序时则颇费功夫，因为他们既是国际关系理论家，也是历史学家，《世界历史中的国际体系：国际关系研究的再构建》涉及世界历史和国际关系理论的方方面面，翻译难度很大，评介起来也不容易。这本书不仅对国际关系学界，而且对中国历史学界的影响也很大。一个重要原因是他们在国际关系理论的概念和语境中阐释了国际体系的历史变迁，从而构建了一个更为规范的阐释体系，而这正是作为人文学科的历史学学者所缺少的。十年之后，笔者与世界知识出版社合作组织翻译出版"英国学派译丛"的时候，《世界历史中的国际体系：国际关系研究的再构建》被纳入其中。笔者的"译者序"原封未动，但笔者为再版的此书增加了《再谈布赞》一文，对其进行了更为详尽的介绍。加里·纳什等人编著的《美国人民：创建一个国家和一种社会》是一本畅销美国的历史教科书，其撰写手法生动、鲜活、独特，读过之后，人们往往会发出这样的感叹：啊，原来历史教科书也可以这样写！《美国人民：创建一个国家和一种社会》不仅在内容设计上有非常强的可读性，而且把美国历史的起源与更为久远的非洲历史衔接起来，延伸了美国历史的长度，深化了美国历史的根源，使读者认识到美国的出现是近代以来全球史延展的一部分。同时，作者既没有刻意地渲染美国的历史成就，也没有隐瞒美国历史上的污点，而是把美国历史上的艰难曲折比较真实地刻画出来。在译者序里写道，美国与中国的关系是两种历史经历的相遇：东方与西方，古老与年轻，封闭与开放，孔子与耶稣，一元与多元，集体与个人，等等，但中美都正在重新确认自己的历史定位，相互之间的了解与理解对于两国关系具有非常重要的战略意义。在这方面，一本生动、鲜活的历史教科书的作用是其他物品替代不了的。

如前所述，全球史、全球史观和全球化问题一直是笔者在历史和国际关系研究中关注的问题。2014 年，笔者也是与北京大学出版社合作，翻译出版了安娜贝拉·穆尼和贝琪·埃文斯主编的《全球化关键词》。《全球化关键词》并不是一般意义上的词典或百科全书，而是对 20 世纪 80 年代以来西方学界全球化研究的新概念进行简明扼要的概括和梳理，而这正是中国学界所需要的。

在《全球化关键词》的译者序里，笔者阐释了自己对全球化的理解，强调中国全球化研究与国际学术界互动的重要意义，强调全球化研究是新一轮革命的序曲，作为在这新一轮全球化中实现了快速发展和身份转换的"重要角色"，中国已经没有理由在这场人文社会科学的革命中再以学生身份示人了。2019年，布赞和阿查亚在国际关系学百年诞辰之际联合推出了《全球国际关系学的构建》，认为国际关系学的发展已经落后于"他者"崛起后世界的现实，全球国际关系学的构建已是大势所趋，这一学科到了"第三次奠基"的时候。虽然笔者知道布赞和阿查亚正在推动"全球国际关系学"的建构，并组织一批学者展开了"为什么没有非西方国际关系理论"的讨论，但在读到这本书的时候，还会对这本书所提出的观念、知识和能力的挑战印象深刻。笔者在"译者序"中提出了"三个需要直面的问题"。首先，中国学者是否接受国际关系学的基础奠定于19世纪欧洲现代性转型的说法？如果接受，那就意味着接受国际关系理论是西方特别是西欧和美国历史经验和政治理论的观点，接受国际关系理论是以"中心"视角解读世界的结果，甚至是"中心"支配"外围"的一种表现形式。如果这样，中国学界是否需要改变对西方主流国际关系理论的价值判断就是一个重要问题。其次，布赞和阿查亚倡导的"全球国际关系学"是否能够成立？人们已经习惯于在既有的国际关系理论"轨道"上思考和探究国际关系问题，当把"外围"国家的历史经验和思想遗产纳入国际关系学的构建中时，面对一个更为久远和宽广的时空转换，人们需要增加更多的历史知识包括思想史知识，才能适应抑或抵制这一转换。相比之下，既有的看似纷繁复杂的国际关系理论体系倒显得简单明了了。这对每个人的学术储备都是一个挑战。更为重要的是，当把人类所有宝贵的历史经验和文化遗产都纳入国际关系理论构建中时，全球国际关系学所阐释的国际关系肯定已经不仅仅是国家之间的关系了，全球国际关系理论可能也不再是传统意义上的国际关系理论了。最后，中国特色国际关系理论创新如何面对全球国际关系学的构建？很显然，中国学界既不可能"视而不见"，也不可能"坐享其成"，中国国际关系学界需要付出艰巨的努力以适应全球国际关系的挑战。无疑，从国际关系学到全球国际关系学的转换是一个历史性的进步。其中，中国故事、中国人讲述的世界故事，应该占有重要位置。

　　探路国际关系研究的"历史路径"，是笔者不由自主地走上的一条学术之路。这条路让笔者在发现和研讨一个问题的同时，往往又会发现新的更多和更大的问题有待深入探究，因此笔者不敢停下脚步，不敢固化自己的观点和结论，而是一直在学习新知识，一直在尝试以不同的视角检验研究心得，一直在求索的路上小心前行。这或许与笔者的愚笨有关，或许也是时代转换催逼知识与观念更新的大环境使然。归根结底，与同时代的学人一样，我们探索的都是百年变局形势下中国的强国之路以及中国之路的世界历史意义，而这样的探索可能刚刚开始。

目　录

关于"史学危机"的思考

从"历史"看"国际关系"

探路国际关系研究的"历史路径"

全球史观与英国学派

软实力与公共外交

关于全球史、全球化理论
与全球国际关系学

结　语

关于"史学危机"的思考

"史学危机"的摆脱与中国改革的前途[*]

"史学危机"是否存在，众说纷纭。人们对"史学危机"一语的理解也不尽一致。但史学圈内的人，特别是中青年史学工作者普遍有种危机感，确是真真存在的现象，尽管党的十届三中全会以来，史学领域同其他领域一样，也呈现一片繁荣的景象：旧的框框不断被打破，"新""老"史学相映生辉，但它并未能消除萦绕在史学工作者心头的危机感。和其他学界相比，史学界的士气仍然显得有些低沉。促成史学界这种状态的原因有许多，如"方法论的贫乏，知识结构的陈旧"（已有多人谈到），等等。但毋庸讳言，最直接和最现实的还是近年来中国人社会价值观念的转变给史学界带来的冲击。目前史学工作者面临着一种非常困难的局面：教学难（学生爱听实用价值高的课，安心于历史专业的学生不多），科研难（多半精力要花费在资料的收集、整理或考证上），发表成果难（人多园地少，出版界愈益偏重利润），成名难（史学研究

---

* 原载《史学理论》1988 年第 4 期。

成果得不到党政机关和社会的重视）。许多初入"史门"的青年学子深感治史艰辛而又不受重视，于是纵身跳到别的领域去了。史学界人才外流现象日趋严重，许多专业面临青黄不接的前景。在今后几年里，史学领域初显兴旺的局面要持续发展，将首先面临人才流失的挑战。如果说存在，或有可能发生"史学危机"的话，它将有可能首先表现为"人才"的危机。

党的十一届三中全会以来，中国的改革事业取得了举世公认的成就。但是，随着改革的步步深入，我们所遇到的困难越来越多、阻力越来越大。我们往往会发现这样一种情况，一项改革措施所要解决的问题尚未完成，与之相伴随的新问题已然产生。微观经济未等完全搞活，宏观经济却出现了失控的现象；"承包制"尚未完全铺开，"短期行为"的现象已很普遍；价格改革刚刚开始，恶性涨价的问题已相当严重；等等。改革愈是深入，这种现象就愈是明显。经济学界和法学界不断开出新的"药方"，但大多只能解决局部的或暂时的问题，于总体无补。

为什么会出现这种局面？很明显，改革的理论准备不足是重要原因之一，也可以说是最重要的原因。从历史发展角度和当前世界形势来看，我们当前的改革对中华民族命运的影响，将不亚于1949年中华人民共和国的建立。因为自1949年以来，我国虽然在各方面都有了很大发展，但和发达国家之间的差距仍在继续拉大。特别是十年"文革"，使中国人民辛辛苦苦构筑起来的经济基础几近崩溃的边缘。改革的成功与否，将对这个问题做出回答。因此可以说，当前的改革是1949年革命胜利的直接继承和发展。那次革命解决了中国国家独立和民族生存的问题，这次改革将要解决民族振兴和国家富强问题。但是，和1949年相比，作为一场决定中华民族命运的改革在理论上的酝酿和准备尚不充足。1949年的胜利，是中国人民半个多世纪艰苦探索的结果。特别是以毛泽东同志为代表的先进知识分子，详尽地分析和研究了中国社会的深层结构，并把马克思主义原理灵活地运用于中国革命的具体实践，为革命的成功奠定了坚定的理论基础，制定了明确的战略和策略。而今天，我们对改革所引起的一系列问题缺乏必要的准备或相应的预防或补救措施，我们只能在"摸着石头过河"的旅程中艰苦地跋涉。

中国改革的现状与"史学危机"有无必然联系？笔者认为有！和中国革

命的胜利同理，中国改革的成功也有待于中国人拿出一个成型的理论来，而且越快越好。这个理论不仅要吸收古今中外人类思想活动的优秀成果，更要切合中国的实际，切合中国真实的国情，因为中国的社会主义是建立在半殖民地和半封建的社会基础之上的，这种情况在世界上不说绝无仅有，也是十分罕见的。很明显，历史发展到今天，要形成这样一种理论，一个人或一个学科已很难胜任，它需要多学科的联合。但是，作为成功的起点，它仍需要历史学的研究首先取得突破性进展。中国新民主主义革命的胜利，是建立在一系列思想和理论准备之上的，其中具有划时代意义的是 20 世纪 30 年代史学研究的突破。郭沫若等人把马克思主义引入中国史研究，解决了对中国社会形态的认知，从而为社会主义制度在中国的建立奠定了初步的理论基础。今天的中国面临同样的问题。"社会主义初级阶段"理论的提出是一个了不起的突破，但也仅仅是个开端。改革期待着史学界拿出更深入、更全面、更具体的理论和策略。遗憾的是我们史学界尚未能做到这一点。因此，"史学危机"归根结底是史学功能的危机。其他"危机"只是这种危机的派生物罢了。摆脱危机的根本出路在于我们要为当前改革事业的深化提出必需的理论和思考。同样，中国改革的顺利发展直至最后完成，也越来越取决于中国理论界、学术界的思考与突破，首先是历史学的思考与突破。

例如，关于对时代的认识问题，将是构造我国整体改革理论的出发点。不清楚这个问题，我们的改革理论就没有坚实的基础，我们的政策就很难经得起国内外各种复杂局面的考验。目前关于这个问题在我国还没有形成切实的认识。"帝国主义和无产阶级革命时代"的提法已经被大多数人所抛弃。有人认为，从宏观世界史的角度看，当前人类社会仍处于资本主义时代。更多的人认为我们正处于"和平与发展"或"争取和平与发展"的时代，这种提法形象地概括了我们这个时代的一个突出特征，对当前改革理论的完善具有重大意义，但它并没有对我们这个时代的具体本质和特点做更深一层的描述。这就要求我们史学界能够站在今天的高度，回过头去对整个资本主义和社会主义的发展程序，重新做一番深入、细致的分析和研究。特别是战后资本主义有许多我们以前未曾预料到的发展变化，它要求每一位马克思主义者对资本主义的认识水平都要有一个相应的提高。随着改革与开放的深入发展，我国与资本主义国家在经济上、文化上、政治上的联系乃至依存都将进一步加深。因此，我们只有对整个人类社会半个世纪内的发展趋向，特别是对资本主义和社会主义两种体制之间关系的性质与特点做出客观的、科学的概括和总结，才能够把握住改革的方向和开放的程度，才能在世界多种力量的竞争中立于不败之地。人类社会的前景是共产主义，我们对此坚信不疑，但对人类社会迈向共产主义旅途中的阶段性特点，我们必须准确地把握住才行，历史学存在的价值，恐怕即在于此。

再如，关于中国社会的发展问题。迄今为止，中国历史上在世界上的"落伍"状态已经延续了几百年的时间。是什么原因使中国社会的发展如此迟缓，中国社会向前迈进的最大阻力究竟何在，这是每一个有点爱国心和责任感的中国人都在考虑的问题，也是我们史学界早应拿出的答案，可惜我们并未做到这一点。虽然我们在这方面也做了不少工作，但由于受到多种因素的限制，答案大多是粗糙的、片面的，其影响和作用也很有限。要弄清这个问题，必须进行深入、细致的综合性研究。例如在社会发展程序上，中国可能与西方国家一致，但在具体演进过程中，却存在相当大的差别。这就要求我们对中国社会结构的详细演进过程、中国官僚制度的发展变化、中国文化与中国人心理状态的形成同社会发展的相互关系等，进行科学的、系统的、实事求是的研究和评价，从而为整体改革与发展理论的建立奠定基础。最近几年，这方面的研究在史学界部分学者中已经开始，并且得到党和国家有关部门的高度重视，这是一种非常可喜的现象。认清落后的根本原因并敢于承认它，是真正摆脱落后的前提。当前的改革不仅仅是为了改善经济、提高大家的生活水平，更重要的是逐步剔除阻碍中国社会发展进步的各种弊端。不如此，改革现已取得的成果也很难得到强有力的巩固。换言之，改革事业的成功及其成果的巩固，将取决于它在多大程度上革除了造成中国历史上几百年来"落伍"状态的有害因素。历史学的作用和史学工作者的责任，即在于准确地发现和清晰地阐明这些因素。

中国改革事业的深入发展期待着历史科学的研究再次出现划时代的突破。史学研究也只有和中国社会的主导趋势直接联系起来才能焕发出自己的活力，才能找到并占据它应有的位置。

史学家的前途在于走出历史[*]

史学家的前途在于走出历史。这句话听起来似乎有些矛盾：走出历史还叫什么史学家？更有点危言耸听：史学家的前途至于这样暗淡吗？但事实上，在社会转型、市场冲击的挤压之下，史学家要想闯出一条新路来，首先就必须走出历史。

大家看到，中国社会正在经历一场变革，一场或许是 1949 年以来最伟大的历史变革。在这场改变原有社会平衡、更换人们传统观念和重新设置生活秩序的变革中，每一个中国人事实上都在自觉或不自觉地参与一种新的体验。在对这场变革的体验之中，有人高兴，昂扬，因为变革使他们从贫困走向富裕，从平庸走向神奇，从默默无闻走向炙手可热；也有人悲哀，失落，因为变革使他们从精英变成平民，从主人变成雇工，从指点江山、激扬文字变成捉襟见肘、怨天尤人。对于这一切，特别是对后一种人的抱怨和愤懑，是可以理解的。因为大多数中国人是在没有足够精神准备的情况下被卷入这个以建立市场经济为中心、重新设定每一个人社会位置的旋涡中来的，但其中历史学者应该除外。一个称职的历史学者，应该比别人多一点"通古今之变"的能力，应该对这场历史变革所带来的种种变化，包括对社会财富、生产与分配体制的变化，有所预感，有所知晓，因而应该比其他人具有更充实的心理准备或承受能力。可遗憾的是，在这历史的转折时期，史学界的抱怨似乎更甚，史学家的失落感也更强。这不能不说是一种讽刺。

史学界的抱怨也不是完全没有道理。史学发展所面临的现实困难似乎是前所未有的。在整个社会向市场经济转轨的形势下，任何事情的价值都在被重新认定。那些不能赢利的产品被逐渐淘汰了，那些亏损的企业正在宣布破产，或被其他企业兼并，甚至被外资买走。但那些与经济效益没有直接关系的学科，

* 原载《史学集刊》1994 年第 4 期。

特别是人文科学，则既不能被淘汰，又不能被兼并，也不能宣布破产，处于一种进退两难的尴尬境地。在这之中，历史科学所遭到的冲击，所面临的困难尤甚。笔者在六年前曾发表一篇题为《"史学危机"的摆脱与中国改革的前途》的文章，意在吁请有关方面重视历史科学，帮助史学工作者渡过难关。文章中列举了史学工作者所面临的"教学难、科研难、发表成果难和成名难"等一系列困难。对于大多数史学工作者来说，这几难今天不是减轻了，反而加重了。但是，史学困境的摆脱已经不能再依靠或等待别人的"恩宠"，而要靠史学家自身的努力。事实上，史学面临困境，史学家感到失落的重要根源也确实在中国史学家自身方面。

第一，史学脱离现实生活是现实生活冷落史学的原因所在。历史与现实的关系在中国争论了几十年。"文革"期间，史学成为现实的"奴婢"，"影射史学"风光一时，史学的科学性被玷污了。"文革"之后的拨乱反正，使史学脱离了现实政治的束缚，似乎回到了或者说找到了它应有的或者说原来的位置，但实际情况可能并非如此。我们在清除"影射史学"恶劣影响的同时，客观上也助长了史学队伍中根深蒂固的传统意识，这就是史学就是研究过去的事情，而且愈古愈是学问，愈古政治风险也愈小。结果史学家们整天钻在故纸堆里，很少关心当今社会正在发生的事情，史学界的讨论很少出现那种能够促动全社会关注的热点，也很少能与其他学科热点问题的讨论相呼应。史学家确实可以安安静静地做学问了（这正是许多史学家梦寐以求的），可史学作品的市场也迅速萎缩了。这能不能说这是一种矫枉过正呢？另外，应该看到，现实生活是历史发展的有机延续。一个对其正在经历着的活生生的社会变革都解释不清楚的人，如何能对千百年前发生的事情做出科学的解释呢？从这个意义上说，史学今天的境遇，史学家所遇到的不平，也是对我们近年来史学研究脱离现实生活的一种警告，一次惩罚——在这个伟大的历史性转折关头，首先被时代所冷落的正是最应该对历史的转变有所研究但实际上却无所作为的人。

历史研究并非不可以靠近现实。古今中外，那些成功的史学大家，大多是因其作品具有深刻的现实意义，或因其能把历史研究与对现实和未来的探索沟通起来。英裔美国历史学家、耶鲁大学教授保罗·肯尼迪（Paul Kennedy）因其《大国的兴衰》一书而蜚声全球知识界。作为历史学家，他在纵证五百年来大国兴衰的前因后果之后，还能够预见到技术爆炸与人口爆炸交织在一起所产生的矛盾，将是人类社会在 21 世纪所面临的共同难关［见其 1993 年新著《为 21 世纪做准备》（*Preparing for the Twenty-first Century*）］。不管其观点正确与否，这种把历史研究与对现实和未来的探讨结合起来的胆识与气魄，恰恰是我们中国史学家所缺少的。这也是中国史学界很少产生触动现实、轰动世界的作品的原因所在。

第二，中国史学界对外闭关自守，对内门户相斥，既使这门学科的发展缺乏内在的活力，又使其丧失了对其他学科和社会的吸引力。首先，在中国史学界内部，搞中国史的人很少涉猎世界史，搞世界史的人也往往偏废中国史。即使在中国古代史这一专业内，搞秦汉的不能教明清，搞明清的不问战国。结果形成过多的条块，形成过多的壁垒。一般来说，大部分史学工作者是以二级学科甚至二级学科以下的某个方向作为自己的专业，从事"打井式"的研究。结果历史科学被分割了。很少有人，特别是中青年史学家，能够从总体上把握这门科学，推出代表整个历史科学发展的力作。实际上，我们的大多数史学家只是某一个专业的专门家。这种情况严重地削弱了历史学科内部不同分支学科的有机联系，阻碍了在中国社会转型条件下史学家变被动为主动、形成综合优势、促进学科整体水平提高的努力。其次，历史学与其他学科之间的距离就更远了。多数史学家对其他学科不感兴趣，起码不想主动去接近其他学科。跨学科研究对大多数中国史学家来说是陌生的甚至是非分的事情（许多人对别人的跨学科尝试嗤之以鼻）。近十年来，许多学者为历史学科与其他学科的交叉渗透，特别是为史学研究引进其他学科和西方史学的最新成果，做了大量的工作，进行了艰苦的努力。但遗憾的是，这些工作、这种努力的影响仍然十分有限。史学队伍中的大部分人仍然沿用多少年来自己已经熟悉的做法，意识不到与其他学科交融对更新自己思维方式和作品风貌的益处。这种状态不仅使中国史学界丧失了许多吸收与借鉴其他学科最新成果的机会（在知识爆炸的今天尤为如此），而且很难使史学的研究成果对其他学科产生影响，以形成中国史学与其他学科的有机沟通。这种情况与发达国家历史学科的发展变化形成对照。在那里，一方面，对其他学科新成果的吸收与借鉴极大地丰富和更新了传统史学，甚至推动了许多新的史学流派的形成。如对西方史学影响甚大的法国

"年鉴派"，就是以倡导历史发展中的结构功能分析和系统分析打破了三大偶像（政治事件史、"英雄"传记和叙述史）在史学中的垄断地位，从而在当代西方史学的发展中占据了重要的地位。另一方面，史学家也积极地介入跨学科研究，并能够在这类研究中占有重要地位。例如，伦敦国际战略研究所（IISS）是世界有名的思想库之一。顾名思义，它是以研究战略问题为主的思想库。冷战结束之前，尤以研究军事战略为主要任务。但这个研究所的主任则经常是由一名资深历史学家来担任。在该所发表的许多重要文集中，也经常由一名历史学家撰写第一篇带有概括性或主题性的论文，可见历史学是其战略研究不可或缺的一部分。事实上，在西方的一些大学里，跨学科能力的培养是历史系学生科研能力培养的一部分。例如在美国的名牌大学之一加州大学洛杉矶分校，历史系的学生必须在完成历史学所规定的课程的同时，至少选修四门社会科学课程，如人类学、地理学、经济学、政治学、社会学和心理学等。这就为新一代史学家的成长奠定了一个广泛的知识基础。而那些著名的历史学家，包括前面提到的保罗·肯尼迪，他们之所以有建树、有影响，就在于他们的研究范围已经越出了历史学领域，他们的作品能使几个学科的人获得启迪，他们能把历史学与现实、与其他学科沟通起来。

第三，史学工作者研究方法与手段的陈旧是历史科学脱离现实、闭关自守的原因之一，也是史学工作者难以与其他学科的研究者竞争，特别是在数量上竞争的原因之一。与其他学科的隔绝不仅阻碍了史学工作者思维方式和研究方法的不断更新，而且使史学界的研究手段愈益落伍。以材料的收集和存储为例。我们史学队伍中的几代人可能用的都是同一种方法——抄卡片。为了能把对自己有价值的材料或信息转移到自己那一张张小小的卡片上，我们的史学工作者花费了多少时间和精力！而这似乎又是我们从事史学研究最必不可少的。与其他学科相比，史学研究似乎更强调基础材料的准备，更强调要言之有据，思辨性的讨论往往被视为空谈。这就逼迫史学工作者花费相当多的时间去从事材料的积累，史学作品的生产速度也就自然慢于其他领域作品的生产速度。但是在大专院校或科研机关的晋职工作中，科研成果的数量又往往是有关方面考核候选人的首要标准。这种形势使许多优秀的中青年史学工作者难以在短时间内成长起来，同时也进一步加剧了整个历史学科所面临的困境。要想改变这种局面，必须尽快更新史学工作者的研究手段与方法。计算机科学技术为我们从繁重的"手工劳动"中解放出来提供了现实可行的道路。根据笔者的观察，国外史学家借助计算机，工作效率比我们要高出好几倍。他们利用计算机，可以（通过 Birds 系统）随时查阅或跟踪 1970 年以来世界主要杂志所刊论文的题目和内容提要；可以随时检索本大学和国家主要图书馆的资料；甚至可以随时同远在异国他乡的同行通信、讨论问题、输送信息、合写论文或专著。尤为重要的是计算机帮助他们对研究资料进行自动的筛选、分类、整理和存储。这使他们个人资料库的容量远远大于我们手工卡片资料库的容量，也使他们比我们有更多的时间去思考问题，捕捉选题，推出新作。你会惊奇地发现他们能够在不到一个月的时间内完成一部二三十万字的专著，其原因就在于有相当一部分工作是计算机替他们完成的。如果我们能够借助计算机技术进行一场研究手段上的革命，我们就能摆脱"小生产"的束缚，成倍地提高我们的"生产"效率，改变在与其他学科竞争中的不利地位，同时也将有利于史学与其他学科的交融，有利于史学向现实生活的靠拢。当然我国计算机网络化的条件与发达国家比还有相当的距离，能够进行国际联网的单位毕竟不多。但即使是一台单机和相应的软件，也可以有效地改善我们的研究手段，从而使我们的研究工作达到事半功倍的目的。

总之，史学家的前途在于走出历史：走出自己过去那种传统的"小生产"式的研究手段与方法；走出过去那种束缚自己才能增长与发挥的狭小的专业和单一的学科；走进活生生的现实生活中。只有走出历史，才能更好地深入历史、观察历史、研究历史、发展历史；只有走出历史，才能够更好地感知历史与现实之间的奥秘，才能在以市场调节为基础的优胜劣汰的竞争中不被淘汰出局；只有走出历史，才能够高瞻远瞩，预知未来，才能为历史科学，也为史学家自己创造一个美好的明天。

历史学：在遥远的历史与鲜活的现实之间*

一

改革开放以来，中国大陆发生了翻天覆地的变化。除了在衣、食、住、行方面的显著变化为世所瞩目外，中国最明显的变化还是发生在人的精神面貌上，甚至可以说是发生在中国人的气质上。中国人越来越挺胸抬头地走路了，中国人的脸上少了木然和呆板，多了生机和笑意，外国人认为中国人变得越来越有魅力了。对比一下改革开放初期和现在的影视作品，你会发现那是两个时代的缩影，不管其内容涉今还是及古。从 1984 年洛杉矶、1988 年汉城（现为首尔）、1992 年巴塞罗那和 1996 年亚特兰大奥运会开幕式中国代表团入场的镜头中，你也会找到时代前进的标记。中国的体育健儿少了拘谨，多了洒脱。即使你观察的是连续参加两届或三届奥运会的同一位运动员，你也会发现他（她）越来越不像以前的他（她）了。你至少会发现他（她）在众目睽睽之下，多了坦然，少了羞怯。实际上，只要你把自己或亲朋好友改革开放之前或初期的照片翻出来品味一下，你也会发现作为中国人的你或你们有多大的变化。尽管岁月不会让你显得年轻，但你或你们倒会变得更像一个男人或女人。旧时照片上的你可能是一个面有菜色的"套中人"，现实照片上的你可能红光满面，一副既很满意，又不知足的样子。

当然，最根本的变化还是发生在中国人的灵魂深处。改革开放以后，中国人的价值取向变了，中国人的行为准则也变了。中国人开始吝惜时间，中国人开始讲究效率；中国人开始公开坦然地追求个人利益，甚至有些急功近利；蓝灰色的世界没有了，木然的人群消失了，取而代之的是五彩缤纷，是八仙过海……

这是一个变化的中国，这是一个新鲜而富有生机的现实——鲜活的现实。

二

在这样一个变化着的中国，在这样一个鲜活的时代，却有一群人似乎被冷落于社会的主流之外。他们遭到冷落的原因非常简单：他们所从事的职业，他们所研究的学问似乎与人们急于要在其中获利的市场经济无关。既然他们不能给别人带来看得见、摸得着的物质财富，他们那些学问存在的前提也就让人产生了怀疑。这群人就是那些以文史哲等人文科学的教育和研究为职业的人，其中以史学工作者的处境更为艰难。写出来的书难以出版，因为不能给出版社创利；培养出来的学生难以被用人单位接受，因为"学历史的在我们这儿没用"。许多中青年史学工作者找机会逃离了史学队伍，尽管是降格以求，但由于马上就有了物质上的极大改善，他们的内心也就得到了平衡和满足。尽管改革开放之后中国史学界也曾一度繁荣，尽管中国史学界经过其从业者的艰苦努力，无论是在新的理论体系的构建还是在新的方法论的引进方面都取得了重大成果，尽管史学家也在反省自己，努力向社会靠拢，但史学界的困境仍难以从诸种因素中解脱出来。

普遍认为，史学及整个人文学科的遭遇，是社会转型、商品经济大潮冲击的结果。建立市场经济的需要使经济学和法学取代了历史学和哲学昔日的地位，成为新时代的"显学"。史学等人文学科由于不能晓人以发财之道，又不具备能够直接制造利润的可操作性，被社会冷漠也就成为自然之事了。也有人对当今的史学及其他人文科学提出批评，认为这些学科体系陈旧，方法落后，观点僵化，远离社会现实，自然会被现实所冷落。只要这些学科经过认真改造，贴近生活，是可以被现实所接纳的。

笔者也曾持类似看法，并曾在有关论文里谈到过。现在看来，这种看法是相当幼稚的。因为当今社会对史学已不再仅仅是"冷漠"，而且是"拒绝"了。在从计划经济向市场经济急剧转轨的当今社会，现实生活的瞬息万变、光怪陆离，造成了今天和昨天的巨大差别与断然分离。历史对于现今的中国人来说似乎更为遥远，面对当前这日新月异的社会，面对在自己眼前突然涌现的现代文明的种种刺激，人们已无须用以往的经历来判定现实的事物（以往的经历中也没有现在所能看到的新事物）。在许多人看来，以往的经历和现今的生活并没有内在的联系。尤其在现实的"富裕"和"自由"与过去的"贫穷"和"束缚"形成鲜明对照之时，人们就更加迫不及待地力图摆脱历史传统对自己的约束，并希求在割断自己与过去联系的过程中成为一个新人、一个"现代人"、一个获得了个体人格"独立"的人。这种心态或许能推动一批人丢掉包袱，使其成为新时代的开拓者、改革家；但同时也可能在相当大的程度上推动了人们私欲的膨胀和世界观的转变，成为世风败坏的心理基础。在这样一种条件下，历史学和历史学家自然是无用的，历史学和历史学家似乎就成了当今社会多余的学问和人物了。可见，从根本上讲，人们对历史学的冷漠实际上也是对历史的冷漠，是想通过割断自己过去与现在联系的途径来获得一种解脱，获得一种解放。

三

这样，在这个历史最悠久（之一）的国度里，历史学却成了人们最不喜欢的学科（之一）；当别人把这五千年的历史当作现代中国的一部分而加以研究甚至心存羡慕时，这一悠久历史的子孙们却正想从其背景中解脱出来。遥远的历史就这样和鲜活的现实碰撞在一起，从而将史学推入了一个非常尴尬的境地：史学不能抛弃自身的特性而迎合这个鲜活的现实；脱离现实太远，史学又失去了赖以存在和发展的基础。照此看来，很难说史学的境地会在短期内有所改善。

但历史是割不断的。今日改革开放及其所带来的变化，是中国历史上长时期闭关锁国反向作用的结果。中国一直在摸索一条能在短时间内赶上西方列强的道路，但又往往欲速则不达，而且总是以一方面的牺牲作为另一方面发展进步的前提，这其实是一个民族不成熟的表现。历史学的功用，就在于警示世人避免这样一种发展模式的往复循环，从而推动我们的人民和整个民族成熟起来，实际上就是要把古老的历史与鲜活的现实衔接起来。与此相联系，作为人文科学，史学应在提高民族的人文素养方面发挥作用。

经过百余年的摸索、探求之后，中国人终于把加入市场经济的世界潮流作为自己摆脱落后、跻身世界强大民族之林的道路选择，这无疑是正确的选择。但是，现代化的发展、社会的进步，归根到底靠的是人才。而人才问题绝不能只是简单地归结为掌握技术的问题。衡量人才的标准，就个体而言，首先就有文化素养和文化品格问题；就一个集团或群体而言，首先就是人文教养问题。就全社会而言，人文教养往往影响到一个社会的治、乱、兴、衰，并且通过塑造一个民族的文化品格和文化精神，对这个民族的前途产生深远影响。实际上，我们现在社会上的许多弊病，不是起因于贫穷，也不是起因于所谓法治的不健全，而是起因于人文教养的缺乏。这是有目共睹的事实，也是国家大力支持创办人文学科基地并促其成为精神文明建设的辐射源的原因所在。实际上，西方国家是在现代化进程已经完成、物质生活相当丰富之后才出现人文教育的滑坡和精神文明与物质文明建设失衡现象，而我们尚在现代化进程中就已经开始品尝由于忽视人文教育而种下的苦果了。

21世纪无疑是综合国力竞争的世纪。西方特别是美国领导人在自己国家的精神文明陷入危机的情况下，竟依然放手向东方国家特别是向中国的精神文明提出挑战，这从另一个角度反映出中国加强自身精神文明建设的紧迫性。21世纪实际上将成为各大力量文明竞争的世纪。时代呼唤着现代化进程中的中国表现出能与其他大国相匹敌的精神力量，因而也在呼唤着中国推出新的人文科学成果。人文科学关系到一个社会的价值导向和人文导向，关系到一个民族精神力量的塑造。

史学要想在遥远的历史和鲜活的现实之间发挥黏合作用，摆脱目前的尴尬局面，应具备以下三个方面的特点。

首先是它的教化性。这种教化性当然不是表现在我们那些板着面孔训人的史学论著中，而是表现在能给人以知识和美的享受的多种形式的作品里。中国史学博大精深，许多史学作品也是文学和哲学方面的力作，但是到了我们手里，史学论著往往成了干巴巴的教条。史学要想在现实生活中寻找立足之地，就必须改变自己，使自己易于被人们所接近、所接受。其次是它的开放性。中国史学对外闭关自守、对内门户相斥这一基本事实至少就削弱了自己对社会、对其他学科的吸引力。在中国史学界内部，搞中国史的人很少涉猎世界史，搞世界史的人也往往偏废中国史；即使在中国古代史这一专业内，往往也是搞秦汉的不能教明清，搞明清的不问战国，形成了过多的条块和壁垒。大多数史学工作者以一个二级学科甚至二级学科以下的某个方向作为自己的专业，从事"打井式"研究，结果历史科学被分割了。与此同时，历史学与其他学科的距离就更远了。多数人对其他学科不感兴趣，起码不想主动去接近其他学科。跨学科研究被许多人视为非分之事，甚至嗤之以鼻。这种情况是中国史学顺应时代要求、改变自身处境的最大障碍，也是中国史学难以同国外同行沟通并使中国史学与国际史学合作的最大障碍。最后是理论性问题。缺乏理论特色是中国史学各学科的通病，也应该成为"新""旧"史学的主要差别。新史学的理论特色既可以是开放性的一个结果，并进一步促进史学同其他学科的沟通，同时又能够提高教化性的水平与层次，并最终使中国史学同时代合拍。

30 年后的新起点 *

改革开放 30 年，抚今追昔，人们难免感慨万千，因为每个人的生活和工作在这 30 年里都发生了巨大的变化，都有许多值得回味和思考的东西。但是，对于学习和研究历史的人们来说，这 30 年无疑更值得回味和思考。这种回味和思考应该是双重的：对这 30 年来中国社会的发展进步和对这 30 年来中国历史学发展进步的双重回味和思考。人们会发现，中国社会的发展进步为中国历史学的发展进步开辟了一个广阔的空间，同时也不断地向历史学的发展进步提出新的课题和新的挑战。30 年改革开放不仅使中国社会发生了天翻地覆的变化，并且使中国和世界的关系发生了历史性的变化。这种变化使中国的史学研究更加丰富多彩，同时也把中国史学推向一个新的起点。

中国的改革开放是中国历史上一场新的伟大革命，是决定当代中国命运的关键抉择，恐怕这已经成为中外观察家的共识。人们对这场革命所带来的方方面面的变化可能有不同的见解，但不可否认的是，正是通过这场已经进行了 30 年的改革和开放，中国的社会生产力得到了解放和发展，中国与世界更为直接、紧密地联系在一起，中国人的物质生活和精神面貌都发生了根本性的变化。在经历了一个多世纪的动荡和徘徊之后，中国的现代化进程终于步入了快车道，中国也真正地开始和整个世界融合在一起。"中国奇迹"成为许多观察家描述这些年来中国所发生变化的常用语；"中国模式"开始吸引其他国家的注意，并且成为一些西方学者形容中国成功摆脱封闭和贫困、步入经济发展快车道的常用概念。姑且不论这些总结和概括有多准确地反映了中国的现实和经验，经过 30 年的改革和开放，中国人自己从僵化和教条的状态中摆脱出来，从贫穷和封闭的状态中摆脱出来，初步确立起中国特色的社会主义体制，多数中国人的生活和命运得到了极大的改善和改变，应该是不争的事实。实行市场

* 原载《史学理论研究》2008 年第 2 期。

机制，有序改革，全方位开放，执政党执政理念的变革，等等，所有这一切，塑造了又一个新中国。

中国的史学研究在这30年的时间里经历了明显的阶段性变化。1978年中国共产党十一届三中全会召开之后，整个中国的拨乱反正为中国史学的发展带来了一个春天。许多在"文革"期间被扭曲的观点和被篡改的史实得到了更正，许多在"文革"之前热烈讨论的问题重新成为史学界争论的焦点。西方学术界的理论和方法也从这一时期开始被广泛和系统地介绍进中国。当今中国史学界的许多中年学者就是在这种形势下考入大学或成为研究生而进入史学殿堂的。但进入20世纪80年代中后期，"史学危机"的说法不胫而走。尽管许多人不承认有什么"危机"的存在，但当时历史学的发展确实面临一种困难的局面。这种局面不仅来自苏东剧变对中国重构马克思主义史学体系带来的思想上的冲击，还在于勃然兴起的市场经济大潮对整个学术界在物质上的影响（"搞导弹的不如卖茶叶蛋的"）。一批崭露头角、风华正茂的青年学者下海经商去了，坚守学术岗位的人的士气遭遇挫折。人们发现，在思想获得解放之后，物质生活上依然受到诸多限制，对比学术圈外，有一种严重的不平衡心理。进入90年代中后期，情况发生变化。随着改革开放的深入，整个社会的物质生活条件得到改善，历史学者也不例外。尽管在高校和研究机构不同的学科中，历史学者的收入依然属于偏低，但下海风减弱了，越来越多的史学工作者开始静下心来，倾注于学术事业。进入21世纪，中国的历史学更是不断取得扎实的进步。尽管也出现了一些不正之风，但改革开放不断推进的大势推动着中国史学的发展，社会经济史、区域史、城市史和文化史等传统政治史学以外的领域被系统地开掘出来，标志着中国史学和历史学者超越"文革悲情"，超越传统史学限制，反映时代需求的学术精品也在这个时候开始不断地呈现在人们眼前。总之，整个中国史学研究的领域被大大拓宽了，专业被细化了，理论和方法得到了更新，马克思主义史学理论的探索被置于一个新的高度，新一代史学家在一种新的环境中成长起来。

可以说，中国史学的发展进步是中国改革开放30年中国社会发展进步的一个缩影。但我们能否说中国史学的发展一直与中国社会的进步、一直同中国与世界关系的变革同步？当然，这也是个见仁见智的事情。笔者认为还不能这样说。改革开放 30 年来中国社会的发展进步，不仅是 100 多年来社会转型的一个急剧、加速的跃进，同时也是在冷战终结，经济全球化进程不断深入，中国第一次不仅在政治上而且在经济上具备了更大的发挥作用空间的形势下，中国与世界关系的一次历史性变革。中国正在逐步发展成为一个大国，成为影响世界经济和政治形势与走向的一个重要因素。但是，中国的学者似乎还没有充分认识到中国与世界关系正在发生历史性变化这一现实，在专心于自己专业领域研究的时候，还没有做好向世界解释中国的准备。在这方面，历史学承担着比别的专业更重大的责任。当我们走出国门的时候，我们经常为其他国家对中国的非常幼稚的误解和误读而震惊。我们发现，其他国家民众，包括许多中国人热衷于了解甚至羡慕的发达国家的民众，对中国的了解非常有限。被国际媒体特别是西方媒体所塑造的中国形象，常常是单方面的、扭曲的或残缺的。中国人制造的产品行销世界，我们优质廉价的劳动力为世界各国人民的日常生活制造了便利和实惠，为许多国家在保持经济增长条件下摆脱或消减通货膨胀的压力创造了有利的条件。但中国的形象依然很容易就遭到贬损，中国 100 多年来的遭遇和改革开放以来的变化依然没有被外界所了解和认知，中国的历史和经验当然也没有能够成为西方主流人文社会科学体系解读当代世界历史和现实的主要依据。

了解一个国家，往往从这个国家的历史开始。我们对其他国家如此，其他国家对中国也是如此。笔者认为，改革开放以来中国历史学的发展进步主要体现为一个学科的成长和进步，但这种进步还没有明显地与中国和世界关系历史性变化的现实结合起来。构建一个具有明显中国特色的中国历史和世界历史的解说体系，并用几种文字表达出来，不仅为其他国家的历史学者，同时也为其他国家的民众了解和认知中国提供一个最符合实际的工具和通道，这已是中国史学工作者当前必须做的事情了！一个真正强大的国家，不应该依靠别人来解读自己，而应该有能力自己解读自己和自己所认识到的世界，并且有能力让其他国家了解甚至认同我们对中国和世界的解读。这实际上也是中国"软实力"构建的核心所在。

在这方面，西方的顶尖学者实际上已经对中国学者提出了期望或挑战。英国科学院院士、伦敦经济学院的巴里·布赞教授认为，西方的国际关系理论之所以没有能够预测出冷战结束的时间和方式，并且缺乏对后冷战时代世界的解释能力，原因就在于西方的国际关系理论乃至整个社会科学理论基本是建立在欧洲历史的基础之上的，欧洲以外的历史在西方的社会科学理论体系中只是陪衬，甚至被忽略掉了，因而其理论缺乏必要的广度和深度。他积 10 年之功撰写的《世界历史中的国际体系：国际关系研究的再构建》，把国际体系的起源追溯到了人类的狩猎时代，并把欧洲以外的历史囊括到了他所构建的国际体系演进的解读之中，从而为西方国际关系理论的更新换代开辟了一条新的道路。但他自己也承认，他对欧洲以外的历史包括中国的历史了解不够，认识不深，所以尽管他努力摆脱"欧洲中心主义"的限制，但他最后也没有能够完全做到这一点。他在这本书的中译本致中国读者的序言中特别提醒说，在当今的国际学术舞台上，西方特别是美国的声音太强，中国和其他非西方国家的历史和经验没有得到重视，他希望中国的学者能够把自己的学术观点置于国际学术争论的平台之上，在国际学术界发出自己的声音。美国科学院院士、芝加哥大学教授米尔斯海默 2004 年第一次到访中国，就感触很深，对中国和冷战后的世界有了新的认识。他对笔者说：只有能够成为世界领导者的大国才能真正产生世界历史理论和国际关系理论。英国可以，法国可以，苏联可以，美国可以，现在是中国为世界产生理论大家的时代了。我们不一定同意他的观点，但布赞和米尔斯海默等人的言论反映出国际学术界的一种现象：在全世界都在享用物美价廉的中国人的物质生产能力的同时，西方学界的领军人物开始关注中国精神财富的生产能力了。

当然，我们没有必要随着西方学者的鼓点起舞。但现实的中国和世界都在期待着中国学者提出自己对中国历史和世界历史的系统解读。看看北京大学出版社出版的美国历史学家斯塔夫里阿诺斯的《全球通史》在中国的销量，我们就知道中国社会各界对世界历史知识的渴求了。实际上，不管一个国家在历史上多么辉煌伟大，只有这个国家能够在现实的世界中发挥重要作用时，人们才会对这个国家辉煌的历史感兴趣，这个国家的历史也才能够成为人们解读现实世界的参照物和出发点。改革开放 30 年把中国推进到了这样一个位置之上，中国对世界的了解正提升到一个新层次，世界也开始重新认识中国的价值和意义。

改革开放的大局和改革开放以来中国史学界所取得的进步已经为中国史学走向世界创造了极为有利的条件。改革开放 30 年来，中国共产党始终把坚持马克思主义基本原理同推进马克思主义中国化结合起来，不仅促进了中国经济的持续发展，而且还形成了包括邓小平理论、"三个代表"重要思想以及科学发展观等重大战略思想在内的一个开放的中国特色的社会主义理论体系。党的十七大就如何进一步落实科学发展观进行了深入的阐释和部署。这些都为中国经济与社会的持续与协调发展提供了有力保证，同时也为中国人文社会科学包括历史学的繁荣发展创造了极为有利的社会条件。中国的历史学者应该充分认识和利用这样有利的社会条件。同时，改革开放以来中国史学在各个领域深入发展的现实，也正在为具有社会主义特色的中国和世界历史解读体系的形成准备条件。笔者认为，马克思主义中国化的根本要求，是看我们在马克思主义原理的指导下，能够拿出多少中国人自己原创的观点、理论、方法，直至框架和体系。改革开放 30 年，中国社会的发展进步、世界局势的戏剧性变革、中国与世界关系的历史性变化、中国史学研究的探索和积淀，正在把中国史学推向一个新的起点。

从"历史"看"国际关系"

也谈历史的终结[*]

冷战结束，20 世纪进入尾声，"一个真正的全球化时代"（联合国秘书长加利语）的到来，这三者几乎同时发生在人们面前，使人感觉到人类历史正处于一个转折点上。由此，反思历史也就成了自然之事。事实上，早在 1989 年苏东社会主义阵营尚未解体之时，日裔美国学者、现在兰德公司任职的弗朗西斯·福山就把近五百年来的历史进行了一番总结。此公因其在美《国家利益》杂志 1989 年夏季号上发表《历史的终结》一文而名噪一时。根据他的结论，苏东体制的转轨表明西方的政治制度、意识形态和经济体系已经击败了所有对手，取得了彻底胜利，从此人类社会将是西方体制与价值观念的一统天下，历史的竞争已经结束了。[①] 据说到 1991 年至少有 14 个国家翻译出版了这篇论文。[②] 可

---

[*] 原载《史学集刊》1996 年第 2 期。

[①] Francis Fukuyama, "The End of History", *The National Interests*, Summer 1989.

[②] Ellen K. Coughlin, "Author Revisits Disputed Thesis about 'the End of History'", *The Chronicle of Higher Education*, Jan. 8, 1992. 转引自徐国琦《塞缪尔·P. 亨廷顿及其"文明冲突"论》，《美国研究》1994 年第 1 期。

见其影响之大。1992 年，福山先生又将其观点引申发挥，出版了一本专著，名曰《历史的终结与最后之人》，由企鹅出版社在欧美多国发行。[1] 但近年来世界形势的发展变化却远不像福山描述得那样简单。北约东扩遭到俄罗斯强烈反对的事实，说明苏联垮台后的俄罗斯并没有像叶利钦声言的那样已成为"西方的一部分"；几度失去控制的波黑冲突和索马里内战更反映出西方干预全球事务能力和意志的有限；而东亚国家经济上的持续高速增长和在价值观念上与西方国家的冲突，更是对近代以来居支配地位的西方工业文明的挑战……"敌对状态的结束，远不是故事的终结。"[2] 用汤因比老先生这个几十年前形容一战后世界形势的警句来描绘冷战后的世界形势，似乎仍然恰如其分。

如是，判定冷战的历史位置（或性质），总结 20 世纪人类社会曲折的历史进程，进而反思近代以来人类社会从现代化到全球化的历史演进，是我们在当前这个历史性时刻理解现实和预知未来的基点，也是历史赐予我们的一个真正的千载难逢的好机会。本人自知学识浅陋，难有高见，但愿意提出问题，抛砖引玉，提请学术界师友关注这方面的讨论，从冷战结束、世纪之交，甚至从人类进入公元第三个千年这样一个制高点上，重新审视一下我们的历史。

一

冷战是人类历史上一个极为特殊的事件。它虽是"冷"战，但敌对双方却发展起能把对方摧毁十几次的战争能力，冷战期间战争的阴影始终笼罩在人们心头；它虽被视为两种社会制度的竞争，但又具有传统的大国争霸色彩……这一切，都使人们很难在短时间里给刚刚结束的冷战下一个确切的定义，判定其真正的性质和历史位置。但是，反思冷战，又是我们反思更为久远的历史的起点。特别是现在许多人仍在以冷战的思维方式判断冷战后的国际关系，制造新的冷战气氛，这就更加重了我们认真反思冷战的意义和紧迫感。

---

[1]　Francis Fukuyama, *The End of History and the Last Man*, London：Penguin, 1992.

[2]　〔英〕A. J. 汤因比：《文明经受着考验》，沈辉等译，浙江人民出版社，1988，第 110 页。

　　如果把冷战置于一个更长的历史时期来考察，我们会发现，冷战实际上也是一场世界大战。首先，从卷入冷战冲突的国家数目上看，冷战的规模绝不亚于第一、二次世界大战。冷战期间，东西方对抗曾经成为世界上压倒一切的矛盾，几乎世界上所有的国家和地区，特别是在 20 世纪 50~60 年代，都直接和间接地与东西方两大阵营联系起来，真正能够保持中立的国家不多。可以说在人类历史上，冷战是一场规模空前、波及全球的冲突和对抗。在二战后 170 余次大大小小的局部战争包括许多国家的内战中，几乎都能发现东西方对抗的影子。其中最为强烈的局部战争如朝鲜战争和越南战争，更是东西方之间不言自明的"热战"。其次，从军事投入上看，冲突双方的耗费总量已经超过了同盟国与轴心国在二战期间军事投入的总量。以越南战争为例，美国为这场延续了十二年之久的"热战"付出了 1360 亿美元和 46000 条生命的代价。美国在这个只有 32.9 万平方公里的小国领土上投下的炸弹，比它在第二次世界大战期间向各战场投下的炸弹数量之和还多。① 而美苏双方的核军备竞赛，更是以双方能把地球毁灭几次的能力而将整个人类置于核战争的恐怖之中。美苏之间的"相互确保摧毁"实际上能导致整个人类文明的毁灭。从 1946 年到 1991 年这四十五年间，美国的军费开支达 48185 亿美元之巨。苏联在 1951~1974 年这二十四年的时间里，军费开支即达 10403 亿美元。② 如果加上美苏双方同盟国的军事投入，冷战的军事投入就是一个天文数字了。最后，从冷战的结局上看，更与一场世界大战相差无几。苏东国家军事、经济和政治同盟宣告解体，这些国家原来的社会制度按照"赢家"的愿望进行改革；冷战期间的国际战略格局被彻底打破，地缘政治发生了有利于西方国家的变化；等等。甚至冷战后在西方流露出的乐观情绪，如福山先生的"历史的终结"论，以及和福山结论相类似的克拉撒默尔的"单极时刻"③ 等，都与第二次世界大战后的"政治欣快征"有诸多相似之处。所谓"冷战"并不是没有"热战"。朝鲜战争和越南战争的惨烈程度，并不亚于第一、二次世界大战中任何一个战区的任何一场战争，甚至还会有过之。冷战，或者说第三次世界大战与前两次世界大战的

---

① 资中筠主编《战后美国外交史》，世界知识出版社，1994，第 624 页。
② 王羊主编《美苏军备竞赛与控制研究》，军事科学出版社，1993，第 148~150 页。
③ Charles Krauthammer, "The Unipolar Moment", *Foreign Affairs*, 1990/91, p. 24.

差别仅在于对立双方的领袖国家没有直接交战。这倒不是因为双方的领导人不愿意诉诸武力，而是因为核战争所能导致的"同归于尽"的后果制止了全面"冷战"向全面"热战"的转移。

冷战归根结底又是一场"欧洲战争"，甚至可以说是一场和前两次世界大战一样的、有美国人在其中发挥重要作用的"欧洲内战"。冷战起始于美苏在欧洲的争夺，最后又以东西方阵营在欧洲对抗状态的终结而告结束。尽管美苏都曾把自己的联盟关系拓展到全世界，一度形成全球性两极对抗的格局，但欧洲始终是冷战的主战场。可以说，冷战起始于欧洲，也终结于欧洲（事实上，早在欧洲的两极格局终结之前，其他地区就已经游离于冷战的框架之外了，尼克松和基辛格早在70年代初就已提出世界有五大力量中心）。从这一角度看，冷战也是几百年来欧洲各大国争夺欧洲主导权的战争的继续。

如果我们把它置于整个20世纪的历史之中来考察，冷战的世界大战和欧洲战争的双重性质就会更加突出地显现在我们面前。

<h2 style="text-align:center">二</h2>

20世纪无疑是人类历史上战祸最为惨烈的世纪，也是生产力发展最为迅速、人类社会变化最为深刻的一个世纪。在人类历史的长河之中，20世纪具有划时代意义。尤为重要的是，西方的霸权在20世纪达到了顶点，而抵消和分解这种霸权的力量也正是在这个世纪中成长起来的。

三次世界大战（如果上面关于冷战是第三次世界大战的说法成立的话）对20世纪西方霸权的兴衰具有重要意义。从某种意义上说，20世纪经历的三次世界大战实际上也是"欧洲内战"，是近代以来欧洲大国争夺欧洲主导权的战争。19世纪90年代以来，欧洲舞台就日益受到正在兴起的德国、俄罗斯和美国的影响。希特勒德国的垮台和美苏两个超级大国的崛起，正好应验了几十年前人们关于两极世界必将到来的预言。① 这种"欧洲内战"之所以被称为

① 〔美〕保罗·肯尼迪：《大国的兴衰：1500-2000年的经济变迁与军事冲突》，王保存等译，求实出版社，1988，第6页。

（或演变为）世界大战，其原因就在于欧洲各大国对世界政治、经济和军事形势的支配性地位。中国是最早遭受法西斯入侵，同时也是最后从法西斯的铁蹄下解放出来的大国。中国战场是世界反法西斯战争中开始最早和延续时间最长的重要战场，是东方的主战场。但欧美各大国，包括俄罗斯（苏联），都把1939年9月1日德国对波兰的入侵和1945年5月7日或8日德国投降日作为第二次世界大战开始与结束的纪念日。1995年在莫斯科举行了最为隆重的纪念二战结束50周年的国际性庆典，这一天是5月8日，德国投降的日子，而不是8月15日日本投降的日子。这本身就说明了第二次世界大战的欧洲性质。

以欧洲为中心的一战、二战和冷战的世界性规模是近代以来欧洲作为世界舞台"中心"地位的突出标志，也是欧洲大国对全球事务的支配能力达到顶点的标志。一战、二战和冷战的起源各有不同，但一个共同的基本的缘由是欧洲各大国及新崛起的美国对欧洲主导权，进而也是对世界霸权的争夺。不过，也正是由于各大国在这短短的不足百年的时间里接二连三地向其最高目标的频繁冲刺，亚非拉落后的国家和民族被更加迅速和彻底地卷入西方大国所打造的国际体系之中，它们在加强欧洲争斗双方实力（特别是战时）的同时也削弱了"中心"在这一体系中的支配地位。一战未能解决欧洲列强间利益重新分配的问题，却把许多欧洲以外的民族和国家卷进欧洲列强间的纷争中来。二战的结果不仅是击败了西方列强中最具侵略性、破坏性的法西斯势力，而且使欧洲列强在海外的殖民体系走向解体，亚非拉一百多个被压迫的民族和国家获得了独立，成为国际舞台上的重要力量。冷战期间，美苏争霸意味着几百年来由欧洲列强主导欧洲的传统战略格局的解体。而冷战的结束、美苏两极结构的终结和多极化形势的出现，又是自资本主义在西欧兴起以来，第一次在欧洲以外的地区出现了多元的、能与"中心"相平衡的战略力量。冷战的终结也意味着几百年来欧洲作为国际舞台"中心"位置的丧失。

冷战中，除第三世界国家在战略上对美苏形成强大的牵制外，东亚国家经济上的腾飞，更是对欧洲的"中心"作用和西方的工业文明提出了尖锐挑战。早在1982年，两位美国哈佛大学经济学家霍夫亨兹和柯德尔便惊呼美国已经面临来自东亚的"威胁"。他们写道："我们常倾向于夸大军事威胁，但往往忽视来自其他方面的挑战。在世界上我们的军事力量是最强大的，但在防御非军事的入侵方面，我们却是脆弱的。一个明显的例证，即是我们居然看不到来自东亚的挑战。"在回顾了美国二战以来三次对亚洲的大规模军事介入之后，这两位学者继续写道："我们虽有力地捍卫了我们的战略利益，却忽视了来自亚洲的威胁。之所以会有这种忽视，是因为当前的威胁主要来自经济领域。美国目前在经济上更加依赖的是东亚，而不是西欧。……这种威胁不仅针对美国，也针对西欧。"他们甚至把东亚崛起对世界的影响比喻成地震对陆地形状的作用。"地震改变了世界地图，其激烈程度远甚于朝鲜战争、越南战争，甚至第二次世界大战。"①

十三年之后，东亚国家持续的经济增长，特别是中国的改革开放和经济发展，更使西方人对东亚刮目相看。这一年，美国著名未来学家约翰·奈斯比特的《亚洲大趋势》一书，把十年来各国对东亚经济增长的关注和评价推到了最高点。他认为亚洲国家正在从单一国家经济走向网络集团经济，从传统模式走向多种模式，从出口导向走向消费导向，从政府调控走向市场驱动，从乡村走向大都市，从劳动密集走向高科技密集，从男权统治走向女性崛起。最后，他得出结论说："'世界'一词过去曾意味着'西方世界'。今天，全球大趋势迫使西方人接受一个事实：东方在崛起。东方人和一些西方人已开始明白，我们正迈向一个亚洲化的新世界。操纵世界的轴心已从西方转入东方。"这就是他所描述的第八大趋势：从西方走向东方。② 奈斯比特的推论能否成为现实尚不好说，但东亚国家经济上的持续增长确实给西方提出了比苏联的军事威胁更为严峻的挑战。实际上，早在1980年，即先于霍夫亨兹和柯德尔两年，英国国会议员、《中国季刊》主编麦克法克先生就提出了类似的警告。他在《后儒家的挑战》一文中把西方所面临的挑战分成几种类型：苏联对西方的挑战是军事的，中东对西方的挑战是经济的，而东亚对西方的挑战则是全面的，也就是生命形态的（form of life）。③ 由此他得出结论说，东亚对西方的挑战才

① 〔美〕小 R. 霍夫亨兹、K. E. 柯德尔：《东亚之锋》，黎鸣译，江苏人民出版社，1995，第3~6页。
② 参见〔美〕约翰·奈斯比特《亚洲大趋势》，蔚文译，外文出版社、经济日报出版社、上海远东出版社，1996。
③ Roderick Macfarguhar, "Post-Confucian Challenge", *The Economist*, No. 2, 1980, pp. 67-68.

是最根本的。

当时许多学者对此持批评态度，认为麦克法克先生的论点太片面、太武断。他们所提出的反证就是中国。十几年后的今天，随着中国经济上的腾飞，这种批评的反证似乎站不住脚了。奈斯比特在其大作《亚洲大趋势》的开篇第一章即断言："日本的经济实力已达到顶峰并开始衰落，而华人正摩拳擦掌迎接'龙的世纪'。"他认为："中国这条巨龙开始舒展其政治和经济的筋骨……中国能从日本人手中夺得经济领导权，其潜力不仅在其本土，更在于广大的海外华人集团——一个隐形的复杂微妙的网络——之中，它造就了中国与华人在世界经济中的优势地位。这种海外华人圈体现着东方式的家庭和教育观念，已渗透于整个亚洲，并向全球蔓延。"① 很明显，这位未来学家在这里又有夸大之处，但一个有目共睹的事实是，中国经济的转轨、中国市场的开放确实给东亚国家的经济发展注入了强大的推力。特别是在西方经济复苏缓慢的情况下，东亚国家的经济仍然能够保持高速增长，说明这一地区的经济有着与西方不尽一致的发展机制。而这或许是 20 世纪迂回、曲折的历史进程中最超出人们想象，也最具历史意义的事件之一。

三

初露端倪的现代意义上的"东亚文明"的出现，打破了只有西方社会才能提供现代化所必需的土壤的传统说法，也打破了现代化即是西方化的思维定式，从而在 20 世纪结束前夕，在五百年来世界现代化进程的画卷之中，抹上了浓重的一笔。

自资本主义在西欧兴起，欧洲列强和美国先后步入现代化之路并将亚非拉其他民族和地区置于被统治的地位，从而在全世界树立起西方国家的统治地位以来，非西方国家就在不断加重的内忧外患的困扰之中摸索着摆脱列强压迫的现代化之路；同时，现代化何以缘起于西欧而未能出现于东方社会，也成为各

---

① 〔美〕约翰·奈斯比特：《亚洲大趋势》，蔚文译，外文出版社、经济日报出版社、上海远东出版社，1996，第 9~10 页。

国学者、不同学科共同关注的课题。多数东方国家屡试屡败的现代化尝试更为现代化是西方文化独特产品的观点提供了现实的注脚，逼得许多急于摆脱民族败落命运的东方国家的仁人志士（包括中国人）否定自己的文化传统，将西化作为改变本国贫穷落后面貌的出路。① 按照一般的解释，现代化的历史进程缘起于西欧，在于地理大发现所促成的大西洋贸易的兴起；在于西欧国家竞争性的海外扩张；在于宗教改革、科技进步和军事改革；在于英国"圈地运动"所造成的农民与土地较为彻底的分离和由此而形成的更为成熟的资本主义生产关系；等等。更为深层的原因，可能如保罗·肯尼迪所说，是由于欧洲未能形成东方国家那样大一统的中央集权控制，或者说由于欧洲政治上的四分五裂；② 或者如斯塔夫里亚诺斯所说，是由于反复的和长期的蛮族入侵无可挽回地摧毁了古典帝国的最后残余，从而使罗马文明的复兴成为不可能；或者说是由于落后而产生了变异，最终促成了先进。③ 这些解释不可谓不深刻，但它们所能说明的只能是现代化进程的缘起问题，而不能为东方国家的现代化发展开出一个合理的药方，或对东亚国家较为成功地走上自己的现代化之路提出合理的解释。

马克斯·韦伯更多地把西方世界的兴起和强大归因于精神因素，这就是在西方经过宗教改革后所形成的新教对近代西方资本主义的发展起到了强大的推动作用。而没有经过宗教改革的东方各民族的宗教伦理则对这些民族的资本主义发展起了严重的阻碍作用。韦伯认为，西方的现代资本主义精神，以及全部现代文化的一个根本要素，即以天职为思想基础的合理行为，产生于基督教禁欲主义。④ 韦伯并没有把中国的社会结构当成阻碍中国发展资本主义的决定因素。他认为中国社会同时包含有利于和不利于资本主义经济与资本主义精神的混合因素。他认为，儒教作为支配性的终极价值体系，始终是保有传统主义取向的，对世界采取的是适应而不是改造的态度；而道教在中国作为异端的主

---

① 参见罗荣渠主编《从"西化"到现代化——五四以来有关中国的文化趋向和发展道路论争文选》，北京大学出版社，1990。

② 〔美〕保罗·肯尼迪：《大国的兴衰》，王保存等译，求实出版社，1988，第20页。

③ 〔美〕斯塔夫里亚诺斯：《全球分裂：第三世界的历史进程》，迟越等译，商务印书馆，1993，第6页。

④ 〔德〕马克斯·韦伯：《新教伦理与资本主义精神》，于晓等译，生活·读书·新知三联书店，1987，第141页。

流，因其本身的神秘主义与巫术传统而无力扭转儒教的传统主义；结果是儒教始终把持着支配的地位，连同儒士对经济生产兴趣的缺乏，使得中国的经济无法向西方式的资本主义演进。① 韦伯的论点可能有些偏颇，因为"人性的相通决定了伦理的相同，决定了伦理的差异只可能是相对的、有限度的"，由此看，"他的结论是错误的"。② 但是，韦伯关于东西方历史差异的探讨，不仅涉及西方现代化进程的缘起，而且与东方国家在西方资本主义兴起之后能否步入现代化进程有直接关系。东方国家早已失去了 1500 年前后西欧资本主义崛起时的历史机遇，即使东方各民族经历了欧洲式的宗教改革也无济于事。东方国家所面临的问题是如何使自己传统的价值观念、意识形态同西方国家开启的现代化进程对接起来。从这个意义上来讲，韦伯关于中国和印度等国宗教（实际上是价值观念和意识形态）问题的讨论，不管其结论正确与否，都能给人以有益的启示。

但问题也正出在韦伯所强调的"宗教"问题上。东亚新兴工业国家恰好处在人们所说的儒家文化圈之内。儒家文化圈从其边缘地带开始，先是日本，再是"四小龙"，后是中国大陆，获得了雁阵形的腾飞。近年来的"儒学热"，即反映了人们包括西方人对东亚经济"奇迹"之路的深层探索。许多人认为儒家文化是推动东亚国家经济腾飞的精神财富。按照有些西方人的观察，东亚国家与地区虽然各自情况不尽相同，但它们有着共同的力量源泉。除了共同的生理和文字特征之外，它们共享一个传统，这就是朴厚的家庭基础、第一位的教育意识、牢固的等级和尊卑观念与对政府权威的遵从。他们认为，这是东亚国家进入商品经济的大潮之后能够兼顾社会稳定和经济发展的原因所在，也是儒家文化影响的根本所在。③ 按照杜维明先生的解释，儒家思想包含两种主要哲学，即政治儒学和个人伦理。政治儒学将以君王为至尊的阶级制度合理化了，个人伦理则规范了人们日常的言行举止。杜维明认为，孔子留下的最宝贵

---

① 参见杨庆堃为韦伯《中国的宗教》汉译本所写的导论，台北新桥译丛 1，1989。
② 杜恂诚：《中国传统伦理与资本主义——兼评韦伯〈中国的宗教〉》，上海社会科学院出版社，1993，第 210 页。
③ 〔美〕小 R. 霍夫亨兹、K. E. 柯德尔：《东亚之锋》，黎鸣译，江苏人民出版社，1995，第 54~57 页。

的遗产不是它的政治教条，而是有关个人修养的伦理道德。儒家思想在崇尚个人权利的民主环境里比在集权体制下更能发扬光大。① 许多有感于西方社会道德沦丧和精神空虚的西方人，呼吁从儒家文化中吸收有利成分，挽救现代西方摇摇欲坠的价值观体系。1993 年 11 月，美国前总统布什在香港发表演讲时说："我们经常大谈我们的自由和民主制度，因为我们相信它们的作用。但事实上，世界在变，当力量和财富扩散以后，我们可以也必须向你们学习，而这可能是我们时代最有希望的一点。……在西方世界，我们一直只谈权利，但是你们在亚洲，在香港这里以及其他地方，提醒我们繁荣与和平都有赖于个人的责任。"②

现代意义上的"东亚文明"的出现，改写了五百年来由西方人主导世界进程的历史。它至少证明在西方现代化成功的道路之外，还有一种非西方国家成功进入现代化进程主流的新模式。这的确是苏联对西方的挑战所未能做得到的。在一战、二战和冷战都已过去的今天，特别是在东亚经济已经能与欧、美经济成三足鼎立之势的今天，很难设想西方大国还能将非西方国家拉入它们彼此争斗的阵线中去了。从这个意义上说，自资本主义在西欧兴起以来由西方主导世界的历史已经终结。

四

亨廷顿在冷战后提出的"文明冲突论"，在某种程度上就是建立在对西方国家所面临的所谓东亚国家"威胁"的基础之上的。亨廷顿的"文明冲突论"从一个方面否定了福山的"历史终结论"，认定西方并不具有一统天下的优势；但另一方面，他也把人们所习惯的冷战思维方式带到他对冷战后世界形势的分析中来了，尽管他在文中暗喻福山的论断是建立在冷战思维定式的基础之上的。

亨氏的论点把我们推回到五个世纪之前，即西方资本主义兴起、现代意

---

① 〔美〕约翰·奈斯比特：《亚洲大趋势》，蔚文译，外文出版社、经济日报出版社、上海远东出版社，1996，第 51~52 页。
② 转引自李慎之《亚洲价值与全球价值》，《太平洋学报》1995 年第 2 期。

上的主权国家成为国际社会的主角之前，那些各大文明之间的冲突（还有交融）是当时国际斗争的主要内容。但亨氏忘记了所谓西方文化本身就是西方文化与小亚细亚文化和阿拉伯文化相交融的产物。对于一个人来说，五百年是一段极为漫长的岁月，但在历史的长河中，它只是短暂的一瞬。正因如此，汤因比才把这五百年来的变化都视为"当代的"的变化。① 汤因比几十年前所批评的"我们今天的西方人是世界上仅有的其历史观还停留在前希腊时代的人们"，其中似乎就包括亨廷顿先生。

五百年后的今天，世界各种文化伴随着"全球化"时代的到来，正在进入一个更为紧密的交融期。作为二战后世界性现代化进程的重要结果，世界经济的一体化，交通与通信业的迅速发展及全球性问题的出现等，正把世界各民族、各地区、各种文化更为紧密地联系在一起，各国、各地区相互依赖的程度从来也没有达到今天这样的深度。东西方冷战结束之后，各地区、各民族包括各种文化之间的矛盾显得更为突出了，但它们之间协作的机会和需求也更多了、更大了。实际上，就在人们大谈儒家文化在东亚经济起飞中的重要作用时，仍有人认为所谓东亚几小龙的成功，是西方文化在儒家文化圈的外缘地带实现了同化的结果。就在亨廷顿大谈文明冲突之时，中国的知识分子正在探讨"辨同异、合东西"之路，试图让中国文化更多地吸收和借鉴其他文化的优秀成分。② 这种态度表现出儒家文化的胸襟。事实上，从一个更为久远的历史背景来看，人们就很难界定出纯粹的东方文化或西方文化。构成西方文化基础的基督教起源于亚洲，而中东和西亚地区的伊斯兰教又是从犹太教和基督教中衍生的。相互对立的基督教与伊斯兰教有着共同的"祖先"。被视为东方文明代表之一的印度与欧洲人同种同文，其文化与希腊文化和波斯文化有亲缘关系，很难把印度文化与中国文化和日本文化捏在一起。尤为重要的是，近五百年蔓延至全球的现代化进程还使每一种传统社会发生了根本性的变化，传统意义上的文化已不复存在了。

这就是人类（各种文化）越过 20 世纪、进入公元第三个千年时所面临的

① 〔英〕A.J. 汤因比：《文明经受着考验》，沈辉等译，浙江人民出版社，1988，第 55 页。
② 参见李慎之《辨同异，合东西（下）》，《瞭望周刊》1993 年第 12 期。

形势。五百年的历史造就了西方的支配地位，20 世纪最后十年它开始从这一支配地位上跌落，但仍不失为有力的竞争者。为了保持这种地位，美国的学者提出了"文明冲突论"；为了改善美国自身，美国领导人看到了向东方学习的必要。其实，"这个未来世界既不是西方人的，也不是非西方人的，而是所有那些文化的产儿"①。历史在"终结"的同时正在翻开新的一页。

---

① 〔英〕A. J. 汤因比：《文明经受着考验》，沈辉等译，浙江人民出版社，1988，第 78 页。

现代化的演进与国际关系的变革

——历史的考察*

早在世界性的现代化进程开始之前，现代意义上的国际关系就已经产生了。可以说正是这种现代意义上的国际关系准则为野心勃勃的欧洲国家之间的竞争设置了一种约束，避免了无限制、无休止的混战，从而促进了以英国革命为先导的现代化进程的启动和传播；同时，不断发展、演进的现代化又为现代国际关系的变革注入新的推动力量，使之处于不断的变化之中，直至随全球化时代的到来而走向一种根本性的变革。一部人类社会的现代史，从某种意义上说，即一部现代化的世界进程和国际关系不断变革的历史。以往的现代化研究往往偏重于对主要国家和地区现代化模式的讨论，不重视现代化的推进和国际关系变革之间的直接联系。此文拟在这方面做一些尝试性的探讨。

一 现代史、现代化和现代国际关系

要想对现代化的演进与国际关系变革之间的关系有一个清醒的认识，必须对"现代史"、"现代化"和"现代国际关系"有一个基本的了解。

在英文里，modern 一般解作 of the present time, or of the not far distant past; not ancient，意为现代的，或不是久远过去的，或非古代的。① modern times 一般是指 1500 年左右以来的时间，跨度很大，没有明确的下限。西文意义上的现代史，即 modern history，一般也是指 1500 年以来的历史。② 西方学术界把人

---

* 原载《长白学刊》1996 年第 2 期。

① 参见《朗文当代英语词典》（新版）（*Longman Dictionary of Contemporary English*, New Edition, 1987）。

② 当然，西方史学界对 Modern History 的开端也有不同看法，有从文艺复兴算起的；有从 1492 年哥伦布发现美洲"新大陆"算起的；更有干脆就从 1500 年算起的。

类文明史分成三段：古代的，即 ancient；中世纪的，即 medieval；现代的，即 modern。同时，在现代史这段时期内，又把距当今最近的时期称为"当代"，即 contemporary times。① 西方学术界的这种划分法，有其自身的道理。因为现今西方国家的社会制度和生活方式就是从 1500 年以来的社会发展中奠定的，没有再发生根本性的变化。而中国的历史进程却不相同，中国自 19 世纪中期以来历史性的大变化接连不断。中国人思想中"现代"这个概念也就和西方人的大不一样了。

在中文中，很难找到一个和 modern 相同或相当的词。中国传统史学把历史分为古代、近代和现代。早在清末民初的学术译著中，就把西方的 modern history 翻译成"近代史"了，因为中国史学没有"中世纪"的概念。这种划法和译法解决了中国人在把中国历史和世界史糅合在一起的难题，方便了中国人的理解，却不能完满地表达西方史学中 modern 的含义。十月革命之后，特别是 1949 年之后，中国史学界普遍接受了苏联史学的分期法，把十月革命作为一个划时代的标志，成为"近代"与"现代"的界碑。而近代的开端大多以英国 1640 年资产阶级革命的开始为标志。这样，在中国人的概念中，近代世界史是以资产阶级革命的开始为标志的，现代史是以社会主义革命的开始为标志的。近、现代是两个不同的历史时期。在西方人看来是延续至今的一个时代，在中国人看来（其中相当长的一段时间）则已是过去的历史了。这种对历史的不同认识和理解既是两种不同意识形态的产物，也是两种不同历史经验的结果。"古代的"中国由于 1840 年和"现代的"西方发生遭遇战而进入了"近代"时期。半个世纪之后（按通常划法从 1919 年五四运动算起），又"跑步"进入了现代。这种急剧的历史"跃进"也是现代的西方"催逼"的一个结果，但这种大大不同于西方国家的历史进程很难让中国人接受西方对历史的划分法。

但是，放眼世界，人类历史现代化的进程确实从 1500 年左右就已经开始了。当清王朝作为中国几千年封建社会的集大成者而在中原站稳脚跟并走向

---

① 关于"当代"没有统一的起点。有的论著从 21 世纪初算起，有的从二战后算起。《朗文当代英语词典》解释 Contemporary 为：modern；belonging to the present time。

"辉煌"和"鼎盛"之际，资本主义在西欧已经蓬勃兴起，现代化的步伐逐步加快，并向全世界伸出它那用工业革命武装起来的铁爪，先后把欧亚大陆引为自豪的几大古典文明置于现代工业文明主导的国际关系体系之中。由此，现代化也成了非欧洲国家改变历史命运的追求。这种追求的一部分，就是要求改变这种强加给它们的国际秩序。由此，现代化的扩展就和非现代化国家改变现有国际关系体系和原则的努力直接联系在一起了。

那么，什么是现代化呢？按照以色列学者艾森斯塔德的解释："就历史的观点而言，现代化是社会、经济、政治体制的现代类型变迁的过程。它从 17 世纪至 19 世纪形成于西欧和北美，而后扩及其他欧洲国家，并在 19 世纪和 20 世纪传入南美、亚洲和非洲大陆。"① 这是对现代化及其进程的一个基本的也是最简单明了的描述，但现代化的真实内容要远比这丰富得多，因而也有许多种不同的解释。按照我国权威学者的归纳，大致可概括为四大类。其一，现代化是在近代资本主义兴起后特定国际关系格局下，经济落后国家通过大搞技术革命，在经济和技术上追赶世界先进水平的历史进程。其二，现代化实质上就是工业化，更确切地说，是经济落后国家实现工业化的进程。这种观点与第一种观点的实质内容并无区别，只是前者的特殊之点在于它的政治立论，后者的着重之处是工业发展与经济增长。从这种意义上说，现代化就是人类社会从传统的农业社会向现代工业社会转变的历史过程。其三，现代化是人类急剧变动的过程的总称。这种观点是西方现代化研究中有很大影响的结构功能学派的社会学观点，但解释因人而异。其四，现代化主要是一种心理态度、价值观和生活方式的改变过程，换句话说，现代化可以看作代表我们这个历史时代的一种"文明的形式"。② 很明显，不同的人，不同的学科，往往从不同的角度来研究和界定现代化，因而得出不同的结论。不过这些观点是相互交融的。按照我国权威学者的解释："从历史学的角度看，广义而言，现代化作为一个世界性的历史过程，是指人类社会自工业革命以来所经历的一场急剧变革，这一变革以工业化为推动力，导致传统的农业社会向现代工业社会的全球性

---

① 〔以〕S. N. 艾森斯塔德：《现代化：抗拒与变迁》，张旅平等译，中国人民大学出版社，1988，第 1 页。

② 参见罗荣渠《现代化新论》，北京大学出版社，1993，第 9~16 页。

大转变，它使工业主义渗透经济、政治、文化、思想各个领域，引起深刻的相应变化。"① 笔者在这里想要强调的是，作为一个世界性的历史进程，现代化也引导了全球国际社会与国际关系的变革，而且这种变革的结果越接近当下就越是明显。因此，不能把部分国家高度工业化社会的实现，作为世界现代化进程完成的标志。

现代历史（Modern History）的开始事实上也是以现代国际关系的出现，或者说以促成现代国际关系产生的条件的出现为标志的。严格意义上的国际关系指的就是现代国家间关系。古代国家间关系与现代国家间关系有很大差别。实际上，古代国家的概念与现代国家的概念都不一样。古代国家不具有主权属性，同时又有许多不是在民族范围内建立起来的。受当时交通和通信条件的限制，由于各国经济上的自给自足和政治上的闭关自守，古代国与国之间的交往常常表现为偶然性、单一性和非有机性。由领土兼并、财富掠夺和王朝征服引起的战争是古代国家间关系的主要内容。而现代意义上的国家间关系则是主权国家之间的关系，并以经济关系为国家间关系的基础。同古代国家间关系相比，现代国家之间的交往更多地表现为必然性、多样性、有机性和世界性，人们称这种关系为国际关系。而推动这种关系不断发展变化的根本动力，就是在横、纵两个方面不断扩大其范围和影响的现代化进程。

二　现代化的进程与国际关系的变化

世界现代化的进程起始于西欧。作为这一伟大历史进步的准备，是现代民族国家的产生和现代意义上国际关系的形成。随着现代化向西欧以外地区波浪式的拓展，这种国际关系体系又越出欧洲，走向世界。在相当长的一段时间内，率先进入现代化行列的欧洲国家便是这一体系的主导力量。

世界现代化的进程何以起始于西欧？这是学术界关注已久的事，并已有许多回答此问题的精彩论著问世，② 本文在此不做赘述。但要指出的是，正是这

---

① 罗荣渠：《现代化新论》，北京大学出版社，1993，第16~17页。
② 如畅销全球的保罗·肯尼迪《大国的兴衰：1500-2000年的经济变迁与军事冲突》、斯塔夫里阿诺斯《全球通史：1500年以后的世界》和布莱克《现代化的动力：一个比较史的研究》等。

些推动西欧国家资本主义迅速发展和现代化工业文明产生的诸多因素，如地理大发现所促成的大西洋贸易的兴起和西欧国家向海外的殖民扩张，如现代民族国家的产生和重商主义中央集权的加强，如宗教改革、科学革命和启蒙运动等，这些都加剧了各新兴民族国家之间的竞争，形成了优胜劣汰的国际环境。竞争最主要的手段仍是战争。但是，正是在这一系列战争中出现了解决战争、实现和平与国家间关系的现代方式，其中最具代表性与划时代意义的即是1618~1648 年的三十年战争。

三十年战争起因于德国内部新旧教之争，但开始后不久就演变成欧洲各国争权夺利的混战，成为中世纪以来欧洲第一次大规模的国际战争。参战国家分成两个阵营：一方以法国为首，包括瑞典、丹麦以及在宗教改革中得到了物质实惠的德意志诸侯；一方以神圣罗马皇帝为首，包括西班牙、奥地利及在宗教改革中失去了领土和削弱了实力的德意志诸侯。1648 年，战争以签署《威斯特伐利亚和约》而宣告结束。和约当然反映了战胜国即法国、瑞典和德意志新教诸侯一方的利益，勉强协调了双方各国错综复杂的利害关系，从而为欧洲列强发动新的战争埋下了种子。但是，威斯特伐利亚和会与和约的意义远不在于结束了一场战争，而在于为欧洲国家间关系的处理定下了一个模式，或者说定下了一个准则。如会议创立了以多边国际会议解决国际问题的先例；确定了荷兰学者格劳秀斯所提出的国家主权、国家领土与国家独立等国际关系准则，打破了罗马教皇神权下的世界主权论；创立了对国际条约违约国施行集体制裁的先例；开启了国家间互派常驻外交使节的模式；等等。从此之后欧洲国家间的关系成为现代意义上的国际关系。基辛格博士认为《威斯特伐利亚和约》恰好反映了当时欧洲国际关系中的"均势"，并认为和会所促成的"秩序"延续了一百五十年。① 这个延续了一百五十年的秩序之所以被打破，就在于以工业革命为先导的现代化进程改变了欧洲列强之间和欧洲与其他地区之间的力量对比，从而促生了新的秩序。

"均势"有利于国际秩序的稳定，因为企图打破现有秩序者会受到多方的制约；"均势"也利于国家间的竞争，因为它能够为"均势"状态下的任何一

---

① Henry Kissinger, *Diplomacy*, Simon & Schuster, 1994, pp. 27, 108.

方——满意的或不满意的，创造追赶或超越其竞争对手的时间。最先打破威斯特伐利亚体系所维持的"均势"状态的便是率先进行工业革命、步入现代化的英国。但当英国打破这一均势状态时，其影响已远远超出欧洲。现代意义上的国际关系体系已经是一种世界体系了，因此，我们还必须从世界角度来考察现代化的演进是如何促进国际关系变革的。

从历史发展的角度来观察，世界性的现代化进程呈现明显的波浪式跃进态势。从18世纪后期到19世纪中叶，是第一次工业革命促生的现代化浪潮的第一波。英国是这次工业革命的发源地和领路人。第一次工业革命的主要特征是以蒸汽机取代生物能源，以初级水平的大机器生产取代人的手工劳动，以纺织业的机械化为工业化的龙头。当然，第一次工业革命不仅仅是经济与技术的革命，也是政治与社会的革命和变革。英国率先进入工业革命与现代化进程的原因有许多，其中重要的一点便是资本主义发展的质量及其促发的资产阶级革命。在英国之后进入工业化和现代化行列中的欧美国家，也是在进行了政治革命或改良之后才得以卷入第一波现代化浪潮中的。由此，第一波现代化的浪潮便促成了人类历史上自农业革命以来的第二次大分化：以西欧为核心的欧美新兴工业化国家从传统的农业文明中摆脱出来，成为现代世界的领导力量；而居于欧亚大陆中心地带的各大古典文明却仍在农业社会中徘徊，不知不觉地接受了由这次分化所导致的不平等的国际分工。与此同时，得益于工业革命的驱动，资本主义成为一种实实在在的世界体系。从19世纪下半叶至20世纪初，是工业革命所促生的第二波现代化浪潮。其突出特点是工业化彻底改变了欧美国家的社会形态，使之完成了从传统向现代的变革；与此同时，现代化的进程开始越出欧美，向欧洲文明以外的地区传播，非工业化的国家和地区面临"西化"或"欧化"的压力、恐惧和诱惑。欧美经济在这一时期出现爆炸式大增长，工业化国家和非工业化国家在社会经济发展水平上的差距越来越大。在欧美以外，只有日本一国通过自身制度的改造焕发出一股冲力，奇迹般地融入现代化的浪潮之中，并挤进列强的行列。在这次浪潮中，先是发达国家争夺资源与市场的斗争导致第一次世界大战；接着是席卷整个工业化世界的生产过剩危机；然后便是另一次更为惨烈的世界大战。这场战争源于发达国家之间转嫁危机的努力，之后演变成世界人民的反法西斯战争。第二次世界大战的结果：

一方面是美国罗斯福"新政"式的资本主义调节方式为欧美大部分国家所吸取；另一方面是以苏联为代表的另一种现代化模式形成国际体系。① 由此，世界范围内的现代化进程演进为两种基本的、对立的和竞争的模式。从 20 世纪中叶起，现代化浪潮进入更为广泛、深入的第三波。广泛的含义在于它把世界的每一个角落都卷入现代化的进程，深入的标志是它与第二次工业革命同步进行。第二次工业革命的物质技术基础已不再是煤和铁、电和钢，而是石油能源、人工合成材料和微电子技术。科学技术直接转化为生产力的速度大大加快了，而巨型跨国公司和全球产销网的出现，又把世界各地区更紧密地联系在一起。与此同时，欧美以外国家追求现代化的努力又产生出新的模式，并有了在短时间内追上发达国家的例子。第三波现代化浪潮的到来进一步加快了现代化的传播速度，并在某种程度上改变了第二波现代化浪潮以来现代化国家人民的生活方式、价值标准和社会结构。人们愈来愈难以用原来的标准和眼光来看待和评论"现代化"了。

国际关系的变革与波浪式的世界现代化进程密不可分。第一，从国际体系上看，现代化的发生和演进既把全球各地区在经济上有机地联系在一起，又把它们在政治上明确无误地分隔开来。从第一波现代化浪潮开始，欧亚大陆各古典文明的均衡状态便被打破了，世界初步地分成工业化国家和非工业化国家。英国——这个世界古典文明边缘上的一个小国，竟成了现代世界工业文明的权势中心。1840 年，英国一国的工业品产量竟占世界工业品总产量的 45%，它所建成的遍及世界五大洲的"日不落帝国"使人类历史上所有的帝国都为之失色。进入第二波现代化浪潮后，发达国家建立起对全世界的支配地位，而作为经济范畴的第三世界已经出现。② 这时的国际关系体系表现为两个方面：一是欧美列强之间的"多极均势"；二是南北之间的对立。欧美列强之间的"多极均势"支配着整个国际关系体系。当第三波现代化浪潮到来时，整个世界

① 许多学者把苏联和中国等国家的社会主义革命视为现代化进程的一部分，甚至认为这是 20 世纪世界性西方化革命的一部分。参见 Theodore H. V. Lauee, *The World Revolution of Westernization: The Twentieth Century in Global Prospects*, Oxford University Press, 1987, pp. 240-266。

② 斯塔夫里亚诺斯甚至认为在这之前就已出现了。参见〔美〕斯塔夫里亚诺斯《全球分裂：第三世界的历史进程》，迟越等译，商务印书馆，1993。

都被卷入其中。这时，首先是东西方两极对抗成为一种世界体系；其次是发展中国家形成了政治上的"第三世界"，对两极格局形成冲击，使之在冷战结束之前就只表现为美苏在欧洲的对抗。现代化的推动终于使两个欧洲中心区以外的超级大国支配欧洲的预言成为现实。随着苏东剧变和冷战的结束，欧洲的两极对抗也已消失。整个世界似乎进入了 19 世纪欧美列强间的"多极均势"状态，但新的多极化已使欧洲失去了国际关系体系中心的位置；同时，全球化时代的到来又对多极化的趋势形成牵制，一种新的国际关系体系正在孕育之中。

第二，从国际关系运作的规则上看，现代化的进程把以《威斯特伐利亚和约》为标准的欧洲国家间关系运作规则推广到全世界。从某种意义上说，现代国际社会即是欧洲国际社会的扩大。① 由威斯特伐利亚和会创立的国家主权、国家领土和国家独立等国际关系准则，国际会议、国际组织和多边协议等运作方式，伴随着现代化浪潮第二波、第三波的出现，被西方列强带到全世界。许多东方国家外交部门的设立均是现代化先进国家所制定的这套国际关系规则强迫或驱动的结果。当然，西方列强也把它们的强权政治带到了全世界。伴随着威斯特伐利亚原则推广到全世界的还有一整套对现代化"迟到国"不合理的国际经济秩序和政治秩序。

第三，作为现代化基础的物质技术的发展，在现（近）代以来的国际竞争中发挥着至关重要的作用，并不断地改变着国际关系的主题，也改变着国际问题的处理方式。首先，现代化的演进无疑大大加强了大国的军事能力。拿破仑战争之后，欧洲经历了近一个世纪的和平，没有发生过国家集团之间的武装冲突，现代化的进程加快了。与此同时，各大国的军事力量也在更新。铁路的普及、电报的泛用、连发武器性能的提高、蒸汽推进力的改进以及装甲战舰的升级，无疑都为未来规模更大、杀伤力更强、创伤更为惨烈的战争的到来创造了有利条件。一战和二战便成了检验这种现代军事技术与水平的实验场。两次大战的主角（除中国外）都是先进的工业化国家，现代化无疑大大提高了它们的军事能力，因此，现代化战争也就成了调节国际关系的主要手段。以赢得

---

① 参见 Bull & Watson （eds.），*The Expansion of International Society*，Oxford University Press，1989。

战争为目的的战略理论也随之发展起来。如果说艾尔弗雷德·塞耶·马汉提出"制海权"的理论依据还是英帝国的历史经验，那么 1921 年朱里奥·杜黑《制空权》理论的问世，则是依据现代科学技术夺取战争胜利的战略理论出现的标志。杜黑认为飞机的发明不仅为人类开辟了新的活动空间，而且也开辟了一个新的甚至比陆地和海洋更为至关重要的战场。① 空间武器的发展成为各大国军备竞赛的一个主要内容。至于核子武器的发明与核威慑理论的完善，更是把基于现代科学技术之上的战争理论推向极端，以至因恐惧而走向反面——防止核大战由此成为二战后国际关系的一个主题。其次，促生了第二次工业革命的高新技术把全球各地区更为紧密地联系在一起，跨国界的知识、技术、资本、信息和人才流动远较第一次工业革命时期更为快捷、频繁。因此，在 20 世纪后半期的国际舞台上，一方面是大小国家的军备竞赛，战争的阴影始终未能从人们心头拂去；另一方面是国际一体化的迅速发展对战争形势的到来形成越来越有力的抑制。国际关系变得更为纷繁复杂了。美苏对抗没能酿成世界大战，其中一个最重要的原因就是这种一体化所促成的依存关系使挑战的一方难以承受战争的代价，包括战胜的代价。如果说二战之前重大国际矛盾的解决仍然靠的是战争手段，那么二战后靠的则主要是妥协的手段，其主要方式即多边协商与多边协约，以及多边国际组织的建立，如联合国及其大多数协议，关贸总协定的 8 轮谈判，七国首脑会议，美苏关系的缓和及手段，石油输出国限产保值协议，欧共体的一体化，等等。有人甚至认为没有妥协就没有当代国际关系，妥协是当代国际关系中形成历史合力的机制。②

第四，在世界现代化进程中，一国内部的问题往往可以越出国界，成为国际问题或国际关系问题。在英国资产阶级革命发生之时，欧洲的君主们并不认为这与自己有什么利害关系。英国革命基本上是在没有欧洲大陆列强干涉的情况下发生和完成的。法国和西班牙的君主还争相与英国的"弑君者"达成密约，以建立自己在海上竞争的优势。但一个世纪之后的法国大革命竟牵动了整个欧洲。第二波、第三波的现代化浪潮之后，一国国内变动影响整个国际关系

---

① 参见〔意〕杜黑《制空权》，曹毅等译，解放军出版社，1986。
② 沈翼如：《论当代国际关系中的"妥协"》，《世界经济与政治》1994 年第 5 期。

的事例更是比比皆是。1949 年，中国社会主义现代化道路的选择竟深刻地影响到东西方力量的对比。伊朗国王巴列维以"白色革命"的激进手段推进现代化，招致传统势力的反对；霍梅尼在伊朗领导的伊斯兰革命及其所促成的伊斯兰教诸种势力的复兴，竟在国际舞台上形成传统与现代的大对抗。实际上，在第三波现代化浪潮中，各国的国内政治已经越来越直接地同国际政治联系在一起了。

第五，现代化的演进无时不在改变着国际社会力量的对比，从而决定着国际关系的体系、规则和性质。第一波现代化浪潮制造的是"不列颠治下的和平"，实际上是英国一国支配下的欧美列强之间的"均势"。第二波现代化浪潮便改变了原来的力量对比：英国从巅峰之上跌落，却仍保持着一流强国的地位；美国则利用其地理、技术和资源等方面的有利地位，成长为第一经济大国；与此同时，世界力量的重心向欧洲以外转移。经过两次大战，形成了两极体制。第三波现代化浪潮时期，国际关系以两极体制开始，以"多极"体制告终。欧洲列强终于把它们创立的现代国际关系体系推广到全世界，但这一体系先是遭到现代化"迟到"国家的冲击，包括南北对立与亚太新兴工业化国家的崛起，接着又面临新技术革命所促生的政治、经济与社会变革的扬弃。无疑，它正走向根本性变革。

三　全球化与国际关系的变革

回到文章开头，我们看到从 1492 年起，由于西欧国家兴起的地理大发现打破了各文明板块之间的隔绝状态，形成了"世界"这个概念，开始了"现代"的历史。五百年后的今天，经过现代化进程的演进，全球各角落终于真正有机地联系在一起。诚如地球上最大的政府间组织领导人、联合国秘书长加利在 1992 年"联合国日"致辞时所说："第一个真正的全球性时代已经到来。"

全球化的出现是世界现代化进程的一个必然结果。① 第二次世界大战后以

---

① 关于"全球化"中外学术界均无统一的界定，罗伯特·吉尔平更认为它是一个偶然的历史过程。参见〔美〕罗伯特·吉尔平《世界政治中的战争与变革》，武军等译，中国人民大学出版社，1994。

来，随着第二次工业革命的展开和现代化浪潮第三波的冲击，生产国际化、交换国际化、金融国际化和技术开发国际化等，已使现代化的进程进一步突破了国界的限制，国家已不再是国际行为唯一的主体。卫星、光纤通信和计算机技术结合引起的信息革命，更是对各国政府在内政、外交和军事上的主权及其控制和实施的能力提出了挑战，主权不可让渡的原则已经行不通了。与此同时，在冷战结束后，经济安全成为各国内政外交的核心。在国际关系中，使用武力和以武力相威胁已很难达到预期目的。总之，全球化和高新技术革命结合在一起，对传统的国家主权、国家间竞争手段和国际关系规则提出了挑战，非政府力量已经介入国际关系并开始参与全球政策谋划，现存的国际关系体系面临着根本性的、革命性的变革。

概括全文，我们看到，从历史的角度来考察，就全世界而言，现代化制造了分裂，又产生了融合；或者说它以发现世界、分裂世界开始，以整合世界、融合世界告终。如果以全球化的出现为现代化时代的结束，那么五百年现代化的历史记载着多少西方民族的骄傲和东方文明的辛酸！现代化制造了全球化，从而给它推广到全世界的国际关系体系留下了一个难题：国际关系已不再仅仅是国家间的关系！这将是人类社会跨世纪的难题。

中美关系的特点与实质[*]

冷战结束以来，中美关系一波三折，几起几落，一直未能进入一个顺畅发展的轨道。两国关系的挫折和倒退使许多善良的中国人和美国人感到困惑和沮丧。但是，随着时间的推移，中美关系的特点和实质开始逐步清楚地显露出来，人们对中美关系的认识也就应摆脱简单化的理解了。如果我们能认识到这一点，对如何应对美国外交政策的变化，推动中美关系朝着健康方向发展，无疑会大有裨益。

一　中美关系缘何波折不断

对中美关系稍有了解的人都会注意到，中美之间这些年麻烦迭起，波折不断。就最近的例子而言，1997 年和 1998 年两国元首的互访似乎使中美关系最终摆脱了冷战后的徘徊局面并重新回到一个正常的轨道上来，但 1999 年 5 月美国对中国驻南联盟使馆的野蛮轰炸又制造了新的倒退，使中美关系再次跌入谷底。经过近一年的修复，中美在 2000 年恢复了正常的互访与对话，但美国领导人在就中国使馆被炸向中国解释、道歉的同时，仍在人权问题和国际货币基金组织对华贷款等问题上阻击中国，仍向台湾地区出售高技术武器，仍然声称要 "保卫台湾"，为台湾地区新领导人打气。中美关系何以波折不断？不了解这一问题，就很难了解中美关系的问题之所在，以及复杂性之所在。

第一，冷战后中美关系波折不断的基本原因在于冷战期间中美战略合作基础的消失。这似乎是老生常谈，却是了解中美关系的一个起点。从 1949 年中华人民共和国成立之日起，美国对中国共产党领导下的中国就一直采取敌视、封锁、孤立和对抗的政策。美国在冷战期间所推行的 "遏制" 战略的主要对

＊　原载《哈尔滨工业大学学报》（社会科学版）2000 年第 4 期。

象是苏联，但事实上它把相当一部分精力用在对中国的遏制上了。美国在冷战期间所打的两场局部战争，即朝鲜战争和越南战争，都发生在中国的周边地区，可以说都是或主要是针对中国的。即使 20 世纪 50 年代末 60 年代初中苏关系破裂之后，美国仍然抱着与中国对抗的政策不变。直到 60 年代末 70 年代初，当苏联的扩张势头变得愈来愈咄咄逼人，而美国领导人又迫于国内民众的压力不得不设法从越南战争中脱身时，美国才着手与中华人民共和国改善关系。1972 年尼克松总统对中国的访问，改变了整个世界的战略力量对比。在这之后，美国和中国逐步建立起一种战略合作关系，共同对抗苏联的对外扩张。尼克松总统也曾努力改善与苏联的关系，开辟了 70 年代东西方"缓和"的新时代。但事实证明，"缓和"只是为苏联迅速缩小与美国的实力差距和实施更大规模的战略扩张创造了有利时机。1979 年，苏联对主权国家阿富汗的入侵为"缓和"时代画上了一个具有讽刺意味的句号。中美关系在这样一种情况下不断得到发展，即使 1980 年当选总统的美国保守派代表里根也不得不接受这样一个现实：发展与中国的战略合作关系，是美国的根本利益之所在。诚然，中美关系的改善和发展也使中国有效地改善了自己的战略环境。但毋庸置疑的是，美国通过与中国的战略合作，减轻了自己的战略负担，并为 80 年代对苏联战略的转守为攻奠定了基础。

然而，随着 80 年代后期苏联威胁的减退，苏东社会主义国家政权的解体和冷战的结束，美中战略合作的基础开始消失。美国领导人认为，中国对于美国已经不那么重要了。美中战略合作掩盖下的矛盾与冲突开始显现。美中关系开始出现变化。1989 年发生在北京的政治风波恰好为美国改变它的对华政策提供了一个时机，因而美中关系立刻出现了逆转。可以说，冷战结束后美中之间的波折都是在这样一个大的历史背景下发生的。

第二，冷战后中美关系的一波三折还在于美国国内政治的恶劣影响。中美关系成了美国党派斗争的工具。经历了冷战结束之时的逆转，中美关系自 90 年代初期以来还是不断地有所改善。其主要原因在于，尽管冷战期间关系的战略基础已经消失，但两国在经贸与文化和教育等方面的交流与合作却蓬勃发展起来，以至于美中关系在苏联的威胁消失之后已很难再回到原来的状态。尤为重要的是，出乎许多西方预言家的预期，中国非但没有像苏东社会主义国家那样在 80 年代末 90 年代初乱下去、垮下去，反而一直保持着经济的高速发展和综合国力的持续提高。这使世界不得不重新审视中国，美国有远见的政治家和战略家也不得不重新审视美国的对华政策。在 1992 年和 1996 年两次大选中获胜的克林顿民主党政府逐步改善与中国的关系，突出标志就是 1997～1998 年实现了停顿多年的两国最高领导人的互访。

但是，随着冷战的结束，美国的国内政治也发生了巨大变化。美国国会开始在对外政策的制定中居于越来越重要的地位，而总统的权力则受到极大削弱。共和党在 1992 年大选失败后，在 1994 年的中期选举中夺得了参众两院的多数席位，赢得了美国国会的主导权。从此，美国的党派政治与对外政策日益直接、紧密地联系在一起，对华政策更是成为美国两党争斗的牺牲品。人们清楚地记得，在 1992 年的总统选举中，布什政府的对华政策是克林顿领导下的民主党攻击的主要目标。但在 1992 年以后，共和党则站在民主党原来的立场上，成为民主党总统对华政策的讨伐者。共和党控制的国会先是批评克林顿政府没有一个长期、稳定的对华政策目标；接着又极力阻止美国对华关系的改善，并努力提高台湾地区在美国对外政策中的地位，邀请台湾当局领导人李登辉访美；1996 年之后，共和党控制的国会又接连以"政治献金案""李文和间谍案""考克斯报告"等一连串的政治表演，毒化美中关系趋向改善的气氛；加上美国媒体刻意渲染和推波助澜，冷战后美国的对华政策成了美国两党和社会关注的焦点和争论的热点。很明显，在冷战结束、苏联威胁消失之后，美国两党在对外政策上的一致已不复存在，总统在对外政策上的权力开始减弱，党派政治走上外交舞台。对许多政客来说，党派利益高于民族利益或国家利益。这是近年来美国对华政策多种声音和自相矛盾的原因之所在，也是中美关系波折不断的重要原因。在 2000 年的总统大选中，克林顿政府的对华政策，包括对台湾地区的政策再次成为共和党总统候选人小布什攻击的目标。把本国对一个大国的外交政策当成国内党争的一个靶子，甚至牺牲品，这种现象在其他西方国家还没有出现过。

第三，中美关系波折不断还与近年来美国对外战略的调整有直接关系。经历了 90 年代国家实力的持续膨胀，美国正在重新认定它的国家利益，重新建构其世界战略。这或许是目前和今后一段时期内中美关系都将波折不断的根本原因。冷战结束之初，面对东欧剧变、苏联解体，面对世界力量失衡的状态，美国领导人实际上也不知道何去何从。按照当时基辛格老先生在克林顿接任总统之初说的话，即"美国第一次面对一个它既不能简单撤出，又无法有效应对的世界"①。当时，美国人觉得他们所面对的最重要的问题来自国内。但是，随着 90 年代美国经济的持续增长和综合实力的持续增强，美国领导人很快就从冷战后一时的彷徨中摆脱出来，加紧了构筑"单极世界"的努力。克林顿在 1992 年的总统大选和 1993 年就任总统时强调的是"国内事务第一""经济安全第一"。但是到了 1998 年，他所强调的却是美国在全世界"无可推卸的领导责任"，强调的是要按照美国的价值观改造世界，并不惜动用武力领导北约对主权国家南联盟大打出手。克林顿政府对外政策重点的变化是美国对外战略发生重大变化的突出标志。

20 世纪 90 年代的十年可以被看成美国实力持续增长的十年。在这十年的时间里，美国不但进一步巩固了自己已有的超级大国地位，而且还一步一步地构筑起一种新式霸权。与历史上其他霸权国相比，美国霸权不仅在"硬权力"的"体积"和"范围"上达到了空前的规模，而且在"软权力"方面实现全球性的蔓延。② 首先，美国经济实现了一百多个月的持续增长，刷新了历史纪录。20 世纪 90 年代以美国历史上最长经济繁荣期载入了史册。其次，与美国形成鲜明对照的是，其他发达国家经济增长缓慢，曾被视为美国经济领导地位最有力挑战者的日本经济更是由于泡沫破裂而跌入低谷。尤为重要的是，这次美国经济增长是以"新经济"的面貌出现的。有关"新经济"的界定甚至其概念是否能够成立目前还有争论，但不管怎么说，美国已经在人类新一轮以信息技术为主导的经济革命中走到了世界的前面，这一点是确定无疑和有目共睹的。

经济的增长为美国实力的扩张奠定了广泛的基础，同时也使美国所认定的"国家利益"更加广泛、复杂，甚至全球化了。首先，美国得以继续投入相当的财力以提升它的军事能力。冷战结束之初，美国也曾削减军费。可是到了

---

① Harry A. Kissinger, "Clinton and World", *Newsweek*, February 1, 1993.
② 参见〔美〕约瑟夫·奈《美国定能领导世界吗》，何小东等译，军事译文出版社，1992。

90 年代中后期又开始增加军费开支，尽管美国领导人为军费的增加找出种种理由进行辩护，但归根结底是因为美国具备了新的提高军备的实力，美国要在已有的基础上继续扩大它与其他国家在军事上的差距。为此，美国不顾其他国家包括自己盟友的反对，不惜违反它于 1972 年与苏联达成的反弹道导弹协议（ABM），研究和开发国家导弹防御系统（NMD）和战区导弹防御系统（TMD），促动新一轮军备竞赛。尽管克林顿终于在卸任前把部署 NMD 的任务留给了下一任总统，但美国部署这一系统，建立针对其他国家的更大军事优势的努力和前景是不容置疑的。其次，借助于苏东社会主义政权垮台的政治影响，借助于冷战后全球统一市场的形成和信息革命的推动，美国在增强自己经济和军事实力的同时，也把美国的文化产品、生活方式和价值观念推销到全世界。同历史上的霸权国如英国、荷兰和西班牙国等相比，美国不仅在经济和军事等"硬权力"上真正具有了全球性优势，而且在意识形态、大众文化和生活方式等"软权力"方面也在全世界占有主导地位。因此，有人认为目前所谓的"全球化"就是"美国化"（Americanization）。最后，美国人自信心、自豪感和使命感得到了恢复，"领导"（实际上称霸）世界的热情重新燃起，并且把许多原本被看成一个主权国家内部的事务，如把一国的人权状况与国际安全联系在一起，因而也与全球化了的美国国家利益联系起来，举起了"人权高于主权"的大旗。表现在美国的战略选择上，便是由向内政的退缩到向外交的扩展，并在国际舞台上表现出愈加明显的霸权主义和强权政治的作风。作为仍然坚持共产党领导的大国，中华人民共和国在美国许多人的"新视野"中便自然而然地"超越"已经全面倒向资本主义的俄罗斯（不管俄罗斯最终成为什么样的国家），成了美国最明显的异己力量。理查德·伯恩斯坦和罗斯·芒罗合著的《即将到来的与中国的冲突》便是这种新视野的产物。[1]

　　简言之，冷战后美国对华政策的变化恰好与美国实力的膨胀、美国对其国家利益的重新认定和美国对外战略的调整同时发生，实际上可以被看成其调整过程的一个缩影。克林顿总统第一任内，严格地讲，美国的确没有一个明确与稳定的对华政策。只是从其第二任开始，克林顿政府才在对华政策上拿出比较

---

[1]　Richard Bernstein & Ross H. Munro, *The Coming Conflict with China*, New York：Knopf, 1997.

重大的举措，特别是恢复最高领导人的互访，但美国在人权、贸易、中国加入世贸组织、中国台湾地区和西藏等问题上没有对中国做出任何有实际意义的让步。其背景正是经过 90 年代美国实力的持续膨胀，一个由美国一家主导世界的新的美国世界战略正在形成。对比 90 年代初，现在美国领导人对自己的实力更有信心了。在对华政策上，美国实际上采取了一种既交往又对抗的方针。从这个角度看，美中关系波折不断并不完全是美国国会政客与媒体兴风作浪的结果。克林顿总统与共和党控制的国会在对华政策上确有分歧，但他并不想为了捍卫自己的主张而与国会形成对抗，往往会做出妥协或让步。其主要原因不仅在于冷战后总统外交权力的削弱，而且也在于总统与国会在对华政策上的分歧是策略性质而不是战略性质的。无疑，中美关系的波折还将继续下去。

二　中美关系的特点与实质

基于以上三方面的原因，冷战后的中美关系成了当今世界大国关系中麻烦最多、波折最大的关系。实际上，自二战结束以来，中美关系的起伏和戏剧性变化在当代大国关系史上也是极为罕见的。中美关系可以说是最复杂、最特殊的双边关系，这是由中美关系的特殊性决定的。

首先，中美关系不仅仅是两个国家之间的关系，而且是两种历史与文化、两种不同社会制度与生活方式之间的关系。美国作为一个新兴国家，在二百多年的时间里，从英国的殖民地发展为世界超级大国，取代了英、法、德、俄等老牌资本主义国家，成为西方世界的领导者。正是因为在如此短的时间内取得了如此巨大的成就，超越了其他大国，美国人才相信他们的价值标准、生活方式和社会制度是世界上最好的，可以成为世界上其他民族和国家学习和效仿的楷模。东欧剧变、苏联解体和冷战后美国战略优势的增长，似乎更验证了美国以"拯救"世界为己任的"天定命运说"，美国要按照自己的模式整合世界。而中国则既是一个有五千年文明史的东方大国，是世界上唯一保持了文明传承的东方古国，又是一个年轻的亚洲社会主义国家，有其独特的文化传统、生活方式和价值标准。中国自一百五十多年前被迫卷入西方所创造的世界体系中以来，尽管饱尝了种种民族屈辱，但始终没有改变自己所固有的特性，并且经过几代人的艰苦努力，不仅赢得了独立和尊严，而且正在为建立一个公平、合理的世界新秩序而奋斗。由此，中美关系的范围远远超过一般的双边关系，不仅涉及国家间在经贸、地缘和安全方面的利益与冲突，而且与两国在意识形态上的矛盾联系在一起。中美关系的潜在影响也就超出了现实的范围，有其深刻的历史含义。

其次，对于中美两国自身来说，也正是由于两国之间的巨大历史、文化与社会差异，中美关系现在已经超出了建交初期政府间关系的范围，而与两国人民的政治情感越来越直接地联系起来。美国国会的一部分政客之所以能够不断地挑起争论，不断地给中美关系的改善制造麻烦，美国的部分媒体之所以能够不断地与国会相呼应，不断地在人权等方面"妖魔化"中国，一个基本条件是美国人对中国的关注。如果大多数美国人对中国的现状和前景都抱着无所谓的态度，美国的政客和新闻界也就难有作为了。换句话说，他们有效地利用了对中国了解不多但又真心希望中国在经济、政治与社会方面都不断取得进步的美国人民的善良愿望，加以造势，对坚持改善和发展中美关系的努力形成巨大压力。中国人民可以理解20世纪五六十年代历史条件下中美之间的敌对，欣赏七八十年代中美之间的战略合作，但是难以理解冷战结束以来中美之间的波折，难以理解美国凭什么要对别国内政的品头论足和横加干涉，难以理解美国为什么无视改革开放二十多年来中国在各个方面的巨大进步而在诸多方面为难中国。这种现象是中国与其他国家关系中所没有的。美国对中国驻南联盟大使馆的野蛮轰炸更是严重地伤害了中国人民的感情。总之，中美关系不是一般的国与国之间的关系，而是与两国人民的价值取向、理想追求和政治情感连接在一起的内容更为广泛、深刻的关系，也是一种更为复杂、更富挑战性的关系。

最后，尽管中美两国存在诸多差别，尽管两个国家远隔千山万水，尽管两国关系波折不断，但两国人民的生活却日益紧密地联系在一起。这既增加了中美关系的复杂性，同时又为中美关系的发展开辟了一个极为广阔的空间。经过二十几年的发展变化，中美贸易迅速增长。体现在美国人生活上的重大变化，就是从早到晚，美国人的日常生活几乎被中国产品所包围：从床上用品、厨具餐具、家用电器、办公用品，到圣诞礼物、旅游纪念品、服装鞋帽、玩具……中国的产品质优价廉，因而才能够在美国市场的激烈竞争中取胜，实际上也是美国人富裕、舒适生活的有力支撑。在过去的二十几年里，中国人民的生活也由于中美关系的发展而发生了重大变化。美国的影视和书籍等文化产品大举进入中国，并在中国的文化市场上占有重要份额；美国的高技术产品，特别是计算机软、硬件设备和电子通信等信息业产品，成为中国现代化建设的手段；带有鲜明美国文化特征的麦当劳和肯德基等美国快餐、迪士尼动画世界、好莱坞大片、互联网、NBA 精彩画面与传奇故事、可口可乐饮料和宝洁（P&G）公司的系列洗涤用品等，进入了中国寻常百姓的日常生活中。应该说，70 年代初开始发展的中美经贸关系最初是作为中美战略合作关系的副产品出现的，但现在已经成为冷战后中美关系得以维持和发展的新的物质基础。中美分别作为世界上最大的发展中国家和发达国家，彼此在经济或者说在市场上强烈的互补性质及发展空间是其他任何一个国家都无法替代的。

三　中美关系的前景

通过对中美关系波折不断缘由的探讨和中美关系特性的分析，可对中美关系的趋向做出如下推断。

首先，从冷战期间旨在对抗苏联的战略合作到冷战后的波波折折，中美关系的发展变化应该被看成一个自然的演进过程。由于一时的战略需求被掩盖的中美之间的矛盾开始显露，再加上美国政客与媒体的推波助澜，中美关系时有恶化。这也是中美关系发展中的一种“正常化”现象，中美之间在历史背景、价值取向和社会制度方面的差异是根本的、无法弥合的。但这并不意味着中美关系会倒退到 20 世纪 50~60 年代的激烈对抗中去。因为经过最近二十多年来的发展变化，中美之间在经济上已经日益密切、直接地联系在一起，避免破裂、求同存异、谋求长期稳定的合作关系符合双方的长远利益。

其次，美国构造新的世界战略的努力不但是中美关系波折不断的原因之一，而且为未来中美关系的发展增加了新的变数。得益于近年来美国实力的持续增长，美国领导人对在全球推行其价值观更有信心。90 年代美国学术界关于国际体系主流论点的变化，实际上也反映出美国人心态的变迁。90 年代初期，美国学术界曾为冷战后的世界是“单极”还是“多极”，是“无序”还是"有序",是西方与非西方的"文明冲突"还是美、欧、亚三足鼎立等争论不休,现在"单极稳定论"开始占上风。① 美国人正在营造由它一家独霸的世界。如果美国的行为得不到有力的牵制,中美双方在一系列问题上业已达成的协议或共识的基础便会动摇,美中关系就会面临一个更为复杂和困难的局面。可以肯定,中美之间在"人权"与"主权"问题上的斗争将是长期的。

最后,对于中国来讲,我们所面对的已不再是一个传统意义上的西方大国的强权政治,而是用现代信息技术武装起来的一种价值标准、生活方式和社会制度的全方位的挑战,一种新式霸权。在这样一种条件下,中美关系的前景,不仅取决于我们的外交斗争,不仅取决于美国国内政治和对外政策的发展变化,而且更取决于中国自身的稳定、发展和进步。80 年代末 90 年代初以来,中国经济的高速增长和综合国力的持续提高,实际上是冷战后中国与西方国家关系,特别是中美关系得以维持和发展的主要原因。美国和其他西方国家在中国的稳定与发展中看到了中国的实力,也发现了自己的机会。而无论美国的政客和媒体如何呼风唤雨,实力和机会是美国领导人能与我们求同存异的基础。概括起来,中美关系仍处于冷战(其间中美先是对抗,后是合作)结束以来的过渡期。以上种种因素的影响,使中美关系还难以在短时间内形成一种有效的调控机制。中美之间的波折还要继续演绎下去,但只要我们能把自己的事情办好,中美关系最终将朝着中国人民所期望的方向发展。

① Charles Krauthammer, "The Unipolar Moment", *Foreign Affairs*, 1990 – 1991; Ted Galen Carpenter, "The New World Disorder", *Foreign Policy*, Fall 1991; Richard Rosecrance, "A New Concert of Powers", *Foreign Affairs*, Spring 1992; Joseph Nye, "What New World Order?", *Foreign Affairs*, Spring 1992; Samuel P. Huntington, "The Clash of Civilization?", *Foreign Affairs*, Summer 1993; William C. Wohlforth, "The Stability of a Unipolar World", *International Security*, No. 1, 1999.

"后冷战时代" 的推测与判定[*]

　　随着 1989 年柏林墙的拆除和 1991 年苏联的解体，持续近半个世纪之久的冷战结束了，覆盖全球的东西方对抗终止了。战后国际关系由此进入了一个新的时代。由于人们很难立即给这个时代下一个确切的定义，"后冷战时代"（Post-Cold War Era）成为当时人们描述冷战后世界最常用的词语。但是，人们并不甘于永远使用这个词语。人们一遍又一遍地对"后冷战时代"进行一种新的推测与判定，一遍又一遍地宣布"后冷战时代"的终结，可迄今为止还没有找到一种令人满意的"后冷战时代"的替代说法。"后冷战时代"仍在延续。本文的目的是对西方学术界对冷战后世界秩序的种种推测进行评析，以期让我们对已延续了十多年的"后冷战时代"有一个清楚的认识。实际上，早在冷战结束之前，至少在苏联解体之前，关于"后冷战时代"的种种推测就已经出现了。如查尔斯·克拉斯姆（Charles Krauthammer）"单极时刻"（the unipolar moment）的推断。^① 但看来"单极时刻"的推断并没有令多少人信服，因为新的推测不断涌现出来，初步统计，有几十种之多。限于篇幅，我们在这里选几种最具代表性、涵盖性和现实性的加以评价和分析。它们是基于新重商主义和地缘经济的"三集团"论（the three bloc），基于现实主义的"多极均势"论（the multipolar balance of power）模式和引起全球争议的"文明冲突"论（clash of civilization），基于"霸权稳定"论并在学术界日渐认同的"单极时刻"论（the unipolar dominance）和基于全球性体制的功能不断增长而提出来的"全球村"理论（the global village）。^②

---

　　*　原载《吉林大学社会科学学报》2002 年第 4 期。

　　①　Charles Krauthammer, "The Unipolar Moment", *Foreign Affairs*, No. 70, 1990/91, pp. 23–33.

　　②　Rober E. Harkavy, "Image of the Coming International System", *Orbis*, Vol. 41, No. 4, Fall 1997, pp. 560–590.

一 "三集团"论的兴起

尽管早在 20 世纪 70 年代末世界经济的美、欧、日三足鼎立之势就已经形成，但"三集团"论是在克林顿就任美国总统初期才成为西方学术界主流观点的。这种观点接受了弗朗西斯·福山"历史的终结"的推断，认为人类意识形态之争已经结束，地缘经济将取代地缘政治成为国家兴衰的关键因素。克林顿上台伊始就把经济安全和国内事务放在首要位置的做法，更是对这种推论起了催化的作用。

根据"三集团"论，世界将形成由美、德、日主导的三个相互竞争的经济集团主导的格局。美国集团以北美自由贸易协定（NAFTA）为中心，潜在地包括拉丁美洲；以德国为首的欧洲集团以西欧为核心，潜在地包括俄罗斯和其他前苏东国家，也许还有北非；日本领导的太平洋圈包括韩国、东南亚和可能的中国。"三集团"论的有趣之处不仅在于三个集团的拼法，更在于它对三个集团前景的推测：在这三个集团中，美国将是最弱的一个，德国集团最强，日本集团介于两者之间。他们认为随着经济市场化，前苏东集团国家可以成为西欧发达国家原材料和石油的来源，成为低工资劳动力的源泉，就像墨西哥之于美国和东南亚之于日本那样。他们相信，受过良好教育并且无须从脱贫开始的欧洲劳动力撑起的"欧洲大厦"，将使欧洲重新成为世界的领导者。而美国集团则将处于明显的劣势地位：拉丁美洲经济的长期停滞，美国对中东石油的依赖，美元的危险地位，美国为了维持双料（经济上和军事上）超级大国而不得不在军事上做出的巨大支出，等等。日本集团则好于美国集团：日本银行的庞大实力，日本作为世界上最大债权人的地位，日本创世界纪录的贸易盈余，日本在工厂和设备上 3 倍于美国 2 倍于欧洲的人均投资率，等等。莱斯特·索罗（Lester Thurow）还强调日本的教育水平，特别是其高中基础教育的能力，同时还对日本的民族特性给予了高度评价："凝聚力和同文同种的一致性赋予日本一种专注于经济力量的竞争能力。没有一个民族能够组织得如此之好，向着一个精心设计的共同目标迈进。"[1]

---

[1] Lester Thurow, *Head to Head: The Coming Economic Battle Among Japan, Europe and American*, New York: Morrow, 1992.

这样，欧洲集团将在"后冷战时代"的世界上居于领导地位，日本集团次之，美国集团则屈居第三。

"三集团"论的设想不是没有道理。首先，欧洲国家包括俄罗斯和东欧国家的平均基础设施、教育水准、富裕程度等确实要高于其他国家和地区，这是欧洲走向富强的基础。其次，冷战后美、欧、亚经济的区域化和集团化确实展现出来了，如欧洲一体化的深入，北美自由贸易区（NAFTA）和东亚国家内部贸易与投资额的持续增长以及 APEC 的成立。但冷战后整个世界形势的发展又使这种判定成为笑谈。首先，在整个 90 年代，美国经济强劲增长，欧洲经济陷入衰退，日本经济则因其泡沫的破灭而停滞不前，美国再度成为世界经济发展的火车头。其次，经济全球化的浪潮席卷每一个国家和地区，以某个国家为核心的经济集团化设想失去了物质基础和现实意义。欧洲在其经济一体化不断深入的同时也在不断加强与其他国家和地区的经济联系。APEC 不仅加强了东亚国家的经济合作，也将其与包括美国在内的太平洋东岸和大洋洲国家联系在一起。最后，日本对待历史的态度妨害了它与亚洲国家的进一步合作，中国经济的迅速发展以及其与其他国家和地区的广泛联系更使以日本为首的集团化设想成为泡影，而冷战后此起彼伏的地区冲突和接连不断的针对美国与西方国家的恐怖袭击，再次使安全问题成为国际关系的主题。历史没有终结，经济也就不能成为世界舞台上压过其他领域的主旋律。

二 "多极均势"论的推测

冷战结束后，国际关系的"多极化"发展是许多国家学者包括中国学者的共同推测（和希冀）。1994 年英国《经济学人》杂志发表了一篇题为《新的世界秩序：回到未来》的文章，声言更典型的"秩序将从三四个或五个大国的互动中产生，这些大国在它们之中创造盟友和敌人转移的模式，这是恐龙之舞。这就是过去几个世纪大部分时间里欧洲和亚洲——历史世界的核心——主要的行为方式，直到 1945 年，现在这样的方式又回来了"①。作者还认为冷战的意识

---

① "The New World Order: Back to the Future", *The Economist*, Jan. 8, 1994, pp. 21-23.

形态喜好已经不再是国家之间的黏合剂，在即将到来的多极均势时代，联盟将迅速地发生变化，今日之朋友可能变成明日之对手，反之亦然。那么大国联盟将如何组合和变换呢？作者在否认了几种联盟形式之后，认为大国关系最有可能的前景是欧洲、美国和俄罗斯之间的松散联盟以遏止中国，"同时被中国的增长所恫吓和需要美国保护的日本，将谦虚地屈居次大国的水平"。第二种前景是中国与伊斯兰世界之间的联盟，这将促使俄罗斯与欧洲更为紧密地联系在一起。这种设想可能是受到了亨廷顿"文明冲突"论的启发。第三种前景是，为了遏制迅速发展的中国，美国、日本和印度可能结成联盟，韩国将稍迟些加入；俄罗斯保持中立并向中国出售武器和能源，欧洲作壁上观。作者还有一种推测，那就是中日韩联盟以将美国的影响驱除出亚洲，而俄罗斯和欧洲则作壁上观。

基辛格在某种程度上也是这种"多极均势"论的赞赏者和倡导者。但是，对这种推测持反对意见的也大有人在。早在1992年，约瑟夫·奈就指出把冷战后的多极化倾向与19世纪的国际秩序类比是虚幻的。19世纪的国际秩序是建立在不列颠、法兰西、德意志、奥—匈和俄罗斯五大国力量基本相当的均势基础之上的。冷战后，俄罗斯经济上的脆弱、中国作为一个发展中国家的地位、日本有限的军事力量、欧洲政治团结的缺乏都使19世纪大国均势的再现成为幻影。[①] 同样是在1992年，理查德·洛塞卡洛斯（Richard Rosecrance）对传统均势的有效性提出质疑。他承认大国均势在19世纪大部分的时间里和20世纪上半期居主要地位，但它并不是一个有效的机制，它没有使大国关系自动倾向平等，反而导致了第一次和第二次世界大战。理查德·洛塞卡洛斯认为核威慑和中央联盟规则是比"多极均势"更有效地规范无政府国际体系的机制，其最有效的运作是在1945～1989年。他认为眼下是大国协调（concert of powers）开始运作的时期。同其他西方学者不同，他认为冷战后世界秩序危险的来源不是正在快速发展的中国，而是不满足于现状的日本。[②] 冷战后大国关系的演进似乎与以上的描述都有吻合之处，但由于美国"一超"的作用太强而使"多强"之间难以形成自由的"协调"关系。

① Joseph S. Nye（Jr.），"What New World Order"，*Foreign Affairs*，Spring 1992，p. 87.
② Richard Rosecrance，"A New Concert of Powers"，*Foreign Affairs*，Spring 1992，pp. 82-83.

三 "文明冲突"论的预言

塞缪尔·亨廷顿的"文明冲突"论在后冷战时代的预测中争议最大，影响也最大。从 1993 年他在美国《外交》杂志夏季号上发表《文明的冲突?》一文，到他在冬季号上发表《不是文明又是什么?》，再到 1996 年推出《文明的冲突与世界秩序的重建》一书，"文明的冲突"成为全世界学术界和新闻界最热门的话题之一。《文明的冲突?》在《外交》杂志发表后三年内所引起的争论，超过该杂志 20 世纪 40 年代以来所发表的其他任何一篇文章，也超过亨廷顿本人撰写的其他任何文章。2001 年"9·11"恐怖袭击事件发生之后，亨廷顿的书再次成为热销品，足见"文明冲突"论的影响之大、之深。亨廷顿"文明冲突"论的核心观点是：正在出现的全球政治主要的和最危险的方面将是不同文明之间的冲突。根据亨廷顿对历史的理解，国际冲突应分成这样四个时期：其一，1793 年以前君主之间的正统之争、领土之争；其二，法国大革命后民族国家的国家利益之争，表现在经济、主权、领土、军事上的角逐；其三，一战后的意识形态冲突和二战后全球性质的冷战；其四，冷战后文明的冲突。前三次冲突都是在一个文明体系（西方文明体系）内发生的，但未来的冲突将超出西方文明范围，发展为文明之间的冲突。而在亨廷顿所认为的目前世界的七八种文明（西方文明、儒家文明、日本文明、伊斯兰文明、印度教文明、东正教文明、拉丁美洲文明以及非洲文明）中，最有可能发生冲突的是西方文明与伊斯兰文明或西方文明与伊斯兰文明和儒家文明联盟之间的冲突。为什么文明之间一定会发生冲突并成为世界主要冲突之源呢? 亨廷顿的解释是，随着各国经济现代化、政治民主化进程的发展，人类的民族国家认同感将逐步消失，文化及宗教力量将日趋增长并在全球范围内形成一个巨大的"非西方化运动"（de-westernization）。这种"非西方化运动"不可避免地会导致"文明的冲突"。

亨廷顿的"文明冲突"论引起了人们的"新奇、义愤、恐惧和困惑"，招致几乎来自全世界的批评。关于亨廷顿"文明冲突"论的是非曲直这里不去做评判，但我们不可否认的是，它为人们预测、观察和推断冷战后的世界提供了一个新的视角和新的参照。在我们否认"文明冲突"的时候，在我们欣赏"一个星球，多种文化"的时候，我们无法排除"西方和非西方"在经济、社会和文化上的巨大差别，我们无法对美国和西方世界与伊斯兰世界之间物质上的巨大反差和价值观上的巨大鸿沟视而不见。尽管迄今认同亨廷顿"文明冲突"论的人仍是少数，但倡导文明对话的学者队伍则日渐庞大，并强调要发展一种"和平文化"①，这说明人们对"文明冲突"的担忧。亨廷顿在他为《文明的冲突与世界秩序的重建》一书中文版撰写的序言中努力改变自己被许多批评家所赋予的文明冲突鼓动者的形象："我所期望的是，我唤起人们对文明冲突的危险性的注意，将有助于促进整个世界上'文明的对话'。"他同时提醒中国读者："在这样一个多元化的世界上，任何国家之间的关系都没有中国和美国之间的关系那样重要。"② 亨廷顿"文明冲突"论的实质不在于强调文化的多元化，而在于强调西方与非西方的差别和矛盾。实际上，其他许多关于后冷战时代的种种推论与亨廷顿的"文明冲突"论有异曲同工之处。如马尔·辛格和艾伦关于"和平区对动乱区"（the "zones of peace" versus of "zones of turmoil"）的描述③，罗伯特·卡普兰关于"正在来临的无政府状态"的推断④，理查德·N. 哈斯关于"全球失规制"时代的推定，等等。⑤ 冷战后一些发展中国家和地区连绵不断的种族冲突、宗教仇杀、国家破产、难民噩梦、武器扩散和针对美国与西方的恐怖主义袭击等，进一步凸显了西方与非西方世界的差别和矛盾。

四 "单极时刻"论的发展

"单极时刻"论也是冷战后引起颇多争议的一个推断。但与其他推断不同

① 杜维明、刘德斌：《文明对话的语境：全球化与多样性》，《史学集刊》2002 年第 1 期。
② 〔美〕塞缪尔·亨廷顿：《文明的冲突与世界秩序的重建》，周琪等译，新华出版社，1998，第 2~3 页。
③ Max Singer & Aaron Wildavsky, *The Real World Order*, Chatham：Chatham House Publishers, 1993.
④ Robert D. Kaplan, "The Coming Anarchy", *Atlantic Monthly*, Feb. 1994, p. 44.
⑤ 〔美〕理查德·N. 哈斯：《"规制主义"——冷战后的美国全球新战略》，陈遥遥、荣凌译，新华出版社，1999。

的是，"单极时刻"论随着冷战后美国霸权的不断升级、膨胀而不断深化，并且赢得越来越多的认同。

"单极时刻"的首创者是美国普利策奖的一个获得者，现为《华盛顿邮报》专栏作家的查尔斯·克拉斯姆。早在1990年，海湾战争打响之前，苏联解体的戏剧还没上演，美国的《外交》杂志就抛出了克拉斯姆的《单极时刻》一文。克拉斯姆在文中声称："冷战后世界最突出的特征是它的单极性。无疑，多极性最终将要来临。在也许一代人左右的时间内将有大国与美国拥有同样的实力，世界将在结构上像一战前时代那样聚合在一起。但我们还没有走到那里，在未来的几十年内也不会。现在是单极时刻。"① 1997年，同一位克拉斯姆先生声称他七年前的观点太悲观了，因为他所设想的"单极时刻"最多只能延续十年或二十年，现在看来远不止如此。他还进一步阐述了美国在经济、军事和文化等方面的优势。此公现在是乔治·布什政府"单边主义"外交的积极鼓吹者。②

克拉斯姆先生确实有理由为他"制造"了"单极时刻"而窃喜，因为在当时敢于提出美国一家主导世界的推断是需要勇气的。80年代末冷战趋于结束之时，也正是"美国衰落"论大行其道之日。1987年，保罗·肯尼迪以一本《大国的兴衰》而风靡世界学术界。他关于美国同历史上的霸权国一样已经被它过度的军事扩张耗尽了精力而不可避免地走向衰落的观点被许多人所认同。实际上，"美国衰落"论所制造的危机氛围也是1992年乔治·布什落选和克林顿上台的重要原因之一。但冷战后美国经济的持续增长很快就使"美国衰落"论衰落了。美国霸权的膨胀也使多极与单极的争吵趋于平息。1993年还以《大失控与大混乱》一书警告美国面临20个重大难题并有内战和解体危险的布热津斯基，在1997年的《大棋局：美国的首要地位及其地缘战略》中就开始大谈美国经济的活力、政治的生命力和文化的吸引力，大谈美国新式霸权及其对世界的领导责任了。布热津斯基四年之内对美国和世界局势看法的逆转，是90年代中期美国战略家对"后冷战时代"判定发生重大变化的标志。

---

① Charles Krauthammer, "Unilateral? Yes, Indeed", *Washington Post*, 2001-10-14.
② Charles Krauthammer, "Unilateral? Yes, Indeed", *Washington Post*, 2001-10-14.

实际上，早在 80 年代就有人对保罗·肯尼迪的"美国衰落"论持反对意见。塞缪尔·亨廷顿当时就认为："与其他国家不同，美国几乎在国家实力主要资源的所有方面都胜出一等：人口规模与教育，自然资源，经济发展，社会凝聚力，政治稳定，军事力量，意识形态诉求，外交联盟，技术成就。其结果就是它能够支撑来自任何一个地区的挑战，同时保持对来自其他资源的压倒性影响。"① 约瑟夫·奈也认为美国的力量并没有衰落，而是其本质和构成正在发生变化，这就是美国的"软权力"资源的不断扩张。② 冷战结束之后，世界目睹了美国霸权的恢复与扩张，并成为全球化时代一个全方位帝国的过程。人们不得不重新认识霸权的概念及其内涵的变化。冷战后美国霸权的膨胀不仅使"三集团"论的判断失去了现实基础，而且也使传统意义上的"多极均势"和大国协调难以成立。美国霸权的扩张对非西方世界形成巨大的物质和精神压力，成为许多地区冲突的直接或间接根源。"美国化"这个曾经用来形容到美国去的其他国家移民接受美国价值观念和生活方式的专业术语，现在则用来形容美国文化对世界其他国家或地区的侵蚀。美国化甚至被人用来替代全球化。而这又与"全球村"的理想与现实纠缠在一起了。

五 "全球村"的理想与现实

与前几种推断不同，"全球村"设想则为人们描绘了另一种景象。它强调的是所有民族、国家和地区之间的相互依存，强调的是全球性力量对民族国家长期主导形式的超越，强调的是全球化进程对全世界的冲击和整合。理查德·巴奈特和约翰·卡文耐夫在他们 1994 年的《全球梦》一书中这样写道："正在出现的全球秩序可能以几百个公司巨人为先锋，它们许多比大部分主权国家还要庞大。福特的经济规模比沙特阿拉伯和挪威的经济规模还要大。菲利普的年销售额超过了新西兰的国内生产总值。二十年前多国企业在许多不同的国家里分开运作，改变自己以适应当地条件。20 世纪 90 年代，大规模的

---

① Samuel P. Huntington, "The US Decline or Renewal ?", *Foreign Affairs*, Winter 1988/89, pp. 76-96.

② 〔美〕约瑟夫·奈：《美国定能领导世界吗?》，何小东等译，军事译文出版社，1992。

商业企业，即使规模相对小些的，都拥有了突破旧的时间、空间、民族界限、语言、习俗和意识形态限制的技术措施和战略视野。"① 在这样一种情况下，国际关系和国内事务已经日益直接地联系在一起了。

关于"全球村"的阐述有许多，"全球村"概念的提出已经有几十年了，但直到今天人们才真真切切地感受到它的存在。但是，在民族国家在现实的国际关系体系中仍占主导地位的今天，"全球村"处于理想与现实的碰撞之间，处于不同国家和社会群体对其追求和反抗、利用和逃避之间，还很难对冷战后世界的变迁发挥统一的或强有力的制衡作用。

结　语

冷战结束以来世界局势的发展变化不断地验证着种种推论的合理性。我们不难发现，以上每一种推论都很容易在冷战后国际关系的演进中找到其合理性的影子，但任何一种推论都难以概括这一时期国际关系的本质和全貌。原因正如基辛格先生 1994 年在他的《大外交》中所言："以前从未有一种世界秩序的成分，它们的互动能力和它们的目标都变化得如此迅速、深刻和全球化。"面对这样一种局面，人们很难再用就事论事的或单一的角度和视野来判定国际关系的变化，也许以下这三种判定可以给我们一个综合的概念。

第一，直观的。冷战后的世界将有这样三种前途：一是延续的世界，即在1996 年的基础上直线发展；二是温和的世界，即一个相对和平与繁荣的世界；三是恶性的世界，即一个充满暴力竞争和冲突频发的世界。这是美国人提出的模式，我们只是借用其表述方式，而不照搬其全部含义。②

第二，具体的。冷战后的世界是人类社会被农业、工业和后工业三种文明分裂与冲突的世界。③ 我们可以在以上的种种推测中发现这种文明冲突的影子。

---

① Richard Barnet & John Cavanagh, *Global Dream*, New York: Simon and Shuster, 1994, p. 14.
② 〔美〕扎尔米·卡利扎德、伊安·O.莱斯：《21 世纪的政治冲突》，张淑文译，江苏人民出版社，2000，第 27~29 页。
③ 〔美〕阿尔温·扎夫勒：《创造一个新的文明：第三次浪潮的政治》，陈峰译，生话·读书·新知上海三联书店，1996，第 13~20 页。

第三，抽象的。冷战后的世界是"区域化世界"、"社会世界"和"经济世界"的叠合。①

如此，"后冷战时代"仍将是一个历史延续的时代，也是新一轮分裂和冲突的时代，更是一个多种生存方式叠合与并存的时代。

---

① 〔德〕恩斯特－奥托·岑皮尔：《变革中的世界政治：东西方冲突结束后的国际体系》，晏扬译，华东师范大学出版社，2000。

当代世界的不同解读*

近年来，世界经济与政治形势的剧烈变化使人们对当代世界的认识再次陷入迷惑之中，同时，解读当代世界的各种努力和观点也层出不穷。无论是学术界还是媒体，无论是为了指点迷津还是为了哗众取宠，每逢重大事件发生，都有人从不同的角度、以不同的方式，对当代世界给出新的定义和主张。波及全球的金融海啸和经济危机未等结束，"后危机时代"一词就已经成为许多媒体和学人定义当下的通用语了。曾几何时，"后冷战时代"是被多数人所接受的定义苏联解体后世界的共识，但如果用它定义当前的世界经济和政治形势就显得"僵化"和"过时"了。"后9·11时代""后西方时代""后美国时代"似乎更贴近今天的现实。笔者曾在2002年发表过《"后冷战时代"的推测与判定》①，无疑，2000年之后世界局势的发展变化已经超出了那篇文章讨论的内容。如果说《"后冷战时代"的推测与判定》还把讨论的重心放在国际关系领域的代表性观点，那么今天笔者不得不用"当代世界"来涵盖要讨论的内容，并且把非国际关系理论家的观点纳入我们的视野，因为传统意义上的国际关系已经消失在当代世界的转变之中了。

所谓"当代"并非"现代"中离我们最近的那一段时期。"当代史是随着变化而开始的，但这种变化不是一般的变化，而是使我们或迫使我们认为我们已经进入一个新时代的那种变化。"② 当今世界的"变化多于传承"③。本文就是想在梳理对当代世界不同解读的基础上，对当代世界解读进行一番简单的概

* 原载《吉林大学社会科学学报》2010年第3期。

① 刘德斌：《"后冷战时代"的推测与判定》，《吉林大学社会科学学报》2002年第4期。

② 〔英〕杰弗里·巴勒克拉夫：《当代史导论》，张广勇等译，上海社会科学院出版社，1996，第12页。

③ 美国国家情报委员会：《全球趋势2025：转型的世界》，中国现代国际关系研究美国研究所译，时事出版社，2009，第12页。

括和总结，以期促发中国学人对这种研究和讨论的兴趣，锤炼我们经得起时间考验的时代观和世界观，提出更多我们对当代世界令人信服的判定和主张，构建影响世界的话语权。无疑，这是一个非常大的题目，本人学力所限，难免挂一漏万，论列浅显。需要说明的是，本文所涉及的"当代"，是从冷战结束时起。

一　当代世界的五种解说

人们对当代世界的解读始于苏联解体后对"后冷战时代"的解读，最初具有轰动影响的观点大多出自学术界。如弗朗西斯·福山（Francis Fukuyama）的"历史终结"论、塞缪尔·亨廷顿（Samuel P. Huntington）的"文明冲突"论、查尔斯·克劳斯莫尔（Charles Krauthammer）的"单极时刻"论等。但进入 21 世纪后，世界局势的发展变化已经难以用这些人们耳熟能详的国际关系学界的"判定"来解读了，而一些非学术界非国际关系理论界的观点却大行其道，成为人们热议的话题，相关出版物成为流行世界的畅销书，"侵占"了国际关系理论家们的话语权。这些在西方的畅销书在我国也具有相当的影响。在这之中，笔者认为比较有代表性的观点是"世界是平的"、"帝国"世界、"地区构成的世界"、"后美国世界"和"不确定的世界"。

1. "世界是平的"

《纽约时报》专栏作家托马斯·弗里德曼（Thomas L. Freidman）的《世界是平的：21 世纪简史》畅销全世界，应该是解读当代世界的一部"经典"。尽管其观点也招致许多人的非议，但不可否认的是，他能用最为形象的语言和生动的故事把全球化冲击下的世界经济、政治与社会的变革阐释出来。他认为，随着柏林墙的倒塌，冷战体系为全球化体系所取代，而这一变化的最大动力来自互联网技术的应用与普及。在碾平世界的十大动力中，他详细介绍了互联网技术的发轫、扩展与影响，国家之间、公司之间乃至个人之间的距离如何被互联网所抵消。当然，"世界是平的"并不意味着世界进入平等的时代，而是进入平等竞争的时代。在弗里德曼看来，世界变平是一个历史演进的潮流与方向，变平也是全球化的根本动力所在。他认为全球化经历了三个阶段：在全球化 1.0 时代，航海技术打破了国家之间的隔绝，将各个国家与民族连为一体；在全球化 2.0 时代，通信技术的进步推动了跨国公司的大发展，全球公司处于同一竞争平台；在全球化 3.0 时代，网络技术将个人带入全球化的大舞台。[①]

2. "帝国"世界

2000 年，意大利著名哲学家安东尼奥·奈格里（Antonio Negri）和美国比较文学教授麦克尔·哈特（Michael Hardt）出版的《帝国——全球化的政治秩序》一书，对当代世界的解读具有相当的震撼力，在各国学术界引起轰动。他们认为："帝国正在我们的眼前浮现。在过去的几十年中，当殖民制度已被舍弃，苏联对资本主义世界市场的障碍最终坍塌，我们已经见证了经济和文化方面交流的不可抗拒、不可扭转的全球化。伴随全球市场和生产的全球流水线的形成，全球化的秩序、一种新的规则的逻辑和结构，简单地说，一种新的主权形式正在出现。帝国是一个政治主体，它有效地控制着这些全球交流，它是统治世界的最高权力。"[②] 他们所描绘的"帝国"并非传统意义上的帝国，而是"继民族国家的主权之后接踵而来的一种新型的主权"[③]。他们眼中的"帝国"与其说是一种帝国理论不如说是一种全球化理论。在他们看来，"帝国"不是一种国家形态而是一种新的全球秩序，在这种秩序之下，民族国家并没有消失，而是成为"帝国"的一部分。"帝国"是一种新型的统治形式，它不仅寻求对人民的政治控制，而且进入人的心灵空间，势必会遭到民众的反抗。"帝国"没有边界，因为它已经覆盖全球，因此，对"帝国"的反抗必然来自"帝国"治下的民众。至于如何反对"帝国"，两位作者并没有给出切实可行的建议。

3. "地区构成的世界"

地区化是冷战后世界经济与政治形势变化的一个趋势，"地区构成的世界"可能是最能为人们所接受的对当代世界的一种描述。但卡赞斯坦眼中的

---

① 〔美〕托马斯·弗里德曼：《世界是平的：21 世纪简史》，何帆等译，湖南科学技术出版社，2006，第 8~9 页。

② 〔美〕麦克尔·哈特、〔意〕安东尼奥·奈格里：《帝国——全球化的政治秩序》，杨建国等译，江苏人民出版社，2003，第 1 页。

③ 〔美〕斯坦利·阿罗诺维茨、希瑟·高特内主编《控诉帝国：21 世纪世界秩序中的全球化及其抵抗》，肖维青等译，广西师范大学出版社，2004，第 168 页。

"地区构成的世界"却有所不同。彼得·卡赞斯坦（Peter J. Katzenstein）是康奈尔大学政治学教授，美国著名政治学家。他的"地区构成的世界"是与美国的"帝权"联系在一起的，"这个世界深深地嵌入了美国帝权之中"①。他认为，美国帝权（imperium）通过整合其领土和非领土权力的行动，对世界各地区产生了深刻的影响，这些地区在制度形式、认同类型、内部结构等方面均有不同。日本和德国是亚洲和欧洲的核心国家，一直是美国权力和目标的支持者，拉美、南亚、非洲和中东等地区则没有这样连接美国和本地区的桥梁国家；在美国政策的推动下，全球化和国际化两个进程相辅相成，使世界成为一个由多孔化地区（porous regions）组成的世界；一种垂直关系将地区核心国家与美国、地区与次地区、美国与各个地区联系起来，这种关系从政治上加强了地区的多孔化。美国"帝权"不仅是塑造世界的力量，而且是一种重塑美国的体系。②

4."后美国世界"

继弗里德曼之后，对美国乃至其他国家影响较大的是一位美国专栏作家法里德·扎卡利亚（Fared Zakaria），他是美国《新闻周刊》国际版主编。他的《后美国世界：大国崛起的经济新秩序时代》使他为中国读者所熟悉。与众不同的是，他强调自己的书不是专门讨论美国的衰落，而是要讨论"他者"的崛起。扎卡利亚认为世界正在发生大转折，这种转折虽然是人们广为讨论的话题，但人们对它的理解依然很肤浅。他认为过去五百年来，世界范围内已经发生了三次结构性的权力转移，每一次权力转移都是权力分配的根本性调整，都重新塑造了国际政治、经济和文化生活。第一次权力转移是西方世界的崛起；第二次权力转移是美国的崛起；第三次也就是当代世界正在经历的现代历史上的第三次权力大转移，即相对于西方的"他者的崛起"，并且明确指出把这次权力转移称为"亚洲的崛起"是不恰当的。"从古至今，我们第一次见证了真正全球性的经济增长。这一局面正在造就一个全新的国际体系：世界上所有的国家都不再是客体和旁观者，而是掌握自己命运的博弈方了。在此背景下，一

① 〔美〕彼得·卡赞斯坦：《地区构成的世界：美国帝权中的亚洲和欧洲》，秦亚青等译，北京大学出版社，2007，第1页。

② 同上书，第1~5页。

个真正的全球秩序诞生了。"① 他强调，这个新时代的另一个方面就是权力正在从国家流散到其他行为体。他所说的正在崛起的"他者"，不仅包括中国和印度等新兴大国，也包括许多非国家行为体。

5. "不确定的世界"

与上述各种"世界观"都不一样，法国人罗朗·柯恩·达努奇（Laurent Cohen-Tanugi）认为"世界是不确定的"，甚至是危险的。达努奇是一个多面手：欧洲智库 NotreEurope 主任、著名的世达律师事务所的合伙人、法国《世界报》和《回声报》的专栏作家。他的《世界是不确定的——全球化时代的地缘政治》一书认为，"9·11"事件标志着"后冷战时代"的终结，随之终结的还有民主和资本主义的全球传播，经济全球化和技术进步将把世界带进更为一体化、更为同质化、更加和平的幻境。世界已经进入一个"不确定的时代"，地缘政治要素将在全球化的经济空间重新发挥作用，表现为更加不平坦，潜在的危险更多：一方面是经济、技术的全球化和区域一体化深入影响每一个人的工作和生活，全球化已经成为构建国际体系的唯一逻辑；另一方面是全球化带来的还有传统地缘政治的回归，这非但没有缓和反而加剧了国际紧张关系，这种混乱反过来又改变了全球化本身的性质。他把中、印等国的快速发展看成一场世界革命，并认为作为全球政治和经济治理基石的"大西洋时代"已经结束。②

上述对当代世界的五种不同解说都是围绕全球化对当代世界经济与政治结构造成的冲击及其所能产生的结果展开的，但角度不同，所展示的当代世界也不一样。"世界是平的"更多地倾向于全球化给整个世界政治、经济和社会生活带来的变化；"帝国"世界刻画了一种新的世界秩序；"地区构成的世界"阐释了美国"帝权"与世界不同地区的结构性关系；"后美国世界"的立足点是为美国和西方在世界历史结构发生变化之际提出应对策略；"不确定的世界"则否定了全球化在削弱国际冲突方面的积极影响，认为正是全球化的深入发展带来了传统地缘政治的回归，让这个世界更加不确定，甚至更加危险。

---

① 〔美〕法里德·扎卡利亚：《后美国世界：大国崛起的经济新秩序时代》，赵广成等译，中信出版社，2009，第 XI ~ XII 页。

② 〔法〕罗朗·柯恩-达努奇：《世界是不确定的——全球化时代的地缘政治》，吴波龙译，社会科学文献出版社，2009。

五种不同解说的一个共同点是把中国和印度等新兴国家作为重要的讨论对象，不约而同地声明或承认美国和西方主导世界的时代终结了。

二 当代世界的历史学家透视

解读当代世界并不是历史学家的兴趣所在，但还是有许多历史学家卷入与此相关的讨论中。同时，也有其他学科的专家学者从历史的角度判读当代世界。这为解读当代世界提供了新的和独特的视角。总体而言，历史学家对当代世界的解读往往不那么具有冲击力，难以形成轰动效应，但他们提供的长时段的宏观视野，却能给人以深刻的启迪。

世界知名历史学家艾瑞克·霍布斯鲍姆（Eric Hobsbawm）对当代世界的解读具有相当的穿透力。面对冷战后的世界，他认为历史学家的主要功能，"除了记住其他人已经忘记或想要忘记的事情之外，就是尽可能从当代的记录中后退，而以更宽广的脉络和更长远的视野去观看与理解"[1]。他深刻地指出："我们无法谈论这个世界的政治未来，除非我们牢牢记住，我们正在经历的这段历史，也就是人类生活和社会的改变历程，以及人类对全球环境所造成的冲击，一直是以令人眩晕的步伐加速进行……从上一个世纪中期开始，我们就已进入世界史的一个新阶段，这个新阶段终结了我们先前所知的历史，那个超过一万年以上的历史——亦即，从定居农业文明以来的历史。我们确实不知道，自己正在走向何方。"[2]

霍布斯鲍姆也对冷战结束后此起彼伏的地区冲突忧心忡忡。他认为，苏联的解体，意味着主导了将近两个世纪的国际关系强权体系已不复存在，等于移除了内战和武力干涉其他国家事务的主要防线——在冷战时期，疆界通常是无法跨越的。当今世界日渐分裂为两类国家：一类是有能力有效管理其领土和人民的国家；另一类是没有能力管理其领土和人民的国家，而这类国家越来越多，它们被绑缚于官方承认的国际疆界之内，其中央政府若不是虚弱、腐败，

---

① 〔英〕艾瑞克·霍布斯鲍姆：《霍布斯鲍姆看21世纪》，吴莉君译，中信出版社，2010，第1页。
② 同上，第18页。

就是根本不存在。"不幸的是，在这类地区看不到什么持续改善的前景，而随着这些不稳定国家的中央政府日趋衰弱，或者说世界版图的进一步巴尔干化，武装冲突的危险性自然也会往增高的曲线攀升。"① 在过去，武装冲突通常是国与国之间的敌对和摩擦，今天的情况已非如此。21 世纪的战争不会像 20 世纪那样嗜杀，但是在这个世界的很大一块地区，武装暴力以及不成比例的伤亡和损失，依然会是四处可见的痼疾，偶尔也会蔓延成传染病。和平的前景还很遥远。

霍布斯鲍姆与《大国的兴衰》的作者、著名历史学家保罗·肯尼迪是两种不同的历史学家，但他们对当代世界的见解却有相通之处。保罗·肯尼迪虽然以《大国的兴衰》而名扬世界，但他在近二十年前出版的《未雨绸缪：为 21 世纪做准备》中，已对当代世界所面临的困境有惊人的理解。他在为这本书的中文版撰写的序言中说，全球人口爆炸（以及环境问题的压力）与全球技术爆炸之间的竞赛，是后者减缓前者的压力，还是后者被前者压倒，是当今政治中最为重要的一个长远因素。他认为 19 世纪的英国和 20 世纪的日本是通过技术上的进步找到解决这一问题的办法的。保罗·肯尼迪的《未雨绸缪：为 21 世纪做准备》把影响当代世界的诸多跨国界问题揭示出来。按照他自己的说法，这本书在主题和结构上与《大国的兴衰》完全不同，但关心的问题和写作目的却密切相关，两本书都写了戴维·兰德斯（David S. Landes）所说的"大历史"。②

同为历史学家，美国日裔学者入江昭却比霍布斯鲍姆和保罗·肯尼迪对世界持有更为乐观的看法。他的《全球共同体——国际组织在当代世界形成中的角色》认为，国际组织或全球共同体在当代人类生活和国际政治中的作用日益重要，它们和民族国家暨国际体系是同时存在的，相互影响，并在某种情况下相互重合。学者们过于专注高层政治和以国家为中心的活动，忽略了其他诸种现象，而这些现象能够更好地解释当代世界的形成。他指出，冷战的缓和与结束被视为国际关系的核心主题，它们开启了被称作"后冷战时代"的新

---

① 〔英〕艾瑞克·霍布斯鲍姆：《霍布斯鲍姆看 21 世纪》，吴莉君译，中信出版社，2010，第 16 页。
② 〔英〕保罗·肯尼迪：《未雨绸缪：为 21 世纪做准备》，何力译，新华出版社，1994。

时代的大门。但是，这些观点只是看到了国际事务的一个方面，而不能帮助我们理解其他方面的发展，这些发展与柏林墙的坍塌和苏联解体这样的戏剧性事件同等重要。除了将这些事件放在冷战的框架下加以理解外，我们还可以将其视为非地缘政治发展的某个重要方面。所有这些合在一起促成了一个更大的全球意识的出现，它在许多方面是这个充满国际冲突和暴力的世界发展到极限时而出现的结果。①

英国伦敦经济学院国际关系学教授巴里·布赞（Barry Buzan）并非专业历史学家，但他能把长短历史透视结合起来，对当代世界给出他的解读。他在《时间笔记》中对于今天人类在历史长河中的位置是这样定义的：人类并不只是来到了冷战结束和"短暂"的 20 世纪的尽头；关于"西方衰落"这一概念还有很多让人困惑的地方，但这个问题值得我们认真去讨论；也许更重要的是，当人口数量达到顶点，全球化渗透全球每个角落的时候，我们似乎接近了在这个星球上创造一个单一人类空间的时代的终点。② 我们自己的这个时代为什么特别重要？因为许多大规模的历史事件似乎在这个时代一起达到了发展的顶峰。③ 这似乎可以说明我们为什么要把当代世界的解读作为思考问题的一个起点。

三 当代世界的"马克思主义观"

国际学术界左翼学者对当代世界的解读也非常具有启发性。伊曼纽尔·沃勒斯坦（Immanuel Walerstein）在这个方面具有广泛影响，他的世界体系理论和关于美国实力衰落的观点在学术界广为流传。他认为从 20 世纪 70 年代初开始，世界格局进入了大变迁的时代，并以此预见作为世界格局一极的美国将不可避免地走向衰落。谈到世界的前景，沃勒斯坦认为当今的世界处于三种相当

---

① 〔美〕入江昭：《全球共同体——国际组织在当代世界形成中的角色》，刘青等译，社会科学文献出版社，2009，第 161 页。
② 〔英〕巴里·布赞、杰拉德·西盖尔：《时间笔记》，刘淼等译，山东画报出版社，2002，第 169 页。
③ 同上，第 170 页。

不同的地缘政治之中——美国、欧盟、日本之间，南北之间或核心地区与其他地区之间以及达沃斯与阿雷格里港精神之间。① "世界的前景如何？答案是不确定的。但可以相当肯定，我们大家作为个人或集体，对未来发展的影响力会比我们想象得要大，这是因为我们生活在过渡时代，生活在动乱的爆裂时代，生活在选择的时代。"②

美国加州大学圣巴巴拉分校的社会学教授威廉·罗宾逊（William I. Robinson）认为："我们生活在一种全新的全球体系即全球资本主义体系之中。"③ 他的《全球资本主义论：跨国世界中的生产、阶级与国家》着重关注 "作为全球化核心的两大重要的结构性进程：跨国资本家阶级（transnational capitalist class，TCC）的崛起和跨国国家（transnational state，TNS）的出现"，提出世界经济向全球经济的过渡构成了世界资本主义历史上划时代的转变，但不是自身的断裂或中断。今天我们正处于资本主义第四阶段，即全球化的初期，其标志一方面表现为技术上的芯片化和计算机化（ "信息时代的符号"）；另一方面则在政治上表现为 20 世纪社会主义建设尝试的崩溃，以及试图提出一个取代世界资本主义模式的第三世界民族解放运动整整一代人的失败。④ 在经济大波动的背后，世界资本主义从民族国家阶段——各自拥有不同的体制、组织、政治和管理结构——向跨国家阶段过渡。资本的全球流动既改变了民族国家和资本积累的关系，又改变了阶级关系。在当前正在发生的跨国阶级形成的过程中，民族国家所发挥的协调作用发生了变更，全球阶级结构正凌驾于国家阶级结构之上。随着国家的生产结构日益跨国融合，那些通过民族国家而得以发展组织结构的世界阶级正经历着与其他国家的 "国内" 阶级进行超国家融合的过程。全球阶级的形成包括世界日益分裂为全球资产阶级和全球无产阶级。⑤

罗伯特·W. 考克斯（Robert W. Cox）在其早年的论著中认为，生产关

① 〔美〕伊曼纽尔·沃勒斯坦：《美国实力的衰落》，谭荣根译，社会科学文献出版社，2007，第251 页。
② 同上书，第 270 页。
③ 〔美〕威廉·I. 罗宾逊：《全球资本主义论：跨国世界中的生产、阶级与国家》，高明秀译，社会科学文献出版社，2009，第 2 页。
④ 同上书，第 7 页。
⑤ 同上书，第 54~55 页。

系、阶级和历史集团的组合并不孤立地存在于各个国家之内，而是与世界秩序相连。"现代史上历次世界秩序之间有着重大的质的不同和结构上的分别。若是认为由于所有国家的国家间制度都缺乏一个至高无上的世界级权威，因而它们实质上都似乎是相同的，那就是把问题过分简化，会造成理解上的失误。"①世界秩序间的主要区别在于某种秩序是否具有霸权性。霸权性的世界秩序的运行依照普遍的原则，主导国中的社会阶级与其他国家中相应的阶级结为同盟，作为各国国家基础的历史集团通过各国社会阶级的共同利益和共同的思想观点而联系起来，形成全球性的阶级；非霸权性的世界秩序的趋势则是反其道而行之，社会阶级和生产的结构以国家为中心。

四 当代世界解读中的几个问题

对当代世界的不同解读也碰撞了相同的问题。这些问题或许是我们理解当代世界的关键，深入地讨论这些问题对我们具有重要的理论和现实意义。

1. 发展中国家的构建问题

在全球化的冲击之下，我们一方面看到国家权力的相对缩减和让渡，对于全球化条件下的经济和社会发展具有重要的积极意义。苏珊·斯特兰奇（Susan Strange）甚至表示，她先前的代表作《国家与市场》应改成《市场与权威》，因为在安全、生产、金融和知识四种权力结构中，国家仅仅在安全结构中扮演主角。如果国际政治"只把国家作为分析单位，只把国家组成的国际社会视为关注的主要问题领域，我对国际政治的特殊兴趣也就没有了"②。另一方面，我们也看到，许多发展中国家和地区在全球化的冲击之下其经济与社会发展陷入困境。冷战期间东西方竞争和对抗条件下所掩盖的许多国家和地区的国家构建问题，在冷战结束后逐渐显露。霍布斯鲍姆对弗朗西斯·福山的"历史终结论"不屑一顾，但他在观察当今世界的时候和弗朗西斯·福山一样，也对冷战

① 〔加〕罗伯特·W. 考克斯：《生产、权力和世界秩序：社会力量在缔造历史中的作用》，林华译，世界知识出版社，2004，第12页。
② 〔英〕苏珊·斯特兰奇：《权力流散：世界经济中的国家与非国家权威》，肖宏宇等译，北京大学出版社，2005，第6页。

结束后一些发展中国家和地区出现的纷乱忧心忡忡，甚至也把当今世界上的国家大致分成了两类。实际上，相同的观察也出现在不同的学者视野之中。德国学者赫尔弗里德·明克勒（Herfried Münkler）写道：冷战期间，无论苏联还是美国都不遗余力地干涉第三世界国家的内政，维持着它们的稳定，因而在相当长的时间里这些国家的危机都没有表现出来。冷战结束后，美国对第三世界国家的兴趣荡然无存，许多50年代和60年代成立的国家陷入困境之中。① 福山未等他"历史终结论"的争论终结，就发表了题为《国家构建：21世纪的国家治理与世界秩序》的小册子，提出国家构建是当今国际社会最重要的命题之一，因为软弱无能国家或失败国家已经成为当今世界许多严重问题（从贫困、艾滋病到毒品和恐怖主义）的根源。国家弱化问题既是一个国家性又是一个国际性的首要问题。他甚至认为，已遭人唾弃的"新自由主义"的"华盛顿共识"本身并没有错，发展中国家的政府机构在许多情况下曾是经济增长的障碍，如今只能通过施行经济自由化得到最终解决。② "真正的问题在于国家在某些领域必须弱化，但在其他领域却需要强化。"③ 我们不一定认同福山提出的国家构建的解决方案，也不一定相信事情像明克勒描绘的那样糟糕，但我们无法回避的是当代世界把相当一批还没有来得及完成现代国家构建任务的国家和地区拖入了全球化的经济、政治和社会的竞争环境中。这些国家的走向对当今世界，包括对正在与世界融为一体的中国具有重要影响。

2. 全球共同体问题

"世界是平的"刻画了人类社会有史以来第一次在一个平台上生存的场景，全球共同体无疑是题中应有之义。"帝国"世界所刻画的帝国形态无疑也是一种全球共同体的形态。入江昭则把国际组织特别是非国家组织作为当今世界形成的重要推动力量和组成部分。但威廉·罗宾逊则刻画了另一幅全球共同体的场景：跨国家阶级的形成和资本主导下的超国家形态的出现。无疑，无论

---

① 〔德〕赫尔弗里德·明克勒：《帝国统治世界的逻辑——从古罗马到美国》，阎振江等译，中央编译出版社，2008，第141页。

② 〔美〕弗朗西斯·福山：《国家构建：21世纪的国家治理与世界秩序》，黄胜强等译，中国社会科学出版社，2007，第1~5页。

③ 同上书，第5页。

从哪个角度分析，全球共同体都具备了形成的条件，但这个共同体以什么样的形式出现则是正在逼近当今世界的一个选择。实际上，布热津斯基早就开始谋划一个由美国主导的全球共同体了。兹比格涅夫·布热津斯基（Zbigniew Brzezinski）在他的《大抉择：美国站在十字路口》一书中表示："美国的力量和美国的社会发展动力结合在一起，将可能促使逐渐形成一个利益共享的全球共同体。"① "要害问题是：美国是打算在利益分享的基础上塑造新的全球体系，还是打算运用它强大的全球力量首先扩大自己的安全。"② 考虑到美国在世界上扮演着两种相互矛盾的角色，美国命中注定要么做全球共同体的催化剂，要么做全球大混乱的催化剂，何去何从，美国人肩负着独特的历史重任。他认为："美国可以促生一个开放的全球体系，同时在很大程度上又可以制定该体系的规则，并根据自己的意愿决定美国在多大程度上依赖于该体系。"③布热津斯基特别提到了中国。他认为："有点自相矛盾的是，能够损害美国在全球经济中的主导地位的，正是中国对全球化的接受，而不是对它的拒绝。"④实际上，"全球共同体"问题首先是一个转型中世界秩序诸多因素的博弈问题，特别是因非国家因素的作用增强和新兴大国的快速发展而超越了人们原来的思路和逻辑，在不同人的理想和现实中间前行。

3. 新兴大国问题

"他者"的崛起实际上更主要的是当今世界应如何接受和塑造新兴大国的问题。在这之中，中国和印度又是最受世界关注的。马丁·雅克（Martin Jacques）的《当中国统治世界：中国的崛起和西方世界的衰落》把对中国"崛起"的讨论推到了顶点。他认为中国的"崛起"预示着一种全新的国际秩序的诞生，标志着西方民族国家在全球主导地位的终结，同时也表明一个运用多种不同方式塑造的新型世界的崛起。⑤ 实际上，关于"中国的崛起"和"中国世纪"

① 〔美〕兹比格涅夫·布热津斯基：《大抉择：美国站在十字路口》，王振西主译，新华出版社，2005，序言，第 1 页。
② 同上书，第 4 页。
③ 同上书，第 162~163 页。
④ 同上书，第 177 页。
⑤ 〔英〕马丁·雅克：《当中国统治世界：中国的崛起和西方世界的衰落》，张莉等译，中信出版社，2010。

的报道和评论更是经常见诸美国和其他西方国家的报纸和杂志。但是，对这种言论持否定态度的观察家也大有人在，其中包括在美国的华裔学者，他们认为关于当代世界的许多观点，如"权力正由西方转到东方"、"亚洲崛起不可阻止"、"亚洲式资本主义更有活力"、"亚洲将引领世界科技革新"、"威权统治是亚洲的一大优势"、"中国将主宰亚洲"和美国正失去其在亚洲的影响力，都是站不住脚的。[①] 但即使如此，美国战略家也已经把应对中国的"崛起"视为美国乃至西方大战略的重要组成部分了。约翰·伊肯伯里（John Ikenbery）认为中国的"崛起"无疑是 21 世纪最大的戏剧性事件，但这出戏如何收场尚悬而未决。西方秩序具有把即将到来的权力转移转变为一种有利于美国的和平转化的潜力。中国经济总量超过美国是可能的，但中国成功超越西方秩序的可能性要小得多。美国的"单极时刻"将注定终结。如果 21 世纪决定性的较量是在中美之间展开，中国将占据上风；但如果决定性较量发生于中国与复兴的西方体系之间，最终胜利将属于西方。[②]

不难看出，中国的快速发展被多数论者看成改变当代世界历史结构的一个重要因素，当代世界的解读大都也是围绕着中国及其他新兴大国的变化展开的。但在这个世界上，中国经常处于被别人描绘和定义的地步，这与中国和世界关系历史性变化的现实是不相称的。中国学人到了展示自己定义和解读当代世界能力的时候了。

---

① Pei M-X, "Think Again: Asia's Rise", http://www.foreignpolicy.com/articles/2009/06/22/think_again_asias_rise.

② G. John Ikenberry, "The Rise of China and the Future of the West, Can the Liberal System Survive?", *Foreign Affairs*, January/February, 2008.

聚合与裂变：当代世界的历史演进[*]

当今世界正在经历急剧变化，许多变化已经超出人们十年或二十年前的预期。一方面，我们看到经济全球化的不断深入使世界各国各地区越来越紧密地连接在一起，人类社会已经真正形成了一个相互依存的命运共同体，传统意义上的国家主权正在不断地被削弱或超越；另一方面，我们又看到民族矛盾持续上升，大国博弈重新开始。全球化在经济上"荡平"世界的同时，也带来传统地缘政治的回归。聚合与裂变同时在塑造着当今世界，世界历史进入了新一轮整合期。近代以来世界历史的基础正在发生变化，并且正在修正我们对世界历史的认识，催促我们以新的视角来解读我们曾经熟悉的世界历史。

冷战的终结开启了经济全球化的一个新的历程，大国关系在冷战之后也经历了一个积极的变化。在 20 世纪末和 21 世纪初的二十年左右时间里，"合作取代对抗"成为冷战后一段时间内大国关系的基本特征。"9·11"事件更是在某种程度上推进了大国之间的合作。但随着经济全球化的持续发展，以中国为代表的新兴大国在世界经济中的分量越来越重，东西方大国之间的力量对比发生了历史性变化，G20 取代 G8，成为解决世界经济问题的领导力量。美国 CNN 主持人兼《新闻周刊》国际版主编法里德·扎卡利亚认为，这是过去五百年来继西方的崛起、美国的崛起之后的"他者的崛起"，是世界范围内第三次的结构性权力转移。① 法国人罗朗·柯恩-达努奇更是把非西方大国置于能与西方大国分庭抗礼的位置之上，认为："我们将要踏入的世界在很大程度上取决于新经济巨人运用它们实力的方式，取决于西方民主保持它们活力的能力，取决于它们在致力于共同利益方面的凝聚力和影响力。"②

---

* 原载《史学集刊》2012 年第 5 期。

① 〔美〕法里德·扎卡利亚：《后美国世界：大国崛起的经济新秩序时代》，赵广成等译，中信出版社，2009。

② 〔法〕罗朗·柯恩-达努奇：《世界是不确定的——全球化时代的地缘政治》，吴波龙译，社会科学文献出版社，2009，第 6 页。

在大国力量对比发生变化的同时，当今世界几乎所有国家都在经济全球化的冲击之下经历新一轮聚合与裂变的洗礼。从最近欧债危机中的希腊，到被"阿拉伯之春"波及的中东国家；从美国金融危机梦魇般挥之不去的阴影，到非洲大陆此起彼伏的战乱，世界上许多国家面临诸如贫富分化、族群分裂、青年失业和与其他国家矛盾加剧等内政或外交问题的困扰，特别是在中东地区和非洲大陆。西方有人把政府失去合法控制和有效治理的国家称为"失败国家"。很明显，经济全球化的深入发展正在改变各个国家和地区的"本土社会"，把其历史积累的矛盾释放出来。在有人认为威斯特伐利亚原则正在被超越的同时，更多的人发现世界上大多数国家实际上迄今还没有完成现代民族国家构建的基本任务，特别是那些 20 世纪才从欧洲列强殖民统治下独立出来的新兴国家。笔者认为国家构建依然是这个全球化时代人类社会的重要任务，并把当今国家划分成"已构建国家"、"再构建国家"和"构建中国家"。① "已构建国家"是最早按照威斯特伐利亚原则建立起来的欧美国家。这些国家在近代以来的世界经济与政治的演变中一直占据优势，但其经济与社会体制在经济全球化的冲击之下也发生了动摇，美国次贷危机和欧洲债务危机就是这些国家制度性危机的初级表现。有些"已构建国家"虽然在政治上还没有"失败"，但经济上已经濒临破产。"再构建国家"是古老国家的现代转型，近年来它们表现出顽强的生命力，成为最近一二十年来世界经济持续发展的主要驱动力量。但环境污染、贫富分化、族群冲突等一系列现代民族国家构建中尚没有解决的矛盾和冲突在经济全球化的冲击之下日益凸显，使"再构建国家"依然面对诸多历史性挑战。"构建中国家"即大多数亚非拉国家是在摆脱西方国家殖民统治的过程中获得独立国家地位的，它们经济脆弱，种族和宗教矛盾尖锐，虽经半个多世纪的销蚀与磨合，许多前现代的社会因素依然顽强地保存下来，并在冷战终结、两极格局崩塌、经济全球化渗透世界每个角落的时候释放出来。今后的路该怎么走？每一种国家都没有现成的经验可循，每一种国家都在进行历史性的探索。

---

① 刘德斌：《国家类型的划分——拓展国际安全研究的一种思路》，《国际政治研究》2012 年第 1 期。

聚合与裂变的结果是一个多极化与多样性的当代世界的生成。这种多极化与多样性不仅体现在大国力量的分布上，也体现在不同国家和民族的价值取向和道路选择上。"历史的终结"曾经是弗朗西斯·福山在冷战终结之时发出的最广为人知的"预言"，尽管直到今天他依然声称其基本立场没有改变，但他也不得不承认"华盛顿共识"已经失效，西方的发展模式存在弊端，"中国模式"虽然"不可复制"，但世界需要中国在全球治理中发挥更大的作用。① 罗朗·柯恩-达努奇则没有福山那么乐观，他认为"9·11"事件标志着"后冷战时代"的终结，随之终结的还有民主和资本主义的全球传播，以及经济全球化和技术进步会让世界更一体化、更同质化、更加和平的幻境。②

经济全球化既促进了当今世界的聚合，也催生了裂变，不仅让"后冷战时代"，而且让近代以来西方国家所塑造的世界基础发生了动摇。世界正在重组，这种重组既要体现当前的大国力量平衡，又要吞食和消化冷战、二战、一战、帝国主义或殖民化与非殖民化的"苦果"，这是西方学者不愿意点破的一个主题。早在20世纪50~60年代，英国历史学家巴拉克拉夫就提出要以一种"全球历史观"来解读世界史，在突破"欧洲中心论"的同时给予非西方国家和地区的历史以应有的地位，但这个问题直到21世纪初依然没有得到解决。笔者认为，一个重要的原因就是"全球化的迅速发展和全球化理论群的迅速崛起似乎掩盖和超越了半个世纪以来历史学界对'全球历史观'的不倦探索"③。今天看来，还有一个重要原因是中国还没有成为世界的主角，中国史学家还没有具备相应的视野和胆量。如今，中国的史学家应该闪亮登场了！

---

① 陈家刚编《危机与未来：福山中国讲演录》，中央编译出版社，2012，第14~19页。
② 〔法〕罗朗·柯恩-达努奇：《世界是不确定的——全球化时代的地缘政治》，吴波龙译，社会科学文献出版社，2009。
③ 刘德斌：《"全球历史观"的困局与机遇》，《史学理论研究》2005年第1期。

中国安全的大局和谋局[*]

　　近两年来，中国与周边国家关系，特别是与东亚国家的关系进入了一个新时期。一方面，中国与周边国家的经贸往来依然在发展，形成了深层次的依存关系；另一方面，中国与东北亚和东南亚国家的政治和安全关系都在发生变化，东亚正在出现一种新的安全格局。中日关系由于安倍政府的倒行逆施而出现严重倒退。安倍政府利用美国战略东移、"平衡"中国发展的机会，步步为营，全力推进日本的"国家正常化"，试图借此摆脱战败国的政治束缚，重回世界大国行列。与此同时，越南和菲律宾等南海有关岛屿声索国对中国"搁置争议，共同开发"的主张进行抵制，同时又与美国以及日本和印度等展开愈益频繁和深入的战略互动，形成对中国的集体牵制。

　　2014 年以来，东海和南海的紧张局势持续，很有可能出现擦枪走火的局面，相关国家的民众也被越来越深度地卷入相关的争论和判定之中。在中国与东亚国家关系变化的过程中，美国一直是幕后推手。美国正在利用中国与周边国家关系的紧张局势为自己塑造新的战略优势，与此同时，东亚国家也在利用中美之间有形和无形的竞争为自己谋利。

　　不管我们承认与否，中国与周边国家的关系，特别是与东北亚和东南亚国家的关系正在发生一种历史性的变化，围绕中国的"崛起"，一种有形或无形的"统一战线"正在形成之中。那么，中国应该如何应对这样一种局面？在思考这一问题的时候，我们必须要有一种超越当前的历史眼光，要有一种更为长远的大局意识和谋局意识。

　　首先，中国与东亚国家关系的这种变化，是伴随中国与周边国家和世界大国力量对比不断发生变化的一种必然的历史进程。不管中国继续"韬光养晦"，还是积极"有所作为"，这种变化迟早会发生，任何作为也不会阻止这

　　* 原载《人民论坛》2014 年第 10 期。

种局面的来临。

其次，中国的快速发展实际上是 19 世纪末 20 世纪初日本崛起为世界强国以来最为成功的发展，但中国的快速发展又与历史上其他大国的崛起所面临的世界形势有着历史性的差异：中国的快速发展得益于全球化，也受制于全球化。对比近代以来崛起的大国，中国更需要一个和平稳定的世界局势和地区局势，以使这个有史以来最大国家的现代化进程能够延续下去，使中国社会能够完整地、不再中断地经历这个经济全球化和社会信息化时代更为复杂和艰难的现代化洗礼。

最后，中国现在所面临的安全局势，所遭遇的安全问题越来越呈现复合型的特点，国内安全与国际安全日益直接地联系在一起，经济安全与政治安全、军事安全与社会安全已经难以分开，中国在发展中所遇到的经济困难和社会问题将越来越频繁地被试图制衡中国快速发展的国家所利用，成为牵制中国的有效"抓手"。

面对这样一种愈发具有挑战性的东亚局势，中国既不能畏首畏尾，又不能鲁莽行事，关键要看中国在哪些方面具有"该出手时就出手"的能力。这种能力既可以表现为博弈双方的直接对抗和武装冲突，也可以体现为全社会的发奋努力和众志成城。

中国改变东亚局势的战略精髓在于以自身实力的有机整合破解对方组合中的安全共同体。现在已经到了精确评估中国软硬实力的时候。东亚局势的变化目前似乎对我不利，但它可以为中国成为真正意义上的世界大国和强国提供更强大的激励，而改变东亚的安全格局，则是中国摆脱 19 世纪以来的历史命运、走向世界大国的前提。

管控中美关系"漂流状态"*

中美关系正在步入一个历史性的转折期。这个转折期的突出标志是中国正在一步步地迈向世界大国的台阶，而美国却越来越显示出对这个世界"领导乏力"的迹象。对比 1972 年中美和解和 1989 年世界风云变幻时期的中美关系，21 世纪以来中美关系之间的力量对比发生了重大变化，中美关系所涵盖的内容和复杂性也远远超出了人们的预期。中美之间更为深入的经贸和人员交流并没有在实质上消解两国之间一直存在的战略互疑，相反其还在一步步地加深。这不仅是因为中美之间在政治体制、价值观念和文化传承方面存在巨大的差异，还在于中美之间力量对比变化的速度太快了，两国领导人和公众都还没有做好必要的思想准备。

在这样一种形势下，中美关系中不时出现的"漂流状态"就是一种自然和必然现象了。特别是美国每四年一次的总统选举和可能的政党轮替，使其对华政策难以保持长期稳定，经常被美国国内的政治议程所左右。这也迫使中国领导人和战略家不得不花费相当的精力去揣测美国总统和国会的意图，去厘清哪些是美国基于大战略的考量，哪些是美国国内政治争斗的产物，这种情形进一步加剧了中美关系的不确定性。中美首脑的正式和非正式会晤都是避免中美关系处于"漂流状态"的重要手段，这种措施同时还应该包括进一步加强和深化中美关系运行中的体制化或机制化成分。

那么，定义当前正处于转折时期的中美关系，就成了我们对美政策的出发点。在这方面，我们一定要抛弃任何一厢情愿的想法，认清美国政治体制的价值观导向和美国公众、媒体和领导人对中国的基本态度，在定义中美关系时保持清醒的头脑。中美可以在某些领域或某个问题上构建伙伴关系，但这种关系不可能成为全方位的或实质意义上的伙伴关系。在国际关系史上，大国博弈、

---

* 原载《人民论坛》2013 年第 19 期。

两霸争雄都曾经多次上演,包括美苏冷战,但都难以与当今的中美关系相类比。中美两国规模之大、差异之大、依存之深、疑虑之深,使中美关系成为世界历史上的特例,也使中美关系成为最难按照既有国际关系知识体系定义的双边关系。

在竞争和共存之间寻求一种战略的平衡,是对中美两国政治家重塑一种新型大国关系的政治智慧的考验。中国在制定对美长期战略的过程中不应该忽略这样两个基本点。一是随着全球化的深入发展,20世纪世界秩序的基础正在瓦解,不仅大国之间的力量对比正在发生变化,而且构成当今世界各民族国家的社会基础也在重组之中,整个世界正在步入一个动荡的年代。中国需要重新定义这个世界,因而也需要重新定义中国与世界、中国与其他国家的关系。未来中美关系良性运转的基础是在推动全球经济、政治和安全秩序的历史性转变中形成新的有别于各自与其他国家的伙伴关系。在这方面,中美两国具备相应的基础。二是中美竞争的实质,归根结底是看两个国家中哪一个更能适应整个世界的转换,哪一个在现有的基础上更能应对健康发展的挑战。我们只有对自己所选择的道路坚定、执着,才能够在一个更加平等的心理基础上与美国展开竞争、寻求合作,才能持续推动中美实力的逆转。回顾历史,没有一个大国能够在一个已经固化的世界秩序和社会形态中实现崛起。整个世界正在重新洗牌,西方的模式正在失去往日的光环,不仅因为西方社会的发展面临诸多问题,更因为在世界每个角落、每个国家都已经卷入经济全球化的条件下,西方的经济与社会发展模式难以为非西方的国家所复制,人类所面临的环境和资源条件也承担不了这种模式的发展。因此,中国社会的健康发展是推动中美关系健康发展和构建有利于中国的新型大国关系的基本前提。

世界秩序的崩塌与重构*

　　当今的世界秩序正在经历一种历史性的变化。尽管按照基辛格的观点，从来就没有一种全球性的世界秩序，但不可否认的是，冷战期间美苏两个超级大国一度主导世界的两极格局已经具有全球性世界秩序的特征。冷战结束之后，随着经济全球化的不断深入，世界各国各地区日益密切地联系在一起，世界秩序的全球性更为明显，但它所蕴含的矛盾和冲突也更为突出，世界秩序的基础出现了崩塌的迹象。世界秩序的现状和前景，无疑成为人们无法回避的话题。如果以威斯特伐利亚体系的演进、大国的兴衰和第三世界的形成与演变为基本线索来阐释近代以来世界秩序发展变化的话，那么我们会发现这三条线索都处于一个新的转折点上。

一

　　首先是威斯特伐利亚体系基础的动摇。冷战结束之后，关于威斯特伐利亚体系的讨论不少，但大多是"超越"威斯特伐利亚体系所定义的民族国家限制的乐观判断。因为随着经济全球化的不断深入，随着人员、资金、技术乃至思想越来越广泛和迅速的跨国界流动，"世界扁平化了"，民族国家似乎成了经济全球化持续深入的"障碍"，构建"超越"民族国家的区域共同体被视为全球化时代历史发展的潮流。正是在威斯特伐利亚体系的发源地欧洲，出现了一体化程度最高的区域共同体——欧盟，它为其他区域的一体化树立了一个榜样。同时，许多其他地区的区域化尝试也在不断取得进展。在经济全球化的推动之下，区域一体化正在成为消弭国家之间的矛盾和宿怨、增加区域内各国共同利益的有力手段，一个区域化的世界正在展现出来。

---

　　*　原载《外交评论》2015 年第 6 期。

但是，就在许多国家和地区尝试"超越"民族国家限制的同时，还有一些国家和地区陷入日趋严重的动荡和内乱：一批新的国家在这些动荡和内乱中从原来的母体中分裂出来，获得了独立国家的身份；也有一批国家虽然没有解体，却陷入了长期的内战、动乱和区域冲突之中，国家机器失去了对国家的管控能力。西方学者将后者定义为"失败国家"或"脆弱国家"。这些国家大多集中在非洲和中东，大多是在二战之后非殖民化运动中获得独立的新兴国家。随着冷战的终结，这些新兴国家内部或彼此之间种族、部族、宗教或教派之间的矛盾日益显露，"国家"成了风雨飘摇的招牌。中东地区的局势尤其令人担忧。美国为了从入侵阿富汗和伊拉克战争的"泥潭"中脱身，迅速从这两个国家撤军，而这两国政府根本承担不起管控国家的职责，再加上西方所助推的"阿拉伯之春"在中东引起的政治震荡，叙利亚和伊拉克被几种势力"撕裂"，伊拉克库尔德人事实上已经独立，中东国家版图已经难以缝合，战后在中东构建的威斯特伐利亚式国家体系解体了。

笔者曾经把当今世界的国家分成三类："已构建国家"、"再构建国家"和"构建中国家"。"已构建国家"指的是最早按照威斯特伐利亚体系构建起来的欧洲国家及其在北美和大洋洲获得独立的殖民地；"再构建国家"指的是威斯特伐利亚体系在全世界扩展开来之前已具有数千年的国家传统，经过殖民地半殖民地或其威胁的洗礼后，蜕变而成的现代意义上的民族国家；"构建中国家"大都曾是西方列强的殖民地，在非殖民化中获得了民族国家的独立地位，但大多数国家在沦为殖民地之前没有悠久和强大的国家传统。就数量而言，"构建中国家"实际上是大多数。正是这些"构建中国家"在冷战后陷入诸多矛盾和危机之中，对二战后蔓延全世界的威斯特伐利亚体系的基础构成了严重的挑战。按照福山在其新作《政治秩序与政治衰败》中的观点，撒哈拉以南非洲、拉丁美洲和东亚的当代发展成果之所以大相径庭，是因为深受西方到来之前本土国家制度的影响。那些早早就有强大制度的地区，在中断一段时间后重起炉灶；那些一直没有强大制度的地区，只好继续挣扎。殖民列强在移植自己制度方面发挥了重大作用，特别是在可带来大量移民的情形之下。当今世界最不发达的地区，是那些既缺乏本土国家制度又没有移民带来的外来国家制度的地区。

福山没有把中东纳入国家制度构建的比较之中。实际上，中东地区更为独特。因为中东并不缺乏强大的本土制度，但按照威斯特伐利亚体系构建起来的国家却更为脆弱，其最主要的原因或许在于威斯特伐利亚体系主权独立和政教分离的基本原则与伊斯兰教世界政教合一的历史传统难以契合，许多中东国家人民在独立之后对"民族"或"国族"的认同始终没有超越对部族和教派的认同，这就为中东地区威斯特伐利亚式的国家构建埋下了隐患，也使中东地区的国家冲突一直与部族和教派的冲突纠缠在一起。"基地"组织和"伊斯兰国"的兴起都与这种纠缠有直接的关系。本·拉登被击毙后，美国的反恐战役似乎告一段落，但比"基地"组织更为激进的"伊斯兰国"的肆虐，揭示出中东局势中更为凶险的一面，一个政教合一的跨国、跨地区伊斯兰帝国将有可能从根本上颠覆中东秩序，并将其威胁蔓延至全世界。现在还没有人相信"伊斯兰国"能够实现它所提出来的目标，但也没有人能够断言什么时候可以彻底消灭"伊斯兰国"，扫清中东和隐藏在世界其他国家的"伊斯兰国"的追随者，因为"伊斯兰国"所倡导的是一种与威斯特伐利亚体系相冲突的意识形态。这种意识形态在国家构建遭遇挫折的地方以极端和暴力的形式表现出来，成为动摇威斯特伐利亚体系基础的破坏性力量。目前还看不到从根本上剔除这种力量的可行方案，因为"伊斯兰国"或许并不是这种力量最后的堡垒。

二

大国兴衰的历史性变化和西方阵营的"裂变"构成了对当今世界秩序的第二种挑战。近代以来，大国兴衰一直是西方列强之间的事，世界舞台的主角一直由欧美大国出演。日本是第一个跻身列强的东亚国家，不过是以"脱亚入欧"的精神和侵略掠夺东亚邻国的方式实现的。但是冷战结束后，以"金砖五国"特别是中国的快速发展为代表，一批非西方国家登上了世界舞台。尽管西方大国特别是美国在世界经济与技术的发展中依然占据优势，但不得不让新兴经济体加入全球经济治理的体系中来。与此同时，新兴大国在政治上和军事上的影响力也在不断上升，中国更是被视为对美国在东亚乃至世界领导地位的挑战者。扎卡利亚把当今世界称为"后美国世界"。他认为近代以来世界先后经历了"西方的崛起"和"美国的崛起"两个时代，现在正在进入"他者的崛起"的时代。

"后美国世界"是一个什么样的世界？巴里·布赞认为是"美国和诸大国"的世界；查尔斯·库普乾认为是"没有主宰者的世界"；伊恩·布雷默认为是"零国集团的世界"。这些判断各有侧重，但共同点是西方大国主导地位的终结。这些判定并不完全令人信服，因为西方大国特别是美国依然在当今世界事务中发挥着不可替代的领导作用。但不可否认的是，随着冷战的终结和非西方大国的崛起，美国所主导的西方阵营已经开始发生微妙的变化。首先是在美国入侵伊拉克问题上"老欧洲"与"新欧洲"的分裂；其次是在判定金融危机根源和拯救方式上欧盟国家与美国的不同立场，美国主导西方阵营的能力明显走弱。2015 年，美国在欧洲的"铁哥们儿"英国更是不顾美国的反对，加入了中国倡议创建的亚洲基础设施投资银行，德法等国也紧随其后，让美国在遏制中国的重大战略上有一种"众叛亲离"的感觉。可以说，至少在是否搭乘中国经济发展"快车"、是否在初露端倪的中国所倡导的经济秩序中占得先机和有利位置等重大利益面前，美国不再能够左右其他西方大国。

不可否认，西方依然是当今世界上最具凝聚力的经济共同体、安全共同体和价值观共同体，依然对"崛起"的非西方的"他者"具有重要的影响力和制约力。但西方共同体能否维持下去，不仅在于非西方大国的"崛起"所造成的新的力量对比，还在于西方的重要组成部分，也是"西方"的发源地——欧洲——能否在原来的意义上维持下去。欧洲国家大都建立了"从摇篮到坟墓"的社会福利制度，并且为了维持这种福利制度而债台高筑，而没有后顾之忧的欧洲人又不愿意生儿育女，所以欧洲人口资源已经难以为继。美国保守派思想家马克·斯蒂文的《孤独的美国：一个我们所知世界的终结》尽管被有些人斥为"耸人听闻"，但它确实揭示出一个"残酷"的现实：欧洲的福利制度造成生育率降低和人口规模萎缩，穆斯林移民在填补劳动力缺口的同时，也催生和拓展了欧洲的穆斯林社区，甚至推进了欧洲的"穆斯林化"。斯蒂文甚至为穆斯林化的欧洲起了一个新名——"Eurabian"。尽管欧盟把土耳其挡在了欧盟之外，但多少年来合法的与非法的穆斯林移民仍持续不断地涌向欧洲。伊拉克和叙利亚的战乱更是让前往欧洲的穆斯林移民潮以更大规模蔓延开来。再过若干年，随着欧洲人口与文化结构的改变，欧洲也将不再是原来意义上的欧洲，西方也将不是原来意义上的西方了，"西方"实际上已经"裂变"，主导当今世界秩序的西方阵营事实上正在发生变化。

三

第三世界的流变也在颠覆着当今世界秩序的基础。实际上，无论是非西方大国的"崛起"，还是中东和非洲众多国家在国家构建中所面临的难题，都与第三世界的流变有直接关系，都是第三世界流变的不同形式。尽管大国争雄似乎依然左右着世界形势的发展变化，但第三世界国家正在以自己的形式改变着世界秩序的基础，把整个世界秩序的演进推向一个未知的方向。从某种意义上说，世界秩序的崩塌主要就是第三世界不断分化的一种结果，世界秩序的重构本质上就是第三世界怎么办的问题。

得益于经济全球化的深入发展，在第三世界不仅出现了非西方大国的"崛起"，相当一批中小国家也进入了经济发展的快车道，第三世界的面貌正在发生急剧的变化。与此同时，相当一批第三世界国家都处于经济、政治和社会的转型或重构时期，种族、宗教和阶级的矛盾因社会的贫富分化而加剧，信息技术的发展特别是社交媒体的普及，进一步加快了这些矛盾的传导和扩散，从而加剧了社会的动荡。一个偶然的事件就可以引发星星之火，促成一国甚至多国的社会动荡和政权更迭。"阿拉伯之春"就是一个典型的例子。类似事态在不远的将来也有可能在中东和非洲的其他国家发生，并带来更多国家和区域秩序的混乱和解体。可以说，第三世界国家经济、政治与社会的转型与当今世界秩序的崩塌和重构几乎在同步发生。让第三世界国家顺利地实现经济、政治与社会的转型，即让这些"构建中国家"更为稳妥地完成构建现代国家的任务，从而让世界秩序建立在一个更为稳固的基础之上，这是整个世界面临的一个历史性挑战。

事实上，在有些地区，现代意义上民族国家的构建可能是一个漫长曲折的征程，甚至是永远也不能实现的"梦"，区域化的整合或许是弥合部族、教派和种族矛盾的最现实的解决方案。换言之，就是以一个范围更为广泛的种族、部族和宗教的认同来弥补国家认同的不足。非洲国家的区域化进程正在逐步展开，而陷入纷争战乱的中东国家现在还看不到这样的前景，尽管非殖民化之后许多中东的政治强人曾做过多种尝试。诚如基辛格所述，历史上"伊斯兰教既是一种宗教，又是一种多族裔的超级国家和一种新的世界秩序"。现实中，获得独立的伊斯兰国家，特别是中东的伊斯兰国家，又一直在战乱中徘徊，在多种认同的冲突中纠结。如果说重构世界秩序的问题就是对第三世界怎么办的问题，那么更进一步讲，就是对中东的伊斯兰国家怎么办的问题。西方主导的世界秩序似乎已经无能为力。布热津斯基等美国战略家对小布什以打击恐怖主义为名侵入阿富汗和伊拉克致使美国陷入困局而追悔莫及，认为这是美国历史上"一个重要的、悲剧性的、不可避免的转折点……当时犯下的错，我们今天依然在修补"。而中国恰恰在这样的时候提出了"一带一路"倡议。"一带一路"本质上是为了整合中国与相关国家和地区的产业和地缘优势，从而更大更好地发挥中国与这些国家的经济潜力。"一带一路"倡议的实施，无疑将为相关国家的国家构建和区域整合注入新的活力和动力，从而为新的世界秩序的构建奠定更为稳固的经济与社会基础。

"第三世界"的概念产生于冷战时期，随着冷战的终结，许多学者认为这一概念已经退出历史舞台，而更多地以"发展中国家"取而代之。但是，根据历史学家斯塔夫里亚诺斯的考察，"第三世界"在世界历史的进程中是一个动态的概念。相对于最早发达起来的西欧国家，相对滞后并与西欧形成不同分工的东欧国家就是最早的"第三世界"。而最早创造"第三世界"这一概念的法国著名人口学家阿尔弗雷德·索维，则是从大革命之前法国社会中僧侣和贵族以外的"第三等级"这一概念中获得灵感的。中国始终把自己定义为"发展中国家，属于第三世界"。第三世界能否成为改变世界的"第三等级"目前难下定论，但它在冷战结束后的发展变化对当今世界秩序形成了越来越猛烈的冲击，其结果不仅动摇了威斯特伐利亚体系的基础，而且改变了原来意义上南北之间中心与外围的力量结构，甚至为东西方的竞争和对抗赋予了新的形式和意义。与以往不同的是，当今世界秩序的转变并不是在一场大规模战争之后的废墟上开始的，所以在崩塌开始之时，重构也在进行之中了，但并没有取得原则性的共识。

中俄关系与欧亚变局[*]

进入 21 世纪以来，美国反恐战争"脱轨"，中东极端恐怖势力"勃兴"，中东国家和地区"失序"，欧洲从"债务危机"走向"政治危机"，美国急于逃离中东"泥潭"并"重返亚太"，特别是中国的"崛起"和俄罗斯的"复兴"，已经让 1997 年布热津斯基构想的欧亚地缘政治"大棋局"破局，并且让中俄"全面战略协作伙伴关系"的形成具备了世界秩序的意义。特朗普当选美国总统给国际关系带来新的变数，中俄全面战略协作伙伴关系开始面对"特朗普冲击"。中俄两国只有保持足够的战略定力，才能"驯服"特朗普的野蛮冲撞，推动美国和西方的妥协和退让，与中俄两国合作构建一种新的战略合作关系，从而构建一种新的世界秩序。中俄关系的发展绝不是西方媒体所描述的那种"抱团取暖"，而是在欧亚变局中形成的一种新的秩序构建。中俄学界需要不断更新观念，与时俱进，为排除双边关系发展中的障碍不断提供新的智力支持。

一 从罗伯特·卡普兰的预言说起

近年来，随着世界局势的发展变化，学术界关于世界秩序的讨论不断深入，各国学者众说纷纭，见仁见智。其中，对于中国和俄罗斯学界最具挑战性的观点来自美国的地缘政治专家、著名记者罗伯特·卡普兰（Robert D. Kaplan）。此君几乎全然不顾经济全球化对国际关系的影响，坚持以历史和地理的眼光研判变化中的世界局势，被认为是"全球首屈一指的战略预测公司 STRATFOR 首席地缘政治分析师"，也是多部地缘政治畅销书的作者。其最新的代表作《即将到来的地缘政治战争：无法回避的大国冲突及对地缘宿命

＊　原载《东北亚论坛》2017 年第 2 期。

的抗争》早已经被译成中文出版。这本书英文版的原名就是"地理的报复"
(*The Revenge of Geography*)①，有人对他的观点欣赏有加，有人则认为他顽固
不化。但随着近年来世界范围内经济全球化的"停滞"，民族、部族、种族和
宗教（教派）冲突的加剧，俄美之间和中美之间竞争和对抗的此起彼伏，卡
普兰的观点赢得了更多的关注。

罗伯特·卡普兰2016年初发表在美国《外交》（*Foreign Affairs*）杂志上
的文章《即将到来的欧亚无政府状态：中国和俄罗斯趋弱的危险》，直接把中
国和俄罗斯两国预判成引发欧亚动乱的因素。他认为，中俄两国近年来都陷入
了经济困境，并且都会因此而采取更富进攻性的对外政策。而中亚各国早在苏
联时期就开始担任领导人的统治者正在逐渐老去，新老更替迫在眉睫，现有的
经济和政治形势难以保证政权的和平过渡，中亚"阿拉伯之春"的时机正在
趋于成熟。而随着中俄经济引擎放缓，中俄维护中亚局势稳定的能力也在下
降，中亚动乱，进而整个欧亚大动乱的局面即将来临。②

不可否认，卡普兰的观点有貌似合理之处。俄罗斯经济由于世界能源市场
的萎缩而遭遇严重打击，西方国家因"乌克兰危机"而对俄罗斯实施的制裁更
使俄罗斯经济雪上加霜。但在普京总统强有力的领导下，俄罗斯一直在顽强地
抵御经济衰退的不利影响，不仅维护了国内秩序的稳定，而且能够在世界舞台
上纵横捭阖，迫使美国在"制裁"俄罗斯的同时还要寻求与其在解决叙利亚危
机上的合作，迫使日本不顾美国的劝告，主动地寻求与俄罗斯的"和解"。普京
向世界证明，俄罗斯虽然经济遭遇严重打击，但依然是当今日趋纷乱的世界局
势中一个不可或缺的主要角色，俄罗斯的影响力不降反升。可以设想，如果没
有俄罗斯的强势介入，没有俄罗斯"纠合"的俄、土、伊三方合作，叙利亚冲
突各方可能会陷入更为混乱的相互厮杀之中。在中东地区战乱不已，欧洲力量
急剧衰退，美国社会被大选"撕裂"的形势下，俄罗斯在世界舞台上的作用更
为凸显。当然，中亚地区局势并没有因为俄罗斯的局势而发生变化。

---

① 〔美〕罗伯特·D. 卡普兰：《即将到来的地缘战争：无法回避的大国冲突及对地理宿命的抗
争》，涵朴译，广东人民出版社，2013。

② Robert D. Kaplan，"Eurasia's Coming Anarchy：The Risks of Chinese and Russian Weakness"，
Foreign Affairs，No. 2，2016，pp. 33-41.

中国的形势更与卡普兰先生的预言相差万里。中国经济与俄罗斯经济不同。中国经济进入中高速增长是一种正常的经济现象。在经历了三十余年两位数的高速增长之后，中国经济正在进入一个转型期，而中国经济的转型又与世界经济的复苏和转型紧密相连。可以说，中国经济与世界经济进入了一个新的磨合期。但由于庞大的市场容量和已经积累起来的投资能力和制造业水平，中国经济在世界经济复苏中的作用是至关重要的。特别是在经济全球化出现"停滞"的情况下，中国提议建立的金砖国家新开发银行（BRICS, Development Bank）、亚洲基础设施投资银行（AIIB）和实施的"一带一路"倡议，以及中国领导人在 2016 年杭州 G20 峰会上提出来的一系列全球治理倡议，都为这个纷乱的世界带来了新的希望和活力。可以说中国是唯一在全球经济复苏乏力、经济全球化"停滞"、贸易保护主义大有卷土重来之势的情况下，依然在全球治理方面不断提出新思想和采取新举措的世界大国。中国与中亚国家的经贸关系日趋密切，中国倡议的丝绸之路经济带建设与俄罗斯领导的欧亚经济联盟正在磨合中对接，也正在成为中俄战略协作伙伴关系"协作"的重要内容，必将给中亚国家经济与社会的发展带来积极的变化。

实际上，多数学者关于欧亚局势的研判比卡普兰先生乐观。中国台湾学者朱云汉认为，世界秩序正在经历四个趋势的演进：单极体系衰落，第三波民主退潮，资本主义全球化陷入困境，西方中心的世界日益没落。"人类社会在进入 21 世纪之际，全球政治、经济与意识形态格局正在经历一场翻天覆地的秩序与结构重组。这是我们所熟悉的历史坐标迅速消失的时代，也是我们视为当然的历史趋势出现转折的时代。这是四重历史趋势中最根本层次的结构变化，也是一个 300 年长期历史趋势的反转。"①

卡普兰先生对欧亚局势的研判显然是受到了布热津斯基"黑洞"说的影响。布热津斯基二十年前在其风靡一时的《大棋局：美国的首要地位及其地缘战略》一书中对世界局势的研判是这样的：美国是首屈一指、至高无上的全球性大国，欧洲是民主的桥头堡，而苏联解体"在欧亚大陆正中心造成了

---

① 朱云汉：《高思在云：中国兴起与全球秩序重组》，中国人民大学出版社，2015。

一个'黑洞'。就如同地缘政治学家所描述的'心脏地带'突然从地图上被挖走了一样"①。布热津斯基认为俄罗斯的强大或孱弱都对美国不利，同时认为："俄罗斯唯一真正的地缘政治选择，亦即能使其发挥符合实际的国际作用和能使俄国得到改造自身和实现社会现代化的最佳机会的选择就是欧洲。""美国的政策是避免使俄罗斯偏离其所需要的地缘政治选择。"② 他还认为："俄罗斯同欧洲靠拢的速度越快，欧亚大陆的黑洞就越早由一个现代化和民主的社会填补。实际上，对俄国来说，这一个抉择的两难困境已不再是做出地缘政治选择的问题，而是面对自己继续生存的必要条件问题。"③ 很显然，布热津斯基低估了俄罗斯作为一个大国的恢复能力，更没有预见到欧洲和中国近年来发生的变化。北约的持续东扩让俄罗斯从"融入"西方的梦中惊醒，大国的野心也很难让俄罗斯按照欧洲的标准改造自己，充当西方的"学生"。也就是在布热津斯基撰写《大棋局》的时候，俄罗斯与西方的关系开始恶化了。

进入 21 世纪之后，"9·11"恐怖袭击发生，美国反恐战争的"扩大化"使美国再次深陷泥潭，加上 2008 年金融危机的"折磨"，以及中东、欧洲和东亚局势的变化，已使布热津斯基失去了他 1997 年撰写《大棋局》时候的自信。他在 2004 年出版的《大抉择：美国站在十字路口》中就对新的全球混乱和美国的霸权地位忧心忡忡，提出了美国是坚持"主导"还是"领导"的问题。2008 年，在他和一位共和党人、前总统国家安全事务助理布兰特·斯考克罗夫特（Brent Scowcroft）一起接受戴维·伊格纳休斯采访的时候，明确提出"全球政治觉醒"、全球力量东移和全球问题的出现所构成的新的挑战。从此，"政治觉醒"成为布热津斯基判定世界局势经常使用的一个概念。这种"政治觉醒"，包括中东地区宗教激进主义的泛滥，也包括反全球化运动的兴起。④ 2012 年，布热津斯基推出了他的新作《战略远

---

① 〔美〕兹比格纽·布热津斯基：《大棋局：美国的首要地位及其地缘战略》，中国国际问题研究所译，上海世纪出版集团，2007，第 115 页。

② 同上，第 154~155 页。

③ 同上，第 16 页。

④ 〔美〕兹比格涅夫·布热津斯基：《大抉择：美国站在十字路口》，王振西主译，新华出版社，2005；〔美〕兹比格涅夫·布热津斯基、布兰特·斯考克罗夫特：《大博弈：全球政治觉醒对美国的挑战》，姚芸竹译，新华出版社，2009。

见：美国与全球权力危机》。这个时候他已经放弃了对美国至高无上、首屈一指地位的判定，而开始探讨美国之后的世界会是什么样子。他指出"西方衰落了"，并认为"在冷战结束后的二十年里，欧亚大陆完成了一次漂移"，而美国已经"浪费了二十年的时间"。他认为："欧洲在政治上变得不是更统一，而是更不统一。另一方面，土耳其和俄罗斯依然滞留在西方社会的边缘，前途未卜。在东方，中国的政治、经济和军事实力都增强了，这个已经深受历史性的敌意折磨的地区产生了一份新的焦虑。"① 布热津斯基的建议是能够构建一个"更广大和更具活力的西方"和一个"既稳定又协作的东方"。这就是他不再期待俄罗斯按照欧洲的标准改造自己，而是竭力主张美国与俄罗斯和中国合作共同应对中东困局的思想根源。他建议美国应该建立起一个从里斯本到符拉迪沃斯托克的扩大了的西方，其中包括把土耳其和俄罗斯也"培养"成新西方的成员。同时告诫美国人："美国的指导原则应该是不直接介入亚洲对立大国间的冲突。"② 时过境迁，从 1997 年至今二十年左右的时间里，中国的快速发展和俄罗斯的"复兴"，特别是中俄关系的历史性演进，超出了布热津斯基的预判，推动了一种新的欧亚地缘政治格局的形成，这就是中俄关系进入了"历史上的最好时期"，成为左右欧亚战略格局的重要力量。

二　中俄关系的历史超越

2015 年以来，中俄两国举行了一系列活动，隆重庆祝世界反法西斯战争胜利七十周年。尽管西方领导人没有参加这些活动，但中俄两国通过这一系列活动提醒这个世界，中俄两国人民为世界反法西斯战争的胜利付出了高昂的代价，中俄两国有理由坚决维护来之不易的战后国际秩序。中俄关系演进到今天，更是具有了新的世界意义。实际上，20 世纪 40 年代和 50 年代乃至 60 年代出生的中国人，都对苏联怀有一种特殊的感情，并愿意把现在的俄罗斯臆想

---

① 〔美〕兹比格涅夫·布热津斯基：《战略远见：美国与全球权利危机》，洪漫等译，新华出版社，2012，第 170 页。
② 同上，第 170 页。

为苏联的化身。大批奔赴俄罗斯参加"红色旅游"的游客，多为这些年代出生的中老年人。中俄两国人民在世界秩序历史性转变的关键时刻，曾经是并肩战斗的战友！

但是，我们还应该看到，冷战后中俄关系的演进已经超越了过往的历史基础，站在了一个新的起点之上。中俄两国只有认识到这一点，才能够不断深化两国之间的战略合作，让欧亚变局向着更为有利于中俄两国的方向发展。

第一，经过最近二十多年来的探索与发展，中俄关系进入了一个"历史上的最好时期"。如果我们将中俄关系放在一个更为深远的历史环境中去考察，我们也会发现，中俄关系是在经过了三百多年的历史演进，包括冷战和后冷战时期的曲折之后，刚刚开始了一种真正意义上的平等互利、合作共赢的战略协作伙伴关系。第二，中俄关系的演进有其历史的必然性：尽管中俄两国选择的发展道路有所不同，但两国都在积极探索适合本国国情的经济与社会发展道路，这为两国之间的相互理解和尊重奠定了良好的基础。第三，在冷战后"一超多强"的国际形势面前，两国在国际舞台上都面临着来自美国和西方的诸多压力，也因此在面对重大国际问题的时候，两国容易形成共同的观点，采取共同的立场。第四，俄罗斯国土辽阔，自然资源丰富，中国是世界第一人口大国，并且早在 20 世纪 70 年代末期就开始融入世界市场，形成了强大的工业生产能力，两国在经济上优势互补，助推了两国的经济增长和社会进步。第五，两国成功地解决了边界争端，从而消除了双边关系发展中的一个重大隐患，为全面战略协作伙伴关系的形成铺平了道路。第六，两国在地区安全上的积极合作，推动了上海合作组织的建立和发展，为维护中亚地区的安全和秩序提供一种制度性的机制，并逐渐与更为广泛的区域和更多的国家联系起来，避免了"黑洞"的产生。实际上，冷战后中国的快速发展和俄罗斯的"复兴"，以及两国全面战略协作伙伴关系的形成，改变了冷战之后的世界力量对比和欧亚大陆的地缘政治格局，推动了布热津斯基所说的美国"至高无上、首屈一指"地位的滑落，构成了朱云汉所说的"非西方世界"崛起的重要组成部分。

三 "特朗普冲击" 与中俄关系

当然，中俄关系也依然面临艰巨的挑战。这些挑战时刻考验着中俄全面战略协作伙伴关系的韧性，同时也提醒着中俄两国领导人在把握中俄关系定位的时候不能犯战略性的错误。在这种种挑战之中，中俄首先要面对的就是美国"特朗普冲击"。

唐纳德·J. 特朗普（Donald John Trump）在 2016 年美国大选中"逆袭"成功，击败选前被世界普遍看好的民主党总统候选人希拉里·克林顿（Hillary Clinton），当选为美国总统，让全世界大跌眼镜。但是，世界各国也不得不开始认真对待这位没有任何从政经验、大选期间经常"信口雌黄"的"疯子"总统。他宣称自己代表的是在经济全球化中遭受损失的美国平民百姓，但当选之后提名的内阁成员都是身价几十亿甚至上百亿美元的商界精英。他宣称"美国至上"，要求世界各地的美国盟国承担更多安全上的责任和义务，但提名的美国国家安全事务助理和国防部部长等国家安全团队成员，大都是来自军方的"鹰派"，对奥巴马总统的中东政策持公开批评态度。他还没有正式就任总统，就已经"先声夺人"，与奥巴马政府唱"对台戏"，甚至公开表示上任第一天就要否决跨太平洋伙伴关系协定（TPP），把美国引导到另外一条道路上去。至于这是一条什么样的道路，现在还不清楚。根据弗朗西斯·福山（Francis Fukuyama）的推测，特朗普当选是世界秩序的分水岭。"特朗普担任美国总统将标志着一个时代的终结，在那个时代，美国对世界各地的人们而言就是民主的象征。"[①] 实际上，特朗普当选及其之后的一系列"横冲直撞"，已经给世界经济和政治带来了强烈的冲击，促使各国重新思考其对美国的关系。我们姑且把这样一种现象称为"特朗普冲击"。

无疑，中俄关系肯定也会受到"特朗普冲击"的影响，这也是中俄全面战略协作伙伴关系必然面对的挑战。实际上，中俄两国都承认美国依然是当今

---

① 〔美〕弗朗西斯·福山：《特朗普的美国与全球新秩序》，http://www.ftchinese.com/story/001070227。

世界上唯一的超级大国，都积极争取与美国的合作，但近年来俄美关系和中美关系的对抗性因素都在上升。可以说，中俄全面战略协作伙伴关系的形成和发展，在很大程度上就是源自中俄两国抵御美国和西方压力的需要。但是，一直与普京总统"惺惺相惜"的特朗普当选为美国总统，无疑给中俄关系的发展增加了新的变数和挑战。美俄关系的改善，甚至构建一种特朗普心目中的"新型大国关系"，似将成为特朗普政府在对外战略上的优先选择，而中美关系则有可能出现倒退，进入一个新的困难期。

第一，对俄罗斯的"制裁"得不偿失，美俄关系面临一个新的"拐点"。俄罗斯与美国和其他西方国家关系的急剧恶化，源自 2013 年底的"乌克兰危机"。现在来看，俄罗斯改变乌克兰领土现状，"夺回"克里米亚半岛的现实，西方国家不可能动用武力改变过来，而对俄罗斯进行的经济制裁也达不到预期目的。俄罗斯在"夺回"克里米亚之后，又乘中东乱局加剧，美国和欧洲国家都无暇他顾之机，强势介入叙利亚战局，并且赢得了主动，迫使美国和深受中东战乱危害的欧洲国家，尽管不情愿，也不得不在解决叙利亚危机和打击"伊斯兰国"恐怖势力方面，寻求与俄罗斯的合作。尽管普京在许多西方政治家和公众眼里"十恶不赦"，但特朗普非常钦佩普京总统的能力和魄力，并把与普京总统有二十多年交往经验的埃克森·美孚石油公司首席执行官雷克斯·蒂勒森（Rex Tillerson）提名为新一届美国政府国务卿的候选人，这无疑就是为了搭建与俄罗斯的伙伴关系。

第二，与奥巴马总统和其他西方国家那些高举"自由、民主和人权"旗帜的领导人不同，特朗普是一个赤裸裸的"现实主义者"。迄今为止，人们还没有听到特朗普就美国的立国理念和西方价值观进行过系统的表述。这在美国的历史上是绝无仅有的。特朗普本质上依然是一个"商人"，并倾向以"做生意"的方式追求美国利益的最大化，为此他可能与任何"他者"做交易，讨价还价。这就排除了他所领导的美国政府与普京领导的俄罗斯改变对抗状态、建立伙伴关系的障碍。基辛格曾公开呼吁给特朗普时间，让他把他的世界观表达出来。可以肯定，特朗普会在他的总统就职演说中就美国和西方的价值观努力唱出一些"高调"，但在成为美国总统之前特朗普从未扮演过美国或西方价值观"卫道士"的角色。从这个意义上讲，他作为美国总统是"不够格"的。同时也预示着他所领导的美国可能打乱与盟友和对手的关系，实现美国与他国关系的新组合。无疑，这将给西方阵营的整体性带来颠覆性的变化。

第三，最重要的是，对于特朗普的美国来讲，美俄关系的改善有利于在日趋密切的中俄全面战略协作伙伴关系之间打入"楔子"，达到"离间"中俄的目的。实际上，在就任美国总统之前，特朗普就已经在中俄之间"厚此薄彼"了。在不断与普京"秀恩爱"的同时，特朗普及其团队在中美经贸关系、人民币汇率、中国台湾地区和南海等问题上不断"发狠话"，摆出一副咄咄逼人的架势。如果在"特朗普冲击"之下，中俄全面战略协作伙伴关系出现某种松动，就会逆转近年来中俄全面战略协作伙伴关系所带来的地缘政治效果，重新凸显美国作为"欧亚大棋局""主导者"的优势地位。

特朗普在中俄之间"厚此薄彼"有其"生意人"的精明算计：把中国定义为"汇率操纵国"，声称中美贸易不公平，中国从美国"偷走了"工作和技术，有利于继续搅动美国社会的"民粹主义"情绪，让中国成为"众矢之的"，成为美国社会不满情绪的发泄口，从而增强特朗普领导下的美国社会的凝聚力；逼迫中国在贸易、投资和人民币汇率方面做出让步，从中国身上为美国经济发展攫取更多更大的利益，也是特朗普已经开始上演的一出戏。作为一名成功的商人，特朗普深知中国现有经济结构对美国市场和世界市场的严重依赖，所以敢于不断施加高强度的压力，逼迫中国做出让步。尤为重要的是，对比俄罗斯，中国更被视为美国最主要的战略竞争对手，视为有可能在未来取代美国世界领导地位的候选人。因为中国的人口规模和经济实力都是俄罗斯所无法比拟的，中国的科学技术和军事工业也正在迎头赶上，成为世界强国乃至超级大国的条件正在成熟起来。而普京领导下的俄罗斯虽然依然能够在世界舞台上纵横捭阖，但其经济规模和经济结构都难以长时期支撑俄罗斯的世界大国地位。事实上，近年来中美之间的竞争已被许多观察家视为"崛起"大国与"守成"大国之间的博弈，甚至已经陷入了"修昔底德陷阱"，博弈结果将决定未来世界的力量格局。不管这种预判是否夸大其词，改善美俄关系将是美国新任领导人的优先选项，一直对普京总统钦佩有加的特朗普更会如此。

可以想见，中美关系与俄美关系都将进入一个新的历史时期。但任何一个国家离间中俄关系都不会很容易。因为如前所述，中俄关系已经超越了二战和冷战时期的意义，形成了两国历史上从未有过的平等互利、优势互补的全面战略协作伙伴关系，中俄两国都已经在这种伙伴关系中获益。这种关系正在改变欧亚大陆的战略格局，这是中国或俄罗斯与任何一个其他国家的关系替代不了的。有美国学者认为："中国的崛起，是俄罗斯在新世纪中选择欧亚国家定位的重要因素。"① 更何况中俄关系潜力依然很大，特别是在丝绸之路经济带建设与欧亚经济联盟对接合作，构建整个欧亚大陆核心地区经济纽带方面，双方面临共同的战略机遇。但美国的"切入"会骤然提升俄罗斯的世界地位，在中俄之间形成一种新的张力，挑战中俄两国的战略定力。

四　中俄关系的根本挑战

尽管中俄关系进入了历史上最好的发展时期，但依然面对许多困难和挑战；尽管"特朗普冲击"有可能影响中俄关系的发展，但中俄全面战略协作伙伴关系的巩固和发展，需要的是中俄两国人民之间更为深入的了解和理解，这样才能使两国领导人的战略远见和政治互信转化为两个社会之间的共识，从而为两国关系奠定更为深厚的民意基础，形成不可逆转的社会取向。

第一，尽管中俄关系正在不断发展，在世界舞台上配合默契，相互支持，但两国之间"利益"与"角色"的相互认知依然需要不断"调试"。中国近年来的"强势"发展，中国经济对比俄罗斯经济所具有的显著优势，中国在全球治理问题上表现的积极意向，既让俄罗斯对身旁这个曾经积贫积弱的"兄弟"刮目相看，也对中国"有所作为"的抱负心存疑虑，两国之间国际地位的"位移"让俄罗斯有一种特别的不安全感，中国希望俄罗斯在发展与中国周边国家关系的时候顾及中国利益，这些是中俄关系中一系列问题和波折产生的原因所在，这对中俄关系的发展也是一个严峻的考验。俄罗斯有专家主张，尽管中国对于俄罗斯而言日益重要，但莫斯科的全球外交政策仍然立足于

① 〔美〕杰弗里·曼科夫：《大国政治的回归：俄罗斯的外交政策》，黎晓蕾等译，新华出版社，2011，第 19 页。

和美国以及欧洲的关系上；① 中国是重要的伙伴，但不应主导莫斯科的思维；俄罗斯不仅与中国，还与日本、韩国、美国和加拿大相邻。②

第二，尽管两国人民的交往越来越多，但还缺乏深入的了解和理解。许多中国人仍然习惯把俄罗斯当作苏联的化身，当他们发现同年龄的俄罗斯人竟然不会吟唱《莫斯科郊外的晚上》和《红莓花儿开》这样的"流行歌曲"时，会感到莫名的惊讶和惆怅。实际上，作为世界上第一个社会主义国家苏联的主体，俄罗斯对中国革命产生了巨大影响，可以说塑造了几代中国人的世界观。虽然这种世界观在俄罗斯似乎已经销声匿迹了，但在依然坚持走具有中国特色社会主义道路的中国，其却被直接或间接地继承下来。苏联时期的故事，几乎依然是中国人对俄罗斯想象的全部。对于十月革命之前俄罗斯的历史经历，大部分中国人了解不多，印象不深。两国人民如何在价值观上找到理解和认同的共同点，成为两国关系深入发展所要解决的重要问题。

第三，与前一个问题相联系的是，中俄两国都在寻求新的历史定位和国家认同，这对两国关系既是机遇，又是挑战。历史上的俄罗斯主要是一个欧洲国家，是一个东正教国家，但没有经历过欧洲那样的封建社会和文艺复兴，这使俄罗斯在寻求文明定位的时候经常处于困窘的局面。俄罗斯渴望成为西方的一部分，但又不为西方所接受。早在19世纪俄罗斯就有人提出了"欧亚主义"的国家定位，但直到21世纪初，俄罗斯的国家定位仍在选择之中。而中国是世界上四大文明古国之一，历史远比俄罗斯悠久，是儒家文明的发源地，也是东亚历史和文化演进的核心。当这个延续几千年的文明古国故步自封、闭关锁国的时候，俄罗斯却在学习西方的过程中强势崛起，成为欧洲舞台上的重要力量。当中国在19世纪中期开始沦为西方列强的殖民地和半殖民地时，沙皇俄国也是最为凶残的帝国主义国家之一。当中华民族开始觉醒，寻求摆脱"三座大山"的压迫时，俄罗斯的十月革命和苏联的社会主义建设又给中国树立

① Dmitri Trenin, "True Partners？How Russia and China See Each Other", Center for European Reform, http：//www.cer.org.uk/publications/archive/report/2012/true-partners-how-russia-and-china-see-each-oth-er, p. 44.

② Dmitri Trenin, "True Partners？How Russia and China See Each Other", Center for European Reform, http：//www.cer.org.uk/publications/archive/report/2012/true-partners-how-russia-and-china-see-each-oth-er, p. 45.

了学习的榜样。苏联解体了，苏联的社会主义实践被认为"失败"了，但中国依然在具有中国特色的社会主义道路上摸索、前行。中俄两国人民在对待苏联时期社会主义的认知上有很大的不同，这样一种历史认知上的差距将在很长一段时间内影响着两国人民之间的相互了解和认同。

无疑，中俄两国都处在寻求新的历史定位和国家认同的关键时刻。有俄罗斯学者认为俄罗斯正在从一个帝国向民族国家蜕变。① 而中国作为一个文明古国的复兴，正在力图把自己久远的历史与现代国家的塑造协调起来，实现一种文明的升华。中俄人民之间需要更为深入的了解、理解和认同。从这个意义上讲，中俄之间的公共外交和人文交流就具有越来越重要的战略意义。中俄人民之间能有多大程度的相互了解、理解和认同，特别是价值认同，将决定未来两国全面战略协作伙伴关系能够走多远，决定中俄两国能否在"特朗普冲击"中保持足够持久的战略定力，决定未来一段时间内欧亚大陆的国际战略格局。

五 中俄关系与欧亚新棋局

中俄关系的发展与欧亚变局紧密联系在一起。虽然中国的快速发展和俄罗斯的"复兴"，特别是中俄全面战略协作伙伴关系的形成，防止了中亚地区"黑洞"的出现，但欧亚变局依然面临诸多挑战。

第一，是中东秩序的崩塌。"9·11"恐怖袭击之后，美国在发动阿富汗战争，颠覆了塔利班政权之后，又领导西方国家入侵伊拉克，介入利比亚、也门和叙利亚的"阿拉伯之春"，造成了中东一系列国家的混乱和失序，为"伊斯兰国"等极端主义恐怖势力的崛起和蔓延创造了有利条件，同时也加剧了中东地区国际体系和地区秩序的解体，中东正在陷入一个深不见底的"黑洞"，从而使整个欧亚大陆乃至整个世界秩序在中东最先出现崩塌，目前还看不到其恢复或重构的前景。美国实际上是其所主导的世界秩序崩塌的始作俑

---

① 〔俄〕德米特里·特列宁：《帝国之后：21世纪俄罗斯的国家发展和转型》，韩凝译，新华出版社，2015。

者。美国学界承认美国反恐战争"脱轨",并反思美国国家陷入战略迷失的原因,但还没有在中东地区秩序的重构上进行深入探索。①

第二,欧盟面临其建立以来最严重的生存危机。当欧盟尚未从 2008 年金融危机打击之下解脱出来之时,伊拉克战争所释放的中东恐怖势力开始在欧洲肆虐,同时大量战乱国家难民涌向欧洲,英国"临阵逃脱",欧盟在短时间内遭受多重打击。欧盟这个"民主的桥头堡"既没有能力顾及中东危机,也没有能力追随美国与俄罗斯进行严重的对抗,更不用说在全球化遭遇阻滞的世界上发挥领导作用了。欧亚大陆的稳定和世界秩序的维护在曾经最为巩固的地方出现了"险情"。

第三,美国奥巴马政府在企图从中东乱局中脱身的同时,高调"重返亚太",推出"亚洲再平衡"战略,借助中国与邻国在东海和南海的领土领海争端,携手日本等国,构建对中国的战略包围圈。"朝核问题"久拖不决,成了美国把"萨德"反导系统引入韩国,威慑中国及俄罗斯的借口,进一步加剧了东北亚的紧张局势。可以说,欧亚变局的出现并不像卡普兰所描绘的那样,是由于中俄经济走低,维护中亚稳定能力削弱,中亚各国领导人更迭出现问题,而是与美国小布什政府以来反恐战略的失误有直接的关系。

整个来看,随着中国等一批非西方国家的快速发展,一个基本的历史趋势是全球力量向东亚的转移。但这种"东移"解决不了中东秩序"崩塌"和欧盟"险情"给世界和平所带来的危险。强调"美国至上"的特朗普当选美国总统,已经表明美国有些"自顾不暇"了;法国政治的"特朗普化"似乎也迫在眉睫;② 英国已经决定离开"欧盟"这艘遭遇险滩的大船。在这样一种形势面前,中国提出的"一带一路"倡议为欧亚大陆困局的化解提出了一种解决方案,中国丝绸之路经济带与俄罗斯欧亚经济联盟的对接合作,为布热津斯基所说的"政治觉醒"所带来问题的解决展现了一种比较现实的前景。这或许也是美国学界已经有人提出美国应该对中国"一带一路"倡议采取开放态度的重要原因。加仑·卢夫特(Gal Luft)认为,美国不应该让对大国竞争的

---

① 〔美〕戴维·罗特科普夫:《国家不安全:恐惧时代的美国领导地位》,孙成昊、张蓓译,社会科学文献出版社,2016。

② Marine Le Pen, "France's Next Revolution?", *Foreign Affairs*, No. 6, 2016, pp. 2–8.

关注分散其对资金不足给全球繁荣带来的挑战；对于中国提出的"一带一路"倡议，美国应该采取更为开放的姿态。中美两国应建立双边论坛讨论共同经济发展议程，创造一个美国能发挥其力量的平台。① 特朗普"逆袭成功"，当选美国总统，从正面的意义上讲也为美国的战略调整创造了机会。美国政府能否"改弦更张"，怎样"改弦更张"，不仅在于美国领导人是否会再犯战略"误判"，还在于中俄两国能否保持足够的战略定力，两国全面战略协作伙伴关系是否能够长时期地在一个高水准上运行，共同"驯服"特朗普的"横冲直撞"。中俄战略合作的意义已经超越了二战、冷战和冷战后中俄关系的水平，有了新型大国关系示范、推动欧亚变局向更为稳定的方向发展和构建世界新秩序的意义。中俄两国没有理由不继续努力。

美国前国务卿基辛格在《世界秩序》一书中论述说："任何一国都不可能单枪匹马地建立世界秩序。要建立真正的世界秩序，它的各个组成部分在保持自身价值的同时，还需要有一种全球性、结构性和法理性的文化，这就是超越任何一个地区或国家视角和理想的秩序观。"② 现在或许就是中美俄共同寻找这样一种"秩序观"的时候了。中俄关系的发展，实际上已经让布热津斯基在《大棋局：美国的首要地位及其地缘战略》中提出的构想破产了。布热津斯基最担心的是欧亚大陆的中心或边缘地带出现一个能够与美国相抗衡的大国，让美国失去主导或左右欧亚大陆局势的能力。现在这种情形正在发生，中俄关系的发展大大削弱了美国左右欧亚大陆的能力，并且促使美国放弃与俄罗斯和中国相对抗的立场，以在愈加复杂的世界局势中寻求与中国和俄罗斯的合作，一种新的"大棋局"正在展开。在这个新的"大棋局"里，美国也是"棋手"之一，不得不与中国和俄罗斯"对弈"。这个"大棋局"已经不再是美国独有的"棋局"，而是美国不得不与俄罗斯、中国以及其他国家共有的"大棋局"。中俄关系和欧亚变局正在开始国际关系史上的一个新时期。而对"特朗普冲击"可能搅乱的世界局势，中俄更应发挥世界和平稳定"压舱石"的作用。③

---

① Gal Luft, "China's Infrastructure Play：Why Washington Should Accept the New Silk Road", *Foreign Affairs*, No. 6, 2016, pp. 68-75.

② 〔美〕亨利·基辛格：《世界秩序》，胡利平等译，中信出版社，2015，第 489 页。

③ 钟声：《中俄战略协作的压舱石作用》，《人民日报》2016 年 12 月 16 日。

一战结束百年，我们还需要反思什么[*]

11 月 11 日，是第一次世界大战结束一百周年的日子。围绕一战结束一百周年，英、法、德等欧洲国家都举行了隆重的纪念活动。欧洲国家纪念活动的基调是反思一战的惨烈，悼念在战争牺牲的千百万条生命，警示世人不能让一战的悲剧重演。

无疑，在当前国际关系风云变幻，大国关系越来越不确定的形势面前，重新审视一战留给世界的教训，具有非常重要的现实意义。实际上，一战对欧洲国家造成的伤害空前惨烈，一战结束之时人们就开始了对一战教训的反思。国际关系学科就是为了总结这场悲剧的教训而率先在英美等国家的大学里建立起来的。但是，一战（当时被称为 Great War，即"大战"）的悲剧并没有能够阻止规模更大的第二次世界大战的发生，二战之后世界又陷入冷战。因此，在一战结束百年之际，在世界局势的走向扑朔迷离的紧要关头，更需要反思一战的缘起，更应该从这场历史的悲剧中吸取教训。

第一，一战的爆发是西方崛起之后欧洲列强权力争夺的必然结果。1500年之后，随着西方的崛起，欧洲成为西方列强权力争夺的主要舞台。随着欧洲列强的兴衰更替，欧洲大国政治舞台上的主角也有变化。先是英、法、奥、俄、普等逐鹿欧洲大陆，后来是英、法、德、俄、意等对主导欧洲和世界地位的争夺。1814 年维也纳会议所构建的"大国协调"机制被认为维持了欧洲一个世纪的"和平"，是"均势"的"黄金时期"。但随着德国的统一和崛起，这种"均势"事实上已经被"撑破"，列强之间非但没有找到一种新的协调方法，反而在利益争夺中分化组合成两个相互对立的军事同盟集团，即同盟国和协约国，最终只能诉诸武力来解决彼此的分歧，并把全世界都裹挟到这场战争

＊ 原载人民日报海外网，2018 年 11 月 12 日，http：//m. haiwainet. cn/middle/353596/2018/1112/content_31434863_1. html。

之中。从根本上讲，一战是西方崛起之后欧洲列强权力争夺的必然结果，是一场"欧洲的内战"。但由于列强彼时已经把世界瓜分完毕，所以"欧洲的内战"就表现为"世界大战"了。在西方崛起的过程中，列强之间通过武力解决彼此之间的矛盾和冲突或通过武力征服欧洲以外的殖民地被认为是"合法的"，所以，一战的发生符合西方列强权力政治的逻辑。一战结束之后，虽然人们开始反思这种逻辑的正当性，但百年之后，西方大国以武力或武力威胁解决争端的思维方式并没有随风而去，一战的教训还不能说已经被吸取。

第二，参加一战的"主角"都是帝国主义国家，都在全世界疯狂地争夺殖民地。非常有意思的是，这些帝国为自己的海外扩张找到了很好的"理由"。这就是按照这些国家设定的"文明标准"，把世界划分成"文明的"、"半文明的"和"野蛮的"等不同组成部分。欧洲国家是"文明国家"，非欧洲国家都是"野蛮国家"，个别的东方帝国被视为"半文明"国家。"文明国家"有责任改造"野蛮国家"和"不文明国家"。欧洲国家在世界各地建立殖民地，就是为了促使"野蛮国家""半文明国家"向"文明国家"转变。欧洲列强建立殖民地的过程也是推广"文明标准"的过程，因而是合法的。实际上，许多欧洲国家的法学家积极参与了国际法的制定，为欧洲列强的殖民掠夺制造法理基础。1905 年日本在日俄战争中击败俄罗斯之后，也得以跻身"文明国家"行列。就是这些"文明国家"把欧洲以外的国家也拖入了这场浩劫，同时又在很大程度上改变了这些国家的历史轨迹甚至历史命运。所以，一方面，我们看到，一战的终结开启了亚非殖民地和半殖民地民族觉醒的过程，为一战特别是二战之后一大批新兴国家的出现奠定了基础，当今世界以现代主权国家为基本单位的国际体系就是从一战终结之后开始逐步形成的。另一方面，一战的一个重要结果是奥匈帝国、奥斯曼帝国和沙皇俄国的崩塌，一批新兴国家在这些帝国的废墟上建立起来。但是，由于这些国家的独立与欧洲列强在这一地区的权力争夺一直纠缠在一起，国家的形成和边界的划分往往被欧洲列强的意志所左右，所以这些国家的国家构建历程从一开始就陷入十分困难的境地。到现在，中东国家依然没有从大国争斗的困局中摆脱出来。一战的结局和欧洲国家在中东的制度设计，依然是当今中东问题的根源所在。一百周年过去了，人们不得不一次次地返回原点去思考，这说明关于一战，我们还有许多问题需要挖掘、澄清，甚至修正。

　　第三，经济上的相互依存并不能完全保证国家之间的和平共处。一战的主角在经济上都是相互依赖的伙伴，却没能保证它们在相互间发生矛盾时选择避免两败俱伤即寻求以非武力的方式解决彼此的分歧。归根结底，这是因为当时欧洲一些国家的思维方式没有逃离权力政治的窠臼，仍然相信可以用武力实现自己的意志。百年之后，时过境迁，是不是所有国家的领导人都已经从权力政治的窠臼中挣脱出来了呢？人们是不是可以相信经济全球化已经把世界各国各地区有机地联结在一起，已经没有人再愿意以两败俱伤的武力手段解决国与国之间的矛盾冲突了呢？现在看来，并非完全如此。那些依然没有从一战悲剧中吸取教训的人，依然相信其可以把自己的意志、自己国家的意志强加给其他国家，甚至把自己国家的利益凌驾于他国利益之上。这实质上是一战结束百年后，我们还要反思的重要原因所在。

　　中国并不是那场"欧洲内战"的主角，但中国已经发展成为一个具有世界影响力的大国。中国不会按照 19 世纪末 20 世纪初欧洲列强的思维方式去面对当今世界，但这并不能够排除依然有人会按照那种方式来判定中国。因此，中国人更应该把一战的教训更为深入细致地总结出来，更应该把崛起后的西方在它处于巅峰状态时所犯下的愚蠢错误解释出来，以警示世界。

世界的重塑：从"帝国"到"民族国家"*

现今的世界是一个由"民族国家"构成的世界，"国别"已经成为区分人们的基本标志。但百年之前，世界大部分地区还被大大小小的新老帝国和帝国殖民地所覆盖。第一次世界大战的重要意义，在于开启了世界从"帝国"向"民族国家"转型的新时代。围绕一战和二战之后新兴国家的建立，也即所谓的"非殖民化"进程，人类上演了一幕幕的悲欢离合。百年之后的世界虽然已经按照"民族国家"的形式重新组合起来，但国家之间的历史背景千差万别，构建过程更不可能整齐划一。冷战期间的大国纷争和冷战后经济全球化的深入拓展，使"民族国家"体制不断遭遇新的挑战。从"帝国"向"民族国家"的转变或许是一种历史发展的必然趋势，但"民族国家"体制又难以应对当今世界所面临的种种新的挑战。在这样一种形势面前，是重新拾取帝国的治理经验，弥补"民族国家"体制的不足，还是挣脱现实的羁绊，挖掘新的组织方式和治理空间，需要学界进行新的思考和研判。

一 从"帝国"到"民族国家"

帝国是人类几千年文明史上最为重要的组织形式之一，也是当今世界的"来源"，因为世界上几乎所有国家都曾经与新老帝国有直接或间接的关系，都是从帝国"脱胎"而来。19世纪末20世纪初，除了早期从西班牙和葡萄牙殖民帝国统治之下获得独立的拉丁美洲国家外，世界被大大小小的帝国所覆盖。传统观点认为，自1648年《威斯特伐利亚和约》签订以来，"民族国家"便逐渐取代帝国，成为国际社会最重要的行为体。但事实上，直到19世纪末，除了南北美洲之外，世界大部分地区还是由帝国支配，其中既包括在中东、东

* 原载《外交评论》2019年第6期。

欧和中亚争雄几百年的奥斯曼帝国、沙皇俄国和奥匈帝国等老牌帝国；也有英国、法国这种疯狂瓜分世界的新兴帝国；还有羽翼渐丰，刚刚投入海外殖民地竞争的美国和日本。一战之后国际联盟成立之时，仅有 44 个成员国。二战之后联合国成立之初，也仅有 51 个成员国。而到今天，联合国成员国已经达到 193 个。可以说，直到 20 世纪中期，帝国曾与民族国家在世界上长期并存，当今世界多数"民族国家"的历史还不到百年。

世界从"帝国"向"民族国家"的转变开始于 19 世纪，大致经历了四个阶段。首先是 19 世纪的拉美革命，西班牙、葡萄牙等列强控制下的美洲各殖民地相继爆发了要求独立的革命。在这种背景下，美洲各国最早挣脱了帝国的枷锁，成为民族国家——海地（1804 年）、哥伦比亚（1810 年）、巴拉圭（1811 年）、委内瑞拉（1811 年）、阿根廷（1816 年）、智利（1818 年）等国相继获得独立。到 19 世纪中期，西属美洲除古巴外全部获得了独立，"民族国家"在美洲得到了普及。但从 19 世纪中期开始，英法等殖民国家掀起了瓜分世界的浪潮，将几乎整个亚洲、非洲及太平洋地区变成了自身的殖民地或半殖民地。因此，拉美革命比较"超前"，对欧亚大陆和非洲组织形式的重塑，并没有产生太大的影响。

"帝国"向"民族国家"转变的第二阶段开始于第一次世界大战。一战在推动帝国向民族国家转型的过程中起到了至关重要的作用。一战期间，俄罗斯相继发生了"二月革命"和"十月革命"，沙皇俄国垮台了，但新兴的苏维埃政权经过一番曲折，不仅成功地巩固了沙皇俄国的版图，而且还有所扩张，并于 1922 年成立了由俄罗斯联邦、乌克兰、白俄罗斯、南高加索联邦组成的苏维埃社会主义共和国联盟，之后加盟共和国增加到 15 个。而随着一战的终结，德意志第二帝国、奥匈帝国和奥斯曼帝国相继寿终正寝。德国失去了所有的海外殖民地，奥地利承认匈牙利、波兰、捷克斯洛伐克、塞尔维亚—克罗地亚—斯洛文尼亚等为独立国家。奥斯曼帝国发生了凯末尔革命，土耳其共和国在战争中赢得了独立地位，但原已失控的奥斯曼帝国彻底摆脱了土耳其人的控制，成为英、法等战胜国的委任统治地、保护国或半殖民地。英国控制的势力范围包括塞浦路斯、阿富汗、埃及、苏丹、沙特阿拉伯、伊朗、约旦、巴勒斯坦、伊拉克以及波斯湾沿岸的一些酋长国。法国控制的势力范围包括叙利亚、黎巴嫩以及阿尔及利亚、摩洛哥和突尼斯。意大利控制利比亚，西班牙控制摩洛哥部分地区。英、法对其控制范围"分而治之"的策略客观上奠定了现代中东国家的疆界，现代中东就是在奥斯曼帝国解体的基础上诞生的。① 不过，虽然一战后英、法等仍维持着庞大的殖民帝国，但在威尔逊"十四点计划"和俄国十月革命的影响下，民族独立、民族自决的观念开始深入人心，殖民地、半殖民地的民族解放运动蓬勃兴起。因此可以说，一战拉开了 20 世纪世界从帝国时代向民族国家时代转变的序幕。

"帝国"向"民族国家"转变的第三阶段，主要是二战后亚非国家从英、法和日本殖民统治下获得独立的过程。1941 年，罗斯福与丘吉尔在《大西洋宪章》中明确表示，战后承认各国人民有权选择其政府的形式，使被武力剥夺主权和自治权的民族重新获得主权与自治。1945 年颁布的《联合国宪章》则明确规定各国主权平等，极大地推动了战后非殖民化浪潮的兴起。与此同时，英、法等国在二战中损失惨重，无力继续维系其庞大的殖民帝国，被迫开始收缩战线，允许其控制下的殖民地获得独立。战后初期，获得独立的国家多集中在亚洲和北非，如印度尼西亚、菲律宾、印度、巴基斯坦、突尼斯和利比亚等，它们在原殖民宗主国撤出后直接宣布独立建国。"中东的裂变"在二战后持续展开，从一战之后到二战之后，从原来的奥斯曼帝国衍生出 10 多个国家，从而最终使拥有共同语言、宗教和区域的阿拉伯民族构建一个统一的"民族国家"的理想化为泡影。民族独立运动在 20 世纪 60 年代进入高潮。1960 年被称为"非洲年"，这一年共有 17 个非洲国家获得独立。1990 年，非洲最后一个殖民地纳米比亚获得独立，标志着欧洲殖民帝国体系的彻底瓦解。美、苏冷战对第三世界国家的政治和社会发展产生了深远影响。文安立在其《全球冷战：美苏对第三世界的干涉和当代世界的形成》中文版序言中做过这样的归纳：第一，美国和苏联的干涉主义在很大程度上塑造了第三世界各国的政治、社会和文化变迁的国际和国内框架。如果没有冷战，非洲、亚洲，也许还有拉丁美洲，都将会是完全不同于今日之状况。第二，第三世界精英所制定

① 参见〔美〕西恩·麦克米金《奥斯曼帝国的终结：战争、革命以及现代中东的诞生，1908-1923》，姚志宏译，中信出版集团股份有限公司，2018。

的政治方案，往往是对冷战两大对手——美国和苏联——所提供的发展模式的有意识的反应。① 当然，由于截然不同的历史背景和现实国情，第三世界国家对美国或苏联模式的照搬难以取得成功，并且往往带来灾难性的后果。

第四阶段也是最后一个阶段始于冷战的终结。1991 年苏联解体，分裂为15 个国家。1992 年南斯拉夫解体，经过一番血腥的"内战"，分裂成 6 个国家。与此同时，冷战后民族主义思潮再度兴起，一些原属于某一国家内部的族群也开始要求独立，如捷克斯洛伐克分裂为捷克和斯洛伐克两个国家，东帝汶和南苏丹的独立，等等，世界上民族国家的数量也随之不断增多，到 2013 年，联合国会员国数量已达 193 个。需要指出的是，尽管关于苏联的性质学术界一直存有争议，但苏联解体之后，俄罗斯史学界出现了"帝国转向"，形成了新的帝国史流派。"帝国转向"符合俄罗斯日益抬头的爱国主义和国家主义意识形态，既可以满足俄罗斯的民族自尊心和自豪感，又可为其外交需要服务，抵御后苏联空间国家的民族主义攻击。② 德米特里·特列宁等俄罗斯国际关系学界的知名学者，也从帝国的角度阐释当今俄罗斯的来龙去脉。③

伴随着从"帝国"向"民族国家"的转变，整个世界按照欧洲人发明的威斯特伐利亚体系重新组织起来。理论上，每个国家都是"相似的单位"，都是现代意义上的"民族国家"；但实际上，由于历史背景、族群构成、宗教信仰和发展水平的不同，国家之间差异极大。根据国家之间不同的历史背景，我们大致可以把它们分成"已构建国家"、"再构建国家"和"构建中国家"。"已构建国家"指的是那些最早按照威斯特伐利亚原则组织起来的欧洲国家。"再构建国家"指的是具有悠久的历史传统、在西方的压力之下蜕变成现代民族国家的国家。"构建中国家"指的是在沦为殖民地之前，没有长期、稳定的

---

① 〔挪〕文安立：《全球冷战：美苏对第三世界的干涉与当代世界的形成》，牛可等译，世界图书出版公司北京公司，2012，第 2~3 页。

② 马龙闪：《俄罗斯史学研究的"帝国热"和帝国史流派——近年俄罗斯史学转型的重大问题》，《历史教学问题》2018 年第 2 期。

③ 〔俄〕德米特里·特特宁：《帝国之后：21 世纪俄罗斯的国家发展与转型》，韩凝译，新华出版社，2015。

国家传统，只是在非殖民化运动中赢得民族国家地位的国家。① 而在"构建中国家"内部，情况又不尽相同，还可以进一步细分。无疑，在当今世界，"构建中国家"占大多数，有的在国家构建中取得了让世界瞩目的成就，如新加坡，但大多数"构建中国家"的国家建设进展缓慢，是当今世界矛盾和冲突的多发地。

二 "民族国家"的遭遇

在不到一百年的时间里，世界按照"民族国家"的方式重新组合起来。可以说，当今世界是一个由"民族国家"组成的世界。但是，在从帝国时代向"民族国家"转型的过程中，无论是新兴的民族国家，即"再构建国家"和"构建中国家"，还是老牌的资本主义国家，即"已构建国家"，都遭遇了严峻的挑战。在应对这些挑战的过程中，一些国家成功了，一些国家失败了；一些国家摆脱了贫困落后的面貌，逐步跻身发达国家行列；一些国家依然在内战、贫困和冲突中踯躅前行。从形式上看，世界的每一个角落都被"民族国家"重新塑造过，但是，在"民族国家"的表象之后，每一个国家的"内涵"和遭遇都不一样。这些不同的遭遇提醒人们在国家理论和国际关系理论的探索方面，应更多地关注多样化和多元化的现实，而不是僵化在一种"定见"之上。

"已构建国家"在这一百年的时间里经历了"生与死"的考验。第一次世界大战终结了拿破仑战争之后欧洲历史上的"百年和平"，几百万青年血洒疆场，英法两国经历了德意志这个新兴帝国颠覆欧洲均势、冲击世界霸主的挑战。由于美国出手相助，英法等国才赢得一战的胜利，重建欧洲秩序。二十年后，希特勒德国卷土重来，全世界几乎都被卷入第二次世界大战中。又是得益于美国的帮助和苏联红军的浴血奋战，欧洲大陆才得以逃脱希特勒德国的魔爪，在战争的废墟上重建自己的国家。但是，随着二战的终结，作为现代"民族国家"的发源地，作为世界上大部分领土支配者的欧洲"帝国"，其支配地位也终结

---

① 刘德斌：《国家类型的划分——拓展国际安全研究的一种思路》，《国际政治研究》2012 年第 2 期。

了，欧洲国家沦为世界舞台上的"配角"，欧洲核心区以外的两个超级大国开始支配全世界。欧洲国家被分割为东西两个部分，成为美苏冷战的前沿阵地。苏联凭借经济和军事实力的迅速发展，以及中国等非欧洲社会主义国家的支持，在经济、政治、安全和意识形态方面对这些"已构建国家"形成了挑战。苏联的挑战促进了"已构建国家"的团结，也促使美国改变对旧大陆的认识以及自身的身份认同，形成了现代意义上的西方。① 也正是在冷战之中，欧洲国家健全了社会福利制度，并组成欧洲经济共同体，保持了对苏联的经济和技术优势，直到冷战结束、苏联解体。但是，随着冷战后经济全球化的深入拓展，越来越多的"再构建国家"和"构建中国家"融入世界经济体系，越来越多的制造业和服务业转移到发展中国家，欧美国家社会分化加剧，阶级和阶层之间的流动性降低，不平等的社会特征日趋突出，社会冲突加剧，民粹主义兴起，"已构建国家"的发展模式和社会制度遭遇新的挑战。英国全民公投脱欧、特朗普当选美国总统，都是"已构建国家"应对这种挑战的一种反应。

"再构建国家"特别是其中的大国，在世界重塑的过程中重新振作起来，正在以"非西方"的形式挑战西方对世界的主导地位。通过向"民族国家"转型，"再构建国家"重新塑造了自己的国家认同，扭转了19世纪以来的颓势，逐步实现了"崛起"或"复兴"，甚至重新获得了塑造世界的能力，成为百年世界变局的重要标志。

土耳其和伊朗是中东地区"再构建国家"的突出代表。一战之后，凯末尔领导的土耳其革命开启了中东历史的新篇章，在奥斯曼帝国的废墟上构建了一个共和国，一个施行政教分离、模仿西方国家体制的新型国家。土耳其在冷战中成为西方阵营的一部分，加入了北大西洋公约组织，并一直努力争取加入欧盟，希望成为欧洲的一部分。冷战终结之后，特别是埃尔多安先后担任土耳其总理和总统以来，土耳其经济获得了迅速发展，并开始奉行有别于美国和西方的外交政策，成为左右中东局势的重要力量。二战结束后，伊朗曾经在"白色革命"的道路上"迅跑"，成为继土耳其之后伊斯兰世界"现代化革命"的又一个重要标志。但巴列维政权的专制和腐败导致社会矛盾激化，最

---

① 王立新：《美国国家身份的重塑与"西方"的形成》，《世界历史》2019年第1期。

后被 1979 年伊斯兰革命推翻，宗教势力重回伊朗政治。但伊朗革命所建立的"政教合一"的政治体制竟然在美国和西方多年来的孤立与制裁中屹立不倒，并且能够在中东变局中呼风唤雨，的确是个奇迹！2001 年遭遇"基地"组织恐怖袭击之后，美国反恐战争"扩大化"的战略失误不仅使美国深陷中东泥潭，而且使相对平衡的中东力量格局不复存在，伊朗被认为是中东变局中最大的"赢家"。不可否认，伊朗经济与社会发展困难重重，体制改革似乎在所难免，但作为"再构建国家"，伊朗早已摆脱了任由西方大国摆布的命运，并且具备了与大国讨价还价的能力，成为中东和世界舞台上的重要力量。

俄罗斯和日本也是"再构建国家"。俄罗斯是一个欧洲国家，但又总是作为"被专制的东方毒害过的国家"而被欧洲排除在外。从彼得大帝改革开始，俄罗斯就一直在向"先进的"欧洲学习，但又拒绝接受法国革命开辟的新秩序，成为镇压欧洲资产阶级革命的"宪兵"。一战期间，沙皇俄国深陷困境，1917 年发生的"二月革命"推翻了沙皇制度，"十月革命"后俄国转向社会主义道路，二战结束之时苏联一跃而为超级大国，与美国和西方博弈近半个世纪。1991 年苏联解体，俄罗斯重构民族认同，并想"重归欧洲大家庭"，成为西方的一部分。但俄罗斯与西方的"蜜月"很快就过去了，俄罗斯依然被西方视作"徘徊在欧洲大门口的陌生人"。冷战后美国和西方对俄罗斯的"蔑视"反过来"刺激"了俄罗斯重整旗鼓的雄心，普京领导下的俄罗斯依赖能源输出构建伙伴关系，依赖军事实力抗衡美国压力，依赖外交上的"出奇制胜"，使俄罗斯再次成为美国的主要对手，重归世界大国行列。美国战略家布热津斯基曾经策划构建一个从符拉迪沃斯托克到里斯本，即把俄罗斯和土耳其都纳入其中的更大的"西方"，但美国和欧洲领导人的"战略失误"却成全了一个新的特立独行的对手。与此同时，另一个亚洲的"再构建国家"日本却成了"西方"不可或缺的一部分。当然，早在 19 世纪 60~90 年代明治维新时期，日本就在东亚率先开始了国家的重构进程，并且通过甲午战争和日俄战争击败了清帝国和沙皇俄国，跻身"列强"行列，成了"文明"国家。但日本以"拯救亚洲人"为幌子，号称要建立把亚洲从白种人统治下解放出来的"大东亚共荣圈"，实则是其变东亚为日本独占殖民地的图谋。日本的行为进一步刺激了东亚其他民族的觉醒，大日本帝国也在二战中灰飞烟灭。二战后日本在美国占领军的指导下进行了国家的重构，发动战争的军国主义势力和机制被清除，重新崛起为实现了"民主化"的经济大国，并且被"西方世界"接纳，成为"合格"的成员。

中国更是一个"再构建国家"的典型。清末的改革实际上就是在向现代"民族国家"过渡，辛亥革命终结了中国历史上两千年的"帝制"，抗日战争进一步促进了中华民族的觉醒，辛亥革命之后军阀混战，国家分裂，国民党腐败无能，共产党励精图治，最后使 1949 年后的中华人民共和国走上了社会主义道路，并通过 1978 年开始的改革开放实现了经济的跨越式发展，超过诸多西方发达国家，成为 GDP 总量排名世界第二的大国。有西方学者认为，中国成为挑战美国和西方世界主导地位的"威胁"，甚至中国快速发展本身就被视为西方"衰落"的原因。① 实际上，关于何为"中国"，历史上的中国是一个"帝国"，还是早熟的现代国家，如果是一个"帝国"，那么中国向"民族国家"的转型究竟起于何时，中国又是一个怎样的"民族国家"，这些近年来都成了学术界的热点问题。② 清代中国曾经被佩雷菲特视为一个"停滞的帝国"；又被文安立视为一个"躁动不安的帝国"，特别是 1750 年之后；斯蒂芬·哈尔西则认为清代中国从 19 世纪中期已经开启了现代国家建构的新时代。③ 这些问题的讨论，对传统意义上"帝国"和"民族国家"理论提出了挑战，也为中国学界的国际关系理论创新提供了新的启迪。

与"再构建国家"相比，"构建中国家"在世界重塑中展现的是另一番图景：一方面是民族解放运动的风起云涌；另一方面是国家构建之中的血雨腥风。在这个过程中，不同的地区又展现出不同的特点。在撒哈拉以南非洲，国家之间的疆界有着非常明显的人为制造的特点。原本生活在撒哈拉以南非洲大

---

① 〔英〕马丁·雅克：《当中国统治世界：中国的崛起和西方世界的衰落》，张莉、刘曲译，中信出版社，2010。

② 参见葛兆光《宅兹中国：重建有关"中国"的历史论述》，中华书局，2011；〔美〕弗朗西斯·福山《政治秩序的起源：从前人类时代到法国大革命》，毛俊杰译，广西师范大学出版社，2014；姚大力《追寻"我们"的根源：中国史上的族群及国家认同》，生活·读书·新知三联书店，2018。

③ 〔法〕佩雷菲特：《停滞的帝国：两个世界的撞击》，王国卿等译，生活·读书·新知三联书店，2013；Old Arne Westad, *Restless Empire: China and the World since 1790*, Basic Books, 2012；〔美〕斯蒂芬·哈尔西：《追寻富强：中国现代国家的建构，1850—1949》，赵莹译，中信出版集团股份有限公司，2018。

大小小的 2000 多个部族，先是被分割在 50 多个欧洲列强的殖民地或保护地中，而非洲的非殖民化又只能在这种欧洲列强人为制造的"单位"基础上进行。这样，一个部族被分散在不同的国家，而一个国家又包含了许多不同的部族。因此，无论是国家构建（state-building）还是民族构建（nation-building），几乎都是从零开始。从 1910 年南非独立开始，到 2011 年南苏丹获得独立地位，撒哈拉以南非洲的非殖民化进程经历了一个世纪的时间。在这期间，特别是美苏冷战期间，撒哈拉以南非洲新兴国家的构建成了东西方博弈的战场，这致使有些国家长期陷入混乱和内战。与非洲国家相比，中东地区的国家构建具有鲜明的民族和宗教特征。除了土耳其、伊朗可以被纳入"再构建国家"的行列外，其他中东国家多以阿拉伯人为主体民族，仍处在构建民族认同的艰难进程当中。从地中海沿岸的北非到"肥沃的新月地带"，再到阿拉伯半岛，虽然各国的政治制度差异很大，但基本可归纳为两种类型：一种是以"阿拉伯民族主义"为号召的共和国，以伊拉克、叙利亚等国为代表，它们曾主张建立统一的阿拉伯人国家，但因领导权纷争和外部干预等而退回到各自的本土立场，并在冷战后陆续陷于内乱和大国入侵的境地；另一种则是君主制或部落联盟国家，如沙特、约旦、阿联酋等，它们在贝都因人社会的基础上建立起"民族国家"，沙特更是通过伊斯兰意识形态赋予国家以合法性。

在有"民族博物馆"之称的东南亚，狭窄、破碎的生存空间中分布着 400 多个民族，其中 100 万人以上的民族就有 24 个。维持多民族国家的艰难，使缅甸、印度尼西亚、菲律宾等国在独立后不久就陆续建立威权政府，以强力手段阻止离心势力的出现，甚至通过打压华人等外来移民转移社会不满。越南等中南半岛国家，则在独立后加入了共产主义阵营，其中越南不仅在越南战争中完成了统一，还一度企图建立复合型的印度支那联邦。冷战结束后，东南亚国家陆续进行市场化、民主化改革，并通过东盟内部的区域合作抑制了各国在民族、制度、宗教领域的冲突，国家构建进入了相对平稳的阶段。

现代南亚国家的建立普遍承续英属印度的衣钵，殖民者为其培养出一批本土化的行政、科技、军事精英。然而，"分而治之"的政策也助长了南亚社会的宗教隔阂。与国大党将印度人视为"一个民族"不同，穆斯林联盟则视穆斯林与印度教徒为"两个民族"，而南亚大陆的真实状况是多民族并存。1947 年 8

月，巴基斯坦作为"使穆斯林免于印度教徒多数压迫的避难所"，得以与印度分别建国。可以说，印、巴两国是在"撕裂"的过程中建立起来的，而巴基斯坦又面临着西巴和东巴之间的内部矛盾，并最终被肢解为两个国家，1971 年，东巴在印度的支持下独立为孟加拉国。在印度国内，除印度斯坦人外的其他民族，特别是东北部地区的民族也存在不同程度的离心倾向。南亚各国的缔造者曾将世俗主义作为国家的准则，但当国家间的敌意战胜理智，强调国家的宗教属性就成为一种趋势，这又促进了边界两侧的伊斯兰化和印度教民族主义。

拉美国家与前述地区的不同之处在于，其建国进程早在 19 世纪已经陆续展开，而且多数国家的国民主体是本土化的白人，较少存在挑战国家统一的民族因素。只有在巴拉圭和安第斯国家的一些内陆腹地，存在国家之外的印第安人群体，其关切主要在土地分配、经济增长等方面。而在加勒比海地区，黑人与印第安人的普遍混血使各国的民族概念趋于模糊。多数拉美国家建国后，实行政治上的考迪罗制、经济上的大地产制、文化上的天主教会"三位一体"的统治，而外国资本对拉美资源的控制又使本国劳动阶层沦为纯粹的被剥削者。在构建"民族国家"的过程中，改革、革命与保守三种势力的拉锯成为拉美发展的不同动力。

纵观从帝国时代向"民族国家"演进的历史进程，我们会发现，"构建中国家"遭遇的挑战更为严峻和持久，其中最重要的还是作为"民族国家"的民族构建问题。实际上，对许多"构建中国家"来讲，这个问题到现在也不能说已经解决了。这说明对于当今世界多数国家来讲，"民族国家"是一个名不副实的称号，今后要走的路还很长。另外，冷战的终结也对"构建中国家"构成了强烈的冲击，一批国家陷入"民主化"转型导致的内乱甚至解体的危机之中，沦为所谓的"失败国家"（failed state）、"虚弱国家"（weak state）或"脆弱国家"（fragile state）。"脆弱国家"的重建一度成为国际组织关心的重大课题，而重建的重点竟被认为是"安全重构、效率重构和合法性重构"，①

① 〔美〕罗伯特·H. 贝茨：《当一切土崩瓦解：20 世纪末非洲国家的失败》，赵玲译，民主与建设出版社，2015；〔加纳〕乔治·阿耶提：《解放后的非洲：非洲未来发展的蓝图》，周蕾蕾译，民主与建设出版社，2015；〔美〕德里克·W. 布林克霍夫编著《冲突后社会的治理：重建脆弱国家》，赵俊、霍龙译，民主与建设出版社，2015；〔美〕赛斯·D. 卡普兰：《修复脆弱的国家：发展的新范例》，颜琳译，民主与建设出版社，2015。

这几乎等于重新开始国家的建构，同时也说明过去百年这个世界重塑的过程表面上看是完成了，但实际上还有很长的路要走。

三 "帝国"与"民族国家"向人类共同体的演进

从"帝国"向"民族国家"转型的过程，既是世界的组织形式被重新塑造的过程，也是人类共同体的演进过程。但"民族国家"体制既要经受"历史的拖累"，容忍"前现代"的国际关系行为体的持续存在，又要因应新时代的挑战，在经济全球化和社会信息化的条件下，适应国家之间依存关系的发展和人民之间互动形式的革新，接受国家主权的让渡和分享，直至国内与国际问题之间界限的消失。总之，在从"帝国"向"民族国家"转型的过程中，旧有的问题还没有消化，新的挑战已经近在眼前。"民族国家"体制主导地位刚刚确立，就被发现了越来越多的"时代局限"。"帝国"似乎已经走远，但又似乎重新听到了人们的召唤。① "帝国"的恶名和阴影依然萦绕在人们的心头，但让它重操旧业恐怕很难。一百年过去，世界完成了从"帝国"到"民族国家"的转变，但对未来依然充满疑惑。

纵观世界从"帝国"时代到"民族国家"时代的转型，我们会发现许多"理论"与"实践"的脱节之处。而这脱节之处，或许恰恰可以成为我们走出困境的起点。首先，就"民族国家"的"理论"与"实践"而言，我们会发现有关"民族国家"的学术著作不计其数、见仁见智，但基本上以欧洲的"民族国家"（或民族—国家）为原型或出发点。而在现实世界中，真正符合欧洲"民族国家"标准的为数不多，而这样国家又构成当今世界"民族国家"的多数。因此，我们有必要"跳出西方'民族国家'的话语窠臼"，才能够在"民族国家"的理论与现实研究中"行稳致远"。② 其次，"民族国家"构建的前提是"民族主义"运动的兴起。对于"再构建国家"来说，民族主义是凝聚人心、重塑认同和焕发精神的最有号召力的旗帜。通过"民族国家"的构

① 潘兴明、高晓川：《帝国治理：关于世界秩序的历史研究》，上海人民出版社，2014。
② 马德普：《跳出西方"民族国家"的话语窠臼》，《政治学研究》2019 年第 2 期。

建，这些"再构建国家"重新焕发了活力，摆脱了殖民地半殖民地的地位，再度"屹立于世界民族之林"。但是，对于许多"构建中国家"来说，民族主义的旗帜没有那么强烈的吸引力。在这些国家，人们对于宗教（或教派）、部落、族群的认同已经延续千年，而"民族国家"对他们来讲，只是最近几十年才出现的新生事物。因此，根深蒂固的部落政治依然在中东和非洲的许多国家中发挥着重要作用，逼得许多国际关系学者把研究重点转向族群政治或部落政治，并邀请历史学、人类学和社会学等领域里的专家一起来进行研究。在这样的地方，传统意义上的国家理论和国际关系理论失去了"用场"。最后，"民族国家"与"帝国"并不是二元对立的，从"帝国"向"民族国家"的转型也不是一个线性的过程。① 实际上，即使在当今这个主要由"民族国家"构成的世界上，"帝国"依然没有远去。作为最早的"民族国家"，英、法等殖民帝国直到第二次世界大战之后才寿终正寝。王赓武把这种在欧洲为"民族国家"、在欧洲以外是庞大殖民帝国的国家称为"民族帝国"。② 冷战期间，美苏两个超级大国也经常被描述为帝国主义国家。冷战终结，美国尽享"单极时刻"，被形容为"现代罗马"。③ 卡赞斯坦认为美国的超强实力使其具备了"帝国"的特征，在研究美国与欧洲和亚洲的关系时，他便使用了"美国帝权"（American Imperium）的概念。④ 实际上，美国赤裸裸地干预他国内政，甚至发动军事入侵，策动政变，扶植傀儡政权，把自己的意志凌驾于国际社会意志之上的"帝国主义"行径，多少年来一直遭到他国甚至美国盟国的谴责。

"我们生活在拥有近 200 个国家的世纪里，每个国家都展示着其主权的种种象征（国旗、在联合国的席位等），而且每个国家都声称代表各自的人民。无论大小，这些国家原则上都是国际社会的平等成员，依据国际法联合在一起。但是，这个我们视为理所当然的'民族国家'的世界迄今年仅六十岁。"这是简·伯班克和弗雷德里克·库珀在《全球帝国史》第一章中的第一段话。

---

① 张杨：《旧邦新命：帝国转向之后的民族主义和国家研究》，《清华社会学评论》2017 年第 2 期。

② 王赓武：《更新中国：国家与新全球史》，黄涛译，浙江人民出版社，2018。

③ 〔德〕彼得·本德尔：《美国：新的罗马》，夏静译，中央编译出版社，2005。

④ 〔美〕彼得·卡赞斯坦：《地区构成的世界：美国帝权中的亚洲和欧洲》，秦亚青、魏玲译，北京大学出版社，2007。

这无疑是当今世界的真实写照。但他们马上又提醒读者："帝国的持久性挑战了民族国家是自然的、必需的和必然的观点。"这句话对我们理解当今世界显然具有更为重要的意义。他们在书中还认为："帝国尚未让位于由一个民族国家构成的稳定的、正运转着的世界。"① 面对这样一个已经实现从"帝国"向"民族国家"的转变，但依然充满迷惑的世界，有中国学者认为，纵观近代以来世界历史的演变，"民族国家"与"帝国"呈现一条周期性替代的线索。当"民族国家"体系孱弱的时候，"帝国"就不期而至；当"民族国家"强有力运作的时候，"帝国"就隐然退却。"帝国"在"民族国家"的国际体系缝隙中获得周期性重建的契机。当今世界，恰好进入"民族国家"衰颓、"帝国"重建的活跃时期。旧帝国的复活与新帝国的建构，成为"帝国"重建的两种基本模式。在"民族国家"与"帝国"的周期性转换之间，人类不断寻求进步，以期获得解决这一不良循环的出路。② 当然，涉及中国，也有学者表达了比较谨慎的态度，认为，传统的"帝国"概念与"民族国家"概念均不足以描述中国国家形态的复杂性，甚至可能遮蔽中国学者对人类政治形态多样性的理解及对人类发展的想象空间。中国学者的理论研究迫切需要从历史与现实出发，发展出具有主体性的研究视角，以此定位中国自身的发展方向。③

四 余论

纵观人类历史的发展变化，无论部落还是城邦，无论王国还是帝国，无论多民族帝国还是单一民族构成的"民族国家"，实际上都是人类"共同体"演进的不同形式。这种共同体既可以是单一的，也可以是复合的。世界之大，各地区人类共同体演进的形式和时间不可能整齐划一。当世界各地区都按照"民族国家"的方式组织起来的时候，这种差异导致的问题、矛盾和冲突就出现了。而随着历史的发展进步，人类社会各种形式共同体的范围越来越大，复

---

① 〔美〕简·伯班克、弗雷德里克·库珀：《世界帝国史：权力与差异政治》，柴彬译，商务印书馆，2017，第5~7、383页。
② 任剑涛：《民族国家时代的帝国依赖》，《中国法律评论》2019年第4期。
③ 强世功：《超大型政治实体的内在逻辑："帝国"与世界秩序》，《文化纵横》2019年第2期。

合的机会也越来越多。因此，一方面，我们看到一些地区的部族政治似乎固化在那里，让新兴的"民族国家"举步维艰；另一方面，我们也看到，随着经济全球化和社会信息化的持续深入，资金、技术、知识、人才和商品正在更为自由地流动，全世界正在按照市场需求的供应链重新组合起来，形成了新的超越国界的"超级版图"。① 换言之，支撑"民族国家"的经济、政治、社会和地理条件正在发生变化，这或许会为化解"民族国家"的"历史拖累"，甚至为构建超越国家的更大利益共同体铺平道路。

"共同体"是一个含义非常广泛的概念，可以涵盖从具体村庄到网上的虚拟世界。② 共同体既包括以血缘关系为纽带形成的氏族和部落，以婚姻关系和血缘关系为纽带形成的家庭，也包括以共同的经济生活、居住地域、语言和文化心理素质为纽带形成的民族或民族共同体，而③区域共同体、跨国合作倡议和国际组织等超越国界的共同体也越来越受到学界关注，入江昭把"国际组织"视为超越"民族国家"、建立"全球共同体"的尝试。④ 实际上，共同体已经不再是必须与共同拥有的地域相联系的"在场共同体"，"脱域的共同体"和跨文化的"虚拟共同体"正在不断产生并对世界产生越来越大的影响。⑤ 有学者甚至认为互联网推动了共同体的进化和人类秩序的演进，即从家元共同体提供认同和"自然秩序"，到族群共同体许诺共识和"创制秩序"，再到互联网以其技术逻辑、核心价值和多元语境重构功能确立承认原则和构建多样共生的生态秩序。⑥

历史地看，无论是把中国视为一种帝国，还是视为一种文明，也无论是把中国视为一种早熟的现代国家，还是视为最近几十年迅速发展的大国，中国历

---

① 〔美〕帕拉格·康纳：《超级版图：全球供应链、超级城市与新商业文明的崛起》，崔传刚、周大昕译，中信出版社，2016。

② Karen Christensen & David Levinson（eds.），*Encyclopedia of Community：From the Village to the Virtual World*，SAGE Publications，2003.

③ 张志旻等：《共同体的界定、内涵及其生成——共同体研究综述》，《科学学与科学技术管理》2010 年第 10 期。

④ 〔美〕入江昭：《全球共同体——国际组织在当代世界形成中的角色》，刘青等译，社会科学文献出版社，2009。

⑤ 肖珺：《跨文化虚拟共同体：连接、信任与认同》，《学术研究》2016 年第 11 期。

⑥ 胡百精、李由君：《互联网与共同体的进化》，《新闻大学》2016 年第 1 期。

史就是一部不断地在"我者"与"他者"间寻求相互认同和融合的共同体的历史，这是中国历史的独特之处。① 可以说，中国的历史经验能够为"帝国"与"民族国家"的困惑提供有益的思考。实际上，如果我们把"帝国"和"民族国家"放在人类共同体演进的序列中去考察，就不会在非此即彼之间犹豫徘徊，就不会拘泥于形式和名称，而为人类共同体的实现开辟出新的更大的发展空间。值得注意的是，虽然中国的历史经历与欧洲和中东各大帝国的历史经历差别很大，但历史上的中国还是被多数西方学者认定为"帝国"，而且是唯一被淘汰出局之后又成功重返大国行列，并且能够挑战美国世界主导地位的"帝国"。② 这就为中国大国角色的发挥增加了难以想见的难度。就相关学术研究而言，如果说美国主流国际关系理论的核心问题是霸权护持，英国学派国际关系理论的核心问题是国际社会的形成与发展，中国国际关系理论的核心问题应该是作为一个上升的大国如何和平融入国际社会的问题。③ 这种和平融入不仅仅是被动地接受国际社会的既有规范，而且应该包括主动地参与塑造新的世界秩序，其中一个重要方面，就是主动地推进和塑造新的利益共同体，与更多的国家和地区构建更多的共同利益诉求，让从"帝国"向"民族国家"转向的世界被更多的利益共同体充实起来。这是一个挑战，更是一条出路。

---

① 参见许倬云《我者与他者：中国历史上的内外分际》，生活·读书·新知三联书店，2015。
② 〔德〕赫尔弗里德·明克勒：《帝国统治世界的逻辑：从古罗马到美国》，阎振江等译，中央编译出版社，2008。
③ 秦亚青：《国际关系理论的核心问题与中国学派的生成》，《中国社会科学》2005 年第 3 期。

西方的"困局"与中国的应对[*]

我们正在经历一场国际关系的历史性变革。这场变革的动力不仅来自以中国为代表的"非西方世界"的"崛起"，而且来自美国世界主导地位的动摇，来自西方的衰落与困局。2016 年，在英国通过脱欧公投的第二天，欧盟理事会主席唐纳德·图斯克（Donald Franciszek Tusk）就公开声明，作为一个历史学家，他担心英国脱欧可能不仅是欧盟解体的开始，也是整个西方政治文明瓦解的开始。同一年，唐纳德·特朗普（Donald Trump）"意外"当选美国总统，处处奉行"美国优先"政策，不仅加剧了美国与中国、俄罗斯和伊朗等国的矛盾，而且与其西方盟国渐行渐远，甚至公开支持和鼓励英国脱离欧盟，使"西方"实际上陷入了四分五裂的状态。2019 年 8 月七国（G7）峰会之后，东道国法国总统马克龙在对法国外交官发表演讲的时候明确警告："我们正在经历西方霸权的终结。""西方"看来前途不妙。有关西方"衰落"的观点，早在 100 年前施宾格勒（Spengler）就已经开始讨论。但有关西方"命运"的讨论是近年来才突然增多的。人们难以相信"西方"已经"终结"，但它的确正在经历一场前所未有的困局。这场困局如何演进，无疑将对世界局势的发展变化产生重大影响，对中国的影响可能尤其巨大。

一　有关西方"衰落"和"终结"的论述

100 年前，施宾格勒以《西方的没落》一书为西方文明敲响了警钟。根据施宾格勒对文明生态史观的阐释，他认为西方文明已经走过鼎盛期，开始走向没落。百年之后，西方学界已经很少有人再从同一个角度来阐释西方文明的兴

---

　*　原载《中国国际战略评论》2019 年第 2 期，此处题目略有改动。

衰了，但有关西方"衰落"和"终结"的声音依然不绝于耳。实际上，西方正在遭遇一场前所未有的历史困局：在包括中国在内的"新东方"快速发展的大势面前，西方陷入了种种因素促成的衰落之中，不仅失去了冷战期间的那种凝聚力，而且作为几百年来支配世界的主导力量，西方似乎也正在失去主导世界的野心和动力。

第一，美欧关系的变化导致西方的"终结"。现代西方的基石是美欧关系，美欧关系的存续决定着西方的未来。早在 2002 年，也就是"9·11"恐怖袭击事件发生后不久，美国和欧洲国家团结一致，共同打击恐怖势力的时候，美国知名学者查尔斯·库普乾（Charles A. Kupchan）却发表了《西方的终结》一文，认为对于美国来说，崛起的挑战者既不是中国也不是伊斯兰世界，而是美国的西方伙伴——欧盟。他认为，欧盟是一个新兴政体，正在整合欧洲各独立民族国家的资源和野心，挑战美国的主导地位。库普乾历数欧盟与美国之间的种种分歧和竞争，甚至回溯到东、西罗马帝国分裂后的冲突，认为："历史又回到了原点。在脱离大英帝国之后，美国作为一个统一的联邦走到了一起，成为一个领先的国家，并最终超越了欧洲的强国。现在轮到欧洲崛起，脱离拒绝放弃其首要特权的美国。……一度团结的西方将分裂成两个相互竞争的半场。"① 同年，库普乾在其推出的《美国时代的终结：美国外交政策与 21 世纪的地缘政治》一书中，更为详细地阐释了他的思想。他认为，欧洲将不可避免地崛起并与美国分庭抗礼，美国与欧洲正在分手告别，美欧之间几十年的战略伙伴关系正在让位于新的地缘政治竞争关系。他还特别指出，美国民众已经对做"全球卫士"给国家带来的沉重负担日益反感，这种反感只是因为反恐战争而暂时得到缓解，但大势不可逆转。世人在 21 世纪见证的将不是"历史的终结"，而是"美国时代的终结"。②

第二，传统优势的丧失导致西方的"衰落"。哈佛大学历史系和商学院双栖教授尼尔·弗格森（Niall Ferguson）在他的《巨人》《文明》《西方的衰落》

---

① Charles Kupchan, "The End of the West," *Atlantic*, Nov. 2002, https：//www.theatlantic.com/magazine/ archive/2002/11/the-end-of-the-west/302617/.

② 〔美〕查尔斯·库普乾：《美国时代的终结：美国外交政策与 21 世纪的地缘政治》，潘忠岐译，上海人民出版社，2004。

中都谈及西方衰落的问题。在 2011 年出版的《文明》一书中，弗格森集中阐释了 1500 年以后西方崛起并领先于世界的"秘诀"，即被他称为六个"撒手锏"的一系列体制创新，包括竞争、科学革命、法治和代议制政府、现代医学、消费社会和工作伦理。他在这本书的中文版序言里写道："几百年来，这些撒手锏为欧洲或派生的北美及澳大利亚所独享。西方人不仅比其他地区的人更富有，而且体格上更高大、更健康和长寿，他们也变得更为强大。自日本开始，非西方国家相继效仿搬用这些撒手锏。东西方差距之所以在我们这个时代开始缩小，尤其是中国在 1978 年实行改革开放后开始迅速发展，其中一半原因便是因为这些国家成功地借鉴了西方经验，而另一半原因则是西方国家自己却在逐渐地抛弃这些成功经验。……西方与其他地区之间历时五百年的'大分流'即将落幕。"①

第三，欧洲的穆斯林化导致西方的"终结"。加拿大专栏作家马克·斯坦恩（Mark Steyn）2006 年撰写的《美国独行：西方世界的末日》一出版就引发争议，甚至被禁，但影响力却一直都在，十年之后欧洲的"难民危机"更为这本书的传播提供了新的助力。斯坦恩认为，当前西方面临的主要危险根本不是什么伊核武器、全球变暖导致海平面上升之类，而是西方国家特别是欧盟国家的穆斯林化。欧洲国家的高福利制度已经不堪重负，而人口的衰减又导致经济发展的内生动力不足，不得不依靠外来移民提供支撑；而穆斯林移民的涌入正在改变欧洲的人口结构和政治版图，从而导致"欧洲的穆斯林化"和欧洲人逃离欧洲，所谓的西方世界将在 21 世纪寿终正寝。作者甚至预言，大部分西方国家，特别是一些欧洲国家，将在他这一代人的有生之年消失于无形。"这并非历史的终结，而是我们所熟知的西方世界的终结。"② 斯坦恩甚至搬来莎士比亚四大悲剧之一《哈姆雷特》中的一句名言"生存或者毁灭"作为这本书序言的标题，可见他的"危机意识"有多么强烈。当然，认为他"危言耸听"的也大有人在。

第四，地缘战略的失误和美国自身的麻烦导致西方的"终结"。美国战略

---

① 〔英〕尼尔·弗格森：《文明》，曾贤明、唐颖华译，中信出版社，2012，第 V 页。
② 〔加〕马克·斯坦恩：《美国独行：西方世界的末日》，姚遥译，新星出版社，2016，第 34 页。

家兹比格涅夫·布热津斯基就持有这种观点。布热津斯基 2017 年去世，他生前撰写的最后一本书是 2012 年出版的《战略远见：美国与全球权力危机》。布热津斯基认为，苏联解体之后，欧亚大陆出现了权力真空，美国获得了一次独特的机会协助欧亚大陆发展新型国际政治结构，构建一个从符拉迪沃斯托克到里斯本的"大西方"，其中包括把土耳其和俄罗斯纳入这个"大西方"的框架之中，但这个机会被浪费了。与库普乾的观点不同，布热津斯基担心的不是欧盟国家的团结，而是它们的涣散和"不争气"："欧洲过于自满，从其表现来看，似乎其中心政治任务就是成为世界上最舒适的养老地。"① 而且欧洲国家各自为战，成为美国主导的统一的西方的隐患。"一方面，欧盟的成员国缺少真正的跨越国界的政治身份，自然就不用说在全球扮演统一角色了。另一方面，一些深刻的地缘政治裂痕也很容易伤害到欧盟的统一。"② 这位波兰移民对欧洲大国的描述很是"刻薄"："英国一方面紧紧追随美国，另一方面又谋求在欧盟内部拥有特殊地位。法国一直都在嫉妒德国在欧盟内的地位不断上升，所以不时地提出请求，要与美国、俄罗斯和德国分享领袖地位。此外，法国还一直在谋求做那个不伦不类的'地中海联盟'的领袖。德国越来越喜欢玩俾斯麦当年玩过的德俄特殊关系的把戏，这不可避免地使中欧国家感到惊恐，恳求与美国加强安全联系。"③ 布热津斯基对美国社会存在的问题，包括不平等的加剧，都有清醒认识，警告说："世界所需要的是经济上充满活力、社会具有吸引力、强大而且负责任、具有战略意识、在国际上受尊重，以及在与新的东方保持全球接触方面对历史了如指掌的美国。"④

第五，中国的快速发展导致西方的"终结"。中国的快速发展是当今世界的热门话题，论者经常把中国的快速发展与西方的衰落联系在一起。甚至有些著作的中文版把 *Post-Western World：How Emerging Powers are Remaking Global Order* 直接翻译成《中国之治终结西方时代》。⑤ 这类作品中，论述最翔实的是

① 〔美〕兹比格涅夫·布热津斯基：《战略远见：美国与全球权力危机》，洪漫等译，新华出版社，2012，第32~33页。
② 同上，第 132 页。
③ 同上，第 132 页。
④ 同上，第 3 页。
⑤ 〔巴西〕奥利弗·施廷克尔：《中国之治终结西方时代》，宋伟译，中国友谊出版公司，2017。

马丁·雅克（Martin Jacques）的《当中国统治世界：中国的崛起与西方世界的衰落》。这本书分成"西方世界的终结"和"中国世纪的来临"两个部分，"明目张胆"地把西方衰落的原因与中国的快速发展联系在一起。与其他学者关于中国的快速发展是借鉴了西方国家成功经验的观点不同，马丁·雅克认为中国的发展模式，甚至中国作为一个国家构建的本身，都与西方发展模式和作为"民族国家"的西方国家不同。他指出，在这个充满"全球性竞争"的世界上，中国将成为全球竞技场上的核心角色，中国的快速发展标志着西方民族国家全球主导地位的终结。虽然西方发达国家的现代化模式依然主导着世界，但中国所代表的"另类发展模式"将取代西方模式的主导地位，世界将按照中国的概念重新塑造，中国的快速发展正在改变世界。①

概括起来，导致西方"衰落"和"终结"的因素有许多。从统一的欧洲与美国分庭抗礼，到分裂的欧洲不顾西方统一大局；从穆斯林移民涌入欧洲改变西方的政治版图，到 1500 年以来西方崛起"秘诀"的流失；从美国和西方国家社会的封闭、僵化和缺乏远见卓识，到非西方国家的崛起和中国模式的全球影响力；等等，这些因素导致了西方的衰落。特别是中国的快速发展，甚至能够导致世界的"改朝换代"。西方是否如此脆弱？西方是否真的衰落或走向终结？我们有必要回到"什么是西方"这个问题。

二　西方的流变

什么是"西方"？人们一般把"太阳升起的地方"称为"东方"，"太阳落下去的地方"自然就被称作"西方"。但在人们的现实生活中，"西方"往往既是一个地理的概念（以西欧为起点的欧洲大部），也是一个文化的概念（基督教国家），同时还是一个经济的概念（市场经济国家）和政治的概念（"法治"和"民主"国家）。当然，人们提到"西方"的时候，往往把这几种因素综合在一起。实际上，有关"什么是西方"这个问题存在诸多争论，

---

① 〔英〕马丁·雅克：《当中国统治世界：中国的崛起与西方世界的衰落》，张莉、刘曲译，中信出版社，2010。

见仁见智。菲利普·尼摩（Philippe Nemo）认为"五大奇迹"构成当今的西方，它们是：古希腊人创立城邦，并创造了法治自由、科学和学校；古罗马人发明了法律、私有财产、"人格"和人文主义；《圣经》的伦理学和末世学革命；11世纪到13世纪的"教皇革命"；由那些应当称为重大民主革命而完成的自由民主的提升。① 按照这个标准，西方国家大都在西半球和北半球，包括欧盟国家、美国、加拿大、澳大利亚和新西兰等。而俄罗斯等东正教国家、拉丁美洲的天主教国家，以及"脱亚入欧"且已经跻身发达国家的日本，都不能完全达标，都是"准西方国家"。

实际上，西方的形成和发展经历了一系列的流变。上述关于西方"衰落"和"终结"的讨论说明西方的"流变"仍然在进行之中。但在许多国人心中，西方却是一个恒久不变的存在。人们在谈到西方的时候，有的时候指的是"西方国家"，甚至指的就是美国；有的时候指的是"西方阵营""西方文明""西方世界""西方意识形态""西方资本主义体系"的综合体。这个"西方"是技术先进、生产力发达的代名词；是改革开放以来中国寻求投资、技术、市场的地方；又是曾经欺辱过中国，并且对1949年之后中国建立起来的社会主义制度怀有敌意，谋求以某种方式颠覆中国共产党领导的敌对势力集聚地。随着冷战的终结和中国的快速发展，冷战期间东西方之间的竞争和对抗已经消失，中国与西方国家的关系似乎越来越具有新的"东西方"国家之间竞争的性质，国人已经自觉或不自觉地把"中西关系"和"东西方关系"混淆起来了，把中国置于和西方相对立或对抗的位置上。

但历史地看，无论是地理意义还是文化意义上，西方都一直处于不断的变化之中。仅就地理范围而言，对西方的划定就有七个不同版本，从西欧一隅开始，逐渐向中东欧扩展，直到加入北美和澳大利亚等。② 在欧洲的历史上，希腊世界与拉丁世界存在根深蒂固的文化差异，这种差异随着基督教大分裂而进一步加剧。因此，所谓西方最初也是最持久的核心部分就是罗马帝国的西部，

① 〔法〕菲利普·尼摩：《什么是西方：西方文明的五大来源》，阎雪梅译，广西师范大学出版社，2009，引言第3页。

② 〔美〕马丁·W. 刘易士、卡伦·E. 魏根：《大陆的神话：元地理学批判》，杨瑾等译，上海人民出版社，2011，第36页。

也就是后来的拉丁基督教界或罗马天主教界，与之相对的"东方"就是东罗马帝国治下的希腊东正教界。中部欧洲作为西方的一部分，地位一直不稳，德国以东部分被认为是分隔欧洲与亚洲、文明与野蛮的缓冲区和中间地带。随着阿拉伯帝国的崛起，西亚、小亚细亚东部、埃及以及北非相继转入伊斯兰世界，西方、东方和伊斯兰世界一度形成一种三足鼎立的局面，但东西方之间的博弈一直在进行之中。在西方，教权与王权一直在博弈；而在东方，"政主教从"的传统却得到了君士坦丁堡教会的默认。11世纪罗马教宗发起的"十字军东征"原本是讨伐伊斯兰世界"异教徒"的，最后却蹂躏了君士坦丁堡，并在那里建立了一个短命的拉丁帝国。只是随着地理大发现欧洲国家开始殖民于世界各地之后，欧洲基督教界内部东西方区分的重要性才开始下降，"欧洲"才成了西方的代名词。二战之后，随着冷战开启，铁幕降临，美国成为西方的主要组成部分。美国曾经视欧洲为"旧世界"，从乔治·华盛顿开始就竭力避免陷入欧洲列强的纷争中。但从二战开始，美国的国家身份经历了一个重塑过程，美国与西欧国家一起，形成了现代意义上的"西方"。① 美国的身份认同之所以发生了历史性的变化，是因为苏联的崛起及其对美国和西方国家社会制度和生活方式构成了挑战和威胁。冷战期间，东西方的对抗蔓延至全世界。关于冷战的性质一直存在争论。塞缪尔·亨廷顿（Samuel Huntington）就认为，无论一战、二战还是冷战，本质上都是西方的内战。②

关于西方地理和文化上的起源和发展，实际上有许多不同的观点和版本。布赖恩·莱瓦克（Brian Levack）等人认为，西方的历史并不是欧洲历史的延伸，西方是一个超越欧洲政治和地理界线的范畴。我们称为"西方文明"的很多要素，其实源于在地理上并不属于欧洲的地区，例如北非和中东。西方的起源、发展、成熟经历了一个连续的过程，是不同群体内部以及彼此之间一系列碰撞的融合与排斥的结果。外在的碰撞发生在不同文明的种族之间，如希腊人与腓尼基人之间、马其顿人与埃及人之间、罗马人与凯尔特人之间，以及11世纪之后欧洲人在探险时期、扩张时期以及帝国主义时期与非洲人、亚洲人以及美洲

---

① 王立新：《美国国家身份的重塑与"西方"的形成》，《世界历史》2019年第1期。

② 参见〔美〕塞缪尔·亨廷顿《文明的冲突与世界秩序的重建》，周琪等译，新华出版社，2010。

土著民族间的"碰撞";内部的碰撞通常发生在处于支配地位的群体与处于从属地位的群体之间,如领主与农民之间、统治者与臣民之间、男人与女人之间、工厂主与工人之间、主人与奴隶之间;意识形态碰撞发生在基督教与多神教之间、19世纪自由主义与保守主义之间、20世纪法西斯主义与共产主义之间。①

早在20世纪80年代中期,就有西方学者对西方的"胜利"忧心忡忡。J. M. 罗伯茨(J. M. Roberts)历数西方在与非西方文明竞争中逐步胜出的过程之后,认为进入20世纪,一连串的社会运动和世界大战使西方人失去了方向感,不管是一战前的欧洲列强,还是二战后的美苏两个超级大国,都一心忙于内斗,西方人自身对于西方的身份认知已经出现了裂痕。② 进入21世纪之后,更有学者对"世界历史的逻辑和西方文明的变动不居的身份认同"进行了系统的梳理和反思。戴维·格雷斯(David Gress)把西方分成了"旧西方"和"新西方"两个部分,即古典文化、基督教与日耳曼因素综合体的"旧西方"和理性、民主与资本主义的"新西方",并认为如果新西方摆脱了自身的历史,那么其必然的命运就是成为全球文明,但在实现这一目标的过程中,它仅存的那点认同就会丧失殆尽。而从另一个角度来说,如果新西方只有作为旧西方的继承者才有可能生存下去,那么普遍主义就否定了西方认同,威胁着要把它消灭在全球文化中。这一困境给第三个千年提出了西方认同的问题。③ 这或许是西方永远难以摆脱的困境。

与"西方"相对应的就是"东方"。当人们谈论"东方"的时候,往往首先想到爱德华·萨义德(Edward W. Said)和他的《东方主义》(《东方学》)。这是一本有关欧美学界如何看待中东、阿拉伯和伊斯兰世界两百年学术传统的学术著作,1978年出版后在世界上引起强烈反响,甚至改变了人们观察世界和理解自身文化的方式。萨义德认为,在欧美学术界,所谓的"东方"实质是欧洲人为了自身需要而想象和建构的"他者",是西方殖民势力对

---

① 〔美〕布赖恩·莱瓦克等:《西方世界:碰撞与转型》,陈恒等译,格致出版社、上海人民出版社,2013,前言第1~5页。

② J. M. Roberts, *The Triumph of the West*, Boston and Toronto: Little, Brown and Company, 1985, pp. 245-290.

③ 〔丹〕戴维·格雷斯:《西方的敌与我:从柏拉图到北约》,黄素华、梅子满译,上海人民出版社,2013,第449页。

东方世界的权力支配，是知识再生产的霸权架构，是殖民与被殖民、西方与东方不对等关系的体现。① 从欧洲人的视野出发，"东方"的地理位置也经历了一个不断变化的过程。最早的"东方"（the Orient）起源于东地中海，当时印度是欧洲人所知的东方世界的尽头，而中国对于他们还只是一个传说。当东方和伊斯兰教具有相同意义后，它便由东地中海向外扩展。随着欧洲的殖民网络扩张到印度洋和南中国海，概念上的东方便向东延伸。19 世纪，印度渐渐取代了黎凡特地区成为东方学家研究的主要课题，中国也开始明确地出现在地图上。20 世纪中期，西方学者渐渐地倾向于将西南亚和北非排除在东方之外，有学者认为阿拉伯不完全属于东方，而是西方和真正的（更远的）东方之间的"媒介"。从 20 世纪 90 年代起，至少在西方大众的想象中，似乎中国已经取代了伊斯兰世界成为东方的核心。② 应该指出的是，近年来，关于东西方关系的阐释发生了很大变化。美国学者安东尼·帕戈登（Anthony Pagden）的《两个世界的战争：2500 年来东方与西方的竞逐》主要阐释的还是传统意义上东方和西方的竞争，中国并没有在他的视野中占有重要位置。③ 而伊恩·莫里斯（Ian Morris）2010 年发表的《西方将主宰多久：从历史的发展模式看世界的未来》，则从"东方和西方之前的漫长岁月"讲起，并主要把中国作为东方的代表，讲的都是中国模式与欧洲或欧美模式比较的故事。④

历史地看，西方的流变一直没有中断。冷战结束之后，特别是进入 21 世纪以来，西方似乎正遭遇一个历史的转折点。而西方视野中的"东方"，曾经也是西方自我构建的产物，直到以中国为代表的一批非西方大国崛起，开始挑战西方在世界上的主导地位，西方与东方的关系才进入了一个新阶段。但所谓的"东方"，自古以来就是多样化的世界，用"西方"和"非西方"，而不是

① 〔美〕爱德华·W. 萨义德：《东方学》，王宇根译，生活·读书·新知三联书店，2007。
② 〔美〕马丁·W. 刘易士、卡伦·E. 魏根：《大陆的神话：元地理学批判》，杨瑾等译，上海人民出版社，2011，第 41~55 页。
③ 参见〔美〕安东尼·帕戈登《两个世界的战争：2500 年来东方与西方的竞逐》，方宇译，民主与建设出版社，2018。作者认为东西方之间的长期斗争似乎不太可能很快结束，2300 年前希波战争划定的战线，几乎没有发生变化。参见此书第 450 页。
④ 参见〔美〕伊恩·莫里斯《西方将主宰多久：从历史的发展模式看世界的未来》，钱峰译，中信出版社，2011。

用"东方"和"西方"来区分当前的世界可能更为贴近现实。当然，也有人认为西方是一个特别的存在，是一个相对的概念，它的确切含义基于你何时站在何种立场。持这种观点的人有沃尔特·拉塞尔·米德（Walter Russell Mead）。他举例说："西欧是一个美国人常认为墨守成规和传统的地方，而东欧、亚洲和非洲的人觉得这里惊人地西方；横穿中国迁往东方，在上海找工作的中国农民认为他们接触到了西方；横穿美国到东部旅行的加州人一旦到了波士顿和萨凡纳，会以为他们几乎到了欧洲……富有、自由，却也冷酷、不人道：这就是东方对西方的看法。这就是欧洲人对盎格鲁—撒克逊世界的通常看法；这就是世界大部分地方对欧洲的看法。这是泰国农村对曼谷的看法；这是斯威士兰对约翰内斯堡的看法，这是意大利南方人对米兰的看法。很大程度上，这也是今天中东阿拉伯世界对美国的看法。"①

三 中国的快速发展与西方的"困局"

从西方学者关于西方"衰落"和"终结"的种种论断，到西方流变的阶段性变化，我们可以发现，虽然西方认为自己赢得了冷战，但在冷战之后其正在遭遇一场历史性的困局。这种困局既表现在世界形势的变化，如美欧关系的变化、非西方世界的崛起；也表现在美国和西方自身所遭遇的诸多挑战，如美国和西方竞争优势的流失，美国冷战后的战略失误，西方身份认同的多元化，以及西方社会在经济全球化深入发展过程中贫富分化的加剧，人口老化与活力的降低，民粹主义的兴起和参与全球事务动力的丧失，等等，甚至把持有"反西方"观念的人（如唐纳德·特朗普）推选成国家领导人。② 尼尔·弗格森在《世界战争与西方的衰落》一书结尾处写道："100年前，东西方的边界位于波斯尼亚和黑塞哥维那附近的某个地方，现在，这条边界线贯穿着每一座

① 〔美〕沃尔特·拉塞尔·米德：《上帝与黄金：英国、美国与现代世界的形成》，涂怡超、罗怡清译，社会科学文献出版社，2017，第232~234页。
② Bill Emmott, *The Fate of the West: The Battle to Save the World's Most Successful Political Idea*, London: Profile Books, 2017, pp. 1-8.

欧洲城市。"① 作为现代西方"核心力量"的英国和美国，分别因脱欧和特朗普当选总统而陷入难以预测的"不正常状态"。西方似乎失去了引导和方向。这对西方的前途和命运来说，绝对不是好事情。

反观非西方世界则是另一番景象。虽然还有相当一批发展中国家依然在国家构建的路上踯躅前行，但更有一批非西方国家，特别是中国和印度这样的非西方大国，已经在冷战后经济全球化的进程中乘势而起，成为全球经济发展的重要驱动力量。实际上，原来世界经济体系的"中心—外围"结构已经被打破，一批非西方国家挺进原来由西方国家独占的世界经济体系的中心。朱云汉认为，人类社会正在面临一场"世界秩序在权力及价值结构上的质变"，以西方为中心的"一元现代性"框架不得不为"多元现代性"所取代。② 实际上，自1500年以来，特别是欧洲自19世纪在世界上逐渐占据主导地位以来，西方世界第一次真正体会到了来自非西方世界的竞争和压力，体会到了非西方世界要与西方世界"分庭抗礼"的滋味。

在这样一种形势面前，中国的快速发展和美国的"衰落"形成了鲜明的对比，被认为是当今世界最大的变局；中国也非常容易被美国和其他西方国家视为最主要的威胁，同时也是"涣散的"西方重塑凝聚力的声讨对象。首先，无论从经济实力、政治实力还是从军事实力来衡量，中国已经成为"新东方"的代表，成为西方世界具有"全方位"性质的竞争对手，也是西方世界新的最主要的外部"碰撞对象"。其次，中国高举具有中国特色的社会主义旗帜，愿意在这个"不确定的世界"中承担更多的国际责任，就更容易被西方视为"异类"，加剧西方的危机感，也更容易成为西方社会制度卫道士攻击的目标和发动"颜色革命"的对象，这是不以中国人的意志为转移的。最后，虽然西方已经陷入一种空前"衰落"的困局之中，作为二战后"现代西方"领袖的美国已经丧失了承担世界责任的意志和能力，但作为一种"安全共同体"和"价值观联盟"，西方依然有形和无形地存在着。对比其他"非西方大国"，如印度（"最大的民主国家"）、俄罗斯（欧洲历史与文化共同体的一部分）

---

① 〔英〕尼尔·弗格森：《世界战争与西方的衰落》，喻春兰译，南方出版传媒、广东人民出版社，2015，第630页。

② 参见朱云汉《高思在云：中国兴起与全球秩序重组》，中国人民大学出版社，2015。

和土耳其（北约成员），中国的“非西方性”是最明显和最强烈的。实际上，在西方学术界和新闻界，“中国威胁论”已经升级换代为“中国统治论”。斯蒂芬·哈尔珀（Stefan Halper）的观点有其代表性。他认为，中美之间是模式之争，美国“和平演变”中国的幻想已经不复存在，不存在中美（G2）共治的可能性，中国的优势在于中国的“国家资本主义”，中美之间最后将是“孔夫子和杰斐逊”的对决。①

但是，改革开放以来，中国已经不是以前的中国，西方同时也发生了戏剧性的变化。第一，改革开放以来，中国已经逐步与西方国家在经济上融为一体，形成了日趋密切的依存关系。这种依存关系有可能在特殊的情况下发生逆转，但完全“脱钩”已经办不到了。在西方兴起和发展的历史上，还没有一个被它视为“异类”的国家在经济上与其形成如此密切的协作关系。

第二，改革开放 40 年来，中国不仅在经济上与西方国家乃至全世界形成了日益密切的依存关系，而且通过投资、旅游、留学和移民等方式与其他国家形成了大规模的互动，这种互动对中国社会发展变化的影响是深刻的、历史性的。对比其他国家，在过去半个多世纪的时间里，中国社会精神面貌的变化是最迅速和最剧烈的。中国已经从一个封闭、僵化的社会，转变为一个开放和进取的社会。卡赞斯坦说得有道理，中国的“崛起”既不是断裂，也不是回归，而是重组，是一个超越东西方文明的进程。② 在西方崛起的过程中，西方的学者一直把东方社会视为停滞和僵化的代名词，而今天的中国却以“变化太快了”为人所知。中华民族或许是当今世界学习欲望最为强烈的民族。以西方国际关系理论思想与方法的传播为例，无论是美国的三大主流国际关系理论流派，即（新）现实主义、（新）自由主义和建构主义，还是英国学派理论有关国际体系和国际社会理论的最新发展，在中国都能找到忠实的粉丝和拥趸，其热情之高让来访的西方学者感到意外和震惊。当然，也正是在学习和借鉴西方国际关系理论的过程之中，在与西方学界的交流和对话之中，中国风格的国际

---

① Stefan Halper, *The Beijing Consensus: How China's Authoritarian Model Will Dominate the Twenty-First Century*, New York: Basic Books, 2010.

② 参见〔美〕彼得·J. 卡赞斯坦主编《中国化与中国崛起：超越东西方的文明进程》，魏玲、韩志立、吴晓萍译，上海人民出版社，2018。

关系理论，或者说国际关系理论的"中国学派"，正在逐步成长起来。

第三，就西方的戏剧性变化而言，西方的"衰落"和"困局"遮盖不住的一个现实是，西方自身已经多元化了，西方世界与非西方世界的界限已经不是那样壁垒分明，而是"多个西方"并存于世了。[①] 实际上，西方依然处于一个不断的演进之中，西方的边界从来没有固定下来过，现在就更加模糊了。俄罗斯作为深度介入欧洲历史与文化的国家被排除在欧洲和西方之外，而远在东亚边缘地带的日本似乎却成了西方的核心部分。土耳其是北约组织的正式成员，并且一直在申请加入欧盟组织，但现在似乎正在和西方分道扬镳。即使是位于欧洲核心地带、为欧洲和西方的历史和文化演进贡献了诸多哲学家的德国，其西方的身份也曾遭质疑和排除。德国学者兰克（Leopold von Ranke）曾把所有的斯拉夫人都排除在西方文明之外；但德国本身又曾"自视"或被"他视"为西方的"异类"。一战战败之后，德国遭受了严厉的惩罚和耻辱，一些德国学者宣布德国并不是真正意义上的西方国家，一战就是德国与西方文明之间古老矛盾的延续。二战之后，欧洲有历史学家认为德国从其精神实质上来说并不是西方国家。冷战结束之后，随着北约东扩与欧盟"扩编"，西方与非西方的边界进一步向东推进，但内部的分化更严重了。

综上，西方并不是恒久不变的存在，迄今它依然处于变化之中。冷战时期构建起来的美国主导的西方正在瓦解，西方国家之间的利益诉求和身份认同实际上已经多元化了。在这样一种形势面前，中美关系不可能是中国与西方国家关系的全部，中国和西方国家的关系更不可能是东西方国家关系的全部。面对这样一个处于"困局"，探索"出路"和寻求"敌人"的西方，中国的应对战略应该是消化和消解西方，避免一个新的两极对抗世界的形成，力争把世界引导到一个超越东西方对抗的境界之中，而不是相反。比尔·埃莫特（Bill Emmott）认为西方核心价值的精髓不是"自由"和"民主"，而是"平等"和"开放"。[②] 这有一点"贪天功为己有"的意味。因为在世界历史上，封闭

① 参见〔美〕彼得·J. 卡赞斯坦主编《英美文明与其不满者》，魏玲、王振玲、刘伟华译，上海人民出版社，2018。

② Bill Emmott, *The Fate of the West: The Battle to Save the World's Most Successful Political Idea*, Economist Books, 2017, p. 209.

是任何一个国家、地区和文明延续与发展的死敌。只有在开放的环境中不断拓展与外部世界的交流与合作，增加大多数人民的福祉，才能保证一个国家、地区和文明的生命力延续下去。这在一个经济全球化的世界上尤为如此，而东西方的差别和对抗也将在一个日趋开放和依存的世界上发生转变，让位于一个更加多元竞争和并存的世界。在 1963 年就以《西方的兴起：人类共同体史》一书跻身世界一流历史学家的威廉·麦克尼尔（William McNeill），于 1997 年刊文指出："世界历史远比西方文明更能指引方向。最大限度地说，西方文明只不过是人类传奇中的一段插曲，无疑是一段重要的插曲，任何理性的世界历史都不会遗漏它，但终究是一段插曲。"①

---

① William McNeill, "What We Mean by the West", *Orbis*, Vol. 41, No. 4, Fall 1997, p. 523.

重复与超越：世界历史上疫情防治的
经验和教训[*]

　　从 2020 年初开始，一种新型冠状病毒感染了全世界，其速度之快，传播之广，令人目瞪口呆，防不胜防。2 月 11 日，世界卫生组织（WHO）将其名为"COVID-19"，3 月 11 日又宣布 COVID-19 为"大流行"（Pandemic）。[①] 根据 WHO 当时的最新报告，全世界 COVID-19 确诊病例已达 9473214 例，死亡 484249 人。[②] 美国是疫情最严重的国家，确诊病例超过 200 万例，死亡病例超过 10 万人，其次是巴西、俄罗斯、印度和英国等。虽然北半球许多国家的疫情已经趋缓，许多国家的限制措施正在放松，但大流行已经重创世界经济，并迫使人们改变自己的生活、工作和学习方式。令人不安的是，这场突如其来的大流行又与近年来中美关系的恶化和国际关系的变局"撞"在一起，美国特朗普政府不断指责中国延误了大流行的防控，渲染"中国威胁"，发起遏制中国的"新冷战"，从而使国际合作防控 COVID-19 的局势复杂化了。新冠病毒大流行已经成为重塑世界秩序的一个重要因素。亨利·基辛格甚至声称它将永远改变世界秩序。[③] 在这种形势下，重温世界历史上重大疫情防控的经验和教训，或许有更为重要的现实意义。

＊　原载《国际政治研究》2020 年第 3 期。
①　所谓的"大流行"，与流行性疾病（epidemic）相比，指的是蔓延"整个国家、大陆或整个世界的流行性疾病"，根据世界卫生组织的定义，更明确地将"大流行"定义为"一种新疾病的全球传播"。

②　https：//covid19.who.int/?gclid = Cj0KCQjwudb3BRC9ARIsAEa-vUt1WXXLcOGHlCZH _ PKSvnHhjgMvk99x-aJopMP7fcDku8KCv3JFQ6EaAoGOEALw_wcB。

③　Henry A. Kissinger，"The Coronavirus Pandemic Will Forever Alter the World Order"，*The Wall Street Journal*，April 3，2020，https：//www.wsj.com/articles/the-coronavirus-pandemic-will-forever-alter-the-world-order-11585953005.

一 如影随形：世界历史进程因疫情而改变

实际上，大流行对人类的打击往往是突如其来的，人类的防控也是从措手不及开始，只是人类非常"健忘"，经常在遭受一次疫病的打击之后很快就"好了伤疤忘了疼"，直到下一次遭遇新的打击，又重新来过。为什么人类总是循环往复地遭受大流行的打击呢？为什么大流行总是与世界历史的演进如影随形呢？这是由人与自然的关系决定的。人只是自然界生物中的一种，在从猿进化到人之前，病毒、细菌和寄生虫已经存在于自然界了。历史学家威廉·H. 麦克尼尔把人类所受到的威胁分为"巨寄生"和"微寄生"两种："巨寄生"指的是人类与征服者或其他大型食肉动物等之间的关系；"微寄生"指的是人类与微生物比如细菌、病毒或多细胞生物之间的关系。他认为，人类的大多数生命其实处在一种有病菌的微寄生和大型天敌的巨寄生构成的脆弱的平衡体系之中。① 历史学家和国际关系理论家大多关注的是人与人之间的关系，即"巨寄生"关系，这样才有了部落、城邦、帝国和现代国家的概念，才有了种族、宗教和文明演化的历史，才有了现代国际关系理论；而很少关注微生物与人体之间的关系，即"微寄生"关系，而正是这种"微寄生"关系往往给"巨寄生"关系带来意料不到的变化，影响人类不同共同体之间的力量对比和世界历史的发展进程。

回顾历史，人们会发现，世界历史进程中许多次重大变化，背后几乎都有"大流行"的影子。公元前430~前426年发生于古希腊的"雅典大瘟疫"，致使雅典近1/2的人失去生命，对雅典与斯巴达博弈的结局产生了深远影响。修昔底德在《伯罗奔尼撒战争史》中对这一疫情有详细描述。修昔底德本人和当时正在雅典军中服役的苏格拉底都曾染病，但他们依靠自身的免疫力幸运地活下来了。再如，公元165~169年古罗马的"安东尼瘟疫"，罗马军队征讨叙利亚的凯旋之师把瘟疫和战利品一同带回罗马，结果在几十年之内让500万人

---

① 〔美〕威廉·麦克尼尔：《瘟疫与人》，余新忠、毕会成译，中信出版集团股份有限公司，2018，第6页。贾雷德·戴蒙德将病菌称为"牲畜的致命礼物"，参见〔美〕贾雷德·戴蒙德《枪炮、病菌与钢铁：人类社会的命运》，谢延光译，上海译文出版社，2000，第199~224页。

丧失生命，古罗马帝国由此开始衰落，西方文明史也由此发生了一次重大的改变。发生于公元 541~542 年的"查士丁尼瘟疫"，更是终结了拜占庭帝国重新统一罗马帝国的雄心。1348~1361 年开始于欧洲的"黑死病"堪称大流行之最，杀死了欧洲大约 1/4 的人口，有专家估计因此丧生的人数达 2500 万之巨，农奴制从此走向瓦解，教会权威下降，"黑死病"实际上为日后的宗教改革创造了有利的社会条件。有学者认为正是"黑死病"催生了现代西方文明，为西欧的崛起奠定了基础。另一个改变世界历史进程的大流行是 16 世纪天花在美洲的流行。1521 年，埃尔南·科尔特斯率领几百个西班牙人征服了拥有几百万人口的阿兹特克帝国。[1] 这个"奇迹"并非来自西班牙人的骁勇善战和武器精良，而是他们携带的天花病毒摧毁了印第安人的生命和意志。天花的蔓延随后也让印加帝国丧失了战斗力，印加国王和他指定的继承人都死于天花，弗朗西斯科·皮萨罗和他率领的 100 多个"强盗"让这个陷入内乱的帝国很快就土崩瓦解了。实际上，从哥伦布"发现"新大陆开始，天花、麻疹、流感、鼠疫、疟疾、白喉、斑疹伤寒和霍乱等就开始在美洲大陆流行。而在这之前，新大陆与旧大陆已经隔绝了 12000 年，欧洲人在经历了"安东尼瘟疫"、"查士丁尼瘟疫"和"黑死病"等的"洗礼"之后，获得了一定的免疫力，美洲印第安人则成了这些"欧洲病毒"的猎物，据专家估计有九成印第安人在百年之内染病、死去，[2] 从而为欧洲人向美洲的大规模殖民"让出了空间"，世界历史进程也为之发生了巨大变化。

1918~1919 年暴发的"西班牙流感"蔓延全世界，据统计有 2/3 的人口被感染，有 5000 万~1 亿人在这次流感中丧失了生命，其被认为 COVID-19 之前传播范围最广的一次大流行。20 世纪也被称为"大流行世纪"（The Pandemic Century），相继发生的流行病有鼠疫、鹦鹉热、军团病、艾滋病、

---

[1] https://www.pastmedicalhistory.co.uk/smallpox-and-the-conquest-of-mexico/#:~:text=In%201517%20the%20Spanish%20conquistadors，capital%20of%20the%20Aztec%20Empire.&text=One%20hundred%20years%20later%2C%20after，3%20million%20natives%20had%20survived.

[2] http://webs.bcp.org/sites/vcleary/ModernWorldHistoryTextbook/Imperialism/section_3/turningpoint1.html.

SARS、埃博拉和寨卡等。① 科学技术的发展似乎并没有将疫病控制在萌芽状态，疫病"花样翻新"，与历史进程如影随形。COVID-19 大流行再一次把这个人类社会所面临的最古老的问题提到了世人面前。

二 循环往复：疫情防控的经验和教训

千百年来，人类社会在"微寄生"和"巨寄生"构成的脆弱平衡体系中踯躅前行，在疫情防控方面不仅积累了相当丰富的经验，也留下许多令人扼腕甚至啼笑皆非的教训。引人注意的是，那些疫情防控最原始的做法，往往也是最有效的做法、最有价值的经验。首先，最有效的举措就是隔离，即对疫区居民实行严格的隔离制度，以切断传染链条，查清传染源头。《今日历史》（*History Today*）曾经专门邀请几位资深历史学家讨论疫情防控的历史经验，英国伦敦大学教授约翰·亨德森（John Henderson）认为，应对工业化前欧洲瘟疫的策略，已经成为后来防疫政策的基础。最近在新冠病毒疫情最严重的意大利北部地区实施的公共卫生策略，与文艺复兴时期所采取的策略没有什么不同。② 其次，建立现代检疫制度，即在港口、码头、车站和城门等人口与货物的集散地对旅客、货物和交通工具实行规范化的检疫，并对来自疫区的人员实行隔离，历史上最长的隔离时间达 40 天之久。这是欧洲地区从 14 世纪就开始实行的防控措施。再次，建立和改进城市公共卫生系统，包括通过相应的立法手段，减少病菌传播的空间和媒介，特别是保证水资源的清洁和安全。历史上所有重大疫情的发生和蔓延，几乎都与人口聚集的城市有密不可分的联系。"雅典大瘟疫"就是因雅典周边居民短时间内一起迁居雅典城内、人畜共用水源形成源污染而引发的。历史上相似的例子不胜枚举，城市一直是疫情发生、传播和扩散的最主要场所。实际上，中国在历史上也是疫情频发的国家。有学

---

① 参见〔英〕马克·霍尼斯鲍姆《人类大瘟疫：一个世纪以来的全球性流行病》，谷晓阳、李瞳译，中信出版集团股份有限公司，2020。
② John Henderson，Samuel Cohn and Patricia Fara，"What Can History Tell Us about Epidemics?"，*History Today*，Vol. 70，Issue 4，April 2020，https://www.historytoday.com/archive/head-head/what-can-history-tell-us-about-epidemics.

者认为，宋朝和明朝的覆灭都与当时疫情的泛滥有直接关系。20 世纪初伍连德领导的东北抗疫，因为汲取了历史经验和教训，引进了现代防疫制度，不仅成功地控制住了鼠疫的泛滥，而且阻止了俄罗斯和日本插手中国东北的野心，成为清朝末年风雨飘摇之中少见的奇迹！

对比值得总结的经验，世界历史上疫情防控失误的教训可能更是不胜枚举，更值得人们反思和汲取。第一，对疫情扩散苗头的轻视和忽视，抱有侥幸心理，最终酿成大祸的例子比比皆是。"西班牙流感"蔓延之前，美国堪萨斯军营里已有士兵因流感死亡的事件发生，但军队还是被派赴欧洲战场，致使大流感在欧洲蔓延开来，并最终祸及整个世界，因流感而死亡的人数大大超过在第一次世界大战战场上死亡的人数。第二，疫情的发生往往与种族和阶级的歧视相伴随。"黑死病"使欧洲长期存在的反犹情绪演变成大规模的反犹运动，犹太人被说成"投毒者"，遭到严酷对待，甚至被隔离到"犹太区"中。霍乱在印度的流行也强化了雅利安人对其他族群的歧视，实际上起到了固化印度种姓制度的作用。英国格拉斯哥大学教授塞缪尔·科恩（Samuel Cohn）认为，从古代到 19 世纪，史料关于传染病记载最多的部分是人类的反应，人们对穷人、疾病受害者的怀疑、指责和暴力愈演愈烈，因为人们通常认为传染病是外国宿主带来的，是由贫穷和污染引起的，而仇恨和暴力往往演变成社会动乱，推动事情向相反的方向发展。① 第三，与之相联系的是疫情发生之后的"甩锅"大战，当事者都想把疫情的源起归咎于他人，而疏于厘清自己的责任。这方面最有趣的是对"梅毒"源起的"攻防战"。当梅毒在 15 世纪末首次袭击欧洲时，法国人把它命名为"西班牙病"；英国人、意大利人和德国人称其为"法国病"；俄罗斯人称其为"波兰病"；波兰人称其为"波斯人病"和"土耳其人病"；土耳其人则把指责又推进了一步，称其为"基督徒病"；等等。② "甩锅"之战最后往往沦为笑柄，因为疫病的发生是人类与自然界"微寄生"关系的产物，它们对人类的侵袭不因阶级、种族、宗教和地域的

① John Henderson, Samuel Cohn and Patricia Fara, "What Can History Tell Us about Epidemics?", https://www.historytoday.com/archive/head-head/what-can-history-tell-us-about-epidemics.

② Sandra Hempel, "What History Tells Us about Epidemics", https://granta.com/what-history-tells-us-about-epidemics/2020-05-02.

不同而区别对待，古埃及的法老拉美西斯五世、英国女王玛丽二世、俄国沙皇彼得二世、法国国王路易十五、西班牙国王路易斯一世、中国清朝的顺治皇帝和同治皇帝都死于天花，英国女王伊丽莎白一世、法国"太阳王"国王路易十四和中国清朝的康熙皇帝也都因感染天花而"易容"。第四，国家之间各自为战，是促成疫病演变成大流行的重要原因。从 1918 年起，"西班牙流感"逐步肆虐全球，不仅与战时和战后的混乱局势有关，也与不同国家之间缺乏信任、相互指责、信息管控和各自为战有关，这个我们从"西班牙流感"的许多别称中就可见一斑，如"法国流感""那不勒斯士兵""佛兰德斯感冒""柯尔克孜病""黑人病""匈奴流感""德国瘟疫""布尔什维克病"等。"西班牙流感"是一个误称，只是因在多数国家在施行战时新闻管制的条件下，西班牙媒体最早报道了这次大流行，由此大流行就被冠以"西班牙流感"了，并且沿用至今。第五，虽然科学技术在迅速发展，但疫病的溯源和根治往往需要人类付出几百年的努力。天花是迄今为止人类唯一根治了的传染病，从死于公元前 1145 年的古埃及法老拉美西斯五世，到 1980 年 WHO 宣布天花病被彻底根除，天花在人类社会施虐了 3000 多年。从中国人发明的"人痘接种法"，到英国人发明的"牛痘接种法"并普及全世界，也经历了几百年的时间，而且最后人类只是依靠免疫的方法才战胜了这种病毒。对于人类社会来说，许多病毒的起源至今仍是个"谜"。换言之，人类是在没有解开这些"谜"的条件下摸索防治之道的，所以必须对病毒保持足够的耐心和"敬畏"。

三　追求超越：探索新的可能

纵观历史可以发现，人类社会的每一次发展进步，都恰恰为新的疫病的滋生和传播创造了新的有利条件。从采猎时代的到处转移，随地谋生，到学会种植与定居，从农业的发展、城市的出现、帝国的形成、宗教的产生和传播，到现代移民的大规模迁徙、贸易的发达、交通工具的改进、战争的此起彼伏，人类社会的每一次进步都有疫病如影随形，都要经历"微寄生"和"巨寄生"平衡线不断被打破和再恢复的过程。一次又一次，人们往往在重复以往的历史，在历史的经验和教训中"重蹈覆辙"。这是历史的讽刺，还是人类的宿命？威廉·H. 麦克尼尔在其《瘟疫与人》一书中最后说："技术和知识尽管深刻改变了人类的大部分疫病经历，但就本质上看，仍然没有也从来不会把人类从其自始至终所处的生态龛（作为不可见的'微寄生'关系和一些人依赖另一些人的'巨寄生'关系的中介）中解脱出来。"① 这种观点听起来很"悲观"，但确实道出了人类社会无法逃避的"现实"。

但是，人类社会毕竟在发展进步，超越"重复"历史经验和教训的可能性还是存在的。2015 年，比尔·盖茨在就埃博拉疫情的教训发表 TED 演讲中说，未来几十年里，如果有什么东西可以杀掉上千万人，那更可能是个有高度传染性的病毒，而不是战争，不是核武器而是微生物，但是，我们在防止疫情的系统上却投资很少。我们还没有准备好预防下一场大疫情的发生。② 今天看来，这简直是"神预言"！2020 年 4 月，盖茨在接受《金融时报》采访的时候，又预言大流行或每隔 20 年左右就会发生一次，并强调全世界的领导人和政策制定者们已经因 COVID-19 花费了数万亿美元，而如果准备得当的话，成本不会这么大。③ 在疫情防控方面，比尔·盖茨不仅是一个预言家，而且是行动者。2000 年以来，比尔及梅琳达·盖茨基金会（Bill & Melinda Gates Foundation）一直致力于确保未成年人健康成长和帮助贫困人群遏制传染性疾病等公益事业，为各国贫困人群提供价格低廉且安全可靠的疫苗、药品和诊断工具。2020 年 4 月，在美国总统唐纳德·特朗普宣布"暂时扣下"向世界卫生组织支出的资金之后，比尔及梅琳达·盖茨基金会宣布向世界卫生组织捐赠1.5 亿美元。

两个最有权力和影响力的美国人的行为形成了鲜明对照。作为美利坚合众国的总统，特朗普有权力奉行"美国至上"的原则，将维护美国利益作为总统的第一要务，因为这毕竟是一个由民族国家构成的世界。但是，如果特朗普

---

① 〔美〕威廉·麦克尼尔：《瘟疫与人》，余新忠、毕会成译，中信出版集团股份有限公司，2018，第 236 页。

② Bill Gates，"We're not Ready for the Next Epidemic"，https：//www.ted.com/talks/bill_gates_the_next_outbreak_we_re_not_ready？language＝en.

③ "Bill Gates on the Global Battle with Coronavirus"，http：//www.ftchinese.com/interactive/14858？exclusive.

为了竞选连任而误导民众，贻误疫情的防控，则不仅会伤害到其他国家和国际社会，而且会反过来伤害到美国自身。美国成为疫情最为严重的国家，不能说与美国联邦政府，特别是与特朗普总统的"一意孤行"没有关系。实际上，有媒体认为，在此次美国与COVID-19"搏斗"中发挥更多重要领导作用的是美国的州长和市长，而不是联邦政府和美国总统。有学者甚至认为，在全球多边体制应对大流行挑战失败的情况下，正是地方领导人填补了相应的空白，并将在构架后疫情世界秩序中发挥重要作用。① 归根结底，特朗普和盖茨代表了两种截然不同的世界观。在特朗普眼里，抗击COVID-19是一场政治博弈，是一场他与中国和国际组织的博弈，是他与民主党和媒体的博弈；在盖茨眼里，抗击COVID-19是人类社会与病毒的一场博弈，弱势群体更应该得到关注和支持，各国应该付出更多的努力。但比尔·盖茨不是美国总统，面对美国在这次抗击COVID-19战役中的"失误"，他也无能为力。

　　对比1918~1919年的"西班牙流感"，新冠病毒是传播更为迅速、感染范围更为广泛、疫情防控更为全球化的大流行。在新冠病毒面前，无论"自我"和"他者"是否情愿，人类真的就是一个命运共同体。随着疫情退去，生活与工作重回"正轨"，人们是袖手等待下一次疫情的"突如其来"，还是像比尔·盖茨预见和建议的那样，携起手来，加大对公共卫生和防控体系的投入，为应对下一次疫情的到来而"有备无患"，这已经不是科学、技术和资金的问题，而是一个政治问题，归根结底是国际政治问题。围绕抗击COVID-19而展开的"大战"，既彰显了不同国家社会制度和治理能力的特色和优劣，也揭示了全球化形势下世界防控疾病流行体制的弊端，这就是国家之间的各自为战。要克服这个弊端，就必须走出国际政治的传统逻辑，构建起跨国家的全球疫情防控体系。这将是超越历史经验和教训之举，也应该是对抗击COVID-19防控大战的最好纪念。

---

① Nina Hachigian and Anthony H. Pipa, "Can Cities Fix a Post-Pandemic World Oder?", May 5, 2020, https://foreignpolicy.com/2020/05/05/cities-post-pandemic-world-order-multilateralism/.

百年变局中的历史转换与战略机遇*

习近平总书记关于"当今世界正经历百年未有之大变局"的论断引发了学界的热烈讨论，推动中国学界以更为宽广的历史视角来审视当今国际关系的发展变化。西方学界近年来有关世界局势发生变化的讨论也时有发生，"后美国"和"后西方"等就是这些讨论创造出来的新概念。但百年变局必然以一系列历史转换为基础，中国学界应该在这方面深入探索，认清百年变局中正在转换中的世界历史进程，从而为构建具有中国特色的世界历史理论和国际关系理论提供必要的思考。

一 西方学界有关"百年变局"的讨论

西方学界没有用"百年变局"这样的概念来刻画变化中的世界局势，但相关讨论早已开始，并且带有深重的危机感。有关西方"衰落"的观点早已林林总总，当然最重要的还是集中在"后西方"世界走向的问题上。

早在 2002 年，美国知名学者查尔斯·库普乾（Charles Kupchan）就发表了《西方的终结》。当时正值美国反恐战争逐步扩大，"文明冲突"的预言似被应验之时。但库普乾认为，"9·11"恐怖袭击只是刺破了冷战结束和西方胜利所带来的安全感，对美国的霸权没有任何影响。未来崛起的挑战者也不是中国或伊斯兰世界，而是欧盟——一个正在整合欧洲各民族国家优质资源和历史野心的新兴政体。[①] 之后，他又撰写了《美国时代的终结：美国外交政策与 21 世纪的地缘政治》一书，重申美国正在与欧洲分手，几十年的战略伙伴关

---

* 原载《世界历史》2020 年第 6 期。

① Charles Kupchan, "The End of the West," *Atlantic*, November 2002, https：//www.theatlantic.com/magazine/ archive/2002/11/ the-end-of-the-west/302617/.

系正在让位于新的地缘政治竞争关系。他在最后一章"历史的再生"中还特别指出，美国时代的终结不仅是美国优势地位的终结和向多个权力中心世界的回归，而且与工业时代的终结和数字时代的开启同步。① 2008 年，法里德·扎卡利亚（Fareed Zakaria）撰写《后美国世界：大国崛起的经济新秩序时代》一书，认为过去 500 年来世界发生了三次结构性的权力转移，即西方世界的崛起，美国的崛起和当下正在发生的"他者的崛起"，世界正在步入"后美国世界"和"后西方世界"。② 有些学者对"后美国"和"后西方"世界的前景非常悲观。2008 年，美国知名历史学家和外交评论家罗伯特·卡根（Robert Kagan）撰写了《历史的回归和梦想的终结》一书，提出 1945 年之后国际关系的发展是一种"冒进"，鼓吹"历史的终结"的人看到的只是"海市蜃楼"，"世界再次回归正常"。③ 2018 年，他又提出 1945 年之后建立的以美国为首的自由主义世界秩序是一个巨大的历史偏差，世界秩序将重回 20 世纪 30 年代，重回历史，重回丛林世界。④ 当然，更有许多学者在讨论"后美国"或"后西方"世界的时候围绕中国的快速发展做文章。斯蒂芬·哈尔珀（Stefan Halper）认为，美国"和平演变"中国的幻想已经不复存在，也不存在中美共治的可能性，中美之间的竞争最后将是"孔夫子和杰斐逊"的对决。⑤

在美国学界，最为努力系统阐释自由主义国际秩序并为其辩护的是约翰·伊肯伯里（G. John IKenberry）。他认为，美国主导的自由主义世界秩序并非起始于 1945 年，而是欧洲现代化进程的延续。他反对自由主义秩序正在终结的观点，认为这个秩序是开放的，即使美国衰落了，这个秩序仍将延续下去。他也反对把中国和俄罗斯视为"修正主义"国家，认为中、俄等国只是想在现有秩序的框架中争取更大发言权。当今国际竞争实质上是话语权的竞争，而不是

---

① 〔美〕查尔斯·库普乾：《美国时代的终结：美国外交政策与 21 世纪的地缘政治》，潘忠岐译，上海人民出版社，2004，第 374~375 页。

② 〔美〕法里德·扎卡利亚：《后美国世界：大国崛起的经济新秩序时代》，赵广成、林民旺译，中信出版社，2009。

③ 〔美〕罗伯特·卡根：《历史的回归和梦想的终结》，陈小鼎译，社会科学文献出版社，2013。

④ Robert Kagen, *The Jungle Grows Back*: *America and Our Imperiled World*, Alfred A. Knopf, 2018.

⑤ Stefan Halper, *The Beijing Consensus*: *How China's Authoritarian Model Will Dominate the Twenty-First Century*, Basic Books, 2010.

意识形态或者挑战国际体系等级的根本性对立。当然，他也承认中国的快速发展给这个秩序带来的变化是史无前例的，为此他正在撰写他关于国际秩序三部曲的最后一部，题目暂定为《同一个世界：中国的崛起和国际秩序的未来》。①他不认同中国等新兴国家的"崛起"会带来新价值主张的观点，认为开放和对规则的认同是东西方的共识。在国际自由主义的诸多主张中，开放性与流动性也正是中国所呼吁的。②

事实上，美国和西方学界有关百年变局的讨论已有很多，观点见仁见智，但基本出发点依然是西方的"主体"思维，依然围绕着西方"主导"地位的变化，阐释百年变局的利害得失，因此依然没有跳出"西方中心论"的怪圈。但实际上，百年变局中历史转换的深度已经远远超过西方学者的预判和想象。

二 百年变局中的历史转换

习近平总书记关于"百年未有之大变局"的论断，不仅是对当前国际形势的高度概括，更是立足于历史制高点上的一个重大战略判断。因此，学界不仅需要对当今国际事务的重大变化进行深入、缜密的考察，而且应该将其放在一个更为宽广和久远的历史视野中去研判，发现我们在这个变局中正在经历的历史转换，为应对这个变局提供更具战略意义的思考，更具启发意义的理念。这些历史转换的迹象近年来愈加明显，它是相当长一段时期内历史演进累积的结果。归根结底，一个"后西方世界"的轮廓正在显现。

第一，非西方的崛起，特别是非西方大国的崛起，改变了近代以来西方与非西方力量的对比，其中尤以中国快速发展的影响最为巨大，经常被与西方和

---

① 〔美〕约翰·伊肯伯里：《大战胜利之后：制度、战略约束与战后秩序重建》，门洪华译，北京大学出版社，2008；〔美〕约翰·伊肯伯里：《自由主义利维坦：美利坚世界秩序的起源、危机和转型》，赵明昊译，上海人民出版社，2013。

② 〔美〕约翰·伊肯伯里：《中国的崛起将融入现存国际秩序》，《国际战略研究简报》2014 年 2 月 15 日，http：//www.iiss.pku.edu.cn/research/bulletin/1234.html。

21 世纪世界的前途联系在一起。[①] 实际上，非西方的崛起正呈现为非西方国家的整体性崛起。尽管有一批新兴国家依然处于贫困落后的状态，但越来越多的非西方国家包括非洲国家，正在全球化的大潮中实现经济的跨越式增长。这样一种历史的转换不仅表现在非西方国家 GDP 总量已经超过了西方国家，而且表现为其改变了世界经济地理重心的位置。[②] 第二，非西方国家之间新的经济协作关系的形成和"亚非欧大陆的回归"[③]，使非西方国家进入了更为独立自主的发展时期，甚至出现了"一个没有西方的世界"的说法。[④] 与此相联系，伊曼纽尔·沃勒斯坦（Immanuel Wallerstein）提出，"世界体系"结构正发生历史性变化，中心国家增多，规模扩大，边缘规模缩小、分化，一批新兴国家已进入世界中心。[⑤] 原来意义上的世界体系正在趋于解体，正在转换成一种更为复杂的分工体系，整个世界正在按照"超级版图"组合起来，而许多发展中国家的城市群已经成为全球供应链的重要节点。[⑥] 第三，随着经济全球化的不断深入，特别是互联互通网络的深入拓展，欧亚非在经济上更为密切地联系在一起，欧洲正在消解，欧亚大陆正在"重回马可·波罗世界"[⑦]，改变了近代以来欧亚大陆地缘政治的基础，也削弱了美国对欧亚大陆的支配和平衡能力。第四，冷战期间构建起来的以美国为首的"西方阵营"正在走向解体。

[①] G. John Ikenberry，"The Rise of China and the Future of the West：Can the Liberal System Survive"，*Foreign Affairs*，January/February 2008，https：//www. foreignaffairs. com/articles/asia/2008 - 01 - 01/rise-china-and-future-west；Stefan Halper，*The Beijing Consensus：How China's Authoritarian Model Will Dominate the Twenty-First Century*，Basic Books，2010。

[②] "A New Hegemony：The Chinese Century Is Well under Way"，*The Economist*，https：//www. economist. com/graphic-detail/2018/10/27/the-chinese-century-is-well-under-way.

[③] 〔美〕帕拉格·康纳：《亚洲世纪：世界即将亚洲化》，丁喜慧、高嘉旋译，中信出版集团股份有限公司，2019，第 225～232 页。

[④] Naazneen Barma，Giacomo Chiozza，Ely Ratner and Steven Weber，"A World Without the West？Empirical Patterns and Theoretical Implications"，*Chinese Journal of International Politics*，Vol. 2，2009，pp. 577-596.

[⑤] Amitav Acharya and Barry Buzan，*The Making of Global International Relations：Origins and Evolution of IR at Its Centenary*，Cambridge University Press，pp. 115-134，149-150.

[⑥] 〔美〕帕拉格·康纳：《超级版图：全球供应链、超级城市与新商业文明的崛起》，崔传刚、周大昕译，中信出版集团股份有限公司，2016。

[⑦] Robert D. Kaplan，*The Return of Marco Polo's World：War，Strategy，and American Interests in the Twenty-first Century*，Random House，2018.

西方在历史上并不是一个恒久的存在，现在人们所认同的西方是在二战结束之后，欧洲对世界的领导权转移到美国手里时构建起来的。冷战的终结被视为西方的"胜利"，但随着这一胜利的到来，西方陷入了种种"困局"，原来意义上的"西方阵营"事实上也已经走向解体。① 第五，美国主导的世界秩序正在终结。关于这方面的讨论已有许多。② 特朗普政府"美国至上"的理念和行动加剧了其与盟国的分离，推动了国际关系多极化的发展。乔·拜登在 2020 年总统大选中获胜，他面对的是一个已经被特朗普政府严重破坏的世界，一个美国主导权难以"修复"的世界。而特朗普的作为，使美国将面对一个"没有长期以来一直支持美国利益的机构、联盟和善意的世界，一个将美国排除在外的新秩序形成了"③。

以上种种，都是"人类社会正处在大发展大变革大调整时代"的不同表现。西方已经"走下神坛"，世界的"中心—外围"结构已经发生很大变化，欧亚大陆传统地缘政治结构正在消解，"西方阵营"的存续基础已经不复存在，美国主导地位的现实条件正在消失，世界正以一种新的面貌展示在我们面前。面对这个新的世界，我们需要站在"百年未有之大变局"的高度，进一步认清欧洲历史经验的局限性，重新认识和阐释世界历史的阶段性发展，重新认识和阐释中国与世界关系的发展变化，进行新的理论探索和建构。同时也需要我们立足现实，在迎接新的挑战中抢抓中国和平发展的战略机遇，推动大国形成更多共识，破除西方学者"重回丛林世界"的"咒语"，让"后美国"和"后西方"世界成为一个和平发展的世界。

三　百年变局中的现实挑战与战略机遇

中国的快速发展被西方学界普遍认为是百年变局最主要的驱动力量，中国

---

① 刘德斌：《西方的"困局"与"出路"》，《中国国际战略评论》2019 年第 2 期。

② 〔加〕阿米塔·阿查亚：《美国世界秩序的终结》，袁正清、肖莹莹译，上海人民出版社，2017。

③ Kori Schake, "The Post-American Order: 'America First' will Leave America Behind", https://www.foreignaffairs.com/articles/united-states/2020-10-21/post-american-order.

也必将在变局中遭遇方方面面的挑战，当然也会面临许多新的战略机遇。中国的发展正进入一个新的时期，即从"站起来""富起来"到"强起来"的阶段，但只要我们保持足够的战略定力，审时度势，就能够保持中国发展的进程不被打断，顺利实现"两个一百年"奋斗目标。

首先，中美关系或"新冷战"的挑战。2020 年新冠肺炎疫情大流行和美国总统大选，加剧了中美之间已经日趋紧张的双边关系。美国《纽约时报》专栏作家托马斯·弗里德曼感叹："新冠没有成为中国的'切尔诺贝利'，却成了美国的'滑铁卢'。"[1] 特朗普总统为了掩饰"抗疫"的失败而竭力"甩锅"中国，刻意激化中美矛盾，为美国那些一直对中国抱有冷战思维的保守势力创造了发挥作用的空间，致使中美关系出现了建交四十年来最严重的历史性曲折，并且形成了被许多人认为是"再也回不到以前"的局面。有关中美关系是否进入"新冷战"，学界有不同观点。美国学者何汉理（Harry Harding）认为，将其称为"第二次冷战"是误导，但否认这是一场冷战也是虚伪的，应该是冷战的 2.0 版，即两国在经济上业已形成高度相互依赖情况下展开的竞争和对抗。[2] 特朗普政府的作为在某种程度上改变了中国所面临的国际环境，给中国的经济发展和科技进步带来不利影响。但其在将中国置于美国这个迄今世界上经济与科技实力最强大国家最主要竞争对手位置上的同时，也对中国改革开放和经济与社会发展提出了更高的要求，激励中国的改革开放进入一个新的阶段，早日实现从"站起来""富起来"到"强起来"的伟大战略目标。不可否认，尽管美国的世界地位已经今非昔比，但其依然是世界第一大国和强国，在经济、金融、科技和军事等大国竞争的几个主要领域占据优势地位。然而，2020 年大选显示出美国社会已经陷入空前的政治分化和"极化"状态，美国的两党政治似乎已经难以表达美国社会政治诉求日趋多样化、复合化的现实。"新冷战"既不是美国社会多数人的共识，也不是战略家深思熟虑的结果。中国不仅不接受"新冷战"的提法，而且对美国政治理性的恢复和

---

① Thomas L. Friedman, "China Got Better, We Got Sicker, Thanks, Trump", https：//www.nytimes.com/2020/10/13/opinion/trump-china-coronavirus.html.

② "Harry Harding on the US, China, and a 'Cold War 2.0'", https：//thediplomat.com/2020/10/harry-harding-on-the-us-china-and-a-cold-war-2-0/.

中美关系的积极变化抱有耐心和信心，中国始终相信重塑新的战略共识符合中美双方的长远利益。

其次，非西方大国群体性崛起的挑战。非西方世界的崛起不仅仅是中国的快速发展，还有其他非西方大大小小国家的快速发展，世界在百年变局中进入了一个更为多元化和多极化的时期。这些正在崛起中的非西方大国，既想重塑昔日的威严，在地区和全球事务中发挥更加重要的作用；又要面临持续推进经济与社会发展，不断消化已有和新产生的种族、宗教矛盾的艰巨挑战。在中美关系逆转的情况下，它们既想把中美竞争视作拓展自己战略空间的机会，甚至在重大国际问题的立场上向美国一方偏移，成为美国阻止中国发展的伙伴，又难以割舍中国的投资、中国的产品、中国日趋庞大的消费市场和改革开放以来中国经济持续增长所驱动的全球产业链的拓展。美国提供的"安全保障"在不断缩水，中国提供的机遇在不断扩大，中国与其他新兴大国之间寻求更多共识的空间应该是逐步加大的。

最后，全球化的新危机和新机遇。关于全球化的进程起于何时，学界见仁见智。但无论以哪一个时段为起点，人们都会发现全球化的进程从来都不是一帆风顺的，在不同的历史阶段都会遭遇不同的危机；不同的国家和不同的地区在全球化不同的阶段，成为不同的所谓的赢家或输家。但全球化的进程从来没有在不断出现的"逆全球化"的冲击之下停下来。当前全球化所遭遇的"逆全球化"危机，主要表现为两个方面：一方面是一些国家特别是欧美国家贫富分化日趋严重，社会关系失衡，民粹主义蜂起，政治分裂和"极化"严重，保护主义势力抬头；另一方面是全球问题凸显，全球治理陷入困境，大国之间难以形成共识。亨利·基辛格（Henry Kissinger）曾在他的《世界秩序》中指出当今问题的根源所在："国际经济体系已经全球化，而世界政治结构还是以民族国家为基础。"他还指出，"在这种情况下，挑战变成了治理问题"，但他依然强调"美国的领导作用不可或缺"。① 但是，在美国总统时时刻刻强调"美国至上"，美国主导世界的现实条件正在消失，在美国自身又陷入政治困

---

① 〔美〕亨利·基辛格：《世界秩序》，胡利平、林华、曹爱菊译，中信出版社，2015，第483~485页。

境的情况下，谁又敢对美国寄予新的期望呢？无疑，"后美国"或"后西方"世界需要新的理念、新的思想，"人类命运共同体"的提出就是一种思想上和理念上的超越，全球化的新危机应该转化成全球治理达成新共识的新机遇。

全球化归根结底是一个不断拓展的全球现代化的进程。在过去一个世纪的时间里，全球不同地区在不同类型的"民族国家"框架下组织起来，以不同的经济基础、文化传统、宗教信仰、社会构成和 20 世纪不断变化的时代背景卷入现代化的进程。在这之中，世界经历了以美国为首的西方主导地位的兴衰，经历了美苏两个不同阵营之间的竞争和苏联阵营的解体，现在又迎来了非西方大国和非西方世界的群体性崛起、美国主导的世界秩序"失序"这样一个历史转换的重要时刻。实际上，这样一个时刻已孕育了一个多世纪的时间，全世界不同地区和不同国家开始在一种新的历史条件下展开竞争与合作。全球化的深入拓展和"逆全球化"的不时"反扑"，西方国家特别是美国与新兴大国的冲突和对抗以及竞争与合作，都是正常的。"后美国"和"后西方"世界的前途取决于在全球经济一体化和世界政治多极化形势下不同的国家和地区能否找到最大的利益公约数。中国的未来不仅仅取决于与美国的竞争和合作，还取决于自身发展模式对其他国家的吸引力和感召力。这是百年变局中中国面临的真正挑战，也是中国走上世界舞台中央的战略机遇。

国家形态与国际领导权[*]

冷战结束之后，随着经济全球化进程的不断深入，一批非西方国家脱颖而出，成为新兴经济体，在世界经济中发挥着越来越大的作用。与此同时，发达国家经济体在尽享全球化带来的种种好处之后，却开始遭遇种种问题和危机，其中包括实体经济"空心化"，就业机会流失，"锈带"再现，贫富差距扩大和难民危机，等等。在这样一种形势之下，西方国家的政治生态发生了戏剧性变化，民粹主义兴起，社会日趋陷入"极化"状态。2016 年英国公投"脱欧"，唐纳德·特朗普（Donald Trump）当选美国总统，进一步加剧了美国和欧洲国家的社会分裂，致使极右势力在欧洲国家议会选举中占据越来越多的席位。高举"美国优先"（America first）大旗、以白人弱势群体利益代言人标榜自己的特朗普就任美国总统后，先后采取了一系列令人"匪夷所思"的行动，包括退出跨太平洋伙伴关系协定（Trans-Pacific Partnership Agreement，简称 TPP）和《巴黎协定》（2016 年签署的气候变化协定），重启与主要贸易伙伴的贸易谈判，发动对中国的贸易战，要求北约组织成员国在防务上承担更多的财务责任，退出联合国教科文组织，退出伊朗核问题协议，及至对华发起"新冷战"，等等。可以肯定，美国这种"特立独行"的举动在特朗普的领导下还会延续下去。在全球化遭遇阻滞，世界面临越来越多全球性问题和治理赤字的情况下，美国正在失去"领导"世界的意愿和动力。没有人愿意看到这个世界像一艘失去方向的大船那样漫无目标地漂流下去，因为一旦触礁，就有船毁人亡的危险。那么，什么样的国家愿意并且能够承担起领导世界的责任呢？什么样的国家在美国和西方国家的实力仍在，但又不想为这个世界承担更多责任的情况下，愿意为全球治理提出新的理念，承担新的责任呢？这正是本文想要探讨的问题。

---

　　* 原载《复旦国际关系评论》2020 年第 2 期。

一 国家的类型学划分

国家是现代国际体系中最重要、最基本的行为体，国家的"类型学"区分也就成了人们认识国家的出发点。如"西方国家"和"非西方国家"，"资本主义国家"和"社会主义国家"，"发达国家"和"发展中国家"，"中心国家"和"边缘国家"，"单一民族国家"和"多民族国家"，"西非国家"和"东亚国家"，"欧洲国家"和"中东国家"，"基督教国家"和"伊斯兰教国家"，以及"富裕国家"、"移民国家"、"崛起国"和"守成国"，等等，都是人们识别不同国家常用的"标签"。当然，一般意义上的国家类型学划分是以国家的国体和政体为出发点的。① 但是当今世界，仅仅按照国体和政体对国家进行分类，已经难以把国家的特性以及国家之间的差别完整和准确地刻画出来。原因在于我们所熟知的国体理论和政体理论，乃至我们所熟知的国家理论，大多是以欧洲国家的历史经验为基础的。而随着冷战的终结和经济全球化的持续深入，各种不同国家的"本来面目"开始更为清晰地显露出来。这种"本来面目"与这些国家的"来源"结合在一起，让我们在一战、二战和冷战之后，目睹一个更为真实的被殖民化和非殖民化改造过的、以"现代国家"形式重新组织起来的世界，一个各种国家之间存有千差万别的世界。因此，探索当代国家不同的"来源"及其构建之路，已经成为我们观察当今世界、对国家进行类型学划分的一条必由之路。

关于现代国家的来源，国内外学界已经有许多探讨。有国际关系学者专注于国际行为体的历史演进，并将国际行为体的演进与互动能力的进化联系起来，如英国的巴里·布赞（Barry Buzan）和理查德·利特尔（Richard Little）认为国际行为体的演进大致经历了"队群"（band）、"部落"（tribe）、"城邦"（city-states）、"帝国"（empire）和"现代国家"（modern state）等几个阶段。② 历史学家钱乘旦专注于前现代与近代早期国家类型的研究，把国家形

---

① 张绍欣：《政体、国体与国家类型学发轫》，《学术界》2016 年第 10 期。
② 参见〔英〕巴里·布赞、理查德·利特尔《世界历史中的国际体系：国际关系研究的再构建》，刘德斌主译，高等教育出版社，2004，第 101~120、145~169、215~245 页。

态的演进划分成"封建型—王权型—贵族型—大众型"四种类型。① 民族学家马戎在谈到国家形态演进的时候说，虽然世界各国的发展历史不同，社会与经济发展水平不平衡，拥有各自不同的文化传统，而且各国的政体、法律等方面也存在差异，但是在相互交往和工业化、全球化的进程中，各国之间的共性始终在不断增加。在某种意义上，经济全球化的进程正在推动各国的"国家"形态朝着同一目标演进。② 如此等等，不一而足。可以说，关于国家和国家类型的划分，一直是政治学、历史学、民族学和人类学等多学科关注的话题。

近年来，学界有人开始从国家构建的角度探寻现代国家的来源和类型学划分的问题，并把查尔斯·蒂利（Charles Tilly）有关"内源型"国家构建理论和弗朗西斯·福山（Francis Fukuyama）有关"外源型"国家构建的论述作为国家构建理论研究的一个出发点。③ 但是，随着《政治秩序的起源：从前人类时代到法国大革命》和《政治秩序与政治衰败：从工业革命到民主全球化》等一系列论著的相继问世，我们就很难把福山关于国家构建的论述统统划归于"外源型"了。事实上他已经从 2006 年撰写《国家构建：21 世纪的国家治理与世界秩序》时专注于发展中国家的国家构建问题，转向全方位解读现代世界各类型国家的来龙去脉了，他已跨越了"内源型"和"外源型"之间的界限。

查尔斯·蒂利被认为是最早提出"国家构建"（state building，也有人译为"国家建构"）这一概念的人。1975 年，他主编的《西欧民族化国家的形成》（*The Formation of National States in Western Europe*）一书出版。这是一本系统阐释西欧国家构建的著作，蒂利和"他美国和欧洲的朋友"使用了这样的概念。有趣的是，这本书是美国社会科学研究会比较政治委员会出版的政治发展研究系列丛书中的第八本。这套丛书的出版是为了给新兴国家的政治发展指点迷津，蒂利被邀请来主持这个"总结"欧洲国家构建经验的课题，也是为

---

① 钱乘旦：《欧洲国家形态的阶段性发展：从封建到现代》，《北京大学学报》（哲学社会科学版）2007 年第 2 期。

② 马戎：《现代国家观念的出现和国家形态的演进》，《西南民族大学学报》（人文社会科学版）2012 年第 2 期。

③ 于春洋：《现代民族国家建构：理论、历史与现实》，中国社会科学出版社，2016，第 26 页。

了给新兴国家提供可资借鉴的欧洲经验①，但蒂利等人对政治发展理论提出质疑，认为它目的性太强，并且明确表示西欧民族性国家形成的历史经验是独特的，第三世界的国家塑造者根本不具备当年欧洲国家构建时期所享有的条件。②

查尔斯·蒂利在这本书中不仅提出了"国家构建"的概念，同时也使用了"国家缔造"（state making）、"民族构建"（nation building）等概念，书名使用的是"民族性国家形成"（formation of national state），"形成"后来成了蒂利喜好的概念，因为他认为"构建"的目的性太强，而西欧民族国家的形成是军事压力之下的副产品，并不是人为设计出来的。蒂利认为西欧民族国家的形成有这样几个共同的条件：（1）可提取资源的可用性；（2）相对受保护的时间和空间位置；（3）政治专业人士持续不断的供给；（4）战争中的成功；（5）臣民的同质性（最初的或创造的）；（6）中央权力与主要的土地精英阶层的强大联盟。③ 蒂利认为自公元900年以来，在欧洲不同的地方，帝国、城邦和民族国家三种类型的国际行为体长期共存，竞相形成。民族国家最后取得优势地位并表现为不同形式的主要原因，既不是国家主义逻辑演进的结果，也不是生产方式分析给出的原因，更不是世界经济体系论者强调的世界经济作用，而是"强制"和"资本"的不同分布形态（强制密集或资本密集）作用于国家既有形态的结果。在这个过程中，战争是驱动民族国家形成的最大动力。正是战争迫使公元900年以来大大小小不同类型的政治实体走向构建民族国家之路。"战争缔造国家，国家发动战争"，成了蒂利国家构建理论的"标签"。蒂利不仅特别强调战争在欧洲国家形成中的重要作用，而且认为发动战争与缔造国家类似于有组织的犯罪。他说，如果说黑社会代表了公认的有组织犯罪，那么发动战争（war making）和缔造国家（state making）就算得上有组织犯罪之典范，是具备合法性优势的典型的黑社会。他对其他几种国家形成的理论"不屑一顾"，"至少就欧洲过去数百年的经验来讲，将战争的发动者和国家的缔造者描绘成暴力的和自私自利的冒险家，比另外几种主流的观点更接

---

① 参见白鲁恂为该书写的序，in Charles Tilly, ed., *The Formation of National States in Western Europe*, Princeton and London：Princeton University Press, 1975, p. IX。

② Charles Tilly, ed., *The Formation of National States in Western Europe*, pp. 80-82.

③ Charles Tilly, ed., *The Formation of National States in Western Europe*, pp. 632-633.

近现实"。这些主流观点包括社会契约论、开放市场论和社会共同体论等。①
蒂利依然强调欧洲经验难以照搬到第三世界国家身上。"20 世纪的第三世界国
家和十六七世纪的欧洲相去甚远。从欧洲国家的历史中，我们难以看到第三世
界国家的未来。"

　　1990 年，蒂利又撰写了《强制、资本和欧洲国家》一书，进一步系统阐释
他所构建的欧洲民族国家形成机制，认为强制和资本在欧洲国家的形成和发展
中起了关键性的作用。资本的发展促进了城市的发展，城市的发展影响了国家
的形成模式，资本和强制有着不同的结合。强制与资本分布的不同，催生了民
族国家形成不同道路：以俄罗斯为代表的"强制密集型"道路，以威尼斯为代
表的"资本密集型道路"和以英国、法国为代表的"资本强制化道路"。在这本
书里，蒂利还专辟一章，就第三世界国家构建问题进行讨论，突出强调了欧洲
历史经验与第三世界国家之间的不同和第三世界国家彼此之间的差异。②

　　1989 年以《历史的终结》一文而一鸣惊人并引发广泛争议的弗朗西斯·福
山，2004 年又以《国家构建：21 世纪的国家治理与世界秩序》（*State
Building：Governance and World Order in the 21st Century*）一书而为人瞩目③，因
为彼时"失败国家"（failed state）或"脆弱国家"（fragile state）所引发的问
题，包括 2001 年 9 月 11 日及之后接连不断的大规模恐怖袭击，正在对冷战后
相对稳定的世界秩序造成强烈冲击。福山再次把发展中国家的"国家构建"
问题推到世人面前，引起包括中国学界在内的广泛注意，实际上推动了有关
"国家构建"方面的讨论。如果说查尔斯·蒂利以讨论欧洲"内源型"国家的
形成和差异为主，福山则把他的视界投向 21 世纪初日趋陷入动荡的"第三世
界"。2011 年和 2014 年他又相继推出《政治秩序的起源：从前人类时代到法

---

① 〔美〕查尔斯·蒂利：《发动战争与缔造国家类似于有组织的犯罪》，载〔美〕彼得·埃文斯、
　　迪特里希·鲁施迈耶、西达·斯考克波主编《找回国家》，方力维、莫宜端、黄琪轩等译，三
　　联书店，2009，第 228~229 页。

② 参见 Charles Tilly, *Coercion, Capital, and European States, AD 990 - 1990*, Cambridge,
　　Massachusetts：Basil Blackwell, 1990；中文版参见〔美〕查尔斯·蒂利《强制、资本和欧洲国
　　家（公元 990—1992 年）》，魏洪钟译，上海人民出版社，2007。

③ 〔美〕弗朗西斯·福山：《国家构建：21 世纪的国家治理与世界秩序》，黄胜强译，中国社会
　　科学出版社，2007。

国大革命》（*The Origins of Political Order：from Pre-human Times to the French Revolution*）和《政治秩序与政治衰败：从工业革命到民主全球化》（*Political Order and Political Decay：from the Industrial Revolution to the Globalization of Democracy*）。① 蒂利曾在他的《强制、资本和欧洲国家》中文版序言中开篇写道："读者不难发现，本书并没有试图去覆盖整个世界历史，也没有提供一个能够解释当今世界各地的国家演化的模式。"② 但这正是福山要做的事情。通过《政治秩序的起源》和《政治秩序与政治衰败》两本书，福山从"自然状态"开始，探讨了人类政治秩序的起源和演变，目的是"重温"他的恩师亨廷顿《变革社会中的政治秩序》一书的主题，把"当今世界各地国家的演化模式"展现在读者面前。在这两本书里，他摒弃了西方和东方、古代与近现代之间的界限，而是通过国家、法治和负责制政府三个维度，审视了人类社会政治秩序的演进，实际上也就是国家形态的演进。在西方学术界，这样大跨度的历史审视和理论概况，也是前无古人的"壮举"。人们一直在观察福山是否已经抛弃他当年"历史的终结"的立场，或者是从这一立场有限度地退却了，相关争论见仁见智。但有一点是肯定的，那就是他把非西方国家的历史经验与西方国家的历史经验置于"平行"的位置上了。那么，像福山这样上溯几千年探究人类社会政治秩序的演变有什么价值呢？按照他自己在《政治秩序的起源》一书序言中的说法："国家并不受困于自己的过去，但在许多情况下，数百年乃至数千年前发生的事，仍对政治的性质发挥着重大影响。想弄懂当代制度的运作，很有必要查看它们的起源以及帮助它们形成的意外和偶然。"③

在《政治秩序的起源》一书中，福山首先就把古代中国与古代印度、伊斯兰教崛起为国家时代和基督教世界国家的形成进行了对比。他认为中国是非人格化现代国家的先行者，比欧洲国家早了近 2000 年，而印度则"走了弯

---

① 〔美〕弗朗西斯·福山：《政治秩序的起源：从前人类时代到法国大革命》，毛俊杰译，广西师范大学出版社，2014；《政治秩序与政治衰败：从工业革命到民主全球化》，毛俊杰译，广西师范大学出版社，2015。

② 〔美〕查尔斯·蒂利：《强制、资本和欧洲国家》，魏洪钟译，上海世纪出版集团，2007，第 1 页。

③ 〔美〕弗朗西斯·福山：《政治秩序的起源：从前人类时代到法国大革命》，毛俊杰译，广西师范大学出版社，2014，第 2 页。

路"，中国和印度在国家与社会的力量平衡中正好是两极：中国国家的力量过于强大，压缩了社会的发展空间；而印度的社会力量过于强大，限制了国家权力的成长，使印度次大陆难以形成像中国那样规模庞大的中央集权国家。中东的伊斯兰国家长于征服，拙于治理，军事奴隶制成为阿拉伯人克服部落习性、构建强大国家的重要手段；奥斯曼帝国更是完善了马穆鲁克的军事奴隶制。中国、印度和中东地区建设国家是为了克服部落社会的局限，但都遭遇了家族制复辟。而欧洲没有陷入"表亲的专横"，"因为分割遗产和长子继承权原则早已深入人心"，欧洲社会在中世纪的时候就已经是个人主义的，"它早于欧洲国家建设的开端，比宗教改革、启蒙运动、工业革命更早了数个世纪"。① 天主教在摧毁延伸的亲戚团体方面发挥了重要作用。就从部落到国家的演进而言，对比中国、印度和中东，福山认为欧洲的经验是个"例外"。在《政治秩序与政治衰败》中，福山专门讨论了非西方世界现代国家的来源，以"外来制度"为主题比较了东亚、非洲和拉美国家的异同。他认为西方殖民列强破坏了"亚非拉"国家传统制度的合法性，让这些地区陷入既不是传统社会又不是成功的西化社会的尴尬境地。撒哈拉以南非洲在与西方遭遇之前从来没有发展出国家层次的本土制度，而对比在印度和新加坡的大量政治投资，西方殖民者在非洲则"不作为"，没有为非洲引进强有力的制度，哪怕是那种能渗透和控制当地人口的"专制"制度。"而仅有软弱国家传统的社会，只能眼睁睁看着早先制度遭到破坏，却看不到取而代之的现代制度。结果就是独立后，困扰当地的经济灾难持续了整整一代人之久。"拉丁美洲介于这两个极端中间，尽管哥伦布到来之前已有大型帝国的存在，但当地从未发展出像东亚那样的国家层次的强大制度。既有的政治结构遭到武力和疾病的破坏，取而代之的是新移民社会，他们带来的是当时在西班牙和葡萄牙盛行的威权主义和重商制度。大多数欧洲国家当时也是威权政体的，但在拉丁美洲，等级制度之外又添加了种族和民族的色彩。福山认为，撒哈拉以南非洲、拉丁美洲和东亚的当代发展成果之所以大相径庭，是因为深受西方到来之前本土国家制度的影响。那些早

---

① 〔美〕弗朗西斯·福山：《政治秩序的起源：从前人类时代到法国大革命》，毛俊杰译，广西师范大学出版社，2014，第225~227、235页。

早就有强大制度的地区，中断一段时间后又重起炉灶；那些一直没有强大制度的地区，只好继续挣扎。殖民列强在移植自己制度方面发挥重大作用，特别是在可带来大量移民的情形中。当今世界最不发达的地区，是那些既缺乏强大的本土国家制度又没有移民带来的外来国家制度的地区。①

回顾蒂利和福山关于国家问题的讨论，我们会发现，最早他们针对的都是发展中国家或者说第三世界国家的国家构建问题。1970 年，蒂利主编的《西欧民族性国家的形成》是美国社会科学研究会比较政治委员会政治发展研究系列成果之一，针对的是发展中国家的政治发展，尽管蒂利对政治发展的理论乃至整个现代化理论都提出了批评。当时正是非殖民化运动步入高潮，大量亚非拉国家获得民族独立，美国和苏联争相为这些国家的构建提供方案和物质支持之时。2004 年福山发表《国家构建》的时候，相当一批中东和非洲的发展中国家在冷战结束之后的"民主化转型"中陷入困境，族裔仇杀、教派冲突、国家分裂、内战与区域冲突此起彼伏，成为世界诸多矛盾的焦点，国家构建，或者说国家的重塑成为秩序恢复的前提。进入 21 世纪第二个十年，当福山撰写《政治秩序的起源》和《政治秩序与政治衰败》的时候，不仅发展中国家依然面临国家构建问题，而且发达国家的制度建设也出现了问题。"政治衰败"的现象在发达国家比比皆是。实际上，进入 21 世纪，所有国家都在全球化日趋深入的条件下发生了新的形态变化。笔者曾经把当今世界的国家区分为"已构建国家"、"再构建国家"和"构建中国家"。"已构建国家"以欧洲特别是西欧国家及其衍生国家美国、加拿大、澳大利亚和新西兰等为代表，它们塑造起一个比较完善的国家认同，国家的汲取能力、强制能力和服务能力都得到很好运用。"再构建国家"以日本、中国、伊朗和土耳其等国家为代表，它们曾是历史上的文明古国，具有以文化、宗教或历史记忆为纽带的国家认同，在西方列强的威逼之下实现了国家的"再造"。"构建中国家"以非洲和中东的诸多国家为代表，这些国家大多是在西方殖民主义帝国解体的过程中形成的，国家和族群的组合在相当大的程度上是西方殖民者人为制造的产物，作为

---

① 〔美〕弗朗西斯·福山：《政治秩序与政治衰败：从工业革命到民主全球化》，毛俊杰译，广西师范大学出版社，2015，第 27~29 页。

"国家"的历史仅有几十年时间，族群、宗教或教派和部落的认同往往高于国家的认同，"国家构建"依然在路上。[①] 现在看来，几乎所有的国家都面临着新的"构建"任务。如果说 18 世纪末以来的工业革命和民族主义运动是现代国家体系形成和发展最主要的驱动力量，并且让全世界按照西方"民族国家"的形式重新组合起来，那么冷战后经济全球化进程的不断深入不仅正在逐步改变国家之间的力量对比，也在改变几乎每一个国家的国家形态，不管这个国家奉行什么样的社会制度、在世界经济结构中处于什么位置，也不管这个国家是否愿意应对这种变化的压力。以中国为例，19 世纪末 20 世纪初，中国在西方国家的高压之下，逐步从封闭走向开放，从一个"停滞的帝国""躁动不安的帝国"，转变为一个现代国家，在 1949 年之后选择了社会主义道路，从 1978 年开始改革开放，融入世界经济，并逐步成为经济全球化的引导力量。对比 40 年前、70 年前、110 年前，中国还是那个中国，但中国的国家形态已经发生了历史性的变化。

二　全球化对国家形态的改变

随着冷战后经济全球化进程的不断深入，世界各国各地区更为密切和直接地联系在一起了。全球化不仅深刻地改变了世界各国经济与社会的发展方式，而且改变了世界各国的国家形态。在当今世界，已经很难找到一个国家能够在货物、人员、资本、技术、信息和文化加速流动和传播的环境中"独善其身"，能够在全球经济趋于一体化的形势面前"闭关锁国"，坚持原有国家治理结构和治理方式不变。就整个世界经济结构来看，西方国家和非西方国家之间的界限正在消失，发达国家和发展中国家的分野出现了戏剧性变化：以中国为代表的一批新兴国家在经济总量上已经成长为经济大国。换言之，发展中国家之间发生了新的分化，一批经济规模较大的国家跃居世界经济前 20 强，一批经济规模不大，但发展迅速的国家借助新一轮全球化提供的机遇成为发达国

①　刘德斌：《国家类型的划分——拓展国际安全研究的一种思路》，《国际政治研究》2012 年第 1 期。

家。发展中国家的发展变化是冷战后国家形态变化的重要标志。

首先，全球化模糊了不同国家类型之间的界限。经济全球化不断深入的过程就是把越来越多的国家卷进全球产业链的过程，也是全球产业链不断重组和更新的过程。全球产业链将不同国家直接联系在一起，构成一体化的分工体系，迫使不同类型的国家按照同一的规则行事，国家之间的区别让位于经济发展的需要，让位于产业链分工的需要，经济全球化的深入拓展成为所有国家不得不面临的新形势。全球化在加剧不同国家之间经济竞争的同时也在塑造新的更多的共同利益，西方与非西方国家之间、东亚国家与中东和非洲国家之间、"民主国家"与"威权国家"之间形成你中有我、我中有你的经济结构和利益共同体。仅以发达国家和发展中国家之间的界限为例，发展中国家近年来成了发达国家市场上"并购"的主力军，尽管后者依然在全球经济中占据领导地位。发达国家虽然福利制度健全，但依然存在庞大的贫困阶层，他们在全球产业链重组的过程中被"抛弃"，成为"失败者"（loser）。而发展中国家愈益壮大的富裕阶层则开始走向世界，到发达国家投资、安家、置业。近年来，发展中国家愈益庞大的移民和难民队伍也使发达国家特别是欧洲国家的社会生态发生了戏剧性变化。西欧各国首都的穆斯林社区正在持续发展壮大，文明的"冲突"和"融合"不仅发生在东西方不同的国家之间，也发生在西方国家内部。实际上，随着冷战的终结，经济全球化的推进，美国与欧盟国家之间分歧的扩大，发展中国家与发达国家之间经济结构的"纠结"，特别是非西方大国在世界舞台上的崛起，传统意义上的"西方"阵营已经开始"消解"，发达国家与发展中国家在某些领域的"位置"正在发生互换，人们已经很难再用单一的和传统的标准来定义一个国家了。

其次，全球化改变了国家的政策取向，对外开放成为所有国家内外政策的必然选择，国家主权的完整性遭遇挑战，同时也为更广泛的经济合作奠定了基础。为了更趋紧密和有效的经济合作，"分享"主权成为一种必然选择。在冷战结束之前，不仅东、西方核心国家之间存在经济壁垒，而且除西方发达国家外，多数国家没有也不可能采取严格意义上的开放政策。许多国家是在冷战结束之后才逐步对外开放的。对外开放给一国的内政和外交都带来了严重的挑战，也形成改革现有经济和政治体制的压力，推动所有国家形态向着同一个方向演化，这就是在开放的过程中与更多的国家，包括昔日的"对手"，形成更为广泛的互惠关系。因为经济全球化和社会信息化的不断深入，正在改变所有类型国家"上层建筑"的"经济基础"。"闭关锁国"或曰"独善其身"的时代已经一去不复返了。开放是大势所趋，也是人类走向命运共同体的驱动力量。

最后，全球化对所有国家的国家治理能力提出了新挑战，无论是资本主义国家还是社会主义国家，无论是发达国家还是发展中国家，国家的治理都不得不以应对和利用全球化的冲击和机遇为主要目的，以在融入全球经济的同时减轻和消除市场开放所引发的社会动荡。国家治理能力的改革和完善成为不同类型国家共同努力的目标。其中有成功的案例，例如默克尔领导的德国，在国家治理和国际领导力方面都表现优异。在国内，德国实现了持续的经济增长，增幅高于欧洲国家的平均水平。在国际事务上，德国在应对全球金融危机、希腊债务危机和英国脱欧等一系列问题上，成为欧洲国家的一面旗帜，也是欧洲稳定的核心力量。当然，其中更多的是失败的案例，例如资源丰富，却深陷债务危机、通货膨胀和经济崩溃的委内瑞拉，还有经济大幅度衰退、国家建设陷入困境的巴西，等等。

当然，以 2008 年的金融危机、2016 年英国脱欧和特朗普当选美国总统为"节点"，"逆全球化"的浪潮开始蔓延，民粹主义成为许多发达国家和发展中国家最强大的社会潮流，全球化在各国之间引发的"趋同"趋势出现了逆转，美国不断"退群"，对贸易伙伴不断发起的挑战，特别是特朗普总统刻意发起的中美贸易战和"新冷战"，以及美国与欧盟国家之间不断加深的矛盾所引发的"西方缺失"的危机，似乎要让 21 世纪的历史去走 20 世纪甚至 19 世纪的"回头路"，让大国重新回到恶性竞争的零和游戏中去。但这是一股"逆流"！因为 20 世纪 70 年代以来的经济全球化已经把所有国家，特别是中国和印度这种人口规模意义上的超级大国卷入其中，并且实现了世界经济产业链的重新组合，发达国家和发展中国家高、中、低端的"劳动分工"已经被打破，制造业的重镇已经转移到发展中国家，大国之间经济和技术上的完全"脱钩"已经难以实现，出路只能是"共克时艰"。特朗普为了转移国内矛盾焦点，掩盖自己在防范新冠肺炎疫情上的重大失误，为赢得总统连任而刻意激化中美矛盾的做法，只能得逞于一时。概言之，经济全球化的深入发展把所有国家纳入全球经济日趋一体化的框架之中，驱使每一个国家都采取对外开放政策，并在一种新的历史条件下改革或重构国家的治理结构。由于国家的历史背景不一，应对全球化挑战的能力也不尽相同。只有那些在融入全球化的过程中不断调整和改革自己，最大限度地发挥比较优势的国家，才能够在全球化的进程中"凤凰涅槃"，成为脱颖而出的新一轮全球化的引领者。

三 推动全球化：一个全球性国家的必然选择

2008 年金融危机给全球经济带来重创，全球化进程陷入"停滞"状态。当特朗普以"美国优先"为旗帜当选美国总统，并领导美国以全球化的"受害者"身份站在全球化的对立面，成为"逆全球化"鼓吹者的时候，当欧盟的前途和信心由于英国的"逃离"而蒙上阴影的时候，当那些 TPP 的参加者由于老大的"反水"而陷于彷徨和失落之时，中国似乎成了支撑全球化的"中流砥柱"。中国提出"一带一路"倡议，发起成立亚洲基础设施投资银行，为全球经济低迷注入了新的活力。那么，中国是否应该成为新的全球化的引领者呢？中国为什么要成为全球化的引领者？近年来中国在全球治理问题上频频出手，是中国人"好大喜功"还是中国的利益所在？笔者认为，是经济全球化改变了中国的国家形态，使其转变成为世界大多数国家最大的贸易伙伴，与许多国家形成利益共同体和命运共同体。中国继续推动全球化，是中国人民和他国人民的共同利益之所在。中国国家形态的演变说明了这一点。

第一，中国是一个和平发展的大国，这是近代以来大国兴衰史上的一个特例。从历史的角度看，大国的崛起都离不开战争的洗礼，甚至可以说在战争中取得胜利是所有大国崛起为领袖国家的必由之路。但中国快速发展的过程不一样。中国是在最新一轮经济全球化的进程中，通过发挥比较优势，避免冲突，寻求合作，实现了经济和综合国力的跨越式增长，一跃而成为一个具有世界影响的大国。这不仅是中国历史的奇迹，也是世界历史的奇迹！尤为重要的是，特朗普当选美国总统之前，中美关系保持了和平发展，尽管也曾遭遇艰难险阻，但始终没有滑向"修昔底德陷阱"，这为后冷战时代世界局势的稳定创造了极为有利的国际环境。作为新兴大国，中国尤其善于通过巩固和扩大共同利益来消弭矛盾，化解分歧，从而实现了中美关系大局的稳定。中国与俄罗斯实现了历史性的和解，并且通过在能源、安全、区域和全球议题上的积极配合，构建起全方位的战略协作伙伴关系，使中俄关系成为大国伙伴关系的典范。中国还通过愈益深入的经贸关系与周边国家构建起利益共同体，与广大发展中国家形成了越来越密切的利益关系，同时通过积极参与 G20 峰会和 APEC 峰会等多边合作机制参与全球治理，通过提出"一带一路"倡议推动欧亚大陆、东南亚和非洲的资源整合，通过发起亚投行为亚洲国家基础设施建设筹措资金等，为世界的和平发展注入了新的活力。作为一个和平发展的大国，中国非但没有挑战和颠覆现有的国际秩序，反而成为二战结束之后以联合国为核心的国际秩序最有力的支持者和维护者。

第二，中国是一个开放型的国家。1978 年开始的改革开放使中国这片古老的土地获得了新生。改革和开放相互促进，使中国在深入融入全球化的过程中跃居为经济总量世界第二的大国，并把中国的命运与世界的命运更为密切地联系在了一起。中国主动参与经济全球化进程，并将中国经济与世界经济联结为一体，成为日本、南非、马来西亚、巴西、越南、俄罗斯、委内瑞拉、缅甸、阿联酋、芬兰、埃及、澳大利亚、韩国、智利、欧盟等 120 余个国家和地区的第一大贸易伙伴国。在人文交流和生活方式等方面，中国也已全面融入世界。中国已经成为世界最大留学生输出国和亚洲最大的留学目的国、世界第一大出境旅游消费国和第四大入境旅游接待国。通过融入世界，中国人的文化观念、消费理念、审美旨趣发生了巨大的变化，这种变化既影响着社会经济发展的方方面面，同时也在塑造并讲述着新的中国故事，为构建中国人的中国叙事奠定了基础。

第三，中国是一个改革型国家，不仅通过改革实现了与时俱进，而且为世界经济的发展不断注入新活力。中国的改革开放起始于 1978 年中国共产党的十一届三中全会，要比其他冷战结束后"转型"的国家至少提前了十年时间，这为中国赢得了先机。随着冷战的结束，经济全球化蔓延到世界的每一个角落，越来越多的国家进入全球化进程，世界经济和政治形势发生历史性变化。中国共产党不断地解放思想，重新认识社会主义与市场经济的关系，不断改革中国不适应市场经济发展的治理结构和治理方式，努力探索出一条既符合中国国情，又顺应时代要求的发展道路，使中国经济保持了数十年两位数的增长，创造了"中国奇迹"。中国治理改革的重要内容是协调国内国际两个大局，这是由中国国家形态的逐渐变化决定的。改革开放四十多年来，中国已经成为一个全球性国家，中国的国家利益已经全球化了。中国在不断改革国家治理结构和治理方式的同时，也对世界经济和政治的发展提出建议方案，并承担起越来越多的国际责任。多年来，中国一直呼吁建立新的国际经济和政治新秩序。随着中国与世界的关系更加密切地依存在一起，中国不断以实际行动推进国际经济和政治秩序的改革。中国与俄罗斯等国发起成立的上海合作组织，中国与巴西、俄罗斯、印度和南非等国家发起成立的金砖五国合作机制，中国提出的"一带一路"倡议，中国发起成立的亚投行，中国提出的一系列为发展中国家和地区设立发展基金的建议（例如丝路基金、非洲共同增长基金、中国气候变化南南合作基金），都是推进国际经济和政治秩序改革的有利步骤。中国提出的"不冲突，不对抗，相互尊重，合作共赢"的新型大国关系原则，更是为冷战之后大国关系的改善和发展注入了新的活力。实际上，中国是在冷战结束之后就改革现有国际秩序提出理念、方案和与他国共同采取行动最多的国家。中国提出来的理念、方案和采取的行动，不仅表达了中国改革现有国际秩序的愿望，也反映了广大发展中国家的利益，同时也弥补了现有国际秩序的不足。在世界陷入"后真相、后西方、后秩序"的"不确定时代"，在作为世界头号强国的美国不断强调"美国优先"的形势面前，中国表现出来的改革精神，中国不断推出的改革方案和采取的实际行动，为这个"不确定"的世界带来了新的希望，越来越多的国家，包括一些西方发达国家，也表示赞赏中国倡导的改革方案，并以实际行动参与许多项目，这为中国赢得了越来越多的朋友，也赢得了越来越大的发言权和影响力。

第四，中国是一个规模庞大的发展型国家，不仅在改革开放中实现了自身经济与社会的发展，而且也为世界其他国家创造了新的机遇。改革开放以来，中国的经济与社会发展日新月异，但中国的潜力依然没有充分释放出来。这不仅是因为中国人口规模最大，拥有庞大、优质的劳动力资源，而且是因为中国已经在改革开放的进程中形成日益强大的制造能力、日趋发达的全球经济合作网络和日趋庞大的消费市场。中国被认为是"经济全球化最大的获益者",实际上也是最主要的贡献者,是世界经济发展的稳定锚和发动机。中国是全球最大的石油、天然气、矿石和农产品消费国,最大的留学生和游客来源国,最大的奢侈品消费国。中国经济的发展必然与他国形成不同层次和领域的竞争关系,但中国更为不同产业取向的国家提供了投资来源和消费市场。中国经济的起飞对世界各国都产生了重大影响,其中包括物美价廉的中国产品畅销全世界,"南腔北调"的中国游客漫步在各国首都的街头,中产之家的子女涌向世界各大名校,也包括中国遍及全世界的能源、矿产和粮食采购,中国与日本在国际市场高铁建设项目上的激烈竞争,中国不时与"空客"和"波音"签下的巨额订单,中国对发展中国家的大笔投资和慷慨援助,等等。作为世界上规模最大的发展型国家,中国实际上给其他国家提供了一种协作发展、共同进步的历史性机遇。中国市场的放缩对世界经济具有不可估量的影响。中国愿意在全球治理中发挥积极作用,这不仅事关中国利益,也与他国人民的福祉直接联系在一起。

第五,还必须指出的是,中国还是当今世界上唯一高举社会主义旗帜的大国,公开声言建设中国特色社会主义的国家。中国为什么依然坚持社会主义道路?因为中国的社会主义道路是中国人经过百余年前赴后继的探索与奋斗得出来的结论;因为中国共产党人与时俱进,不断改革,没有陷入教条主义泥潭;因为改革开放使中国的社会主义焕发了新的生机,不仅摆脱了贫穷落后的面貌,而且成功地实现了和平的快速发展,让这个曾经四分五裂、任人宰割的文明古国,重回世界舞台中央。当全球化的深入发展对几乎所有国家的经济、政治和社会造成猛烈冲击,当愈益广泛和深入的资本、技术、商品、人才和信息的流动让一些国家疲于应付的时候,中国却能够处变不惊,通过持续的改革开放,优化国家治理,创造和发挥中国在全球经济发展中的比较优势,有效地协调内政和外交两个大局,不断地发展进步,不断地化险为夷。实践证明,在全球化对所有的国家形态造成前所未有的冲击之时,中国特色社会主义的国家治理模式表现出应有的效率和优势。

中国特色社会主义还表现为中国作为一个大国的强烈的国际责任感。1997年金融危机对亚洲各国造成重创,正是中国在这场危机中坚持人民币不贬值,成为挽救亚洲经济的中流砥柱，赢得亚洲邻国和整个世界的广泛赞誉。2008年美国的次贷危机和欧洲债务危机带来全球金融危机，中国更是通过加大国内基本建设投资的方式维持经济增长，表现出一个世界大国的责任担当，而不是像有些国家那样以邻为壑，千方百计转嫁危机。中国提出的"一带一路"倡议，发起成立的亚投行和设立的丝路基金，中国对发展中国家不断扩大的经济援助，中国提出的"新型大国关系""和谐世界""人类命运共同体"等观念和主张，不仅包含着中国传统文化"穷则独善其身，达则兼济天下"的精神追求，而且是中国特色社会主义核心价值观的真实写照。对比特朗普"美国优先"旗帜下的美利坚合众国，中国无疑表现出更为强烈的责任感和牺牲精神。中国实际上已经在全球化进程中发挥重大作用了。

结　语

中国在全球化中发挥重要作用是由中国国家形态的发展变化所决定的。改革开放四十多年来，中国的国家利益已经全球化。作为全世界人口规模最大的发展中国家，作为全世界最大的贸易国，中国的经济发展依赖于与世界各国的合作关系。而中国经济的发展也正在不断地为世界各国提供新的机遇。中国事实上已经与大多数国家形成利益共同体。这就迫使中国在"逆全球化"的潮流中"逆势而上"，努力使全球化重新回到正常的轨道上来。改革开放四十多年形成的发展模式，已经让中国难以回到原来的发展轨道上了。对比中美两国，无论是人口规模还是市场规模，中国都更有理由、更有资格，也更有压力防止"世界之舟"漫无目的地漂流下去。当然，在世界秩序陷入日趋混乱和不确定的情况下，中国的作用难免会遭到他国的质疑甚至攻击，还需要得到更多国家和人民的理解和支持。这就需要中国在改革开放的道路上不断迈出新的步伐，在国家治理现代化的探索中不断取得新的成绩，在与他国的交往与合作中拓展更多更大的共同利益。总之，中国仍然需要在不断的改革开放进程中完善和升华自己，积累新型大国的治理经验，以更加开放、包容和自信的形象赢得他国人民的信任，成为能够为这个失去方向的世界提供新的理念、思想和帮助的重要国家。

探路国际关系研究的"历史路径"

文化的交流、碰撞与国际体系的变迁[*]

文化之间的交流和碰撞不仅影响了不同文化、区域和国家的发展变化，而且对整个国际体系的变迁产生了至关重要的影响。人们习惯于把国际体系理解为国家间互动所产生的一种状态，但实际上文化的交流和碰撞也一直与国际体系的变迁如影随形。从文化交流与碰撞的角度观察国际体系的变迁可能是考察国际关系历史、现状与未来的一种更有穿透力的视角。

一 前现代国际体系中的多元文化

在雅斯贝斯所说的轴心时代，[①] 即公元前 800 年至公元前 200 年，尤其是公元前 600~前 300 年，全球范围内各区域的文化独自生长。中国的儒家文化、

---

* 原载《史学理论研究》2011 年第 2 期。

① 〔德〕雅斯贝尔斯：《历史的起源与目标》，魏楚雄、俞新天译，华夏出版社，1989，第 7~8 页。

印度的佛教文化与印度教文化、希腊的思辨文化、犹太人的犹太教文化等，是当时世界上多元文化中几朵令人瞩目的奇葩。这些文化均非官方制造，诞生之初皆有学术精英或宗教创始人主导与传播，与当时城邦或是帝国的政治权力没有产生多大关联。但随着宗教信徒或是思想拥趸者的日益众多，几大富有代表性的文化逐渐与政治产生了越来越密切的关系。儒家文化自汉代的独尊儒术开始，成为统治阶层主推的文化，发展到宋明理学时，文化与政治的关联程度达到了高峰。在欧洲，自天主教被古罗马帝国接受为官方认定的宗教之后，教会的权力日益高涨，并在欧洲形成了与王权并立的双元权力格局。

一旦文化与政治的联系趋于紧密，文化对于国际体系的作用也就日益凸显。根据巴里·布赞的观点，现代主权国家产生之前由城邦、帝国等政治行为体构建的国际体系可以称为"前现代国际体系"。[①] 在前现代国际体系中，左右欧亚大陆的是欧洲的神圣罗马帝国体系、中东地区的穆斯林体系和东亚的封贡体系。在神圣罗马帝国体系中，宗教信仰不仅成为个人领域中的重要元素，也在国家政治中发挥重要作用，教会的权力甚至凌驾于王权之上，国王的任命需要教会的加冕才能体现出神圣与庄严。在漫长的中世纪中，宗教文化也成为维系神圣罗马帝国体系内各国互动的重要纽带，国家之间的战与和虽然不可避免地掺杂着金钱与权势之争，但宗教因素也不可低估。在穆斯林体系中，尽管伊斯兰教中的教派冲突自该宗教诞生之初就已存在，但伊斯兰教使伊斯兰世界联系为一个整体，大家都有着清晰的自我认同。在东亚的封贡体系中，以中国为中心，构成了同心圆体系，尽管外围国家对中国的朝贡规模并不大，朝贡关系并不稳定，但是无疑形成了一个儒家文化圈，这个文化圈"不论在人种、书面文字系统、家族结构、生产方式、生活方式、政治文化等方面，都有历史形成的共同性与相关性，与西方基督教文化圈或西亚北非伊斯兰教文化圈相比具有鲜明的独特性"[②]。

在前现代国际体系中，不同的体系或者文化圈之间还没有形成真正的互动，但各文化在强化各自体系内部的联系上发挥了重大影响，且对自身的文化

---

① 参见〔英〕巴里·布赞、理查德·利特尔《世界历史中的国际体系：国际关系研究的再构建》，刘德斌主译，高等教育出版社，2004，第104~105页。
② 罗荣渠：《现代化新论》，北京大学出版社，1993，第212页。

都有自豪感，这种自豪感的长期存在也使得各自的体系能够更为长久地处于一种平稳的存续状态之中。

二 文化革新与欧洲主权国家体系的诞生

欧洲摆脱中世纪的两大推动力量是文艺复兴与宗教改革，文艺复兴和宗教改革实质上意味着文化革新。文艺复兴似乎是在复兴古希腊文化，但实际上它所复兴的内容已经不同于苏格拉底、柏拉图、斯多葛派、伊壁鸠鲁派等纯粹追求思辨的形而上的文化取向，而是指向对人本身禁锢的解放。换言之，也就是要打破天主教一元文化的强势操控，使人在皈依宗教信仰之外能够追求多元文化。同样，宗教改革从打破天主教会对宗教阐释的垄断入手，倡导个人对宗教信仰的主动性，进而强调"国教"。各国在强调宗教自主性的同时，也开始努力消除拉丁文的独霸地位，倡导用英语、法语和德语等"地方性的"语言和文字进行传教和写作。"拉丁文的衰亡，其实是一个更大的过程，也就是被古老的神圣语言所整合起来的神圣共同体的逐步分裂、多元化以及领土化的过程的一个例证。"①

从文化的更新开始，欧洲各国的国家意识越来越浓，虽然整体的宗教信仰只是在同属于基督教的天主教、新教之间权衡和取舍，但是影响到了国际格局的不断变动，结果是酿成了具有重大历史意义的三十年战争。三十年战争以宗教冲突发端，但在1648年结束时却确立了欧洲各国的主权原则，从此欧洲（主要是西欧各国）步入了现代意义上的主权国家体系之中，之后它们又把这一体系的原则带向了全世界。

在确立主权国家体系之后，欧洲各国不断强化各自的内部认同。在宗教方面，不只凸显国家的天主教或新教归属，更重要的是强调国民自己的国教认同；在文字方面，不再是强调拉丁文，而是强调政府确定的官方文字甚至是本国丰富的方言的作用。习俗作为文化的大众化表现形式，也被各国不断地提及

---

① 〔美〕本尼迪克特·安德森：《想象的共同体：民族主义的起源与散布》，吴叡人译，上海人民出版社，2005，第18页。

与强化，从而强化了各国之间文化的差异性，塑造和强化了国家认同。在中世纪时期，欧洲各国不断进行复杂的联姻，对国家的忠诚往往远低于对某一王室或是某一领主的忠诚；但在主权原则确立并被强化之后，对各自主权国家的忠诚逐步被提升到了前所未有的高度。在此过程中，不同文化认同的塑造显然对于主权体系的维持与巩固是不可或缺的。于是，英国人、法国人、荷兰人的标签无论对内还是对外都变得越发清晰起来。

在欧洲人已经不满于总体的基督教认同而开始强化文化的地方特色并造就了现代意义上的主权国家体系时，其他地区仍处于前现代国家体系之中。欧洲人自大航海时代开启之后的殖民历程，则使作为整体的欧洲文化与其他地区的文化产生了全球范围的交流与碰撞。需要特别提及的是，宗教传播的热情和动力也是大航海时代得以开启的重要原因。

三　殖民体系时代的文化交流与碰撞

从国际体系变迁的角度看，欧洲列强向全世界扩张时代的国际体系也可以称为殖民体系。殖民体系的开启也是全球性国际体系形成的开端。在殖民体系形成的过程中，对欧洲以外地区财富的掠夺是欧洲列强的首要目标，但是就西欧国家来说，扩大基督教的影响、弘扬自己的"先进文化"，也是它们的精神追求。这些天主教和新教国家不仅希望全世界都成为上帝的子民，而且具有强烈的文化优越感，认为自己代表"文明世界"（civilized world），其他地区是"野蛮世界"（uncivilized world），它们要用"先进文化"同化欧洲以外的野蛮群体。这实际是遵循着黑格尔的逻辑：有"历史"的国家征服没有"历史"的国家是必要的。[1]

在殖民过程中，最初的西班牙、葡萄牙，后来的英国和法国等，都把在其他国家设立教会、自由传播基督教的"福音"作为一项战略目标。当世界上的其他地区如中国，其儒家文化与天主教文化在众多方面格格不入时，英法等国就以强权逼迫清政府让步，允许列强在中国自由传教，在列强与中国签订的

---

① 〔美〕杜赞奇：《从民族国家拯救历史》，王宪明等译，江苏人民出版社，2009，第20页。

众多不平等条约中都有关于教会与传教的条款。除了传教，列强也以自己的强势力量推动西班牙语、葡萄牙语、英语、法语等语言在殖民地的传播。

欧洲列强以及后来的美国在殖民体系时代进行的宗教与文化侵略，对世界其他地区产生了广泛而深远的影响。一方面，它们对世界其他地区的本土宗教和文化形成强烈冲击，甚至割裂了一些地区的文化传承，使东方在一段时间里不仅在物质上和政治上，而且在精神上和文化上也从属于西方；另一方面，欧洲宗教和文化的传入在形成强烈冲击甚至让诸多非西方的宗教和文化显得千疮百孔的同时，也激发了当地文化传承的危机感和创新意识，文化的再造成为这一时期殖民地或半殖民地民族觉醒后的当务之急。西方和非西方文化这一时期的碰撞和交流及其所遗留的结果至今还在影响着这些非西方国家的构建以及其与西方国家的关系。与此同时，西方国家的文化扩张也不自觉地把源自欧洲的现代意义上的国家主权观念带到殖民地和半殖民地，最后成为殖民地和半殖民地人民争取民族独立的思想武器。西方国家的宗教和文化冲击并没能对非西方地区的宗教和文化"斩草除根"。当民族意识觉醒、新的主权国家建立之后，宗教和文化的传承与创新就得以在一个更为有利的条件中进行，而且成为塑造现代民族国家认同的必不可少的要素，从而为一个全球性的民族国家体系或者说国际体系的形成奠定了基础。按照英国学派亚当·沃森等人的观点，现代国际社会就是按照最早在欧洲确定的主权原则建立起来的，就是以欧洲为原型的"国际社会"的扩展。这或许是当年欧洲列强争先恐后抢夺海外殖民地或半殖民地时所未曾预见到的。这也是塞缪尔·亨廷顿判定冷战——作为西方范围内意识形态的争斗——结束之后，接下来的就是不同文明之间特别是西方和非西方文明之间冲突的一个主要依据。

全球殖民体系形成的过程和工业革命产生与发展的过程相重合。工业革命的到来无论对源于欧洲的西方文化还是对正在经历西方文化冲击的殖民地和半殖民地的本土文化都产生了重大影响。工业革命时代识字率的提升、教育的普及和传媒业的发展推进了欧洲大众的觉醒，使君主制国家逐渐失去了统治的合法性，民族国家和人民主权的观念深入人心。欧洲国家的变化也影响到殖民地和半殖民地，民族主义运动逐步地发展和壮大起来。民族主义运动一方面强调殖民地地区的文化特性，这种特性不是来自已经接受的殖民者带来的宗教、官方语言等，而是在不同于殖民者的历史研究、文学社团等载体中复兴；[①] 另一方面强调行政上的自主权，对于殖民体系这种宗主国与殖民地之间的不平等关系表达不满，希望成为同等地位的主权国家之间的关系。

在殖民体系时代，文化的交流与碰撞是不同的前国际体系被殖民体系所替代过程中必然产生的现象，也是这一过程的重要内容。在这一时期，不同地区间文化交流与碰撞的不同结果直接影响到今天全球体系下文化的互动和新兴国家的构建。当工业时代替代农业时代之后，全民受教育权的普及、文化从精英阶层向大众阶层的下移，又为全球民族国家体系的创建奠定了文化基础，产生了积极的推动作用。

四　全球体系下的文化互动

第二次世界大战之后，殖民体系逐步土崩瓦解，完全意义上的全球体系得以创建。在这一体系之内，国家不论大小，从法理上讲都是独立的主权国家。经历了殖民体系时期西方文化与非西方文化的碰撞以及殖民地和半殖民地文化上的觉醒之后，伴随着经济全球化进程的深入发展，不同国家之间文化上的交流与碰撞也更为广泛和深入地开展起来。

不可否认，这一时期西方文化特别是在二战后确立了超级大国地位的美国文化在全球不同文化的互动中占据优势地位。经过一战和二战的洗礼，美国超过欧洲强国，成为西方世界的霸主，美国文化也在西方文化的演进中担当起领先者的角色。美国化（Americanization）一词最早用于形容来到美国的移民通过学习英语和美国习俗并宣誓效忠美国归化为美国人的过程，但在 20 世纪 60 年代却被欧洲人用来形容美国大众文化对欧洲文化的侵蚀。可见在西方文化内部也有文化的碰撞和冲突。在非西方世界，成功实现现代民族国家构建和经济起飞的国家逐渐找回文化上的自信，文化发展借力于经济发展，传统得以延续和更新，进而得以与西方文化展开更为平等的对话和交流，改变了殖民体系时

---

① 〔英〕安东尼·史密斯：《民族主义：理论、意识形态、历史》，叶江译，上海世纪出版集团，2006，第 8 页。

期以来文化上的弱势地位。遭遇"现代化阻滞"的国家，则更倾向于排斥外来文化的影响，更加倾向在自己的文化传统中寻求解脱之道。无论哪种情况的产生和发展，都加剧了各国之间文化的碰撞，都使西方文化包括美国文化独尊的局面不复存在，同时也使延续下来的世界上几大古典文化发生蜕变，不再是原来意义上的所谓文化或文明了。多元文化的竞争与碰撞是全球体系时代的必然产物。从这个意义上讲，亨廷顿"文明冲突论"的预见有其合理性的一面，[①] 但认为文明的冲突将成为冷战后压倒一切的世界主要矛盾则又言过其实了。在全球体系时代，文化的碰撞也推进了文化之间的理解和交融，甚至在某种程度上加快了不同文化的扬弃和同质化的进程。伊斯兰世界政教合一现象愈加减少，行政权力和宗教权力的分离正在成为伊斯兰国家政治体制中的常态，尽管伊斯兰教对政治生活的影响仍然很大；中华文化一直在争议中前行，争议的结果往往是更多地吸纳其他文化中的先进成分；印度文化中种姓制度的影响一直存在，但种姓制度已越来越被受过良好教育的年轻一代所抛弃；西方文化特别是美国文化更为倾向于"拿来主义"，吸收其他文化的营养。汤因比甚至认为，表现在世界精神、人道主义、合理主义、与自然协调共生观念等方面的东亚的历史遗产会对未来全球文化发展起到引领作用。[②]

五　文化的交流、碰撞与国家的软实力构建

全球体系下不同文化之间更为频繁和深入的互动已经成为这一时代国际关系的重要组成部分，并且对全球体系的构建发挥着越来越大的影响。文化圈的现象依然存在，但不同的文化取向已经更多地成为不同的民族国家的标识，因而文化互动越来越成为国际关系的有机组成部分，文化互动能力的强弱也成为衡量一国综合实力的标准。这实际上涉及一个国家软实力的强弱问题。

美国哈佛大学的约瑟夫·奈 1990 年提出了"软实力"的概念，他认为：

---

① 参见〔美〕塞缪尔·亨廷顿《文明的冲突与世界秩序的重建》，周琪等译，新华出版社，2002。

② 《展望二十一世纪——汤因比与池田大作对话录》，荀春生等译，国际文化出版公司，1985，第 287~288 页。

"在国际政治中，衍生软力量的资源很大程度上产自一个组织和国家的文化所表达的价值观、其国内惯例及政策所树立的榜样，及其处理与别国关系的方式。"① 笔者曾撰文探究约瑟夫·奈"软实力"概念的由来，并把美国的软实力划分成生活方式和娱乐手段的渗透与影响、学习工作环境的塑造与国际规范的设定以及"山巅之城"的价值追求三个基本层次，认为美国软实力在冷战后的迅速扩张改变了大国之间竞争的方式和主题，从而对其他国家（包括其他西方大国）提出了历史性的挑战。软实力的概念已经被越来越多的人所接受，软实力的构建也已经成为全球体系下特别是冷战结束后许多国家的基本国策之一。

中国在敞开国门拥抱世界的同时，也在积极努力地构建自己的软实力，并且取得了一定的成绩。这里不仅包括孔子学院的建设和在世界上日益扩大的影响，也包括近年来中国文化产业的迅速发展及其产品的输出所获得的国际影响力。中国把自己力图构建"和谐社会"的理念也应用于对外交往与合作的实践中，让世界了解和接纳一个摆脱了积贫积弱状态、没有称霸野心的新兴强国。中国硬实力的增长应该为软实力的构建提供更为雄厚的基础，但在中国的文化发展没有实现历史性跨越之前，硬实力的增长并不一定会自然地推进软实力的提升。因此，在全球体系时代，主动推进与其他文化的交流和碰撞是实现中国文化更新的重要路径。中国不仅要在物质上彻底摆脱贫穷落后的面貌，而且必须在文化上，即在传统文化与现代文化、外国文化与中国文化的碰撞与交流中重塑自身，才能焕发出一个新兴大国的软实力优势。

---

① 〔美〕约瑟夫·奈：《软力量：世界政坛成功之道》，吴晓辉、钱程译，东方出版社，2005，第7~8页。

国家类型的划分

——拓展国际安全研究的一种思路[*]

在后冷战时代西方学术界的国际安全研究方面，布赞是无可争议的代表人物。实际上，布赞正是以国际安全研究起家，一步一步地跨入一流国际政治理论家行列。从 1983 年出版《人、国家与恐惧：国际关系中的国家安全问题》一书开始，布赞就从安全的概念入手选定自己的研究议题；并且在 1991 年出版了该书的第二版，题目改为《人、国家与恐惧：后冷战时代的国际安全研究议程》，该书细致地分析了国家安全与个人安全之间的关联，将国家安全的议题扩展到政治、经济、社会、环境与军事等五个领域，指出"虽然'国家安全'的中心是政治和军事领域（它们是国家大厦主梁），但若没有虑及来自社会、经济和环境领域的行为体和肌理，就很难充分理解此概念"[①]。

此后，布赞与他人合著的《新安全论》一书再次着重阐释了安全研究中"宽泛"与"狭窄"概念间的争论，并秉承"宽泛"概念，"提出一种新的安全框架，它将兼容传统主义的主张"。[②] 在书中，布赞等通过国际体系、国际子系统、单元、次单元、个体的层次区分构建起新的安全分析框架，并强调安全不仅是一种现实，也是一种话语，将话语分析引入安全研究领域；同时，布赞等人发展了地区安全复合体的概念，并且提出未来的研究议程便是通过这一理论框架进行实证研究。

冷战后，全球化和区域化齐头并进，布赞教授以"安全复合体"的概念来解释区域化的发展。在《地区安全复合体与国际安全结构》一书中，布赞

* 原载《国际政治研究》2012 年第 1 期。
① 〔英〕巴里·布赞：《人、国家与恐惧：后冷战时代的国际安全研究议程》，闫健、李剑译，中央编译出版社，2009，第 344 页。
② 〔英〕巴瑞·布赞、〔丹〕奥利·维夫、〔丹〕迪·怀尔德：《新安全论》，朱宁译，浙江人民出版社，2003，第 6 页。

教授提出了一个安全复合体的标准：具有明确的边界；无政府状态；由大国构成的极；社会性建构。[①] 安全复合体理论一方面比较充分地解释了区域化的趋势；另一方面是对全球化地缘政治的扫描，为读者提供了一幅清晰的地缘政治图谱。布赞安全研究方面的创新主要是对老问题提出新解释，拓宽了安全研究的范畴，提升了国际安全研究的理论水平，为其摆脱国际关系研究框架的束缚，逐步发展成为一个相对独立的学科体系奠定了理论基础。在新近出版的《国际安全研究的演化》（以下简称《演化》）一书中，布赞则对国际安全研究学说史进行了梳理和阐释，提出了一系列新的议题。

一　布赞的国际安全研究：概念与议题

对中国学者或中国国际安全研究而言，《演化》一书提出的新议题有许多可供借鉴之处，主要表现在以下几个方面。

首先，安全概念的扩展与创新。概念创新是理论创新的基本前提，而概念的界定是理论体系架构的基础。布赞教授是概念创新的高手，这从他对"安全"的界定中可以领略一二。他在多部著作中试图对安全进行比较清晰的界定，相比而言，在《演化》一书中的界定最为系统，也最具有创意。

从学理层面而言，安全是国际关系理论的核心概念，如果不能清晰明确地对其进行说明，那么这个概念就没有明确的内涵与外延，也就丧失了理论的解释力。如果说安全是不能言明的，那么国际安全研究的本体论就会受到质疑。从此意义上讲，布赞教授对安全概念的界定与解释是为国际安全研究夯实本体论的基石。安全属于一个元概念，所以，它本身就是一个概念体系，对于这样一个复杂的概念，就无法用一般的"下定义"的方式来界定，而描述性的界定则流于表面。布赞另辟蹊径，依靠平行概念、补充概念与竞争概念的划分，将与安全相关的一些概念联系起来，从而形成了一个完整严密的概念体系。通过对三组概念进行综合考察，"可以对安全进行结构性的概念分析，这对解读

---

① 〔英〕巴里·布赞、〔丹〕奥利·维夫：《地区安全复合体与国际安全结构》，潘忠岐等译，上海世纪出版集团，2010，第52页。

那些在安全概念不清晰情况下进行争论的国际安全研究文献特别有效"①。

其次，研究议题的开展。《演化》是一部关于国际安全的思想史著作，但与其他类似思想史著作以代表性的思想家展开论述或者以学术流派的流变展开论述不同的是，作者采用的仍旧是一个富有容纳性与解释力的框架，即将促成国际安全研究产生流变的动力机制归纳为五种主要驱动力，即大国政治、技术发展、重大事件、学术争论和制度化，将不同时期的代表性著述或者代表性观点融入五种驱动力之中展开议题。

《演化》一书是建立在已出版的四卷本《国际安全研究》②的基础上。布赞先是将历史史料进行分门别类的梳理与研究，然后撰写出一部国际安全的学科发展史、理论发展史和概念史。在对历史宏观掌握的基础上，将"碎片化"的安全研究文献，通过五种驱动力的影响，将不同时期的不同流派、不同个人或同一个人不同时期的观念产生与演化进行简约论证，将国际安全研究的复杂性以清晰的脉络展现出来。布赞的每一部作品都渗透着深厚的史学功力，他在史料解读的基础上搭建阐释框架、创新论域概念、提升论证的视野与水平。这正是其他西方国家国际关系理论家所缺乏的，也是其作品不仅在中国国际关系学界，而且在史学界也产生了广泛影响的原因所在。过去十年，布赞总共有多达 10 本的作品被翻译成中文出版。

最后，国际安全历史与国家安全研究思想史的互动和解说。一切历史都是思想史，思想则是一个时代变迁的记录。国际安全研究的重要特征在于强烈介入现实，尤其是在国际局势风云变幻之际更是如此。布赞将安全研究的学术发展史与国际安全的历史演进融为一体，二者相互说明，读者在阅读安全研究的学术史同时，也能体会到国际安全局势的发展。但国际安全的历史与国际安全研究学术史的脉络并不能完全吻合，这就涉及历史与历史观之间的复杂互动。在布赞的解读体系中看不到一种简单的反映论或者决定论，而是全面扫描了国际安全研究的学术发展进程，这是尤其值得我们学习和借鉴的。

---

① 〔英〕巴里·布赞、〔丹〕琳娜·汉森：《国际安全研究的演化》，余潇枫译，浙江大学出版社，2011，第16页。

② Barry Buzan and Lene Hansen, *International Security*, Vol. 1-4, Los Angeles, London, New Delhi, Singapore：Sage Publications, 2007.

二　国家类型与安全研究：经验性与规范性

尽管《演化》一书为读者呈现了一部清晰而深刻的国际安全研究思想史，但每个学者在建构思想演进体系的同时，都有自身的立场。布赞和汉森在中文版的前言中也坦承，如果该书的作者是两位美国持现实主义立场的研究者，那该书将会给人另外一种截然不同的感觉，至少在传统安全和非传统安全的考虑上会更加均衡。诚然，布赞和汉森的此番结论在于强调该书秉承欧陆学者对非传统安全关注的脉络，读者也在该书中看到作者对人的安全、社会安全、女性主义、后结构主义等方面进行了阐述，甚至作者强调为了减弱"盎格鲁中心"造成的偏见，已经"给包括后殖民理论在内的批判路径留有更多的空间，它们本不应占有如此分量"[①]。

然而，从整部书来看，无论是作为起始时期的战略研究、和平研究，还是后来的现实主义、自由主义、建构主义，布赞所解读的有关国际安全著述的立论基础仍然是民族国家。换言之，国家中心主义即便不是所有理论的核心议题，但在第二次世界大战后民族国家合法化、普遍化的时代，探讨安全问题都将国家作为最为重要的分析单位。由于作者以解读欧美安全研究著述为主，考察更多的是西方国际安全研究的流派与个人，主要从规范性研究视角展开论述，从而使国家在这部学说史中再度成为同质化的行为体，国家之间的差别对于国际安全研究的意义被忽略了。而在当今世界，发展中国家的国家构建问题正在成为国际安全研究不能回避的重大课题。作为一部"通透的"国际安全研究的思想史，依然以西方的经验来解读现代国家的起源和性质，不免让读者感到有些不解和遗憾。

实际上，布赞本人对现代国家表象背后的差别一直非常重视。他在《人、国家和恐惧：后冷战时代的国际安全研究议程》一书中借鉴和发挥了"强国家与弱国家"概念，并指出："对强国家和弱国家进行区分，这种做法与国际

---

① 〔英〕巴里·布赞、〔丹麦〕琳娜·汉森：《国际安全研究的演化》，余潇枫译，浙江大学出版社，2011，第21~22页。

关系中的正统观点背道而驰。正统的国际关系理论假定，所有的国家从本质上说都是相同的，这不仅因为国家都拥有主权，而且由于我们习惯于从外部的体系审视国家。从外部进行审视时，国家看上去像是一种更为明确的、彼此相像的东西。"① 同时，布赞还从民族与国家关系的角度把现代国家划分成原初民族—国家（primal nation-state）、国家—民族（state-nation）、残缺民族—国家（part-nation-state）和多民族—国家（multination-state）四种类型。② 在《地区安全复合体与国际安全结构》一书中，他就地区安全复合体的不同国家遗产进行了深入探讨，在继续使用"弱国家"概念的同时，还采用了西方学术界广泛流行的"后现代"、"现代"和"前现代"国家，以及"失败国家"这样的概念来描述和定义当代国家，并对欧美以外发展中国家的历史演进有过非常精彩的描述。但他在承认"国家类型的差异明显事关什么类型的安全态势可能得以发展"的同时，又认为国家划分可以形成无数组合，形成庞大矩阵，"而且，由于这些特性中的大多数并不会显而易见地产生任何简单明了的或决定性的安全结果，因而我们甚至不想去尝试建立一个基于国家类型划分基础之上的安全理论"。紧接着他又指出："即便如此，我们却不能完全忽视这个因素，从而去追随严重扭曲的关于所有国家皆为同类的欧洲中心主义假定。"③

尽管布赞意识到对国家同质化的假定是国际安全研究中的一种弊端，但在欧美学术界，国家同质化仍是国际安全研究甚或国际关系研究中重要的前提，也是欧美学术界规范性研究的基石。这里的规范性研究是指以理论构建为主，不断寻求逻辑上的突破。以国家为中心的分析在当下现实面前本无可厚非，但背后的逻辑问题是所有的国家概念都是"西方"的。在同质化、西方化的国家概念之下探讨国家互动之间的竞争性、合作性或是建构性，无法弥补国家类型本身的差异给安全研究带来的种种问题。尽管布赞不想陷入国家类型划分的泥潭，但从经验性研究的视角来看，对国家进行类型划分是必要的。

① 〔英〕巴里·布赞：《人、国家与恐惧：后冷战时代的国际安全研究议程》，闫健、李剑译，中央编译出版社，2009，第 108 页。
② 同上，第 76~80 页。
③ 〔英〕巴里·布赞、〔丹〕奥利·维夫：《地区安全复合体与国际安全结构》，潘忠岐等译，上海世纪出版集团，2010，第 20 页。

规范性研究虽然对于扩展视野、加深对事务的多维认识具有重要意义，但经验性研究可以对规范性研究起到修正作用。当然，欧美学界也不乏经验性研究，如战略研究中的很多成果是经验性研究，但欧美学界国际安全领域的经验性研究很少涉及第三世界，第三世界即便被提及，也是因其介入了诸如大国政治等情况。

世界不是同质化的，民族国家虽然披着同样的外衣，但是其自身机理的差异也会对国际安全产生不同的影响。尤其在全球化时代，形成了"本土、国家及区域特征的连续统一体"①，任何国家都可能通过"连续统一体"与其他国家产生联系，从而使国际安全问题更为复杂化。在这种背景下，从经验性角度区分国家的类型与国际安全的关联是有一定积极意义的。对于国家类型的划分，早在亚里士多德的《政治学》中就有阐释，将国家分为正常国家和变态国家，前者包括君主制、贵族制和共和制，而后者包括僭主制、寡头制和平民制。当然这样的划分实际上是基于政治体制的划分，体现的只是国家的内部组织结构差异。20世纪80年代后，随着对国家能力的探讨，对于强国家与弱国家有诸多论述，而福山最后得出的结论是"国家能力的强弱在不同的国家职能上差异很大"②，但国家能力的论述仍与国际安全的关涉较小，国内政治与国际政治的融通性不甚明显。

总之，布赞在其发表的众多作品中一直努力超越欧洲中心主义或西方中心主义的局限，并对国家安全研究中的不同国家类型进行探讨，但又觉得没有必要在国家类型的基础上进行国家安全理论方面的构建，认为通过地区安全复合体的构建和弱国家与强国家光谱的解析就可以解决或弥补这个问题，这让我们难以相信布赞据此就能够实现超越欧洲中心主义或西方中心主义局限的目标。布赞本人在《演化》一书中也承认："国际安全研究本质上是基于西方的'国家'概念的英美学科。这一观念可以说限制了主要非西方国家在经验和政治上的相关性，西方国家不顾大多数非西方国家当地社群的本土忠诚而进行的殖

---

① 〔英〕戴维·赫尔德等：《全球大变革：全球时代的政治、经济与文化》，杨雪冬等译，社会科学文献出版社，2001，第21页。
② 〔美〕弗朗西斯·福山：《国家构建：21世界的国家治理与世界秩序》，黄胜强、许铭原译，中国社会科学出版社，2007，第9页。

民边界划分，使非西方国家产生了不同于西方国家的独特的政治、经济和文化结构。"布赞还承认国际安全研究的"这一盎格鲁中心（及尚武主义与宗族主义）的历史偏见给我们造成了两难"。① 作为中国学者，在学习和借鉴布赞安全研究理论和方法的同时不能成为西方中心主义的俘虏，并且应该在布赞认为"无能为力"或"没有前途"的领域有所突破。笔者认为，从国际安全现实的角度出发，可以把国家划分成"已构建国家"（built state）、"再构建国家"（rebuilding state）和"构建中国家"（building state）三个类型，并将此作为拓展国际安全研究的一种思路，起到抛砖引玉的作用。

已构建国家以欧美诸国为代表，这些国家历经完善的民族国家塑造过程，这一过程是复杂的，有如查尔斯·蒂利强调的强制与资本间的互动，② 也有民主与专制之间的博弈，③ 最终形成的国家不仅具备了垂直、清晰的领土边界（以与帝国模糊的边界相区分），无可争辩的国家主权，同时也具备了国家认同或者说国族认同，即一国境内虽然有不同的民族或族裔共同体，但是都将对国家的认同置于亚文化共同体的认同之上。就国家能力而言，国家的汲取能力、强制能力、服务能力都能得到很好的运用。就已构建国家来说，其本国国内的人的安全得到维护，社会安全得到维系，与周边国家的纠纷尤其是领土纠纷较少，其所关注的安全问题一般集中于非传统安全领域。

再构建国家以日本、中国这样的国家为代表，再构建国家在历史上曾经是辉煌而强大的帝国，也都曾以文化或宗教为维系纽带塑造了国家的向心力。但是，这些国家向民族国家转变的历史过程较为短暂，而且是在欧美掀起的挑战—回应的浪潮中完成民族国家构建的。因此，没有经历过欧美民族国家构建过程中政治与经济间的博弈，或者说没有经历过一个漫长的市民社会崛起过程。但这些国家历史久远，在再构建过程中国家认同程度高。只是由于确定边界的时间较短，因此，再构建国家一般多与周边国家存在领土纠纷，传统安全

---

① 〔英〕巴里·布赞、〔丹〕琳娜·汉森：《国际安全研究的演化》，余潇枫译，浙江大学出版社，2011，第21页。

② 〔美〕查尔斯·蒂利：《强制、资本和欧洲国家》，魏洪钟译，上海人民出版社，2007。

③ 〔美〕查尔斯·蒂利：《欧洲的抗争与民主》，陈周旺等译，格致出版社、上海人民出版社，2008。

与非传统安全会同时成为这些国家关注的问题。

构建中国家一般以非洲的诸多国家为代表，这些国家有的在第二次世界大战之前虽然也存在过王国统治，但不是接近于帝国，而是接近于部族联合体。如今部族的力量在非洲很多国家依然举足轻重。构建中国家往往是在殖民帝国的退却过程中进行现代民族国家构建的。如柯利所举尼日利亚的例子："英国人在 1960 年离开尼日利亚更多是出于他们自身的原因，而非迫于民族主义运动的驱使。尼日利亚的民族主义运动，正如我们所见，既没有强大的凝聚力，又缺乏广泛的群众基础。"① 构建中国家往往不同程度地存在一系列问题，如国家向心力缺失、领导人的独裁或者集团性腐败，国家难以避免外来干涉或者国家分崩离析，政府难以向民众提供必要的公共物品，等等。目前，我们看到很多国际热点问题尤其是国际安全问题，多由构建中国家引发，如战争与冲突、传染性疾病蔓延、人道主义灾难等。这些国家虽然不像大国一样因为在全球有切实的利益诉求而成为国际安全研究的重点，但忽视这样的国家，将无法在一个新的时代拓展安全研究的路径，也无法应对更为多样化的国家分野带来的安全现实。

三　构建中国家：安全研究的修正性议题

构建中国家因其自身构建中存在的问题，正日益影响着国际安全。如我们以传统的军事安全为着眼点，领土冲突与战争正在构建中国家中时断时续，如埃塞俄比亚与厄立特里亚之间，刚果民主共和国、津巴布韦、乌干达、卢旺达等国之间于 20 世纪末爆发的双边冲突和区域冲突，等等。

从人的安全角度来看，很多构建中国家出现了人道主义危机。这种人道主义危机既成为全球安全中的重要议题，引发了对人权与主权孰先孰后的争论，对于武力使用信念的重新衡量，同时，人道主义危机又通过溢出效应，直接将其他国家卷入安全问题之中。除了人道主义危机，构建中国家的人口增长同样

---

① 〔美〕阿图尔·科利：《国家引导的发展——全球边缘地区的政治权力与工业化》，朱天飚等译，吉林出版集团有限责任公司，2007，第 387 页。

会成为安全议题，曼弗雷德·韦尔克在一篇题为《人口增长和全球化：一个被低估的冲突领域》中指出，不发达国家人口的爆炸式增长，使这些国家向外的合法和非法移民增多，移民的涌入会对移民输入国的国家统一、文化认同、社会稳定、国家外交等众多方面产生影响，① 从而，个人的问题上升为国家安全问题。

构建中国家的问题在 21 世纪将会越来越凸显，对于安全研究的意义也将越来越重大。构建中国家同样可以进行类型的细分，相比于已构建国家和再构建国家来说，在当今近 200 个国家当中，构建中国家所占的比重很大。笔者将构建中国家大体上区分为三类：整合发展型、问题应对型与全面危机型。

整合发展型指构建中国家虽然在国家认同、公共服务、基础设施等方面存在某些问题，但是国家能够实现较好整合，社会能够保持长期稳定，经济能够保持一定程度的发展，这样的国家有着良性预期。问题应对型国家在某一方面的问题非常突出，或者是分离主义，或者是基础设施严重影响国家发展，或者是国家有所发展但政权不稳定，这样的国家长期处于徘徊之中。全面危机型国家指国家面临的诸多问题都很严重，国家提供的公共物品十分贫乏，严重依赖国际援助；国家的认同脆弱，经常处于不断的武装派系争斗之中；个人的安全得不到保障，人道主义危机时有发生，这种国家在某些时候呈现退步性。西方研究者将这种全面危机型国家称为"失败国家"，并对这类国家的前景持悲观态度，"失败国家，将是一种慢性疾病"②。

实际上，构建中国家是一种动态性描述，因此，整合发展型国家、问题应对型国家、全面危机型国家都可能发生彼此转化。如果整合发展型国家在发展过程中政策采取不当，或者受到国际环境的负面影响，又或是因为突发性事件，有可能成为问题应对型国家甚或全面危机型国家。如果全面危机型国家能够找到解决自身问题的方案，能够减少问题，就会提升为问题应对型国家或者整合发展型国家。正如布赞所说，每一个立论者都是站在某一个时间节点上展

① 〔德〕曼弗雷德·韦尔克：《人口增长和全球化：一个被低估的冲突领域》，载〔德〕赖纳·特茨拉夫主编《全球化压力下的世界文化》，吴志成等译，江西人民出版社，2001，第 35 ~ 50 页。

② "The Failed States Index", *Foreign Policy*, Vol. 180, Jul./Aug. 2010, p. 76.

开论述的，其《演化》所在的时间节点是 2008 年，而笔者所在的时间节点是 2012 年初。在中东北非的乱局出现之前，很多中东北非国家可能属于整合发展型国家或是问题应对型国家，但在所谓"阿拉伯之春"之后却很可能沦为全面危机型国家。

对构建中国家的考察与分析，将有助于拓展并修正安全研究的议题。无论是现实主义、自由主义，还是依附论、后殖民主义等，其立论的根基往往基于构建中国家与已构建国家之间的关系展开研究，构建中国家多作为论述已构建国家安全议题的附属物而存在。如果能够从直接考察国家类型入手，将构建中国家作为主体展开论述，将有助于在西方经验和范式之外，发掘新的阐释视角，并对既有范式进行修正。

曾经的"三个世界"的划分在安全研究中具有一定的积极意义，但在后冷战时代，传统意义上的第三世界概念已经难以解释当今的世界现实，尽管大家还在模糊地使用第三世界的称呼。针对这种状况，威亚尔达曾将发展中国家区分为经济和政治上都很成功的国家、中间状态的国家和失败国家。[①] 但其对成功的衡量标准又是所谓的西方民主。不过，构建中国家的历史经验证明，拥有西方民主制的架构未必能够真正实现民主或者有利于社会稳定与发展。很多发展中国家恰恰由于不合时宜、不加斟酌地嫁接了西方民主制架构而陷入发展危机。因此，本文希望通过阐述民族国家的不同类型和构建中国家类型的细分，能对拓展国际安全研究起到抛砖引玉的作用。

从 2010 年底开始，西亚北非的乱局成为国际政治中的最重大事件，而乱局的发生地正是笔者所说的构建中国家地区。布赞强调，重大事件是国际安全研究的五种驱动力之一，构建中国家如今出现的一系列问题能否成为国际安全研究拓展与修正的重要议题，将有待于学者们对构建中国家展开反思。而对中国学者来说，研究再构建国家与构建中国家，以非西方视角展开国际安全研究，尤其具有重要的现实意义与理论意义。一方面，中国自身属于再构建国家，中国与构建中国家的关系也较为密切；另一方面，以再构建国家与构建中

---

① 〔美〕霍华德·威亚尔达：《新兴国家的政治发展：第三世界还存在吗？》，刘青、牛可译，北京大学出版社，2005，第 27 页。

国家为议题展开国际安全研究，有助于对主权与人权、国家安全与人的安全、社会安全、经济安全等多层面的非传统安全问题进行深入挖掘。

作为一个新近发展起来的全球化国家，中国的国家安全利益越来越全球化了，越来越与构建中国家的安全形势联系在一起。已构建国家、再构建国家和构建中国家的类型划分不仅有助于我们认清当代世界不同国家和地区的安全形势，而且有助于我们与不同国家包括构建中国家学界展开交流与对话，从而增强中国学界在国际安全研究中的话语权。

国际关系史解读的几个问题[*]

国际关系史是我国许多大学，特别是重点大学历史学、政治学（含国际关系或国际政治学）和法学学科开设的一门专业课程，有的设置为专业基础课，有的设置为选修课。近年来，随着国际关系的发展变化，随着中国与世界的互动愈益频繁，随着中国的内政和外交愈加紧密和直接地联系在一起，大学里对国际关系史的知识需求也愈加旺盛。有些重点大学甚至在把国际关系史设置为相关学科专业基础课或选修课的同时，也将其设置为全校公选课，并使之成为一门深受文理工医等不同学科学生欢迎的公选课。

作为一门经过几代人的努力构建起来的专业课程，在当代这个国际关系急剧变化的时代是否需要与时俱进呢？答案当然是肯定的。因为当代国际关系的急剧变化在很大程度上就是历史压力，特别是最近五百年来诸多历史压力不断释放的结果。我们曾经熟知的"现代化"进程正在全球化的背景下不断地以我们既熟悉又陌生的方式在国际关系领域展现出来。笔者认为，无论是作为一个专业，还是作为一门广受关注的课程，国际关系史建设的成败就在于能否或能在多大深度和广度上阐释这一历史变化的原因。笔者认为有这样几个问题值得思考。

第一，关于国际关系史的学科定位问题。

经常有青年学者和学生在不同的场合问笔者：国际关系史属于历史学科还是国际关系或国际政治学科？这是一个纯粹的"中国式"问题，因为只有在中国，大学的学科划分和不同学科间的壁垒才会如此明显和森严。在世界大部分国家的大学里，学科之间的划分远没有像中国大学这样严格，学生入学之后享有体验和选择不同学科的自由，当然也有选修不同专业课程的自由。有的大学甚至规定固定的比例，要求学生在选修本专业课程的同时选修其他专业的课

＊　原载《史学集刊》2014 年第 5 期。

程。这样培养出来的学生知识面就比较广，在学科的问题上也不会太"纠结"。实际上，中国的人文和社会科学学者也承认，不同学科之间的内容交叉和覆盖是广泛存在的，而且许多新的学科增长点就是在这种交叉和覆盖中产生的。但对于初学者来说，一个专业的学科属性是一个严肃的问题，国际关系史的学科属性模糊不清，确实困扰着许多人。笔者个人的体会是：如果你是沿着古往今来的路子，主要采用历史学的治学方法研究国际关系史，那么对你来说，国际关系史就属于历史学科；如果你主要是想通过对国际关系史的学习和研究，清楚地把握当代国际问题的来龙去脉，甚至检验诸种国际关系理论流派的"科学性"和"实用性"，那么对你来说，国际关系史就应该属于国际关系学科。就国际关系专业建设而言，进而言之，就国际关系史的教材建设而言，应该兼顾这两方面的需求和特性并将其结合起来作为一个奋斗目标。

第二，当代国际关系的发展变化正在突破以往国际关系史的解读框架。

国际关系史的线索和内容纷繁复杂，学习者和研究者都感到在宏观上难以把握。如何能让读者在短时间内对纷繁复杂的国际关系史，特别是近代以来国际关系史发展变化的线索有一个清楚的了解，是国际关系史这门课程建设的关键问题。十年前，我们把国际关系史按照威斯特伐利亚体系、维也纳体系、凡尔赛—华盛顿体系、雅尔塔体系的线索梳理出来，给读者提供了一个简明扼要的学习和分析框架，受到了读者的欢迎和好评。但是，国际关系演进到今天，当我们既面对着一批非西方国家的强势崛起，同时又面对着另外一些非西方国家政治、经济和社会秩序的摇摇欲坠，全球化、地区化、一体化和碎片化同时冲撞着这个世界的时候，我们就必须对原来的分析和解读框架做出必要的修正和补充。冷战结束之后，福山"历史的终结"和亨廷顿"文明冲突"的观点曾经风靡全世界，福山至今依然坚持他的观点的正确性，因为他看不出有任何一种优于西方民主的社会体制会等在非西方社会演进的尽头。但他也承认，现实世界的变化远不像他当年预期的那样"令人鼓舞"。亨廷顿在他生前为《文明的冲突与世界秩序的重建》一书所作的中文版序言中向中国读者声言：他提出"文明冲突"论的主要目的是提醒和防止文明冲突。实际上，冷战结束以来世界历史的演变已经远远超出了西方学界领袖当年的预期，也超出了以往国际关系史的解读框架。

第三，非西方国家的发展变化正在重塑当代国际关系的体系和面貌。

非西方国家的发展变化问题是当代国际关系研究的重大议题。一方面，我们看到，随着经济全球化的不断深入，一批非西方国家乘势步入经济发展快车道。以中国为代表，一批发展中国家实现了跨越式发展，使非西方国家在世界经济总量中所占的比重第一次超过了西方国家所占的比重。世界经济和政治力量的分布正在发生历史性变化，美国和西方对世界的领导权正在衰退。另一方面，相当多的发展中国家，特别是中东地区的伊斯兰国家，在新一轮全球化和现代化的交织冲撞中进退维谷，多种矛盾迸发，部落的、种族的、宗教的或教派间的矛盾与国家间矛盾纠缠在一起，使许多国家和社会陷入分裂和崩溃的边缘。冷战结束以来，非西方国家的发展变化正在改变甚至重塑当代国际关系的体系和面貌。而这些问题的根源只能从当代意义上的主权国家被镶嵌在世界广大发展中土地上之前的历史中去寻找。由此，部落的、种族的、宗教的、帝国的、西方和非西方的诸多因素都必须在国际关系史中表现出来，这是以前的国际关系史疏于解释的。

第四，国际关系史与国际关系理论的关系问题。

国际关系史与国际关系理论的关系也是历史学和国际关系学两个领域的人们普遍关注的话题。国际关系理论普遍被认为是对国际关系历史经验的浓缩和提升。因此，国际关系史与国际关系理论应该是相互印证的关系。但是，国际关系的理论流派林林总总，除在美国同时也在西方学术界占据主导地位的现实主义和新现实主义、自由主义和新自由主义以及冷战后新兴的建构主义，还有重新被人们发现其价值的英国学派。这些学派的许多观点经常是相左和相悖的。人们几乎可以在国际关系史中找到每一种国际关系理论流派主要观点的立论依据，同时也能找到相反的例证。这使国际关系史和国际关系理论的关系变得更为扑朔迷离。尤为重要的是，随着时间的推移，所谓"国际关系"的内容已经远远超过国家间关系所能覆盖的范围，而与非国家行为体之间的互动、人们的日常生活和社会之间的互动日益密切地联系在一起了，国际关系的外延不得不一再拓展，对国际关系的理论建构也不得不做出新的尝试。可以说，国际关系理论为学习和研究国际关系史提供了经过几代人辛勤摸索的切入点，甚至为国际关系史阐释框架的构建提供了有益的启发和参考，但永远不能代替人们对国际关系史的专门和独到的研究。应该说，当今西方国际关系理论的主要流派基本上依然是以西方为中心的历史研究的结果，尽管许多西方学者自身也希望能够突破"西方中心论"的束缚，但迄今还没有人能够被学界认为做到了这一点。近年来国际关系的发展变化，特别是非西方国家以"好的"和"坏的"方式对当代国际关系的"重构"，更是西方和非西方学者从未遇到过的新形势，需要人们重新审视近代以来非西方地区发展演变的历史，也需要重新构建国际关系理论。实际上，国际关系的纷繁复杂决定了它很难被一种理论"一网打尽"。此时此刻，欧盟的发展变化可以为建构主义和英国学派的理论提供有力的支撑，中东地区的发展变化则为现实主义理论提供了活生生的例证。中国学者需要在借鉴西方国际关系理论的同时，通过对国际关系史的重新解读，构建起自己对国际关系研究的理论框架。

第五，重新构建国际关系史解读体系的理论意义。

在西方，国际关系史研究最早是以外交史的形式开始的，逐步过渡到内容更为广泛和深入的国际关系史。国际关系的历史研究早于国际关系的理论构建。正是在一战之后人们希望通过对国际关系史的研究找到避免发生新的世界大战的经验和教训，才催生了后来的国际关系理论研究和不同学派的构建。在中国，新中国成立之前就有学者开始了对欧洲国际关系史研究的引介和研究。新中国成立后，中国学界全面接受了苏联的外交史和国际关系史解读体系，尽管这一体系带有浓厚的欧洲中心主义和俄罗斯大国沙文主义色彩。改革开放以来，中国的国际关系史研究开始了一个新的历史时期，特别是在历史学领域，国际关系史成为世界史研究的一个更为充满活力、与国际学术界互动最为频繁的领域。

实际上，就探讨的深度而言，国际关系史在中国还是扎根于历史学科。尽管中国的许多国际关系理论家想在构建具有中国特色的国际关系理论方面有所建树，但其对国际关系史的研究都涉入不深，所以很难在基本理论的构建方面有所突破。这是中国人文社会科学多年来的人才培养和学科建设体系欠缺造成的。实际上，中国其他人文社会科学领域的理论家又何尝不想在自己的领域构建具有中国特色的理论方面有所奉献呢？但是，当中国人对世界历史的解读依然建立在照搬西方研究成果的基础上时，中国学界是很难做到这一点的。从这个意义上讲，国际关系史解读体系的构建具有特别重要的理论意义，它至少应该为具有中国特色的国际关系理论的构建提供必要的基础知识。

在西方，顶级国际关系理论家肯定也是学养深厚的历史学家。基辛格的《大外交》本身就是一部自成体系的国际关系史，约瑟夫·奈的《理解国际冲突与合作》和米尔斯海默的《大国政治的悲剧》都是建立在对国际关系史的案例分析基础之上的，尽管他们的结论不一样。巴里·布赞的《世界历史中的国际体系：国际关系研究的再构建》更可以被视为一部视角独特的历史学巨著。西方的国际关系史学家当然也具有深厚的国际关系理论修养，像保罗·肯尼迪和约翰·加迪斯这样的大历史学家更是以自己的著作直接参与国际关系理论学界的争论。米尔斯海默曾对笔者断言：只有成为世界大国的国家才能产生世界历史理论和国际关系理论，日本和印度都不可能，现在轮到中国了！这样的断言，既是一种挑战，也是一种期盼。无论是作为一门课程，还是作为一个专业，国际关系史应该成为沟通历史学与国际关系学的一座桥梁，成为青年学者、新一代中国思想家、战略家和学问家成长进步的基石和起跳点！

历史学中的"国际关系"研究[*]

历史学与国际关系学是两个不同的学科。两者之间既有十分密切的联系，又有很大的差别。历史学源远流长，历经千年之变；国际关系学作为一个"新兴"学科，则刚刚度过第一个百岁生日。但在这一百年的时间里，国际关系却经历了天翻地覆的变化。一方面，欧洲从世界的支配的地位上跌落下来，美国跃居为西方世界的头号强国，苏联在与美国和西方的博弈中败北；另一方面，西方国家的殖民地和半殖民地都获得了独立地位，改变了东西方国家之间的数量对比，一批非西方大国迅速崛起，更是历史性地改变了百年之前的国际关系格局。所以在今天，我们既看到有西方学者自觉地反思国际关系理论的缺憾，呼吁把非西方的历史经验纳入国际关系理论的重构中来，构建"全球国际关系学"；^① 同时也看到非西方国家，特别是中国学界构建新的国际关系理论的持续努力。在这样一种形势下，就历史学中的"国际关系"研究进行探讨，具有十分重要的理论价值和现实意义。实际上，所谓的"国际关系"研究一直是历史研究的一个重要领域，只不过历史学家的视角和方法与国际关系学家不同而已。^② 尤为重要的是，历史学家在研究国际关系的时候，较少受到国际关系学界学派和范式争论的影响，也较少受到"威斯特伐利亚情结"的束缚，而这或许能为国际关系理论在历史转换时期的发展进步提供更为有益的思考。需要说明的是，作为人文社会科学的基础学科，历史学与所有其他学科

---

* 原载《四川大学学报》（哲学社会科学版）2020年第5期。

① 阿米塔·阿查亚和巴里·布赞教授尤为积极，参见 Amitav Acharya and Barry Buzan, eds., *Non-Western International Relations Theory: Perspectives on and beyond Asia*, Abingdon: Routledge, 2009; Amitav Acharya and Barry Buzan, *The Making of Global International Relations: Origins and Evolution of IR at Its Centenary*, Cambridge: Cambridge University Press, 2019。

② "正是因为国际政治既与社会有错综复杂的关联，又有符合自身规律的自主性，它才成为历史学家眼中极具魅力的学术研究对象。"参见〔德〕于尔根·奥斯特哈默《世界的演变：19世纪史》第2卷，强朝晖、刘风译，社会科学文献出版社，2016，第761~762页。

都有非常密切的联系，也为所有其他人文社会科学领域的专家所熟悉。但随着20世纪以来人类社会的发展变化，历史学所涵盖的内容、所采用的方法、所形成的理念和流派等越来越广、越来越多、越来越多样化，可以说历史学自身正在向一个"学科群"的方向发展。因此本文的梳理难免挂一漏万，旨在求教于学界同人。

一 历史学与国际关系学研究领域的"重叠"

历史学家的"国际关系"研究有的是主动的和自觉的，许多大名鼎鼎的历史学家也被视为国际关系领域中人，他们的作品甚至也被视为国际关系学的经典之作。如修昔底德的《伯罗奔尼撒战争史》、兰克的《论列强》、爱德华·卡尔的《二十年危机》、保罗·肯尼迪的《大国的兴衰》、约翰·加迪斯的冷战史研究著述和文安立的《全球冷战：对第三世界的干涉与我们时代的形成》等，在历史学和国际关系学界都有非常大的影响。但也有历史学家的"国际关系"研究就是他"历史研究"的惯性发展，他并没有认识到自己已经"侵入"他人的领域。可以说，历史学与国际关系学的研究有许多"重叠"和"交融"之处。关于历史研究与国际关系理论流派演进的密切关系，已有学者进行过系统的阐释。① 这里仅就历史学与国际关系学研究的几个"重叠"之处列举如下，从中不难发现两个学科的"亲戚"关系。

首先，历史学与国际关系学的"重叠"之处就表现在"国际关系史"领域。国际关系史既是历史学的一个主要研究领域，同时也是国际关系学学科知识结构的一部分，实际上发挥着沟通两个学科的重要作用。改革开放以来，中国的国际关系史研究经历了从外交史和国际政治史到国际史的发展进步，研究范围扩大到政治以外的经济、文化和社会的交往；研究对象从欧美日等大国扩展到广大的第三世界国家以及非国家行为体。② 国际关系史研究者也一直关注着国际关系理论的发展变化，并逐步把非西方国家的历史经验和"前现代"

---

① 秦治来：《探寻国际关系研究的历史学传统》，中国社会科学出版社，2010。
② 王立新：《从外交史到国际史：改革开放40年来的国际关系史研究》，《世界历史》2018年第4期。

国际关系行为体纳入阐释国际关系史的框架。在国际学术界，国际关系史研究者"与时俱进"的人有很多，其中哈佛大学教授入江昭的学术之路具有相当的代表性。他以学习和研究民族国家史开始他的学术生涯，包括英国史、中国史和美国史，之后转向外交史和国际史，然后又转向跨国史和全球史。入江昭认为国际史的重点依然是民族国家，是国家之间甚至是政府之间的互动关系，而跨国史则涉及人类共同体的方方面面，主张把民族国家的历史、国际史和跨国史、全球史的研究结合起来。①

其次，地缘政治学也是历史学和国际关系学交叉和重叠的一个领域。地缘政治学产生于 19 世纪末 20 世纪初，最早的几位代表人物大多兼有历史学家和地理学家的双重身份。麦金德、马汉和斯皮克曼都是根据历史上不同势力之间竞争的得失来阐释他们的"陆权论"、"海权论"和"边缘地带的战略"的。②实际上，地理因素一直在历史研究中占有重要地位。希罗多德的《历史》和修昔底德的《伯罗奔尼撒战争史》中都对地理因素对政体形态和战争胜负的影响进行过具体的阐释。布罗代尔在《菲利普二世时代的地中海和地中海世界》中提出了"地理时间""社会时间""个体时间"三个概念，之后又分别将其称为"长时段""中时段""短时段"。所谓的"长时段"指的就是地理环境因素，包括地形、气候条件等，虽演化缓慢，却对相关地区的历史发展起长期的、决定性的作用。③ 现代地缘政治专家也都依赖历史分析来推测地缘政治形势的走向。随着经济全球化和社会信息化的不断发展，世界各国各地区更为紧密地联系起来。美国观察家托马斯·弗里德曼提出了"世界是平的"这一著名论断，风靡一时。④ 但随着时间的推移，越来越多的人发现全球化消弭

①〔美〕入江昭：《从民族国家历史到跨国史：历史研究的新取向》，南开大学世界近代史研究中心编《世界近现代史研究》（第四辑），中国社会科学出版社，2007，第 3~13 页。

②〔英〕哈·麦金德《历史的地理枢纽》，林尔蔚、陈江译，商务印书馆，2010；〔美〕艾尔弗雷德·塞耶·马汉：《海权对历史的影响：1660-1783 年》，李少彦等译，海洋出版社，2013；〔美〕尼古拉斯·斯皮克曼：《和平地理学：边缘地带的战略》，俞海杰译，上海人民出版社，2016。

③〔法〕费尔南·布罗代尔：《菲利普二世时代的地中海和地中海世界》（上下卷），唐家龙等译，商务印书馆，1996。

④〔美〕托马斯·弗里德曼：《世界是平的：21 世纪简史》，何帆等译，湖南科学技术出版社，2006。

国家矛盾和冲突的能力被高估了。法国观察家罗朗·柯恩－达努奇认为全球化已经成为构建国际关系的唯一逻辑，但它今后将在一种复杂的辩证法下与传统地缘政治的回归并存。① 美国知名地缘政治学家罗伯特·卡普兰说，"我丝毫没有'世界是平的'的感觉"，并为人们描绘出一幅"即将到来的地缘战争"场景。② 乔治·弗里德曼甚至对欧洲一体化的进步"视而不见"，对今后欧洲的形势做出了十分悲观的预测。③ 历史经验一直是这些地缘政治学家观察和预判国际政治形势走向的出发点。

再次，大战略研究也是历史学与国际关系学重叠的一个重要领域。英国的利德尔·哈特是 20 世纪大战略研究的开拓者和奠基人，他 1941 年发表的《战略论》影响了几代战略家。他的"间接路线战略"就是建立在他对从公元前 5 世纪到第二次世界大战期间兵家胜败原因分析基础之上的。④ 与其他西方战略家一样，利德尔·哈特也非常推崇中国古代的孙子，他的《战略论》开篇就引用了大量《孙子兵法》的名言。从某种意义上说，我们前面所提到的几位地缘政治学家也都是战略家，"陆权论"、"海权论"和"边缘地带的战略"都是一种大战略理论。战后西方堪称战略理论家的历史学家有许多，像美国的乔治·凯南、保罗·肯尼迪、约翰·L. 加迪斯和爱德华·鲁特瓦克（又译勒特沃克、勒特克克）、威廉姆森·默里和麦格雷戈·诺克斯等都是其中的佼佼者。⑤ 中国历史学界也有学者介入大战略研究。王家福教授通过对大国竞争的历史研究，在 20 世纪 80 年代提出了"军事战"、"经济战"和"知识战"国际战略的三大战略流程说，在学术界引起很大反响。⑥ 在美国，也有一批国际关系学者从历史的角度展开大战略研究，如约翰·伊肯伯里、查尔斯·

① 〔法〕罗朗·柯恩-达努奇：《世界是不确定的：全球化时代的地缘政治》，吴波龙译，社会科学文献出版社，2009。

② 〔美〕罗伯特·D. 卡普兰：《即将到来的地缘战争：无法回避的大国冲突及对地理宿命的抗争》，涵朴译，广东人民出版社，2013。

③ 〔美〕乔治·弗里德曼：《欧洲新燃点：一触即发的地缘战争与危机》，王祖宁译，广东人民出版社，2016。

④ 〔英〕利德尔·哈特：《战略论：间接路线战略》，中国人民解放军军事科学院译，战士出版社，1981。

⑤ 参见时殷弘编《战略二十讲》，天津人民出版社，2008。

⑥ 王家福：《国际战略学》，黑龙江人民出版社，1986。

库普钱和江忆恩等。

最后，可以说，历史学与国际关系学有着"天然"联系。历史学与国际关系学之间之所以曾经渐行渐远，一个重要的原因是二战之后美国国际关系学受"科学化"和国际关系理论"简约化"的影响，使这门学科历史学传统逐渐褪色。另一个重要原因是随着 19 世纪西方国家世界主导地位的确立，西方的人文社会科学也被赋予了"普适性"的神圣地位，而非西方国家和地区的知识界往往通过学习和借鉴西方人文社会科学的概念来重新认识世界，西方国家的历史经验也被当成整个人类社会的历史经验，历史被"简约化"了。随着"百年变局"的出现，历史又重回学界的视野，人们希望通过重新认识历史来认清当前的世界。

二 部落：与时俱进的"前现代"国际行为体

历史学中"国际关系"研究的一个不同特点，是对"前现代"国际关系行为体的关注。当然，这种关注也是由历史学的学科性质所决定的，但这也有可能为国际关系学界的理论创新提供有益的参考。因为人们发现，虽然现代"民族国家"这种人类最新的组织形式几乎已经覆盖了全世界，但有些"前现代"国际行为体却依然能够顽强地"幸存"下来，并且在中东和非洲国家的政治生活中发挥着重要作用。所谓的"前现代"国际行为体，指的是现代"民族国家"产生之前人类社会的组织形式，其中包括部落、城邦和帝国等。在这些"前现代"国际行为体中，部落或许是人类历史上最古老同时又最具生命力的组织形式，有些部落的历史可以追溯至千年以前。无疑，无论是理论研究还是现实应对，这种"前现代"国际行为体都是国际关系研究难以回避的研究课题。

谈到"部落"，人们常常把它与"原始的""落后的""偏远的"等描述性语言联想在一起，是古代社会的残余，应该早已被现代世界的城市化和工业化浪潮淹没了。但是在中东和非洲的一些国家，部落组织与民族国家并存，作为延续百年和千年的人类共同体，它们的凝聚力经久不衰，人们对部落身份的认同高于对民族国家身份的认同。这些国家大都是在二战之后获得独立地位的，国家建设从一开始就与冷战期间的东西方对抗联系在一起。冷战结束之后，种族、部落、宗教和教派之间的矛盾和冲突再一次把许多国家拖入内战和区域动乱之中，并且成为跨国恐怖势力的温床，"失败国家"成为一种国际现象，"国家构建"问题再次成为世人关注的焦点。① 著名人类学家菲利克斯·格罗斯曾这样写道："我们又一次面对一个看似简单、经常面对却从没有能力解决的古老问题，一个对现在和未来都具有挑战性的问题：不同的民族、部落、宗教集团和种族如何能够和睦地比邻相处。"②

虽然近年来许多中东和非洲国家形势趋稳，经济增长加速，但前景依然有许多未定因素，这就要求我们思考这样几个问题：首先，一般认为，氏族、部落、部族、民族是民族共同体发展的四个阶段，③ 但在中东和撒哈拉以南非洲，这种阶段性过渡的特点并不明显，"民族国家"是在部落社会的基础上建立起来的。实际上，这样的国家并非凤毛麟角，已经是当代国际体系中的一种"新常态"，但并没有被纳入西方主流国际关系理论的阐释体系。④ 如何在理论上阐释部落制根深蒂固的国家，并将其纳入国际关系理论体系，是一个回避不了的现实挑战。其次，中东和非洲的部落已经不再是人们想象中的封闭和落后的共同体，而是随着二战之后世界的变迁，与经济全球化和社会信息化的世界潮流交融在一起，并与种族、民族和宗教或教派发生了错综复杂的连带关系。这使对部落制的解读进一步复杂化了。实际上，在西方学术界，"部落"的概念被认为带有"西方中心论"色彩，有人主张以"族群"代之。但族群同样是一个争议性很强的概念。⑤ 在非洲，"部落"的概念被视为带有蔑视非洲的色彩，中国学者主张以"地方民族"的概念取而代之，"部落主义"就应该冠

① 〔美〕弗朗西斯·福山：《国家构建：21 世纪的国家治理与世界秩序》，黄胜强译，中国社会科学出版社，2007。

② 〔美〕菲利克斯·格罗斯：《公民与国家：民族、部族和族属身份》，王建娥、魏强译，新华出版社，2003，第 5 页。

③ 金天明：《氏族、部落、部族、民族——论民族共同体发展的历史类型》，《云南社会科学》1983 年第 1 期。

④ 〔美〕凯尔文·C. 邓恩、〔加〕蒂莫西·M. 肖主编《国际关系理论：来自非洲的挑战》，李开盛译，民主与建设出版社，2015。

⑤ 郝时远：《对西方学界有关族群（ethnic group）释义的辨析》，《广西民族学院学报》（哲学社会科学版）2002 年第 4 期。

之以"地方民族主义"。① 最后，部落社会在中东和非洲国家的"顽固存在"，部落概念向族群概念的升级换代，都表明部落已经不仅仅是一个历史的概念，而且也是一个现实的概念。它或许是迄今为止经历了人类历史发展所有阶段的组织形式。② 也有人会问：为什么削弱部落认同的做法难以行得通？格罗斯的解释是："这种源于血统的强烈认同感和团结一致的态度可能产生一种障碍，妨碍甚至破坏国家建设的进程，但在另一方面，它仍然是可能存在着压迫的国家中对个人进行保护的重要社会单位。……在强有力的新型制度没有产生功效之前去削弱甚至破坏仍在发挥作用的社会团结纽带，无异于一种冒险行为。"③

中东和非洲部落的生命力之所以这样顽强，能够在民族国家成为当今世界主导治理单位的条件下生存下来，并与国家组织之间形成张力，最重要的原因在于这些民族国家几十年的历史经历，还很难与绵延千百年的部落传统和身份认同相匹敌。2013年12月15日，南非已故前总统纳尔逊·曼德拉"落叶归根"，灵柩被移至其出生地东开普省库努村，并被覆盖上狮子皮，几千人参加的"世纪国葬"转换成腾布族人（曼德拉父亲所属部落）传统的下葬仪式，给世界留下深刻印象。曼德拉是反对种族隔离的斗士，是享誉世界的民权领袖，是被称为"南非之父"的首位南非黑人总统，但他最后还是选择以科萨族人（曼德拉母亲所属部落）儿子的身份"入土为安"，这显示出非洲部落传统之深厚。实际上，在许多非洲和中东国家领导人身上这种传统都有所保留，有的领导人甚至刻意彰显自己的部落身份和族群印记以赢得支持。

部落是人类社会历史进程中一种非常重要的组织形态，在不同的种族、地区和文化的演进中大都存在过，并以此为基础逐步向国家制度过渡。弗朗西斯·福山认为中国是第一个马克斯·韦伯定义的现代国家，很早就克服了部落

① 李安山：《非洲民族主义研究》，中国国际广播出版社，2004，第195～219页。

② 韩志斌、闫伟：《20世纪西方学界关于中东部落社会研究述评》，《中东问题研究》2016年第1期。

③ 〔美〕菲利克斯·格罗斯：《公民与国家：民族、部族和族属身份》，王建娥、魏强译，新华出版社，2003，第169～170页。

制，尽管经历过政治衰败和家族政府的复辟，但强大的国家传统被保留下来了，在西方的压力之下，"中断一段时间后重起炉灶"；中东的穆斯林社会借助马穆鲁克制度，遏制部落制的弊端，构建起强大的帝国，但随着马穆鲁克制的衰败，帝国也就支撑不下去了，部落依然在中东和北非伊斯兰国家的构建中发挥着重要作用；而非洲大陆由于地理环境、人口密度等种种因素在历史上没有形成国家层次的制度体系，而西方殖民者又"不作为"，没有为非洲引进哪怕是那种能渗透和控制当地人口的"专制"制度,[①] 因此国家的构建是在获得独立之后才开始的，而且这种构建大多是在殖民者人为划定的疆界基础上开始的，千百年的部落传统难以在几十年的时间里销声匿迹。中国与中东和非洲国家不同的历史经验也可以说明同一个道理，那就是一个部落、族群或民族认同的形成和巩固是需要时间的。中国人不仅认同现代中国，也认同古代中国，认为它们是一脉相承的；同理，非洲和中东国家的部落或族群认同的"顽固不化"也自有其道理。在这方面，历史学学界对中东和非洲的部落研究对于丰富国际关系学界"民族国家"的想象及其理论批判无疑具有重要的意义。中东和非洲的部落社会是沿着民族国家道路继续前进，还是能够或者已经构成了当今世界诸种国家中的一种"新常态"？这是一个非常值得研究的重大理论问题和现实问题，也可能成为国际关系理论新的切入点。我们看到，历史学界已经有人在呼吁"走出传统民族国家史学研究的窠臼"；[②] 政治学界更有学者呼吁要"跳出西方'民族国家'的话语窠臼"[③] 了。

三 帝国的"反思"

虽然历史上的帝国似乎已成往事，但帝国的"阴影"从未消失，并在冷战结束后不断在人们的眼前浮现。[④] 进入 21 世纪，随着非西方大国的崛起，

---

① 〔美〕弗朗西斯·福山：《政治秩序与政治衰败：从工业革命到民主全球化》，第 27~29 页。

② 王立新、景德祥、夏继果：《走出传统民族国家史学研究的窠臼》，《光明日报》2017 年 2 月 13 日。

③ 马德普：《跳出西方"民族国家"的话语窠臼》，《政治学研究》2019 年第 2 期。

④ 冷战结束之初，美国迎来一家独大的"单极时刻"，曾被冠以"现代罗马"。参见〔德〕彼得·本德尔《美国：新的罗马》，夏静译，中央编译出版社，2005。

美国主导的"单极时刻"宣告结束，新一轮大国竞争正在卷土重来，有关帝国的谈论更加热烈。英国被描述为"未终结的帝国"，① 苏联解体被解读为"帝国的解体"，② 中国的快速发展则被刻画成"中华帝国的再造"，③ 甚至近代以来中国的发展变化也被描述为"躁动的帝国"，④ 尼尔·弗格森向美国领导人提出了帝国过度扩张的警告，⑤ 哈特和奈格里对冷战后的世界困局提出了以"帝国"为名的"后现代"处方，⑥ 沃尔特·拉塞尔·米德提醒人们英美及英语国家在当今世界中的"中流砥柱"作用，等等。⑦ 总之，从对苏联解体的解读到对 21 世纪政治秩序的探讨，"帝国热"在国际学术界风行一时。在中国，越来越多的历史学家、政治学家和法学家加入有关帝国的研究和讨论中来。帝国似乎成了认识和解决当今世界问题的一把钥匙和一种方案。尽管有关帝国的讨论涉及面极广，论者的观点见仁见智，但有这样几个方面值得国际关系学界关注。

第一，有关"民族国家"与"帝国"的关系。理论上讲，帝国也是一种"前现代"国际行为体，是人类历史上最重要的组织形式之一，同时也是当今世界的"底色"，因为几乎所有国家都曾经与新、老帝国有直接或间接的关系，都是从帝国或帝国殖民地"脱胎换骨"而来。⑧ 一般认为民族国家与帝国是二元对立的，并把帝国向民族国家过渡理解为一个线性的过程。但历史研究表明，帝国支配世界的时间至少延续到 20 世纪中叶；民族国家与帝国实际上是

① 〔英〕约翰·达尔文：《未终结的帝国：大英帝国，一个不愿消逝的扩张梦》，冯宇、任思思、李昕译，中信出版集团股份有限公司，2015。

② 〔俄〕德米特里·特列宁：《帝国之后：21 世纪俄罗斯的国家发展与转型》，韩凝译，新华出版社，2015。

③ Ross Terrill, *The New Chinese Empire：And What It Means for the United States*, Sydney：UNSW Press, 2003.

④ Odd Arne Westad, *Restless Empire：China and the World since 1750*, New York：Basic Books, 2012.

⑤ 〔英〕尼尔·弗格森：《帝国：不列颠世界秩序的兴亡以及全球性大国应汲取的教训》，雨珂译，中信出版社，2011。

⑥ 〔美〕麦克尔·哈特、〔意〕安东尼奥·奈格里：《帝国：全球化的政治秩序》，杨建国、范一亭译，江苏人民出版社，2008。

⑦ 〔美〕沃尔特·拉塞尔·米德：《上帝与黄金：英国、美国与现代世界的形成》，涂怡超、罗怡清译，社会科学文献出版社，2014。

⑧ 刘德斌：《世界的重塑：从"帝国"到"民族国家"》，《外交评论》2019 年第 6 期。

"两种原则,一种实践"①;英、法等殖民帝国与本土的民族国家事实上是欧洲国家的"一体两面",王赓武将其称为"民族帝国"(national empires)。② 克里尚·库马尔认为大英帝国是从英伦三岛开始的,英格兰人征服了苏格兰、威尔士和苏格兰,而法国才是一个"帝国民族"。有学者认为,③ 英法等殖民帝国本土的治理方式经验有些还是从殖民地的统治经验中借鉴而来的;而民族主义和民族国家的兴起也不是一个简单地从欧洲向全世界"扩散"的过程,相反受到18~19世纪之交美洲殖民地独立革命的影响;民族国家这种国家形式成为世界主流实际上只有五六十年,欧盟等政治实体又有取代民族国家,重回帝国之势。④ 还有学者认为,与帝国几千年历史相比,我们没有必要目的论式地认为民族国家就是唯一合理合法的国家形式。⑤

第二,帝国是世界历史上占主导地位的人类共同体组织形式。帝国与民族国家最大的差异,是其构成的多元化,不同的种族、民族和族群,不同的宗教和教派组织,不同的语言和文化族群组合在一起,构成一种稳定的组织形式。在人类几千年文明史演进的过程中,帝国很早就出现了。有学者甚至认为第一个殖民帝国出现于公元前3200~前1200年,即埃及人在非洲进行殖民扩张的时代。如果我们以欧洲的历史演进为基准,就会发现,从古代世界的阿卡德帝国、巴比伦帝国、波斯帝国、埃及的中央王国和新王国、亚历山大帝国、罗马帝国、孔雀与笈多帝国、秦汉王朝,到中世纪世界的拜占庭帝国、阿巴斯帝国、高棉帝国、蒙古帝国、明王朝、神圣罗马帝国、马里帝国、阿兹特克帝国和印加帝国,再到现代世界的奥斯曼帝国、莫卧儿帝国、葡萄牙帝国、西班牙帝国、俄罗斯帝国、大英帝国、法兰西殖民帝国、德意志第二帝国和纳粹德国以及清王朝治下的大清帝国和大日本帝国等,每个不同的时代,都是以几个庞

① Krishan Kumar, "Nation-states as Empires, Empires as Nation-states: Two Principles, One Practice?", *Theory and Society*, Vol. 39, No. 2, 2010, pp. 119-143.

② 〔新加坡〕黄基明:《王赓武谈世界史:欧亚大陆与三大文明》,刘怀昭译,当代世界出版社,2020。

③ 〔美〕克里尚·库马尔:《千年帝国史》,石炜译,中信出版集团股份有限公司,2019。

④ Cnajian Jan Zielonka, *Europe as Empire: The Nature of the Enlarged European Union*, Oxford: Oxford University Press, 2006.

⑤ 张杨:《旧邦新命:帝国转向之后的民族主义和国家研究》,《清华社会学评论》2017年第2期。

大的帝国对世界的支配为标志的。其中，现代帝国与古代和中世纪帝国的一大差别是：现代帝国都有一个核心民族作为支撑。[1]

第三，现代欧洲帝国都自视为罗马帝国的继承人，都有一种肩负重任的使命感，并且都认为自己所奉行的宗教信仰和价值观是普世的。帝国不仅要东征西讨，还要把自己的宗教信仰和价值观传播给世界。即使奉行伊斯兰教的奥斯曼帝国，在1453年攻陷君士坦丁堡之后，也自认为秉承了罗马的衣钵，以罗马帝国继承者自居，号称"罗马苏丹国"，尽管它要征服的就是罗马帝国留下来的基督教世界。奥斯曼人改称君士坦丁堡为伊斯坦布尔，土语中就是君士坦丁堡之意。西班牙人信奉天主教，认为自己的使命就是代表罗马向欧洲和美洲传播天主教，特别是宗教改革之后。奥地利的哈布斯堡王朝继承了西班牙表亲的精神，自命为反宗教改革的先锋，同时还作为欧洲文明的保卫者，守卫在防御异教徒土耳其人的最前线。君士坦丁堡被奥斯曼人攻陷之后，俄罗斯人将莫斯科称作"第三罗马帝国"，他们自视为拜占庭帝国覆灭后唯一的继承人，宣扬东正教，同时与奥斯曼帝国和英法在欧洲、中东和中亚竞争势力范围。英国是新教国家，在欧洲和美洲领导新教运动，对抗西班牙和法国的天主教势力。法国也是天主教国家，曾经与罗马教廷站在一起，但在1789年法国大革命后其"升华"了帝国的使命，自认为是全世界"自由"和"民主"的旗帜，将法国的帝国主义定性为"文明的使命"，后来不列颠人也如法炮制。[2] 但是，当这些欧洲帝国开始瓜分世界的时候，它们开始"捐弃前嫌"，共同为它们的殖民扩张和在殖民地的统治制造理论和法律根据，这就是所谓的"文明标准"。[3] 19世纪中叶之后，这些相互竞争的欧洲"列强"多次召开有法学家参加的国际会议，把全世界按照它们的价值观分成了"野蛮的""蒙昧的""不开化的""半开化的""文明的"等几个文明等级，实际上是把世界分成了"文明的"和"野蛮的"两部分。"这套文明等级的标准起初并不严格，不过，

---

[1] John Breuilly, "Modern Empires and Nation-states", *Thesis Eleven*, Vol. 139, No. 1, 2017, pp. 11-29.

[2] 〔美〕克里尚·库马尔：《千年帝国史》，石炜译，中信出版集团股份有限公司，2019，第27~28页。

[3] 这种文明标准成型于20世纪初，参见 Gerrit W. Gong, *The Standard of "Civilization" in International Society*, Oxford: Clarendon Press, 1984, p. 14-15。

经过几个世纪的沿革和变化，它慢慢地趋向稳定，及至 20 世纪初，形成了一套经典化的论述，被编入国际法原理，被写进政治地理教科书，被嵌入欧洲国家与其他国家签订的不平等条约，最后形成欧美国家认识世界的基础。"①1905 年日本击败沙皇俄国在欧洲引起震撼，这个"弹丸小国"挑战了"文明标准"的权威性。一位日本外交官讽刺地说："至少在现代的野蛮屠杀方面，我们证明了与你们的平等，随后便立马成了坐在谈判桌前的你们所谓的文明人。"② 当然，日本迅速接受了欧洲的"文明标准"，并把东亚邻国作为侵略对象，与欧美列强争夺殖民地。这些"文明标准"不断演化，实际上成了西方所主导的世界秩序核心价值观的起源。③

美国社会学家克里尚·库马尔因其撰写的《千年帝国史》而在 2018 年获得了一项历史学学术专著大奖——巴林顿·摩尔著作奖。他在这本书开头所说的话，点出了我们重新认识帝国的理由："帝国是反省当今迫切的政治议题的一面镜子，甚至是新的世界秩序诞生之前的阵痛。无论我们朝何方前进，似乎都要遭遇这些难题和境况，而历史上的帝国就是先例。"④

四 "西方"和"东方"的流变与转化

历史学研究的一条主线，就是西方和非西方之间的分野和演进。冷战结束之后，冷战意义上的"东方"已经不复存在，但"西方"依然保留下来。"西方"（the West）与"非西方"（the Rest）成为当今世界最基本的分野。但历史地看，"西方"和"非西方"都不是一个停滞和僵化的存在，而是一个动态的变化过程。"西方"曾经是发达和富裕的代名词，但著名历史学家尼尔·弗

① 刘禾主编《世界秩序与文明等级：全球史研究的新路径》，生活·读书·新知三联书店，2016，第 8 页。
② 〔英〕马克·马佐尔：《谁将主宰世界：支配世界的思想和权力》，胡晓姣、秦雅云、唐萌译，中信出版集团股份有限公司，2015。
③ 参见张小明《从"文明标准"到"新文明标准"——中国与国际规范变迁》，九州出版社，2018。
④ 〔美〕克里尚·库马尔：《千年帝国史》，石炜译，中信出版集团股份有限公司，2019，第 3~4 页。

格森在他 2006 年完成的《世界战争与西方的衰落》结尾处却这样写道："100年前，东西方的边界位于波斯尼亚和黑塞哥维那附近之间的某个地方，现在，这条边界线贯穿着每一座欧洲城市。"① 实际上，冷战结束之后，西方正在一步步地陷入一种"困局"之中，这种困局在 2016 年英国公投脱欧和唐纳德·特朗普当选美国总统之后进一步加剧了。世界秩序可能或正在因为西方的困局而发生一次重大的历史变化。

西方并不是一个固化的存在。人们一般把西方的历史当作欧洲历史的延伸。但实际上西方不仅是一个地理范畴，更是一个文化范畴，一个超越了欧洲地理界限的文化范畴。就西方的地理范围而言，共有 7 个不同版本讲述西方的地理变迁，从西欧一隅开始，逐渐向中东欧扩展，直到北美和澳大利亚等。② 实际上，在欧洲的历史上"希腊世界"与"拉丁世界"之间是存在根深蒂固的文化差异的，这种差异随着基督教大分裂而不断加剧。可以说，历史上的"西方"最早的核心部分是罗马帝国的西部，也就是拉丁教界或罗马天主教界覆盖的地方，与之相对的"东方"就东罗马帝国治下的希腊东正教界，而中欧的地位摇摆不定，德国以东部分被认为是分隔"文明"与"野蛮"的缓冲区。随着阿拉伯帝国的崛起，西亚、小亚细亚东部、埃及和北非这些曾经属于罗马帝国的"势力范围"相继转入伊斯兰世界，一度形成西方、东方和伊斯兰世界三足鼎立的局面。但是，欧洲东方和西方内部以及它们之间的博弈一直在进行。在西方是教权与王权的博弈；而在东方，"政主教从"的传统却得到了君士坦丁堡教会的默认。11 世纪罗马教皇发起的"十字军东征"，原本以讨伐伊斯兰世界的"异教徒"为旗帜，但最后却蹂躏了君士坦丁堡。地理大发现之后，随着欧洲国家开始殖民世界各地，欧洲基督教界内部东、西方区分的重要性才逐渐下降，欧洲演变成西方的代名词。美国虽然也参与了 19 世纪末列强对世界的瓜分，但一直与"旧世界"保持着一定的距离，因为从立国开始，美国就一直避免卷入欧洲列强的纷争中。美国参加一战并设计了战后世界

① 〔英〕尼尔·弗格森：《世界战争与西方的衰落》，喻春兰译，广东人民出版社，2015，第630 页。

② 〔美〕马丁·W. 刘易士、卡伦·E. 魏根：《大陆的神话：元地理学批判》，杨瑾等译，上海人民出版社，2011，第 36 页。

秩序，但战后又回到"孤立主义"状态。二战之后，随着冷战的开启，铁幕降临，西方的核心从西欧转移到美国，美国成为西方世界的主导力量，与西欧国家一起，形成了现代意义上的"西方"。美国的身份认同之所以发生了历史性的变化，是因为苏联的崛起及其对美国和西欧国家社会制度和生活方式所构成的挑战和威胁。冷战期间，东西方的对抗蔓延到全世界。关于冷战的性质一直存有争论。塞缪尔·亨廷顿就认为，无论一战、二战还是冷战，本质上都是西方的"内战"。① 关于西方地理和文化上的起源和发展，实际上有许多不同的观点和版本。布赖恩·莱瓦克等人认为，西方的历史并不是欧洲历史的延伸，西方是一个超越欧洲政治和地理界线的范畴。"西方文明"的很多要素其实源于地理上并不属于欧洲的地区，例如北非和中东。西方的起源、发展、成熟经历了一个连续的过程，是不同群体内部以及彼此之间一系列碰撞的融合与排斥的结果。②

"东方"的历史也经历了一系列的流变。实际上，今天我们称为"西方文明"的许多要素，并非源于地理上的欧洲，而是源自北非和中东这些今天被视为"东方"的地区。人们谈到"东方"，往往受到三个因素的影响。首先是"冷战思维"的影响。冷战期间，美苏两个超级大国以及资本主义与社会主义国家之间，以意识形态和社会制度的分野为标准，形成了壁垒分明的"东方"（the East）和"西方"（the West）两大阵营，并对"第三世界"国家发展模式的选择产生了重大影响。其次是爱德华·萨义德"东方学"的影响。按照萨义德的观点，所谓的"东方"（the Orient）实质上是欧洲人为了自身需要而想象和建构的"他者"，是西方殖民势力对东方世界的权力支配，是知识再生产的霸权架构，是殖民与被殖民、西方与东方不对等关系的体现。③ 再次是从欧洲人的视野出发，"东方"的地理位置也经历了一个不断变化的过程。最早的东方起源于东地中海，当时印度是欧洲人所知的东方世界的尽头，而中国对

① 参见〔美〕塞缪尔·亨廷顿《文明的冲突与世界秩序的重建》，周琪等译，新华出版社，2010。
② 〔美〕布赖恩·莱瓦克等：《西方世界：碰撞与转型》，陈恒等译，格致出版社、上海人民出版社，2013，前言，第1~5页。
③ 参见〔美〕爱德华·W.萨义德《东方学》，王宇根译，生活·读书·新知三联书店，2009。

于他们还只是一个传说。当东方和伊斯兰教具有相同意义后，它便由东地中海向外扩展。随着欧洲的殖民网络扩张到印度洋和南中国海，概念上的东方也随之向东延伸。19 世纪，印度渐渐取代了黎凡特地区成为东方学家研究的主要课题，中国也开始明确地出现在地图上。20 世纪中期，西方学者渐渐地倾向于将西南亚和北非排除在"东方"之外，有学者认为阿拉伯不完全属于东方，而是西方和真正的（更远的）东方之间的"媒介"。① 最后是冷战后非西方大国的崛起，特别是中国快速发展的影响。实际上，从 20 世纪 90 年代起，至少在西方大众的心目中，中国逐渐取代伊斯兰世界，成为"东方"的核心。进入 21 世纪，关于东西方关系的阐释发生了很大变化。美国学者安东尼·帕戈登在 2008 年出版的《两个世界的战争：2500 年来东方与西方的竞逐》，主要阐释的还是"传统"意义上东方和西方的竞争，中国在他的视野中并未占有重要位置，他还认为东西方之间的长期斗争不太可能很快结束，2300 年前希波战争划定的战线，几乎丝毫没有发生变化。② 而伊恩·莫里斯 2010 年发表的《西方将主宰多久：从历史的发展模式看世界的未来》，则纵横 5 万年，并主要把中国作为东方的代表，讲的都是中国模式与欧洲或欧美模式比较的故事。③

可以说，中国的快速发展已经超出了西方"想象"和"构建"的范畴，正在重振"东方"的概念。与日本和印度不同，中国是近代以来唯一快速发展但没有按照西方模式改造自己的东方大国。日本崛起之时就效仿西方，竭力"脱亚入欧"，虽然曾与西方大国"交手"，但在战败之后接受了美国的"政治改造"，现在已经"自视"和"他视"为西方的一部分；印度号称"最大的民主国家"，是西方国家的"天然盟友"。而中国的快速发展恰逢"后西方"时代的到来，甚至被认为是西方"衰落"主要原因。④ 东、西方关系迎来一个

① 〔美〕马丁·W. 刘易士、卡伦·E. 魏根：《大陆的神话：元地理学批判》，喻春兰译，广东人民出版社，2015，第 41~55 页。

② 〔美〕安东尼·帕戈登：《两个世界的战争：2500 年来东方与西方的竞逐》，方宇译，民主与建设出版社，2018，第 450 页。

③ 参见〔美〕伊恩·莫里斯《西方将主宰多久：从历史的发展模式看世界的未来》，钱烽译，中信出版社，2011。

④ 参见〔英〕马丁·雅克《当中国统治世界：中国的崛起与西方世界的衰落》，张莉、刘曲译，中信出版社，2010。

新的历史性时刻,有学者甚至判定以中美竞争和对抗为标志的新的国际关系两极格局已经形成。但历史地看,"西方"和"东方"始终在不断地扩展、演化和转化。与西方世界相比,东方世界更是一个变动不居的多元化的存在。尤为重要的是,随着冷战后经济全球化的不断深入,整个世界经济已经一体化了。就国家的性质而言,"西方"和"东方"或"非西方"的分别依然存在;但就社会的发展水平判断,"发达国家"和"发展中国家"的界限已经跨越了"西方"和"非西方"的分野,模糊了全世界。巴里·布赞和阿米塔夫·阿查亚认为世界经济与政治的"中心—外围"结构已经被打破,一批外围国家进入"中心"。[①] 世界各国各地区都在围绕全球产业链进行新的分化组合,在"西方"国家的大都市也存在"第三世界"。[②] 历史上第一次,"西方"和"非西方"同时都在经历"一体化""多元化""碎片化"的洗礼,这是国际关系百年变局的一个突出特征。

在这样一种形势面前,历史学家和政治学家需要共同回答两个重要的问题。第一个问题是东西方之间,或者说"西方"与"非西方"之间的分野是永恒的还是暂时的。安东尼·帕戈登认为"东方"与"西方"的区别是"与生俱来"的,永远也不会消失。[③] 威廉·麦克尼尔则为西方文明只不过是人类传奇中一段重要的插曲,任何理性的世界历史都不会遗漏它,但终究也只是一段插曲,所以把"西方"作为一个排除人类其他部分的概念是虚幻和危险的模式,"将西方置于人类的整体之中是我们要走的路"[④]。哪一种观点更为贴近历史的真实呢?第二个问题是该如何诠释"东方"的或"非西方"的历史经验,并将其置于一个能够把西方和非西方的历史经验融合在一起的新的世界历史阐释体系之中,从而为国际关系学的理论创新提供新的知识背景。

① Acharya and Buzan, *The Making of International Relations*: *Origins and Evolution of IR at is Centenary*, Cambridge University Press, 2019.

② 〔美〕帕拉格·康纳:《超级版图:全球供应链、超级城市与新商业文明的崛起》,崔传刚、周大昕译,中信出版集团股份有限公司,2016,第104页。

③ 〔美〕安东尼·帕戈登:《两个世界的战争:2500年来东方与西方的竞逐》,方宇译,民主与建设出版社,2018。

④ William H. McNeil, "What We Mean by the West", *Orbis*, Vol. 41, No. 4, 1997, pp. 523-524.

五 中国历史与世界历史的关系和经验

显而易见，重新解读中国历史与世界历史的关系成了新时代的一个重大课题。中国是历史悠久的文明古国，雄踞东亚之巅几千年。吉尔伯特·罗兹曼曾经说过："在世界历史的大部分时间里，中国一向是整个东亚社会的文化巨人，其所扮演的角色，集西方人在文化上无限景仰的古希腊罗马和作为现代欧洲文明中心而备受倾慕的法兰西于一身。"① 但是中国在近代落伍了。中国是在西方崛起的过程中由"东方巨人"沦为"半殖民地"国家，被"拖"入了西方主导的国际体系和世界秩序。但中国在不到一个世纪的时间里就实现了命运的"逆转"，重新发展为一个世界大国。中国与西方的遭遇、中国历史与世界历史的关系、中国再度振兴的历史经验，成为中国历史学界亟须研究的重大课题。

19世纪末20世纪初，中国的觉醒是从对中国历史的反思开始的。梁启超发起的"新史学"不仅仅是学术探讨，更是对中国历史命运的反思。20世纪20~30年代关于中国社会性质和社会史论战，更与中国的救亡图存和道路选择联系在一起。1949年中华人民共和国成立之后，马克思主义唯物史观取得"独尊"地位，成为中国史学和整个人文社会科学的主流形态，但之后渐渐僵化、教条，背离了马克思主义唯物史观的原则精神。改革开放后开始拨乱反正，吸纳和借鉴西方的史学理论和方法，西方史学重新进入中国。兰克学派、年鉴学派、历史人类学、英国马克思主义学派、全球史观乃至后现代主义史学，都对中国史学研究的发展变化产生了重要影响。随着中国的振兴，中国与世界的关系再度发生了历史性变化。中国历史学者正在摆脱"受害者"的心态，以更为宽广的视野来重新审视和定义中国历史与世界历史的关系。

首先，对"何为中国"的反思成为重构中国历史与世界历史关系的起点。"中国"不再是一个想当然的概念，而是需要重新思考和建构的对象。在"欧洲中心论"的影响下，中国长期作为世界历史上的"他者"而存在。有学者

---

① 〔美〕吉尔伯特·罗兹曼主编《中国的现代化》，国家社会科学基金"比较现代化"课题组译，江苏人民出版社，1995，第21~22页。

认为，19 世纪 40 年代之前"中国史研究在中国"，之后"在西方"，现在到中国研究"本土化"的时候了。[①] 改变中国"缺席"的状况和重塑中国的历史位置越来越成为历史学界重要的研究方向。[②] 其次，对中国历史与世界历史关系探索的视角更为丰富多彩，其中包括梳理历史上"中国"的概念，[③] "发现"文化中国/文明中国，[④] "寻路"地理中国，从过去模糊的边陲或边疆发现"内"（中心地区）与"外"（边缘地区）的中国，[⑤] 阐释中国人的多重认同，[⑥] 以及中国在亚洲和世界经济体系中的作用。[⑦] 此外，全球史或许可以为讲出一种全新的中国故事提供新的思路——既摆脱西方中心主义的桎梏，又超越以中国为中心的历史视野。[⑧]

随着中国的振兴，中国正在告别自己是近代帝国主义"受害者的心态"，显示"新时代"的历史定位和身份认同。中国的振兴也改变了世界的样貌，越来越多的学者在全球史观的视野下探索中国模式的独特性和中国在全球体系中的作用问题。事实上，"中国的振兴"突破了历史学与国际关系

---

① 王学典：《把中国"中国化"》，《中华读书报》2016 年 9 月 21 日。

② 这方面的作品非常多，黄兴涛：《重塑中华：近代中国"中华民族"观念研究》，北京师范大学出版社，2017，第 384 页；李怀印：《重构近代中国：中国历史写作中的想象与真实》，岁有生、王传奇译，中华书局，2013；王赓武：《更新中国：国家与新全球史》，黄涛译，浙江人民出版社，2016。

③ 李扬帆：《未完成的国家："中国"国名的形成与近代民族主义的构建》，《国际政治研究》2014 年第 5 期；黄兴涛：《重塑中华：近代中国"中华民族"观念研究》，北京师范大学出版社，2017。

④ 杜维明：《文化中国的认知与关怀》，台北稻乡出版社，1999；许倬云：《万古江河：中国历史文化的转折与开展》，上海文艺出版社，2006。

⑤ 刘晓原：《边疆中国：二十世纪周边暨民族关系史述》，香港中文大学出版社，2016；罗新：《从大都到上都：在古道上重新发现中国》，新星出版社，2018；姚大力：《追寻"我们"的根源：中国史上的族群及国家认同》，生活·读书·新知三联书店（香港）有限公司，2018。

⑥ 许纪霖：《家国天下：现代中国的个人、国家与世界认同》，上海人民出版社，2017；葛兆光：《想象异域：读李朝朝鲜汉文燕行文献札记》，中华书局，2014。

⑦ 〔法〕弗朗索瓦·吉普鲁：《亚洲的地中海：13～21 世纪中国、日本、东南亚商埠与贸易圈》，龚华燕、龙雪飞译，新世纪出版社，2014；林满红：《银线：19 世纪的世界与中国》，詹华庆等译，江苏人民出版社，2011；〔美〕彭慕兰：《大分流：欧洲、中国及现代世界经济的发展》，史建云译，江苏人民出版社，2004；〔德〕贡德·弗兰克：《白银资本：重视经济全球化中的东方》，刘北成译，中央编译出版社，2008。

⑧ 江湄：《重新将"中国史"置于"世界史"之中：全球史与中国史研究的新方向》，载刘新成主编《全球史评论》第七辑，社会科学文献出版社，2014，第 193～222 页；许倬云：《中国历史与世界历史的结合》，载许倬云《许倬云自选集》，上海教育出版社，2002，第 5 页。

学的界限。如何将中国历史嵌入世界历史的问题不仅是历史学界也是整个人文社会科学的重大课题；不仅是中国学界也是世界学术界的重大课题；不仅是历史问题也是现实问题。对中国模式、中国经验的总结都离不开对中国历史与世界历史关系的梳理和阐释，都离不开对一种新的中国史观和世界史观的阐释。

六　结语

1950 年 12 月，布罗代尔在法兰西科学院发表就职演讲中的一段话今天读来依然具有现实意义。他说："历史学首先要借助于尚且年轻的人文科学的进步，后者对于当前的局势更为敏感。在过去五十年间，我们目睹了一系列傲慢的人文科学的诞生、复兴和发展，而且它们的进展每一次都先使我们历史学家惊愕、困惑，然后则极大地丰富了我们，历史学或许是这些新近成果的最大的受惠者。"[①] 无疑，在过去一个世纪里，国际关系学科的发展变化给历史学的发展带来了许多新的不同的观念和方法，20 世纪历史研究的许多基本概念，如民族国家、国际体系、国际社会、世界政治和世界社会等，都是从国际关系学的最新发展中吸纳过来的。但是，历史学中的"国际关系"研究与国际关系学中的"国际关系"研究不尽相同。第一，历史学中"国际关系"的研究由来已久，历史学家对国家、国际关系行为体的关注是由这个学科的性质所决定的，因而历史学与国际关系学之间有着十分密切的联系。这种联系随着国际关系学的发展变化时有张弛，但不会隔断，甚至在全球化时代会以一种更为密切的方式展现出来。第二，历史学中的"国际关系"研究没有拘泥于国家和国家之间的互动关系，而是把国家与社会的关系、国家以外的国际关系行为体包括所谓的"前现代"国际关系行为体囊括进来，从而拓展和丰富了"国际关系"的内容，为冷战后国际关系研究向横纵两个方面的拓展提供了更为广阔的知识背景。第三，历史学在从"帝国"向"民族国家"过渡的研究中发

---

① 〔法〕费尔南·布罗代尔：《论历史》，刘北成、周立红译，北京大学出版社，2008，第 18~19 页。

现了国家的多样性和帝国与国家之间的互构关系，揭示了西方帝国强加给世界的文明标准和当今世界秩序的思想根源，从而为国际关系超越欧洲历史经验、承认国家的多样性和帝国与国家共时性的理论创新奠定了知识基础。第四，东西方关系一直是历史学关注的一个焦点，这不仅涉及"西方"与"东方"或"非西方"起源和演进的探讨，而且事关西方与非西方历史演进的阐释。迄今为止，世界史和大部分国家和区域的历史是以欧洲史为参照撰写出来的，尽管西方和非西方都有学者在为构建一个能够反映不同国家和地区不同历史经验的世界史和全球史的阐释体系而努力。这种努力将直接对其他学科乃至整个人文社会科学的理论基础产生影响。第五，其中，中国历史与世界历史关系的阐释具有极为重要的理论和现实意义。在过去一个世纪里，中国命运的逆转不仅给国际学术界提出了重新认识中国的课题，也给中国人自己提出了重新认识和阐释中国历史与世界历史关系、重新定位现实中国和现实世界的问题，为超越"民族国家"的、构建人类命运共同体的国际关系理论提供了必要的甚至超前的理论思考。以上五个方面既是历史学中"国际关系"研究的重要方面，同时又与国际关系的理论创新有着直接或间接的密切联系；既可以为国际关系研究提供学科的知识积累，同时也是国际关系研究中"历史路径"的重要组成部分。随着国际关系的愈益迅速地发展变化，国际关系学科的"扩容"势在必行。面对国际关系纷繁复杂的发展变化，国际关系学者必须面对越来越多超越传统意义上国际关系学的问题，有学者甚至提出这样的疑问："国际关系学的边界究竟在哪里？"国际关系学或许就应该是一个学科群。在这个学科群里，有国际关系学的"政治路径""经济路径""文化路径""社会路径""历史路径"等。历史学中的"国际关系"研究，无疑可以在构建中国特色国际关系理论的尝试中发挥重要作用。

国际关系研究"历史路径"的
必要性和可能性[*]

1919 年，为了防止一战这种人类自相残杀的悲剧重演而开启的国际关系学，今年迎来了它的百岁诞辰，而有关国际关系理论前景的争论也来到了一个转折点。尽管国际关系学依然是大学中的一个热门专业，人们想当然地认为其能在日趋纷繁复杂的世界中指点迷津，但这个被形容为"美国的社会科学"的学科先是沉湎于理论的构建和范式的争论，接着又在范式的争论之后消沉下来。有学者甚至围绕"国际关系理论的终结"这个问题展开了热烈的讨论。[①] 当然，也有西方学者早就指出西方国际关系理论的"五大弊端"[②]，并就重构国际关系学进行尝试，提出了"全球国际关系学"的建设方案；[③] 非西方国家的学者也在通过不同路径构建具有自身"特色"的国际关系理论。[④] 在所有这些反思、批判、构建和重构国际关系理论的努力之中，"进化思维、权利政治和多元理论"成为重要的发展取向，[⑤] 同时与国际关系演变的历史和现实更为直接地联系起来。[⑥] 笔者认为，西方主流国际关系理论遭遇如此尴尬局面的重

* 原载《史学集刊》2019 年第 3 期。

① Tim Dunne, Lene Hansen and Colin Wight, "The End of International Theory?", *European Journal of International Relations*, Vol. 19, No. 3, 2013.

② 巴里·布赞和理查德·利特尔认为西方关系理论有"现代主义""非历史主义""欧洲中心主义""无政府偏好"和"国家中心主义"五个缺憾。〔英〕巴里·布赞、理查德·利特尔：《世界历史中的国际体系：国际关系研究的再构建》，刘德斌主译，世界知识出版社，2017，第 17~21 页。

③ Amitav Acharya and Barry Buzan, *The Making of Global International Relations: Origins and Evolution of IR at Its Centenary*, Cambridge: Cambridge University Press, 2019.

④ 参见秦亚青《国际关系理论中国学派生成的可能和必然》，《世界经济与政治》2006 年第 3 期；石之瑜《国际关系研究的亚洲地方性学派》，《国际政治科学》2010 年第 3 期。

⑤ 秦亚青：《现代国际关系理论的沿革》，《教学与研究》2004 年第 7 期。

⑥ 任晓：《国际关系学的"去历史化"和"再历史化"——兼疑"修昔底德陷阱"》，《世界经济与政治》2018 年第 7 期。

要原因，是 1919 年以来世界的发展变化"撑破"了原来人们为解读国际关系所设计的框架，其内涵和外延的"野蛮"生长早已超越了任何一个单一学科的界限，[①] 而国际关系研究"历史路径"的拓展或将是其重获生命力的必由之路。

首先，所谓的"国际关系"研究自古以来就是历史研究的一部分，许多历史学家的经典著作也被视为国际关系研究的经典著作，如修昔底德的《伯罗奔尼撒战争史》和保罗·肯尼迪的《大国的兴衰》。国际关系学的产生也与历史学有不可分割的联系。[②] 出现这样一种情形的重要原因是，历史学一直把人类共同体的演进作为其研究的主要内容，这种共同体包括部落、城邦、帝国，当然也包括帝国之后的"民族国家"。从这个意义上说，历史学家从事"国际关系"研究并不是"越界"，而是其学科发展的传统，只不过历史学家研究国际关系的视角和方法与政治学家的视角和方法不同而已。其次，尽管国际关系理论在美国经历了一个"去历史化"的过程，但迄今为止，历史学中的国际关系研究与政治学中（在中国，国际关系、国际政治和外交学都是政治学的"二级学科"）的国际关系研究依然有许多重叠之处。特别是在地缘政治研究和大战略研究方面，历史学家和国际关系理论家更是难分彼此。许多杰出的地缘政治学家和战略学家既是国际关系领域中的领军人物，也是在历史学领域中享有盛誉的学者。最后，尤为重要的是，对比 1919 年，我们会发现，这个世界已经被"严重地"重新塑造过了：整个世界已经按照"威斯特伐利亚体系"的原则组织起来，新兴的"主权国家"几乎蔓延这个星球陆地和岛屿的每一个角落。这些"类似单位"表象的背后是传统的种族、族群、部落、宗教和教派利益的重新组合，是新兴政党的生死博弈，是血与火的"洗礼"。幸运的国家，这一过程绵延数千载；不幸的国家，几十年过去，依然在国家建设的路上踯躅前行。一战和二战之后建立起来的世界秩序都没有能够消解这些国家的"前现代遗产"，而冷战后经济全球化和社会信息化的冲击进一步加剧了国家内部和国家之间的贫富分化，民粹主义卷土重来，新的国家、区域和全

---

① 〔英〕贾斯廷·罗森博格：《政治学囚笼中的国际关系学》，宋鸥译，《史学集刊》2017 年第 3 期。

② 参见秦治来《探寻国际关系研究的历史学传统》，中国社会科学出版社，2010。

球治理模式，以及新的世界秩序，仍在探索、过渡乃至重构之中。解读这一被重塑的过程，既是历史学的责任，也是其他学科包括国际关系学的需求，更有可能是国际关系学的一个新的出发点。

历史学的特点决定了国际关系研究"历史路径"的可能性。当然，关于什么是"历史"和"历史学"，学界有诸多争论，也有诸多误解。对于许多其他学科的人来讲，历史或历史学的价值，就在于把历史的"真相"挖掘出来。但对于历史学家而言，历史和历史学远远没有那么简单，它是"现在与过去之间永无休止的对话"①。历史学的突出特点是它的双重特性：它一方面研究人类所有"过去"的活动，有着独立的研究对象、领域及理论和方法，被视为一个独立的学科；但另一方面，其研究领域又与政治、经济、文化和社会等相关学科的"历史"研究部分相交集。有学者甚至认为这种交集不仅仅涉及其他学科的"专门史"，而且涉及其他学科的"学科史"。② 这种"交集"为国际关系学"历史路径"的开辟奠定了基础。

当然，历史学与国际关系学在考察同一历史现象时的出发点不一样。历史学家往往倾向于把历史事件作为个案考察，努力挖掘出它的特殊性；国际关系学家则倾向于把历史的分析简约化，为理论抽象创造空间。③ 在这方面，法国学派的研究显然更为理解国际关系的复杂性、时间变量的多元性和空间维度的多层性。历史理解离不开时间、空间、记忆、过程等范畴。美国的国际关系研究中常常将这些因素默认为常量，而历史研究则将其作为影响国际关系的变量来考量。④ 这或许是西方主流国际关系理论陷入"僵局"的原因所在，也是国际关系研究"历史路径"的优势和价值所在。

与其他学科之间的"双边关系"不同，历史学与国际关系学在过去百年的演化中有一个共同特点，就是内涵和外延都"无休止地扩大了"。历史学已

---

① 〔英〕E. H. 卡尔：《历史是什么？》，陈恒译，商务印书馆，2007，第115页。

② 左玉河：《互鉴共赢：历史学与各专门学科的交叉渗透》，《史学理论研究》2016年第3期。

③ 参见"Symposium: History and Theory", *International Security*, Vol. 22, No. 1 (Summer 1997); Colin Elman and Miriam Fendius Elman, *Bridges and Boundaries: Historians, Political Scientists, and the Study of International Relations*, Cambridge: The MIT Press, 2001。

④ 刘树才：《历史地思考国际关系——国际关系史法国学派述评》，《国际关系研究》2014年第2期。

经不再仅仅专注于政治史,而且深入拓展到文化史、社会史、观念史以及环境史等领域,历史人类学和历史社会学更是已经各成体系,成为人文社会科学中的"显学"。历史学也不再仅仅在国别史和区域史方面下功夫,而且在跨国史和全球史方面进行了深入的探索。国际关系学也已经超出了"一个传统学科的想象",不仅把非国家行为体纳入研究范围,而且把目光投向资源、环境、人口和气候等领域,"国际"的范畴被大大拓展了。历史学和国际关系学都在向学科群的方向发展。随着全球化进程的不断深入,人们对世界的看法正在经历历史性的变化,人文社会科学都在重新匡正学科视角,跨越"国界"的束缚,而历史学和国际关系学最新"拓展"的领域有高度重合性,这也为国际关系研究"历史路径"的拓展创造了广阔的空间。

国际关系研究"历史路径"的选题有许多。首先是对"前现代"国际关系行为体的探究。尽管"威斯特伐利亚体系"已经蔓延全世界,但传统的种族、族群、部落、宗教和教派等所谓"前现代"国际关系行为体并没有完全消失,而是顽固地生存下来,并且在许多新兴国家的构建中发挥着至关重要的作用,特别是在中东、中亚、东南亚以及非洲等地区。在这些"构建中国家"中,种族、族群、部落、宗教和教派等历史的演进已有千百年,而"民族国家"是一种新鲜事物,许多国家的边界是西方殖民者人为制造出来的。当一个新兴国家的民族认同或国家认同一直不能取代或超越其他社会组织认同的时候,这个国家聚合的力量就难以平衡和战胜分裂的力量,国家建设的任务就依然没有完成。

其次,国家的历史类型学分析。关于国家的类型学分析,政治学已经有大量优秀作品问世,但大多没有把足够的历史背景纳入其中。面对当今国际关系的发展变化,有学者已经放弃对国家的专注,转而把目光投向族群研究。[1] 当然,被纳入国家体系的族群、部落和宗教或教派等社会组织,也已经与原初不一样了,进入了一个新的演化过程。国家的历史类型学分析,就是要把这种演进过程的取向分析出来,以对"威斯特伐利亚体系"的前景有一个明确的把握。笔者曾经以国家形成的历史背景为线索,把当今国家分成"已构建国

---

① 唐世平、王凯:《族群冲突研究:历程、现状与趋势》,《欧洲研究》2018 年第 1 期。

家"、"再构建国家"和"构建中国家",① 并试图对"构建中国家"再进行细分。这样一种分法也是初步的,期待学界同人提出更为精细的划分方法。

最后,人类共同体演进的逻辑。人类历史演进的过程,是"我者"与"他者"之间不断分化与转化的过程,同时也是不同类型和规模的共同体演进的过程。比如在古埃及,"我者"指的就是居住在古埃及疆域内有着相同的价值观念、语言文化、生活习俗和宗教信仰的群体,反之即"他者"。"我者"与"他者"的关系还有三个递进层次:相互对立;"我者"的构建以承认"他者"的存在为前提;二者非此即彼的关系也可以发生转化,并最终走向认同。② 古埃及文明中"我者"与"他者"的关系在人类历史的演进中是一种普遍现象。"我者"的聚合便是共同体形成的过程。关于共同体的定义有许多,③ 一般含义是"为了特定目的而聚合在一起生活的群体、组织或团队",既包括以血缘关系为纽带形成的氏族和部落,以婚姻关系和血缘关系为纽带形成的家庭,也包括以共同的经济生活、居住地域、语言和文化心理素质为纽带形成的民族。④ 实际上,当今世界并不仅仅是由"威斯特伐利亚体系"式国家构成的,而且是由千百个共同体聚合而成的世界,其中既包括在主权国家之内或跨国界存在的族群、部落、宗教或教派组织,也包括以超越主权国家为特征的区域共同体,如欧盟等。

"我者"与"他者"的转换,以及对人类共同体演进逻辑的研究,将为国际关系理论的"弹性"发展指明一个方向。国际关系理论不应该"僵化"在国家身上,因为现实的"国际"已经不仅仅是国家之间的互动,⑤ 而国家也只是人类共同体演进过程中的一个阶段性主导单位而已。如果要想消除国家之间

---

① 刘德斌:《国家类型的划分——拓展国际安全研究的一种思路》,《国际政治研究》2012年第1期。

② 郭丹彤:《对立、转化与认同——我者与他者关系的三个层次》,《光明日报》2017年11月13日。

③ 参见〔英〕齐格蒙特·鲍曼《共同体》,欧阳景根译,江苏人民出版社,2003;〔德〕斐迪南·滕尼斯《共同体与社会》,林荣远译,商务印书馆,1999。

④ 张志旻等:《共同体的界定、内涵及其生成——共同体研究综述》,《科学学与科学技术管理》2010年第10期。

⑤ 参见〔英〕贾斯廷·罗森博格《肯尼思·沃尔兹与列夫·托洛茨基——不平衡与综合发展视角下的无政府状态》,郑广超译,《史学集刊》2014年第3期。

的零和游戏，扩大国家之间的共同利益，消除"威斯特伐利亚体系"的"负面"作用，就必须逐渐推进"我者"与"他者"之间的转换，构建更大的超越国家边界的共同体，为"人类命运共同体"的形成奠定基础。这似乎已经超越了国际关系理论的初衷，但它与当初创建国际关系学科的目标——消弭战争，实现世界和平——相一致。

当代国际关系的历史叠加与观念重塑[*]

  当代国际关系的演进一直拖着"长长的历史阴影"。2020 年新冠病毒（COVID-19）大流行和"黑人的命也是命"（Black Lives Matter）大规模游行示威活动迅速从美国蔓延到欧洲，让这种历史的阴影更为明显地暴露出来，也让人们对当代国际关系有了更为清楚的认识。在 2019 年讨论国际关系研究"历史路径"的必要性和可能性的时候，我们更多地从学理的角度出发。今年讨论这个问题时，我们难以对当下"瘟疫与人"故事的重演和"黑白"种族矛盾的大爆发置若罔闻。新冠病毒大流行几乎是一个世纪前"西班牙流感"的重演，但传播速度更快，范围更广，杀伤力也更强。从 14 世纪蔓延欧洲的"黑死病"，到 20 世纪初的"西班牙流感"，再到今天的新冠肺炎疫情大流行，尽管科学技术在这期间取得了巨大的进步，但人类还是一次又一次地在疫情面前处于"防不胜防"的境地，不仅要为沉湎于"巨寄生"的游戏耗心费力，更要为应对"微寄生"威胁的"粗心"而付出代价，任由病毒改变我们的日常生活和社会秩序。① 在这次席卷欧美的抗议活动中，不仅"发现"新大陆的哥伦布和美国内战南部将领的雕像成为人们泄愤的目标，连美国的开国元勋华盛顿、杰斐逊和英国首相丘吉尔的雕像也"惨遭毒手"，种族恩怨之深令人瞠目，历史真没有走远。

一 当代国际关系中的历史叠加

  所谓的"当代国际关系"，通常指的是 1945 年二战结束之后的国际关系。

---

 * 原载《史学集刊》2020 年第 4 期。

 ① 威廉·H. 麦克尼尔把人类所受的威胁分为"巨寄生"和"微寄生"两种，"巨寄生"指的是人类与其他大型食肉动物、征服者等之间的关系，而"微寄生"指的是微生物比如细菌、病毒或多细胞生物与人体之间的关系。他认为，人类的大多数生命其实处于一种有病菌的微寄生和大型天敌的巨寄生构成的脆弱的平衡体系之中。〔美〕威廉·麦克尼尔：《瘟疫与人》，余新忠、毕会成译，中信出版集团股份有限公司，2018，第 6 页。

但随着冷战的终结和国际关系的发展变化，"当代国际关系"已经越来越被理解为冷战后的国际关系。冷战终结之时，弗朗西斯·福山预言了"历史的终结"，美国也在"单极时刻"的欢呼声中跃上了"现代罗马"的巅峰。但好景不长，"9·11"恐怖袭击之后美国反恐战争的"扩大化"让骄横的美国迷失了战略方向，陷入中东战事二十年不能自拔；2008年金融危机，又迫使美国发起二十国峰会，让一批迅速发展的非西方国家参与世界经济治理，这标志着美国和西方七国集团主导世界经济乃至政治的时代正在结束。然而世界局势将向什么方向发展依然晦暗不明，学界见仁见智。

在美国历史学家和外交评论家罗伯特·卡根眼里，1945年之后的国际关系是一种"冒进"，非常容易滑回到历史深渊里。早在2008年，他就发表过《历史的回归与梦想的终结》，认为随着大国民族主义的回归，自由主义与集权主义竞争的重现，伊斯兰教激进派与西方文化和强权这一古老斗争的又一次爆发，"世界再次回归正常"。① 2018年，卡根又发表了《丛林重生：美国和我们岌岌可危的世界》，认为以美国为首的自由主义世界秩序从来就不是一种自然现象，也不是人类普遍愿望的必然实现，而一直是一个巨大的历史偏差。因为直到1945年，人类的历史仍旧是一个充满战争、暴政和贫穷的漫长故事。1945年之后，"我们自己的时代也不乏恐怖、种族灭绝、压迫和野蛮行径。然而，以历史标准，包括最近的标准来看，它相对来说是一个天堂"。根据他的推断，世界秩序将重回20世纪30年代，重回历史，重回丛林世界。②

罗伯特·卡根的观点可能过于"悲观"，但人们经常忽略的一件事，即当今国际关系的演进确实拖着"一条长长的尾巴"，实际上与近代以来的历史处于"叠加"状态。这种叠加状态表现在许多方面。

首先，"国际行为体"组织形态呈现"叠加"状态。在过去一百年的时间里，虽然世界已经按照"民族国家"的模式重新组织起来了，但部落和族群等"前现代"国际行为体依然在当代国际关系中发挥着重要作用。在中东和

① 参见〔美〕罗伯特·卡根《历史的回归与梦想的终结》，陈小鼎译，社会科学文献出版社，2013。

② 参见 Robert Kagen，*The Jungle Grows Back：America and Our Imperiled World*，New York：Alfred A. Knopf，2018。

非洲乃至东南亚的一些国家，部落组织并没有随着"现代国家"的建立而消失，而是"顽强"地生存下来，并且在国家政治生活中发挥着重要作用。有些国家设有部落地区，实行高度自治。有些国家的政党组织，实际上是部落组织或部落联盟的变种。霍布斯鲍姆对这些国家的现状有过深刻的描述。① 更重要的原因是，在中东和非洲，许多国家不同部落的历史已经延续几百年甚至上千年，而作为现代"民族国家"的历史刚刚几十年，人们对部落的认同依然高于对国家的认同，或者说对国家的认同还没有取代或超越对部落的认同。

其次，曾经在历史上发挥重大作用的宗教势力"卷土重来"，重新在当代国际关系的演进中发挥愈加重要的作用。1648 年威斯特伐利亚体系出现后，宗教在现代主权国家中逐渐失去了原来的影响力。在威斯特伐利亚体系"拓展"到全球的过程中，宗教在新兴国家的构建中也被剥夺了主导权。即使在政教合一的伊斯兰世界，不同的地区和部落，在非殖民化的过程中也通过不同渠道，按照"民族国家"的方式组织起来。奥斯曼帝国的有识之士参照欧洲的"民族国家"模式，放弃帝国传统和普世主义，构建了土耳其的民族主义思想，为凯末尔革命提供了理论依据，使奥斯曼帝国的核心部分蜕变成一个世俗的现代国家。② 但是，随着 1979 年伊朗伊斯兰革命的成功，开启了全球宗教复兴、宗教政治化和国际关系"宗教回归"的进程，并且主要表现在发展中国家，与国家认同形成对冲，成为各种国内和国际冲突的根源，使"民族国家"不再是世界舞台上唯一的或者说不再是最重要的角色了。③

最后，国家开始重新确认自己的历史认同和身份定位。冷战结束之后，一方面，我们看到许多发展中国家因为族群与宗教或教派冲突陷入困境，甚至分裂成不同的国家；另一方面，我们也看到许多国家开始重新确定自己的历史认

---

① "过去 30 年来，基于种种原因，领土国家失去了对于军事武力的独占性，不再垄断先前维持稳定的多数权力，而且有越来越多的国家失去了基本的合法性，甚至不具备众所公认的恒久性，使得政府无法依此将赋税和兵役等负担加诸志愿的公民身上。"参见〔英〕艾瑞克·霍布斯鲍姆《霍布斯鲍姆看 21 世纪》，吴莉君译，中信出版社，2010，第 11 页。

② 刘中民：《从普世主义与帝国传统走向民族主义——齐亚·格卡尔普的土耳其民族主义思想研究》（下），《西亚非洲》2008 年第 9 期。

③ 徐以骅：《21 世纪以来宗教与国际关系研究的发展——徐以骅教授访谈》，《国际政治研究》2017 年第 4 期。

同和身份定位，目的是把当下的"自我"与历史上的"自我"更为有机地协调起来，重整在 20 世纪"重组"过程中"流失"的凝聚力与号召力。作为一个国家、一个民族和一种文化的历史传统，在一个全球化和信息化的世界上成了宝贵的精神财富。在这个过程中，大国的"异动"尤其引人注目。俄罗斯重新使用白、蓝、红三色国旗，并为在十月革命中被杀害的沙皇尼古拉二世举行了隆重的国葬，东正教也重回俄罗斯政治和社会生活。土耳其放弃了对"欧洲国家"地位的追求，转而高调介入中东事务，并允许伊斯兰教在社会生活中发挥更大的作用，位于伊斯坦布尔的圣索菲亚大教堂博物馆也将被恢复清真寺功能。2016 年英国脱欧公投曾被视为一场"闹剧"，但今天看来，何尝不是英国向其传统身份和定位的回归？美国要把战略重心转向东亚，与欧盟国家渐行渐远，不排除美国领导人个人的因素，但也是美欧关系的一种"历史回归"，因为美国是在二战之中才与"旧大陆"捐弃前嫌，进而构建起一个"新西方"的。中国的振兴不仅被许多学者视为当代国际关系中最大的地缘政治事件，更被视为东西方力量对比的"常态"恢复，并将挑战和颠覆西方主导的世界秩序。①

无论是部落与族群的"残存"，宗教势力的"坐大"，还是非西方大国的"和平崛起"以及其在世界舞台上的"回归"，都超出了西方主流国际关系理论阐释的范畴，都是当代国际关系体系所遮盖和叠加的历史压力的释放。这些正在发生的故事被视为"历史的回归"，主要是因为人们已经习惯于以美国和西方国际关系理论的视角看待这个世界。而这是一个由"类似的""民族国家"构成的世界，这是一个宗教的权力和影响已经被威斯特伐利亚体系"放逐"的世界，这是一个按照西方大国兴衰的逻辑所塑造和演进的世界。正如约翰·M. 霍布森所言，国际关系学是通过"大传统"叙事的非历史透镜来概念化的，它沿着一条统一的线性路径向前推进，对每一个大理论都做了非历史性的理解，消除了任何重大的差异或非连续性。② 而实际上，这个世界要比西

---

① 马丁·雅克对中国的"崛起"做了最为绘声绘色的描述。参见〔英〕马丁·雅克《当中国统治世界：中国的崛起与西方世界的衰落》，张莉、刘曲译，中信出版社，2010。

② John M. Hobson, *The Eurocentric Conception of World Politics: Western International Theory, 1760–2010*, New York: Cambridge University Press, 2012, p. 327.

方国际关系理论所能观察和定义的复杂得多。

二 跨国史研究的启发意义

在国际关系理论界，迄今对欧洲中心论的揭发和批判可能主要还是来自欧洲学者。除了巴里·布赞、理查德·利特尔对欧洲中心主义五种缺憾的批判之外，[①] 约翰·M. 霍布森更是把欧洲中心主义与"科学的种族主义"结合在一起，对欧洲中心主义进行了比较彻底的"清算"，并强调"欧洲中心主义"是一种多种形式的话语体系，即家长主义（亲帝国主义、欧洲中心制度主义）、反家长主义（反帝国主义、欧洲中心制度主义）、进攻性（亲帝国主义、科学种族主义）、防御性（反帝国主义、科学种族主义），并呈阶段性变化。[②] 这对于我们重新审视对西方国际关系理论的批判和借鉴，具有非常重要的启发意义。但是，欧洲中心主义已经形成了一种观念，这种观念在每一个学科都有表现。这种观念的基础，是以欧洲的历史演进过程为标准和核心的世界史观。这种世界史观根深蒂固，构成了人文社会科学的基础。如果这种以欧洲历史演进为标准和核心的世界史观不发生改变，对欧洲中心主义的批判就将永远停留在表面。

从古代的"世界史"，到18~19世纪的"民族国家"史，再到20世纪后期的跨国史和全球史，西方历史学发展变化也对非西方世界的历史研究产生了很大影响。特别是在寻求民族和国家构建的过程中，"民族国家"史的编撰具有不言而喻的重要意义，也表现出不同的路径和风格。从某种意义上讲，历史学家可以说是"民族国家"的"助产士"和"辩护人"。[③] 实际上，当20世纪后期西方历史学家试图突破欧洲中心主义的限制，并开始撰写新世界史或全球史的时候，许多非西方国家的历史学家依然在"民族国家"史的"原

---

① 〔英〕巴里·布赞、理查德·利特尔：《世界历史中的国际体系：国际关系研究的再构建》，刘德斌主译，世界知识出版社，2018，第19~20页。

② John M. Hobson, *The Eurocentric Conception of World Politics: Western International Theory, 1760-2010*, pp. 5, 31, 131, 183, 255.

③ 参见〔德〕斯特凡·贝格尔主编《书写民族：一种全球视角》，孟钟捷译，浙江大学出版社，2018。

野"上深耕，因为这些"民族国家"的构建依然任重道远。时至今日，无论在西方国家还是在非西方国家，专注于本国史研究的历史学家依然是多数。但是，历史学家的视角正在变化，越来越多的历史学家开始重新审视"民族国家"史研究，并且越来越将本国的历史置于一个互动的世界背景中去考察，从而赋予"民族国家"史以新的意义。

在从"民族国家"史向全球史演进的过程中，跨国史研究对克服欧洲中心主义的束缚，重构世界历史阐释体系，创新人文社会科学理论，包括国际关系理论，或许尤其具有启发意义。因为跨国史主要展示的是近代以来不同国家和区域之间的交流与互动，与国际关系研究愈益扩展的范围有相吻合之处，能够让"国际关系"建立在一个更为丰富和宽广的历史叙事之上，至少可为国际关系理论的概念创新提供有益的参考。以入江昭和皮埃尔·伊夫·索尼尔主编的《帕尔格雷夫跨国史词典》为例，这本词典把 19 世纪中期以来跨越不同的民族、社会以及在不同民族共同体之间、之上和之外的流动和联系通过 10 张树形图的核心关键词表现出来，其中包括人员流动（people flows），世界秩序和失序（world order and disorder），文字、声音和图像（words，sounds，images），生产和贸易（production and trade），行星地球（planet Earth），空间与时间（space and time），身体与灵魂（body and soul），概念和流程（concepts and processes），组织和原因（concepts and processes），以及知识（knowledge）。这些关键词实际上形成了 10 个根概念，在这 10 个根概念之下，入江昭和皮埃尔·伊夫·索尼尔又进行了几个层次的延伸，把目前国际关系词典未曾包含的而在现实中又已经发生并对当代国际关系产生重大影响的内容几乎都囊括进来了。

跨国史研究对于国际关系研究具有许多启发意义。首先，它所关注的现象都是流动的，所使用的概念既可以描述历史，也可以定义现实，在历史和国际关系研究方面可以发挥桥梁作用；其次，它所关注的主题远远超过传统国际关系研究的框架，为当下国际问题的来龙去脉提供了比较清晰的解释；最后，跨国史研究展示的是一个更为"立体"和"平衡"的世界进程，这对于人们跳出欧洲中心主义的视野，超越传统国际关系理念的束缚，乃至形成更为深远的战略意识，都具有非常重要的启发意义。

三　作为一种"观念"的"共同体"

国际关系的理论创新有赖于跳出欧洲中心主义的世界史观，挣脱"威斯特伐利亚束身衣"的桎梏，将理论研究的视角延伸到欧洲"民族国家"的范畴之外。但这里有一个至关重要的难点：国际关系理论研究的基点能够是部落族群吗？能够是宗教和教派吗？能够把西方大国和非西方大国区别开来吗？重塑国际关系理论研究基点的一个尝试是把"共同体"的概念作为一种观念吸纳过来，为当代国际关系研究构建一种更为开放和富有弹性的共同体关系理论。

"共同体"（community）对中国学界来说是个舶来品。1932 年，美国社会学家帕克（R. E. Park）来华讲学之前，"community"和"society"曾经都被译作"社会"，后来费孝通等人才开始把"社会"一词保留给"society"，"community"则被译为"社区"，后来又有人译作"社群"。随着 20 世纪人文社会科学的不断发展，"community"的内涵也不断扩大，从部落、族群和宗教到国家和国家集团，都有人冠以"共同体"之名。威廉·H. 麦克尼尔 1962 年的成名作《西方的兴起》，副标题就是"人类共同体史"。因此，定义"共同体"就成了一项极具挑战性的任务。欧阳景根在翻译齐格蒙特·鲍曼的《共同体》一书时，根据作者所阐释的思想，为共同体所做的概括基本涵盖了"共同体"的多重含义，即共同体"指社会中存在的、基于主观或客观上的共同特征（这些共同特征包括种族、观念、地位、遭遇、任务、身份等等）（或相似性）而组成的多种层次的团体、组织，既包括小规模的社区自发组织，也可指更高层次上的政治组织，而且还可能指国家和民族这一最高层次的总体，即民族共同体或国家共同体。既可指有形的共同体，也可指无形的共同体"①。

"共同体"既可以作为一个概念，也可以作为一种观念，用以理解和解读国际关系的历史演进。我们可以将"国际行为体"作为主要研究对象，超越

---

① 〔英〕齐格蒙特·鲍曼：《共同体》，欧阳景根译，江苏人民出版社，2003，译者注，第 1 页。

古代、中世纪和近现代等以欧洲历史演进为基准时间的限制，把从部落、城邦、"帝国"到"民族国家"再到区域共同体的历史演进，置于"国际行为体"的序列里进行考察，探索不同形态的人类共同体在不同历史环境中演进的规律和经验，为人类共同体的理论构建提供理论思考，为国际关系理论乃至人文社会科学理论发展提供一种新的中国视角。实际上，我国早有学者将"国际共同体"的理念引入国际关系史研究。① 在西方学术界，也有学者尝试把国际关系理论与共同体研究结合起来，美国著名学者埃齐奥尼认为，美国主导的自由主义国际秩序"旧制度负担过重"，提出了"国际关系的共同体主义理论"（a communitarian theory of international relations）设想，并"创造"了"想象的全球共同体"（imagined global community）这样一种概念。② 当然，以新的共同体理论来阐释国际关系的演变是一项艰巨的工程，不能一蹴而就。

以共同体为切入点重构国际关系的历史演进和理论框架，在于共同体作为一种"组织"概念有其他概念所没有的特点和优势。第一，它的内涵和外延是富有弹性的，可以涵盖古往今来人类历史上几乎所有的组织形式；第二，随着近代以来人类社会的发展变化，出现了人的身份认同越来越多样化和复合化的现象，不同的共同体之间的重合与叠加使越来越多的人通过不同的纽带联系在一起，这可以使共同体的概念"与时俱进"，沟通未来；第三，尤为重要的是，共同体中"我者"与"他者"之间的关系是可以相互转化的，在"民族国家"主导世界的时代，塑造新的共同利益，拓展新的纽带，不断地实现"我者"与"他者"的相互转化，形成更为广泛的利益共同体，或许是当代国际关系走出各种"陷阱"的必由之路。

当代国际关系的"历史叠加"是一种无法回避的"现实存在"，以欧洲历史经验为出发点的西方国际关系理论把现实世界"现代化"的同时也将其简单化了，我们不得不重新审视这个世界。国际关系研究"历史路径"的必要性和可能性无须赘述。实际上，"历史政治学"的兴起也是中国学者跳出欧洲

① 任东波：《从帝国到国际共同体——东亚国际体系理论的批判与重构》，吉林大学 2008 年博士学位论文。

② Amitai Etzioni, *From Empire to Community: A New Approach to International Relations*, Basingstoke: Palgrave Macmillan, 2004, p. 214.

中心主义的窠臼、重新认识中国历史与现实的产物。国际关系研究的"历史路径"可以有许多种，跨国史研究的概念和视野对当下国际关系研究的拓展具有非常重要的启发意义，而"共同体"概念的介入，"共同体"观念的释放，以共同体视角阐释国际关系的发展变化，或许可以为国际关系理论的创新和发展，提供一个更为广阔的发展前景。

扬帆远航正当时：中国国际关系学科
70 周年回顾与展望[*]

中华人民共和国成立 70 年来，中国国际关系学科经过几个阶段性的发展变化，正在迎来一个全面发展的新时期。在中华人民共和国成立 70 年之际，回顾和展望 70 年来中国国际关系学科的发展历程，具有非同一般的现实意义。因为冷战的终结和中国等一批非西方国家的迅速发展，不仅改变了世界经济与政治力量的对比，对美国和西方主导的世界秩序提出了挑战，同时也对西方主流国际关系理论的种种假设和前提提出了挑战，为新时代中国国际关系学科的发展注入了新的活力。

一 中国国际关系学科建设的起始

中国共产党人一直十分重视国际形势的发展变化。新中国成立之前，毛泽东同志就撰写过一系列有关国际形势的文章和著作，并对中国共产党夺取全国政权的战略和策略进行过深刻的阐释。新中国成立之后，以 1979 年为标志，中国国际关系学科的建设和发展可以分成两个时期：1979 年之前为中国国际关系学科建设的起始阶段；1979 年之后为中国国际关系学科迅速发展和制度化建设时期。1950 年，中国人民大学最早建立了国际关系科（外交系）；1955 年，根据党中央、国务院的有关指示，以中国人民大学外交系为基础，成立了直属于外交部的外交学院。1964 年，根据中共中央《关于加强研究外国工作的报告》（中发〔63〕866 号）的文件精神，北京大学、中国人民大学的政治系改为国际政治系，复旦大学设立了国际政治系。梁守德先生认为这标志着中

---

* 原载全国哲学社会科学规划办公室网站，http://www.nopopss-cn.gov.cn/n1/2019/1022/c219470-31412984.html。

国国际关系学科建设的开始。"老三家"在学术研究上各有侧重：北大国际政治系侧重亚非研究；中国人大国际政治系侧重苏联东欧研究；复旦大学国际政治系侧重欧美研究。从这种"分工"也可以看出当时中国国际关系研究的重点和力量分布。与此同时，一批国际问题研究机构也陆续在中国高校和党政机关建立起来。"文革"期间中国的国际关系学科建设也遭遇严重损失，几乎陷入停滞状态。但这一时期中国领导人对国际关系的变化依然保持着高度关注。毛泽东主席在 1974 年提出了"三个世界"的理论，在世界上产生了极大影响。另外，从新中国成立开始，包括"文化大革命"期间，中国不但在反对美苏争霸和支援亚非拉人民的斗争方面投入了很大精力，翻译出版了大量有关苏联和第三世界国家的政治和历史著作，而且对美国重量级战略思想家也一直保持着密切关注，乔治·凯南、迪安·艾奇逊、约翰·福斯特·杜勒斯、华尔特·惠特曼·罗斯托、亨利·基辛格、赫尔曼·康恩和小阿瑟·施莱辛格等人的著作也被翻译出版，"内部发行"，如亨利·基辛格的《核武器与对外政策》和《选择的必要》等。这些都为改革开放之后国际关系学科的建设奠定了一定的基础。

二 中国国际关系学科的迅速发展与制度化建设

1978 年开始到改革开放持续深入，并迅速改变了中国的精神面貌，国际关系学科进入了一个迅速发展和制度化建设时期。1979 年春，邓小平在中共中央召开的党的理论务虚会上指出："政治学、法学、社会学以及世界政治的研究，我们过去多年忽视了，现在也需要赶快补课。"[①] 国际关系的学科建设也就是在这样一种背景之下迅速发展起来。

首先，国际关系学科的"制度化"建设不断取得进展，使中国发展为当今世界国际关系人才培养和学术研究的重镇。国际关系学是一个比较年轻的学科，一般把 1919 年英国威尔士大学阿伯里斯特威斯分校国际关系教席的设立作为这门学科诞生的标志，也是学科"制度化"建设的开始。在中国，改革

---

① 《邓小平文选》第 2 卷，人民出版社，1994，第 180~181 页。

开放之后，除了"老三家"的国际政治系相继"升格"为国际关系学院之外，多数教育部直属重点大学和部分省属大学也开设了国际政治专业，并相继建立了国际关系学院；一大批综合性、区域性和专业性的国际关系研究机构、学术杂志和学术组织创办起来。国际关系领域的学术会议更是"琳琅满目，目不暇接"，全国性、区域性、专业性、专题性、国际性的学术会议几乎每天都有。越来越多的西方国际关系学界领军人物频繁造访中国，与中国的学者和学生对话。中国学界的声音也越来越引起西方学界的重视，中国人对世界的看法已经不容忽视了。

其次，中国国际关系学界一直以中国与世界关系的变化为主线，解读世界局势的发展变化，为中国的改革开放与和平发展提供智力支持。从新中国成立初期对苏东国家和亚非拉的关注、对世界无产阶级革命可能性的探讨，到对"三个世界"理论的阐释、对帝国主义和霸权主义的批判；从对"后冷战"时代世界大势的跟踪和推测、对苏东剧变历史和现实根源的挖掘，到对国家利益定义的争论、对中国和平发展"机遇期"的研判；从对中国"和平崛起"可能性和战略选择的争论，到对中国的国际定位与国际体系和世界秩序之间关系的争论，及至最近对中美关系"质变"和"修昔底德陷阱"的讨论；等等。对于当今世界面对的许多问题，中国学界的研究与国际学术界同步，甚至发挥着引领作用。如有关"历史的终结"和"文明冲突"的讨论，有关"新安全观"的讨论，有关环境、资源和"人口爆炸"与人口老龄化的讨论，有关"全球化"、"逆全球化"和"新全球化"的讨论，有关智能信息技术对国际关系的"颠覆性"影响的讨论，等等。中国国际关系学者的著作和论文，不仅为中国政府内外政策的制定提供了相关的背景知识和政策建议，而且也对塑造中国社会的开放心态和世界眼光发挥了重要的促进作用。

最后，在学习和批判西方国际关系理论的基础上，坚持以马克思的历史唯物主义为指导，构建国际关系理论"中国学派"的努力已经取得初步成果。陈乐民、陈汉文、倪世雄和金应中等老一代学者引介西方国际关系理论的著作，拓宽了中国学界的视野。王逸舟等中生代学者的著作为厘清西方国际关系理论的发展脉络和学派分野做出了重要贡献。在学习、批判和借鉴的过程中，中国学界也直接参与西方国际关系理论最新思潮的讨论，如对米尔斯海默进攻性现实主义、温特建构主义和约瑟夫·奈软实力理论的讨论和争论。21 世纪以来，中国的国际关系学进入了研究方法自觉和体系性理论创新阶段，产生了以秦亚青"世界政治的关系理论"、赵汀阳"新天下主义"、阎学通"道义现实主义"（阎学通并不赞同"中国学派"的提法，认为国际关系理论是普适性的）和上海学派的"共生理论"为标志的国际关系理论"中国学派"的最新成果。这些成果不仅在中国学界产生了很大影响，而且引起了国际学术界的广泛关注。"中国学派"解读国际关系理论的视角、方法和逻辑不尽一致，但都是在汲取了中国的思想文化和历史经验的基础上构建起来的。整体来看，在学习、批判和借鉴的过程中，主要以中生代学者为领军人物的国际关系理论各个"分支"也都发展起来，其中包括当代马克思主义国际关系理论、国际政治经济学、建构主义、英国学派、女性主义、国际政治心理学、国际关系的定量分析和智能信息技术与国际关系等。现在的中国国际关系学界可以说是"五世同堂"，一批 20 世纪 40 年代出生的国际关系学者依然笔耕不辍，活跃在各种学术会议上；而一批 80 年代出生的学者也已经成长起来，成为国际关系学界的有生力量。许多到访中国的西方学者对中国有如此多的学生和学者痴迷于国际关系学感到震惊。这或许是迅速发展的中国独有的现象。2003 年约翰·米尔斯海默第一次到访中国的时候说，只有真正的世界大国才能产生真正意义上的国际关系理论，过去是英国和美国，现在轮到中国了！

三　中国国际关系学科的发展趋势

21 世纪以来，特别是 2008 年金融危机以来，世界形势已经发生了历史性变化。美国和西方主导的世界秩序正在解体，世界面临百年未有之变局，而中国的快速发展被视为这个变局最主要的推动力量。正确解读这个正在变化着的世界，既是国际关系学面临的重大课题，也是学科理论创新难得的历史机遇。

首先，解读当今世界已经成为国际关系理论创新的起点。近年来，国际形势变化频仍，"黑天鹅"和"灰犀牛"事件不断，展现在我们面前的是一个"不确定的世界"。一方面，大国竞争加剧，地区冲突频仍，西方发达国家社会的"极化"推高了民粹主义浪潮，特朗普政府的"美国优先"政策加剧了世界的分裂，国际关系似乎正在重回一个大国对抗和地缘政治冲突的时代；另一方面，经济全球化和社会信息化进程的不断深入，已经使世界各国、各地区紧密地联结在一起，世界在经济、安全和环境等方面实际上已经"一体化"了，世界各国之间，特别是主要的贸易伙伴之间，已经形成了一损俱损、一荣俱荣的利害关系。可以说，这个世界既不是 1919 年的世界，也不是 1949 年和 1989 年的世界，而是一个已经被冷战后经济全球化和社会信息化所重新塑造过的世界。在这个过程中，"中心"与"外围"的力量对比发生了历史性变化，非西方大国进入了"中心"。新的力量对比正在塑造一种新的国际关系格局，美国和西方的世界主导地位已经丧失，但西方国家特别是美国还难以认同新现实，世界正处在一个新的"分"与"合"的十字路口："分"的必然结果是世界重新陷入大国纷争，群雄并起，地区冲突不断，以联合国为核心的全球治理体系陷入更加无能为力的状态；"合"的结果世界各大力量中心重新定位彼此的关系，在改善全球治理体系方面形成更多的共识，共同推进一种开放、包容和多元的世界秩序。习近平主席早就指出，世界处于十字路口，并为破解当今世界治理的难题提出了几个"中国方案"，其中包括亚投行的建立和"一带一路"倡议的施行，核心是构建"人类命运共同体"，国家之间实现共赢共享。习主席的观点和主张已经在世界上引起强烈反响，2018 年达沃斯世界经济论坛的主题就是"在分化的世界中打造共同命运"。但"分"的冲动与"合"的趋势还要磨合很长时间。面对这样一种国际关系的"新常态"，国际关系学原有的概念、观点和理论有的可能已经"过时"，有的需要被赋予新的含义。如何定义这样一个世界，如何解读这样一个世界，如何为这一世界问题的解决寻找答案，已经成为人文社会科学，特别是国际关系学所面临的重要任务。

其次，如何超越西方国际关系理论的局限，应该是中国特色国际关系理论或"中国学派"题中应有之义。国际关系学诞生于一战之后，一般把 1919 年英国威尔士大学国际关系教席的设立视为国际关系学诞生的标志。但正如有西方学者所指出的那样，20 世纪初产生的国际关系学是欧洲历史经验的产物，体现的是世界体系中"核心"国家的意志，带有种族主义和社会达尔文主义色彩。二战之后，国际关系理论研究的重镇从英国转到美国，逐步形成"现实主义"、"自由主义"和"建构主义"三大流派，并在国际学术界形成"主流"地位。人们所说的"国际关系理论"几乎就是美国的国际关系理论。但冷战在 1991 年以苏联解体的方式终结，远远超出了西方国际关系理论的预期，让美国的国际关系理论家们陷入尴尬境地。冷战后"建构主义"的兴起，为美国国际关系理论的发展注入了新的活力，但有关"建构主义"辩论的"高潮"过后，"范式之争"就归于沉寂，以至于有人发出了"国际关系理论终结了吗？"的质疑。世纪之交"英国学派"的复兴，把历史的和社会的因素重新注入国际关系理论研究，弥补了美国学派的一些不足。但新一代英国学派的领军人物巴里·布赞依然反复强调西方国际关系理论的重大缺憾，即"现代主义、非历史主义、欧洲中心主义、无政府偏好和国家中心主义"，并呼吁应把非西方国家的历史经验纳入国际关系理论重构的尝试中。他和阿米塔夫·阿查亚构建"全球国际关系学"的努力，可以被看成超越西方传统国际关系理论之举。

实际上，无论是西方学者"创新"国际关系理论的努力，还是非西方学术界正在构建"特色"国际关系理论的尝试，现在都处在一个"继往开来"的重要时刻。在这之中，既有对以往国际关系理论的反思和批判，也有面向现实和未来的超越和创新。有几个问题有可能成为创新国际关系理论研究的突破口。

第一，澄清"民族国家"的误区，构建新的国家理论。

一战结束之后，随着非殖民化运动的延续，大部分非西方地区按照"民族国家"的形式组织起来。西方学界发明的"民族国家"概念，是人文社会科学的一个基本概念。在国际关系理论中，"民族国家"被视为"类似的单位"，并被认为无论它们有何不同，都会在国家建设的进程中被"同质化"。但在当今世界，真正按照西方标准组建起来的"民族国家"并不多，多数国家是多族群的共同体。这些共同体在"转变"为"民族国家"之后，有的发展迅速，成为世界舞台上的主要角色；更多的则是挫折不断，在国家建设的路上踯躅前行多年未见起色，甚至反复陷入族群战争和国家解体的危机之中。总之，国家之间由于地理位置、资源禀赋、族群构成、宗教信仰和价值取向等方面的不同，特别是在"前民族国家时代"历史经历方面的巨大差异，国家之间千差万别，但并没有人文学科的学者对此加以足够的重视。国家类型的区分乃至国家理论的重构势在必行，并将成为国际关系理论创新的出发点。

第二，总结非西方国家和地区的历史经验，并将其加入国际关系理论的阐释之中。

19 世纪以来欧洲国际体系的全球扩张，推动了以威斯特伐利亚原则为基础的"国际社会"的形成。国际关系理论乃至整个人文社会科学理论，都是建立在这样一种"共识"基础之上的。但欧洲国际体系与其他地区"前现代"国际体系的嫁接并不顺畅，也不均衡，有些地区的"前现代"国际行为体顽强地遗存下来，并在"民族国家"构建和区域秩序的发展变化中发挥着至关重要的作用，如非洲和中东地区的部落、宗教或教派组织。而随着冷战的终结和全球化进程的深入，区域共同体的构建又在成为超越国家纷争、塑造区域共同利益和优势的必然选择。这样，对"前现代"区域秩序的历史经验"去伪存真"和理论构建，已经成为国际关系理论创新的"增长点"，如近年来学术界对东亚国际社会历史经验的探讨等。

第三，解读智能信息技术发展与国际关系新形态的关系。

随着经济全球化与社会信息化的发展，世界各国、各地区、各族群和各文化背景的人民，不仅在经济上更为密切地联系在一起，而且具备了越来越多种多样、迅捷便利的沟通手段和表达渠道，越来越多的出境旅行、留学、工作和移民的机会选择，和越来越不一样的观察自身、他国和世界的视野。国际关系已经不再仅仅是国家之间的关系，而且与不同社会之间的关系更为密切地融合在一起，智能信息技术在塑造这种新的国际关系形态上发挥着至关重要的作用。在当今世界，所谓的"社交媒体"在塑造舆论、构建共识、引发纷争、左右国家之间和国际多数人意见取向方面发挥着至关重要的作用，也成为国家之间竞争与合作的最有力的工具。这在国际关系发展史上是前所未有的，也是国际关系理论的新课题。

第四，以"共同体"视角解读国际关系理论。

"共同体"（community）是一个含义非常广泛的概念。西方学者编撰的《共同体百科全书》涵盖了从村庄到网上虚拟世界的各种"共同体"。就"国际关系"的演进而言，人类经历了从采猎群到部落、从部落到城邦国家、从城邦国家到帝国、从帝国到现代"民族国家"的演进过程。人类历史实际上就是一部不同类型和规模的"共同体"演化的历史,"民族国家"是 20 世纪以来人类社会共同体的主导方式,但每一个国家又都是大大小小不同共同体的复合体。历史地看,共同体之间存在多种"我者"与"他者"之间的转化方式。历史学家许倬云就以《我者与他者:中国历史上的内外分际》为题,解读了中国作为一种政治共同体和文化共同体,不断地把"他者"转化为"我者"的过程。如果我们转换一种视角,把国家之间的竞争与合作放在人类共同体演进的序列中去考察,就会为国际关系理论的"弹性"发展开辟一个更为广阔的发展空间。

第五,重新认识和定义中国与世界的关系是中国国际关系理论的出发点。

近年来,学界不断有人追问"中国是什么",并且试图以中国为主体,构建新的世界历史叙事。确实,中国难以简单地用"民族国家"来定义,中国也不是"伪装成民族国家"的"帝国"。中国的历史告诉世人,中国其实就是一个能够兼收并蓄,不断地把"他者"转化成"我者"的经济、政治和文化复合共同体。在"分"与"和"的关键时刻,中国的历史经验可能正是当今世界所需要的。习近平主席明确宣布:"今日之中国,不仅是中国之中国,而且是亚洲之中国、世界之中国。"[1] 这是与建设"人类命运共同体"的目标相一致的,也是对中国与世界关系历史经验的总结。因此,"人类命运共同体"的建设,不仅仅是一个目标,也应该是一种新的学说,一种在世界处于"分"与"合"的关键时刻,能够赢得世人理解和信任的合作共赢的学说;一种能够让世人相信国家之间可以消除"零和"游戏,通过"我者"与"他者"之间不断的相互转换,不断地构建更大的超越国家界限的经济共同体、安全共同体,乃至文化共同体,及至为"人类命运共同体"的形成奠定基础。或许有人说,这已经超越了"国际关系理论"的"界限",但它并没有违背国际关系学科的初衷,即消除战争,实现世界和平。当然,这是一种"颠覆性"的创新,需要多个学科的合作。未来的国际关系学,应该是一个学科群!

---

① 《习近平谈治国理政》第 3 卷,外文出版社,2020,第 471 页。

大变局形势下的世界历史研究[*]

2020 年以来，中国学界围绕"百年未有之变局"的讨论不断深入，尽管参加者多为国际关系学界中人，但历史学界也有越来越多的学者参与进来。讨论不断深入的一个突出标志是焦点不再仅仅集中于百年变局的界定和表现，而是深入新形势下相关学科所要探讨的新问题和新领域中。这对历史学科是一个重大挑战，因为历史学家往往喜欢与现实保持一段距离，不愿意让变动中的现实影响自己的历史思考，倾向于等待尘埃落定之后再去追溯事件的来龙去脉。但今天人们遭遇的现实不同了，具有重大历史意义的事件接连不断，大变局正在我们眼前发生，正在一个已经全球化和信息化的世界上发生，置身其中的人们已经难以对当今世界的重大变故充耳不闻、视而不见。特别是当其他领域的学者已经"涌进"历史领域，探索大变局的源起和趋向的时候，历史学家就更难作壁上观了。

关于大变局形势下中国的世界历史研究见仁见智，我认为有这样三个方面的问题值得深入探讨，坦陈如下，供学界同人批评。

一　回应西方学界"历史的回归"命题

1989 年，美国日裔学者弗朗西斯·福山（Francis Fukuyama）发表了《历史的终结》，作为他对冷战后世界走向的基本判断，引发了学界的广泛关注和热议。几十年过去，"历史的回归"又成为美国和西方学界许多历史学家和战略家对当今世界的判断和共识，历史"重回"人们的视野。从"历史的终结"到"历史的回归"，或许可以被看成美国和西方学界有关百年变局讨论发展变化的一条主线，尽管他们没有用"百年变局"这样的概念来标志当今世界的变化。当然，在这期间，还有许多其他的观点粉墨登场，展示了美国和西方学界冷战后对世界局势从"乐

　＊　原载《历史教学问题》2021 年第 3 期。

观"到"悲观"的变化曲线。流行一时的观点有许多，从 1990 年查尔斯·克劳萨默（Charles Krauthammer）的"单极时刻"论，[①] 90 年代中期众说纷纭的"多极均势"论，[②] 到 21 世纪初期开始对当下世界不同的解读，如"世界是平的""帝国的世界""区域构成的世界""后美国世界""不确定的世界""分裂的世界"，等等；[③] 从对美国"新的罗马"地位的极度乐观主义，[④] 到对西方和美国主导地位丧失的忧虑和对中国迅速发展的"恐惧"，[⑤] 直到得出"历史的回归与梦想的终结"这样"悲观的"结论。塞缪尔·亨廷顿（Samuel Huntington）1993 年发表的《文明的冲突》一文也曾引发热议，[⑥] 2001 年"9·11"恐怖袭击事件发生之后，美国在世界上遭遇的打击和对抗，无论对方是国家还是非国家力量，都被许多人放到"文明的冲突"这个"筐"里去了。

　　西方学界对冷战后世界局势发展变化的探讨之所以经历了一个迅速从"乐观"到"悲观"的转变，一个重要原因是全球化的深入发展对西方国家"负面"作用的凸显，如贫富分化和社会不平等的加剧；[⑦] 另一个更为重要的原因就是中国"出人意料地"迅速"崛起"。[⑧] 实际上，在发表《文明的冲突》之前，亨廷顿曾经认为对美国战略利益构成的最大挑战首先来自日本。[⑨] 1992 年莱斯特·瑟罗（Lester Thurow）探讨世界未来走势时，也认为世界将是日本、欧

① Charles Krauthammer, "The Unipolar Moment", *Foreign Affairs*, Vol. 70, No. 1, 1990/91, pp. 23-33.

② "The New World Order: Back to the Future", *The Economist*, Jan. 8, 1994, pp. 21-23.

③ 参见〔美〕托马斯·弗里德曼《世界是平的：21 世纪简史》，何帆、肖莹莹、郝正非译，湖南科学技术出版社，2006；〔美〕麦克尔·哈特、〔意〕安东尼奥·奈格里《帝国：全球化的政治秩序》，杨建国等译，江苏人民出版社，2003；〔美〕彼得·卡赞斯坦《地区构成的世界：美国帝权中的亚洲和欧洲》，秦亚青、魏玲译，北京大学出版社，2007；〔美〕法里德·扎卡利亚《后美国世界：大国崛起的经济新秩序时代》，赵广成、林民旺译，中信出版社，2009；〔法〕罗朗·柯恩-达努奇《世界是不确定的：全球化时代的地缘政治》，吴波龙译，社会科学文献出版社，2009；〔英〕伊恩·高登《分裂的世界：全球化危机的根源与对策》，林丽冠译，电子工业出版社，2018。

④ 参见〔德〕彼得·本德尔《美国：新的罗马》，夏静译，中央编译出版社，2005。

⑤ Bill Emmott, "The Fate of the West: The Battle to Save the World's Most Successful Political Idea", *Public Affairs*, 2017.

⑥ Samuel P. Huntington, "The Clash of Civilizations?", *Foreign Affairs*, Vol. 72, No. 3, Summer 1993.

⑦ Edward Luce, "The Retreat of Western Liberalism", *Atlantic Monthly Press*, 2017.

⑧ 〔英〕马丁·雅克：《当中国统治世界：中国的崛起与西方世界的衰落》，张莉、刘曲译，中信出版社，2010。

⑨ Samuel P. Huntington, "America's Changing Strategic Interests", *Survival*, Vol. 33, No. 1, 1991.

洲和美国的三分天下。① 在 1994 年《经济学家》杂志以"世界新秩序：回到未来"为题讨论多极化趋势的时候，学者们还认为大国关系最有可能的前景是欧洲、美国和俄罗斯之间形成松散联盟以遏止中国，"同时被中国的增长所恫吓和需要美国保护的日本，将谦虚地屈居次大国的水平"②。1999 年，肯·奥尔德雷德（Ken Aldred）和马丁·A. 史密斯（Martin A. Smith）撰写了《后冷战时代的超级大国》一书，把俄罗斯、欧共体、日本和中国都作为潜在的"超级大国"来讨论，并没有刻意突出中国。③ 2001 年，查尔斯·库普乾（Charles Kupchan）相继发表《西方的终结》和《美国时代的终结：美国外交政策与 21 世纪的地缘政治》，认为挑战美国主导地位的并不是"崛起"的中国和伊斯兰世界，而是美国的西方伙伴——欧盟。作为一种新兴政体，欧盟正在整合欧洲各独立"民族国家"的资源和野心，挑战美国的主导地位。④

但是从世纪之交，西方学界的"中国叙事"逐渐地由"中国崩溃论"演变成"中国威胁论""中国阴谋论""中国统治论"，相关的论文和著作越来越多。⑤ 有些作者直接把中国的"崛起"与美国和西方的"衰落"联系在一起。英国学者马丁·雅克甚至认为中国的发展模式，或中国作为一个国家构建的本身，都与西方发展的模式和"民族国家"不同，中国的"崛起"标志着西方"民族国家"全球主导地位的终结。虽然西方发达国家的现代化模式依然主导着世界，但中国所代表的"另类发展模式"将取代西方模式的主导地位，世界将按照中国的概念被重新塑造。美国哈德逊研究所的白邦瑞

---

① Lester Thurow, "Head to Head: The Coming Economic Battle Among Japan", *Europe and America*, New York: Morrow, 1992.

② "The New World Order: Back to the Future", *The Economist*, Jan. 8, 1994, pp. 21-23.

③ Ken Aldred & Martin A. Smith, *Superpowers in the Post-Cold War Era*, London: Palgrave Macmillan, 1999.

④ Charles Kupchan, "The End of the West", *Atlantic*, November 2002, https://www.theadantic.com/magazine/archive/2002/11/the-end-of-the-west/302617/;〔美〕查尔斯·库普乾：《美国时代的终结：美国外交政策与 21 世纪的地缘政治》，潘忠岐译，上海人民出版社，2004。

⑤ 参见 Gordon G. Cha, *The Coming Collapse of China*, New York: Random House, 2001; Stefan Halper, *The Beijing Consensus, How China's Authoritarian Model Will Dominate the Twenty-First Century*, New York: Basic Books, 2010; Heriberto Araujo & Juan Pablo Cardenal, *China's Silent Army, The Pioneers, Traders, Fixers and Workers Who Are Remaking the World in Beijing's Image*, Crown Publisher, 2013。

（Michael Pillsbury）在 2016 年发表的《百年马拉松：中国取代美国称霸全球的秘密战略》一书中更是认为，一代又一代中国领导人心中都怀有同一个梦想和目标，这就是到 2049 年中华人民共和国成立 100 周年之际取代美国的世界主导地位，成为世界的领导者，以雪百年之耻，为此他们不惜卧薪尝胆，韬光养晦，以赢得美国和西方国家的合作和支持。①

自 21 世纪初以来在西方学界有关世界局势演进的讨论中，"历史的回归"逐渐成为一条影响更为深远的主线，形成了一种对世界大变局的基本判定。其中尤以美国历史学家和外交评论家罗伯特·卡根（Robert Kagan）的观点引人注目。他认为，1945 年之后国际关系的发展是一种"冒进"，鼓吹"历史的终结"的人看到的是"海市蜃楼"，事实上是"世界再次回归正常"。② 2018 年，他又提出 1945 年之后建立的以美国为首的自由主义世界秩序是一个巨大的历史偏差，世界秩序将重回 20 世纪 30 年代，重回历史，重回丛林世界。③ 另一位在美国战略界具有重要影响力的历史学家沃尔特·拉塞尔·米德（Walter Russell Mead）也以"历史的回归"来判定世界局势的走向。2014 年他在美国《外交》杂志上发文，认为很多人误读了苏联解体和冷战的含义，"苏联解体充其量只不过是自由资本主义民主制在意识形态上战胜了共产主义制度，并不意味着强权已经过时。中国、伊朗和俄罗斯对冷战之后的地缘政治安排从来都不买账，它们竭尽全力来颠覆它。这个过程不会是和平的，并且无论修正主义国家能否获胜，他们的努力已经撼动了权力的平衡，并且改变了国际政治的发展动力"。④ 同年，他还声言"历史并没有死去"，2014 年的地缘政治挑战似乎表明自由世界秩序陷入了困境，"如果我们抵达了'历史的终结'，那也将是一场来之不易的胜利"⑤。当

---

① Michael Pillsbury, *The Hundred-Year Marathon: China's Secret Strategy to Replace America as the Global Superpower*, Henry Holt and Company, 2015.

② 〔美〕罗伯特·卡根：《历史的回归与梦想的终结》，陈小鼎译，社会科学文献出版社，2013。

③ Robert Kagan, *The Jungle Grows Back: America and Our Imperiled World*, New York: Alfred A. Knopf, 2018.

④ Walter Russell Mead, "The Return of Geopolitics: The Revenge of the Revisionist Powers", *Foreign Affairs*, May/June 2014.

⑤ Walter Russell Mead, "History Isn't Dead Yet: Asia and the Return of Geopolitics", https://www.globalasia.org/v9no3/cover/history-isnt-dead-yet-asia-and-the-return-of-geopolitics_waiter-russell-mead.

然，也有学者认为"历史的回归"并不仅仅表现在地缘政治和大国关系方面，加拿大学者珍妮弗·韦尔什（Jennifer Welsh）把"历史的回归"归结为四个方面：国家和非国家武装无视现有国际人道主义原则，将平民置于危险境地的"野蛮的回归"；史无前例的难民潮所展示的"大逃亡的回归"；俄罗斯重新挑战西方的"冷战的回归"；西方国家社会不平等大幅度加剧的"不平等的回归"。①

从"历史的终结"到"历史的回归"，西方学界对冷战后世界局势的研判经历了这样一个循环，不管两者在哲学的意义上有什么样的差别，其都是以西方为主体的历史叙事为基础的。在他们的心目中，"历史的回归"实际上就是"历史的倒退"，是由美国和西方主导的"自由主义国际秩序"向二战之前、一战之前和19世纪乃至更为久远的历史上的地缘政治和强权政治的倒退。他们还难以认清一战之后世界历史进程已经发生了结构性变化，仍然以西方的历史经验来研判和应对当今的世界局势，因而他们很容易按照西方大国的行为逻辑来研判非西方大国，甚至认为非西方大国比历史上的西方列强更为"野心勃勃"。中美摩擦的加剧被美国战略家视为"新冷战"也就成为自然和必然之事了。大变局形势下中国学界的世界历史研究，特别是国际关系史研究，有责任回应西方学界"历史终结"的命题，对当前世界局势发展变化的根源给出自己的解释。

二 大变局的历史线索

通常来说，世界历史上的国际关系大变局大多以战争为载体，以大国主导地位的变化为标志。但本次变局有所不同，不仅没有战场上的硝烟弥漫，而且是在经济全球化与社会信息化将全世界从未如此紧密地联系在一起，西方和非西方大国对力量比发生了历史性变化，世界体系的"中心—外围"结构出现"位移"的情况下发生的；西方国家领导人不仅要在国际上应对正在"崛起"

---

① 参见〔加〕珍妮弗·韦尔什《历史的回归：21世纪的冲突、迁徙和地缘政治》，鲁力译，南京大学出版社，2020。

的非西方国家的挑战，而且要面对国内社会分裂的加剧和民粹主义的冲击。经济全球化的深入发展不仅重创了美国和欧洲国家的中产阶级，使西方社会陷入新的危机，而且使西方国家和西方阵营的凝聚力面临新的挑战。① 2016 年英国脱欧和美国地产大亨特朗普当选美国总统，法国"经久不衰"的"黄马甲运动"，2020 年美国选民的"严重对立"，以及特朗普支持者"冲击国会山"的闹剧，都是西方社会特别是美国社会陷入危机的初步反映。实际上，我们正在面对一个被一战、二战、冷战和冷战后经济全球化深入发展所持续塑造和改变的新世界，这个世界目前正处于美国和西方主导地位的坍塌并向一个未知世界过渡的阶段。这样的变化及其趋向应该是有迹可循的。

第一，非殖民化运动孕育的压力和动力正在逐渐释放出来，并且正在深刻地改变着现实世界。从一战、二战到冷战，从欧洲帝国主导世界到"民族国家"体系蔓延世界各地，世界在组织形式上被重新塑造过了，这个重新塑造的过程奠定了今日大变局的基础。② 在这场大变局显露之前，人们对 20 世纪世界历史的关注往往更多地集中于一战、二战和冷战上，而对非殖民化运动及其长时段的影响却没有倾注足够的精力。现在看来，非殖民化运动的长期历史影响可能会超越一战、二战和冷战，成为历史学家和战略家编撰新的世界历史教程和判定世界局势的重要考量。首先，当今世界大部分国家是在非殖民化运动中"构建"或"再构建"起来的，新兴国家不仅构成了冷战中的"第三世界"，也构成了冷战后世界在数量上的"基本盘"。随着东西方冷战的终结和西方主导世界地位的坍塌，大国干预新兴国家内部事务的动力、能力和意志都在减弱，一批新兴国家在经历了种种"主义"的实验和磨难之后，纷纷走上适合自身国情的发展道路，在新一轮经济全球化的进程中实现了跨越式的发展，成为当今世界大大小小的所谓的"新兴经济体"，有的甚至已经跻身发达国家的行列。概言之，"第三世界"国家的精神面貌已经发生历史性的变化和分化。其次，新兴国家中的新兴大国在冷战后表现更为"抢眼"。新兴大国不仅构成了冷战期间"第三世界"的中坚力量，而且能够在冷战后新一轮经济

① 参见刘德斌《西方的"困局"与"出路"》，《中国国际战略评论》2019 年第 2 期。
② 参见刘德斌《世界的重塑：从"帝国"到"民族国家"》，《外交评论》2019 年第 6 期。

全球化进程中乘势而起，利用自身的比较优势实现跨越式增长，成为西方大国不敢小觑的力量，甚至成为西方主要大国的竞争对手。最后，尽管还有新兴国家在国家构建的道路上挫折不断，甚至沦为"失败国家"或"脆弱国家"，但随着新兴国家医疗水平和生活条件的逐步改善和提高，随着人口出生率的提升和死亡率的下降，新兴国家大规模的人口增长正在成为当今世界大变局持续发展的"有生力量"。他们或者已经成为新的劳动力大军，使所在国家和地区在卷入全球化的过程中得享"人口红利"；或以移民和难民的身份流亡欧美，不仅弥补了西方国家特别是欧洲国家步入老龄社会之后劳动力的不足，而且还改变了那里的人口比例，甚至重塑了部分大城市的地方文化。据统计，二战之后世界人口持续增长的大部分来自新兴国家，特别是非洲大陆，而且至 2050 年，世界新增人口的 50% 将来自撒哈拉以南非洲国家。总之，非殖民化运动所释放出来的压力和能力正在逐步增长，并且正在改变西方所主导的世界历史进程，而且这个改变的过程可能刚刚开始。

第二，经济全球化的多重效应。随着冷战之后新一轮经济全球化的深入发展，世界历史进程发生了戏剧性的变化。这种变化不仅体现为全球贸易总额和全球财富的大幅度增长，并使新兴国家的亿万贫困人口从贫困状态中摆脱出来，而且还呈现以下几个"出人意料"的结果。首先是非西方世界的"崛起"，特别是非西方大国的"崛起"，改变了近代以来西方与非西方力量的对比，其中尤以中国和印度的快速发展影响巨大，被认为重新塑造了欧亚大陆的战略格局。其次，新一轮全球化在缩小西方与非西方国家经济差距的同时，加剧了西方社会的贫富分化，削减了中产阶级规模，促使社会不平等再次成为触发西方国家社会矛盾的主要问题。实际上，这一过程在冷战结束之前就已经开始了，但冷战的终结和全球化的深入进一步加剧了西方社会分化和分裂。面对非西方国家的强势"崛起"，美国和欧洲国家陷入一种新的社会危机，很多政客把这场危机归咎于资本、技术和就业机会的外流，归咎于经济全球化和新兴国家的贸易政策，全然不顾新兴国家在这一轮新"优化资源配置"的分工体系中所提供的物美价廉的商品和服务，不顾新兴国家和人民在融入新一轮全球化过程中所付出的资源、环境和社会的代价，并对新兴国家的产业升级持排斥和打压的态度。这是世界历史进程中一种新的结构性矛盾，中美摩擦就是这种新的结构性矛盾的突出例证。最后，随着这种新的结构性矛盾的生成和发展，世界体系"中心—外围"的结构也开始发生变化，"中心"国家增多，规模扩大，一批新兴国家逐步进入"中心"，而一批原来意义上的"中心"国家和一些"中心"国家的落后地区则面临沦为"外围"的压力，甚至已经成为新的发展中国家或发达国家中的"第三世界"。尤为重要的是，在这个历史进程中，非西方国家之间形成日益密切的新的协作关系，进入了更为独立自主的发展时期，西方学界甚至出现了"一个没有西方的世界"（a World Without the West）的说法，[①] 以美国和西方为主导的世界秩序的物质基础正在解体。

第三，新的技术革命正在为大国兴衰和人类命运共同体的形成创造新的历史条件。我们正在迎来一场新的技术革命，这场革命正在从根本上改变我们的生活、工作以及彼此之间的相处方式。如果第一次工业革命利用水和蒸汽的力量实现了生产的机械化，第二次工业革命利用电力实现了大规模生产，第三次工业革命采用电子和信息技术实现了生产的自动化，那么我们正在经历的第四次工业革命则是在第三次革命的基础之上发展起来的数字革命。这场革命的速度、范围和对各种体系的冲击达到了前所未有的程度。与此前的工业革命相比，第四次工业革命不是以线性速度前进，而是呈几何级增长，正在迅速地改变人类社会所有行业的发展模式。[②] 这场所谓的第四次工业革命不仅正在改变国家之间的力量对比，为新兴国家实现跨越式发展创造了有利条件，加剧了大国之间在新技术制高点上的竞争，同时也在改变人类社会的组织形态，拉近了不同族群、宗教和社会之间的距离，让世界不同地区的国家和民族更为紧密地联系在一起。如果说前三次的工业革命助推了西方的崛起及其世界主导地位的确立，并把威斯特伐利亚体系推广到全世界，促使不同历史和文化背景的地区都按照"民族国家"形式组织起来，同时也把全世界分割成"中心"和"外围"、"西方"和"非西方"两大部分，那么第四次工业革命则与新一轮的全

---

① Naazneen Barma, Giacomo Chiozza, Ely Ratner and Steven Weber, "A World Without the West? Empirical Patterns and Theoretical Implications", *Chinese Journal of International Politics*, Vol. 2, 2009.

② 〔德〕克劳斯·施瓦布：《第四次工业革命：转型的力量》，魏薇等译，中信出版集团股份有限公司，2016。

球化相向而行、相互促进、相辅相成，把不同国家、地区和族群更为紧密地聚合在一起，为人类社会组织形式的创新提供了新的历史条件。

三　世界历史研究的新课题

大变局为中国世界历史学科的发展开辟了新天地，亟待研究的新课题和有待开辟的新领域有许多，学界对此见仁见智。笔者认为尤为重要的是构建一种新的国际关系史阐释体系，将非西方国家的历史经验更多地纳入国际关系史的阐释体系；其次是拓展共同体研究领域，汲取人类不同共同体之间相互交流的经验，重新阐释中国与世界的关系，特别是近代以来中国与世界的关系。

随着冷战后经济全球化的不断深入和非西方世界的快速发展，世界历史正在迎来一个百年未有之变局。世界体系的"中心—外围"结构已被打破，以中国为代表的非西方国家正在走进世界舞台中央，国际体系正在经历近代以来最重大的变化，这为人们重新认识和评价近代以来的世界历史进程及其对当下的影响，提供了一个难得的机遇。近代以来世界历史发展的一条主线就是威斯特伐利亚体系从欧洲走向世界，以西欧国家为蓝本的"民族国家"取代了部落、城邦、王国和帝国等"前现代"国际行为体，成为人类最普遍的组织形式，"民族国家"也因此构成了国际关系理论乃至整个人文社会科学理论的基础和出发点。但是，在"民族国家"的表象下，不同地区国际行为体演进的方式差别巨大。在欧洲，出现了欧盟这种新的超国家主权的共同体组织形式；但是在非洲和中东，部落组织依然存在，并在国家的政治和经济生活中发挥着巨大作用。西方国际关系理论之所以在预测现实的时候屡屡失败，主要原因就在于没有把非西方的历史经验纳入国际关系理论的构建之中。

国际行为体的历史演进也就是人类历史上不同形式的共同体的历史演进。习近平提出的构建人类命运共同体的思想，为解决当今世界问题指出了一条新的思路。这个思路的一个突出特点，就是敢于在"民族国家"相互竞争的世界上，提出了超越国家之间固有矛盾、在不断扩大和拓展共同利益的过程中塑造人类命运共同体的方案。重新梳理历史上不同共同体发展和演变的线索和规律，总结和阐释它们相处的历史经验和教训，无疑会为人类命运共同体理论的阐发和传播，同时也为世界历史理论乃至人文社会科学理论的创新，提供新的理论思考。

中国与世界的关系正在发生历史性的变化，而中国历史与世界历史的关系有待进一步的讨论和阐释。其中，对"何为中国"的反思或许是重构中国历史与世界历史关系的起点。在"欧洲中心论的"影响下，中国在世界历史的阐释中长期作为一个多面的"他者"而存在，既是一个"躁动不安的帝国"（文安立），① 又是一个"停滞的帝国"（佩雷菲特），② 现在到了中国历史学家厘清中国的真实身份及其与世界历史关系的时候了。中国数千年的历史经验表明，中国是当今世界上最大的多种共同体的凝聚和整合，是多种共同体的共同体。中国在消除国家纷争、推进共同利益、走向人类命运共同体的研究方面，应该比欧洲国家富有更多的经验和智慧，并承接世界更多的期许。中国与世界的关系依然在调整和磨合之中，重新构建中国历史与世界历史的关系不是一蹴而就的事情，但追问"中国是什么"、梳理中国经验并将其纳入新的世界历史叙事体系是最为重要的基础和前提。

---

① Odd Ame Westad, *Restless Empire*：*China and the World Since 1750*，Basic Books，2012.
② 〔法〕阿兰·佩雷菲特：《停滞的帝国：两个世界的撞击》，王国卿等译，生活·读书·新知三联书店，1995。

21 世纪以来世界史与国际关系跨学科研究的发展

——刘德斌教授访谈[*]

编者按： 21 世纪以来，历史学与国际关系学的跨学科研究已经成为中国学界的一种新气象。历史研究与国际关系研究的联系越来越密切，越来越多的历史学者，特别是世界史学者有意识地跨越学科界限，参与国际关系研究，为当今世界问题的来龙去脉，特别是为振兴中的中国所面对的国际形势提供了越来越多的研究成果，同时也为中国的国际关系理论创新提供了有益的思考。那么，世界历史与国际关系跨学科研究的基本状况何如？如何评价这一研究的进展与问题？如何看待其未来发展？为此，本刊特约记者王海媚对吉林大学公共外交学院和国际关系研究所刘德斌教授进行了专访，刘教授的主要研究领域是国际关系史、英国学派理论和公共外交等，著有《美国世界战略》和《撒切尔夫人传》，主编《国际关系史》（第一、二版），主译《世界历史中的国际体系：国际关系研究的再构建》等。

一 世界史与国际关系跨学科研究的缘起

王海媚（以下简称"王"）：世界史与国际关系的跨学科研究是如何缘起的？

刘德斌（以下简称"刘"）：世界史研究与国际关系研究有着天然的联系，但一旦把它们之间的联系上升到跨学科研究的性质，问题就有些复杂了。

---

* 原载《国际政治研究》2018 年第 3 期。

首先需要对两个学科进行明晰的界定，目前来看，这两个学科均处于深刻的"变迁"之中。"世界史"在中国原属于历史学下面的一个二级学科，但根据国务院学位办和教育部颁布的《学位授予和人才培养学科目录（2011 年）》，"世界史"与"中国史"和"考古学"三个专业已经并列为一级学科了，世界史的学科定位和涵盖范围显然发生了很大变化。而我们在谈世界史与国际关系的跨学科研究时，显然不可能仅仅局限于世界史，中国史也必然会被涉猎，因为中国的快速发展正在成为世界历史进程中的一个重大事件。现在中国史和世界史虽然被划分为两个一级学科，但我认为最大的挑战还是如何处理中国历史与世界历史的关系。这又涉及"历史"和"历史学"的定义问题，这也是近代以来中外史家众说纷纭的一个问题。朱本源先生在《历史学：理论与方法》一书中列举了 20 多位近现代西方史学家和哲学家关于"历史是什么？"的答案。[①] 何兆武先生指出："通常我们所使用的'历史'一词包含有两层意思，一是指过去发生的事件，一是指我们对过去事件的理解和叙述。前者是史事，后者是历史学，有关前者的理论是历史理论，有关后者的理论是史学理论。历史理论是历史的形而上学，史学理论是历史学的知识论。"[②]

中国的史学发展源远流长。传统史学有着重视修史、追求信史和经世致用三个方面的优良传统。鸦片战争后，中国的内忧外患日趋严重，一批仁人志士"睁眼看世界"，寻求救亡图存的道路，近代中国的世界史研究由此萌生。梁启超把西方的"进化史观"引进中国，开启了"新史学"的发展。在 20 世纪 20~30 年代中国社会性质和社会史论战中，马克思主义史学独树一帜，并在 1949 年中华人民共和国成立后成为中国史学和整个人文社会科学的主流形态。改革开放后，西方史学重新进入中国，兰克学派、年鉴学派、历史人类学、英国马克思主义学派、全球史观乃至后现代主义史学，都对中国史学的发展变化产生了重要影响。在当代中国的历史学发展中，既有固守考据传统、聚焦微观层面、专事具体而微的实证研究；也有关注宏大叙

---

① 朱本源：《历史学：理论与方法》，人民出版社，2007，第 3~8 页。
② 何兆武：《思想与历史：何兆武自选集》，首都师范大学出版社，2008，第 3 页。

事和理论建构、试图重构中国历史和世界历史阐释体系的。实际上，正如 C. A. 贝利曾经指出的，如今所有的历史学家都是世界史学家，只不过许多人还没有意识到这一点。于尔根·奥斯特哈默也指出：所有历史都倾向于成为世界史，世界是"一切环境之环境"，是所有历史事件及其叙述的可能的终极语境。相应的，从学科角度而言，无论是中国史还是世界史，一个共同的发展趋向是与其他学科日趋深入的交流和对话。由张岂之、陈祖武和于沛等作为首席专家编撰的《史学概论》认为，史学作为一门综合性的学科，与社会科学诸学科互相依存、互相贯通，决定了它们之间在理论、原则和方法上可以相互借鉴。[①]

在西方，历史研究也有着悠久的传统。古代希腊和罗马的史学是西方史学的源头，修昔底德的《伯罗奔尼撒战争史》更被视为国际政治研究的经典之作。有人把西方史学按照古代、中世纪、近代和现代乃至后现代等几个阶段进行划分；也有学者把西方史学的演变描绘成从依附到独立的过程：古典时代从属于文学，中世纪从属于神学，近代早期从属于国家，19 世纪走向独立。西方史学研究的专业化是从 19 世纪初开始的。就方法论而言，朱本源先生认为，西方史学存在三个范式：以兰克史学为主流的实证主义的范式、年鉴派范式和马克思主义的范式。实证主义方法论的核心是史料学和史料批判学及对历史事件的"观察性的陈述"；年鉴派方法论的核心是跨学科地理解整个社会、长时段地研究结构和计量地研究历史系列；而马克思主义方法论核心是社会经济形态之有序的更替和历史发展规律的"理论的陈述"。20 世纪西方史学发展的一个重要现象是"全球史观"的兴起，一批英美学者力图打破"欧洲中心论"的束缚，以更为客观和公正的态度对待非西方国家和地区演进的历史进程，撰写"新世界史"或全球史，其中，杰弗里·巴勒克拉夫、L. S. 斯塔夫里阿诺斯、约翰·麦克尼尔和威廉·麦克尼尔父子以

---

① 《史学概论》认为，历史学大体可以分为理论部分、主体部分和史学辅助学科及史学分支学科等部分，历史学与哲学、考古学和社会学有着密切关系。社会学犹如一座桥梁，沟通了历史与现实的联系。同时，历史学与其他社会科学学科，如经济学、政治学、社会人类学、民族学等的关系也十分密切。参见本书编写组《史学概论》，高等教育出版社/人民出版社，2009，第 10~16 页。

及杰里·本特利等人的通史作品风靡世界。

与历史学相比较，国际关系学是一个比较年轻的学科，一般认为它起始于第一次世界大战之后，迄今只有百年的历史。关于"国际关系学"的定义，也是众说纷纭。刘金质、梁守德、杨淮生主编的《国际政治大辞典》对"国际关系学"是这样定义的："国际关系学研究整个国际关系体系，主要研究国体系的结构、功能、演变过程、参与该体系活动的个体和群体，它们的行为类型和支配此类行为的力量；研究国际事务的现象、过程、内容、本质和因果关系以及国际关系体系与其周边环境的关系的科学。"同时，在"国际政治"的词条中，作者认为国际关系学研究的范围比国际政治学更广泛，它作为一门独立的学科，应包括国际关系史、国际关系理论，国际问题现状等方面。①

就国际关系学的学科定位而言，英国及欧洲学界倾向于把国际关系视为一个独立学科，如蒂姆·邓恩（Tim Dunne）、爱米莉亚·库凯山（Milija Kurki）和史蒂夫·史密斯（Steve Smith）主编的国际关系学教材《国际关系理论：学科与多样性》，就是把国际关系学作为一个学科来阐释的。奥利·维夫（Ole Waever）认为部分原因在于国际关系学在缘起之时就有独立的学者和机构，与政治学并不重合（尤其在英国和欧洲）。主流的国际关系研究机构如国际研究协会（ISA）和英国国际关系协会（BISA）都认为自己是跨学科机构。国际关系学有自己的期刊、独立机构和学术会议，因此，许多人认为自己是"国际关系学者"而非"政治学者"。②而美国学界则倾向把国际关系视为政治学科的一部分，但也有学者越来越倾向于把国际关系视为一个独立学科。如谢尔·戈德曼（Kjell Goldmann）在为罗伯特·古丁、汉斯-迪特尔·克林格曼主编的《政治科学新手册》撰写"第十六章 国际关系学：综述"时就明言，他是把国际关系作为一个学科来对待的。③

实际上，第二次世界大战后美国乃至整个西方的国际关系知名学者的理论

---

① 刘金质、梁守德、杨淮生主编《国际政治大辞典》，中国社会科学出版社，1994，第77、29页。
② Ole Waever, "Still a Discipline After All These Debates?", in Tim Dunne, Milija Kurki, and Steve Smith, eds., *International Relations Theories: Discipline and Diversity*, third edition, Oxford University Press, 2010, pp. 310-311.
③ 〔美〕罗伯特·古丁、汉斯-迪特尔·克林格曼主编《政治科学新手册》，钟开斌等译，生活·读书·新知三联书店，2006，第567页。

构建往往是跨学科性质的。亚历山大·温特借助哲学和社会学概念，创建了国际社会的建构理论，开辟了美国国际关系理论研究的一个新时代。国际关系学近年来与历史社会学的联系愈加紧密，成为一种新的学科发展方向。在中国，"国际政治""国际关系""外交学"都是政治学一级学科下面的二级学科，但现在人们已经越来越多地把"国际关系"作为一个领域或是学科来看待了，不仅涵盖传统意义上的国际政治和外交，而且范围越来越广，环境、能源和气候等问题也被纳入进来。表现在学科建设上，越来越多的大学建立了"国际关系学院"。中国高校中以"国际关系"冠名的学院远远多于以"政治"或"政治+"冠名的学院。这是由中国的快速发展、中国与世界关系历史性变化的大势所决定的。中国需要对这个世界有更深入的了解，有更为精准的研究。在这种情况下，有人呼吁把"国际关系"作为"一级学科"建设也就不足为奇了。

纵观世界史和国际关系两个学科的发展变化，可以发现这两者之间有十分相像的地方：它们都是正在发展和变化中的学科，研究范围也都越来越广，并不断地从其他学科吸纳和借鉴新理论和新方法。在此情况下，我们不得不对涉及这两个学科的概念保持一种开放或者说富有弹性的看法，见仁见智也就是十分正常的了。

回到您所提出的问题，实际上，整个历史学与国际关系学的缘起有十分密切的关系，"历史学为国际关系学的诞生提供了最为深厚和宽广的知识背景"①，时殷弘等学者也曾就历史研究与国际关系研究的关系发表过独到见解。② 世纪之交，美国学界曾就历史与国际关系研究的关系专门进行过深入讨论。《国际安全》杂志 1997 年夏季号邀请一批知名学者专门讨论历史与政治学理论特别是与国际关系理论研究的关系。③ 2001 年，哈佛大学肯尼迪学院贝尔福科学与国际事务中心又邀请大致同一批学者推出《桥梁与界限：历史学

---

① 秦治来：《探寻国际关系研究的历史学传统》，中国社会科学出版社，2010.
② 参见"理解国际关系：历史与理论"专栏文章，《史学月刊》2005 年第 6 期；王立新《跨学科方法与冷战史研究》，《史学集刊》2010 年第 1 期。
③ 参见"Symposium：History and Theory"，*International Security*，Summer 1997.

家、政治学家和国际关系研究》一书，就这一主题进行更为深入的探讨。① 总的来说，这两个学科虽然性质不同，甚至各有成见，但一直联系密切，与时俱进。在当今大国关系发生历史性变化，大国战略重新定位的形势下，国际关系历史研究的重要性被重新凸显。2018 年 1 月，《战略研究杂志》刊载了美国约翰·霍普金斯大学高级国际问题研究院（SAIS）亨利·基辛格全球事务杰出教授、战略与预算评估中心高级研究员哈尔·布兰茨（Hal Brands）和奥斯汀德州大学克莱门茨历史和战略与治国方略中心执行主任、威廉·鲍沃斯二世讲席教授英博登（William Inboden）的文章，指出随着历史模式竞争的回归，以及历史恩怨对"修正主义"国家的刺激，世界重新陷入了历史的泥潭，并列举了研究历史的 10 个方面的作用。② 中国学界如果能就历史与国际关系的交叉研究或跨学科研究展开讨论，如今正是一个好时候。

王： 近年来，中国世界史与国际关系跨学科研究的兴起背景是什么？

刘： 世界历史与国际关系跨学科研究的兴起与美国学术界讨论的背景有所不同。第一，改革开放以来，中国在学习和借鉴西方国际关系理论的同时一直在尝试构建中国特色的国际关系理论，或曰国际关系理论的"中国学派"。显然，"中国学派"的国际关系理论不能够也不应该建立在西方历史经验的基础之上。第二，中国史学界经历"拨乱反正"后，在挖掘新史料方面投入了大量精力，对许多历史问题"正本清源"，让中外关系演变的真实面貌逐渐展示

---

① 其中，罗格斯大学政治学家杰克·利维（Jack Levy）、麻省大学历史学家斯蒂芬·佩尔兹（Stephen Pelz）、伦敦国王学院政治学家理查德·内德·莱博（Richard Ned Lebow）、斯坦福大学政治学教授安德鲁·贝内特（Andrew Bennett）和乔治敦大学政治学家亚历山大·L. 乔治（Alexander L. George）讨论了历史学与国际关系学的方法论问题；格哈德·L. 温伯格（Gerhard L. Weinberg）、兰德尔·L. 席勒（Randall L. Schwller）、卡罗尔·K. 芬克（Carole K. Fink）讨论了 1919~1939 年的三十年危机；爱德华·英格拉姆（Edward Ingram）、威廉·R. 汤普森（William R. Thompson）和理查德·罗斯克兰斯（Richard Rosecrance）讨论了英国霸权的兴衰；而约翰·路易斯·加迪斯（John Lewis Gaddis）、德博拉·韦尔奇·拉尔森（Deborah Welch Larson）和威廉·C. 沃尔弗斯（William C. Wohlforth）讨论了冷战；约翰·A. 林恩（John A. Lynn）讨论了军事革命与军事事务中的革命；最后，罗伯特·杰维斯（Robert Jervis）和保罗·W. 施罗德（Paul W. Schroeder）进行总结。Colin Elman and Miriam Fendius Elman, "Bridges and Boundaries: Historians, Political Scientists, and the Study of International Relations", Cambridge: The MIT Press, 2001.

② Hal Brands and William Inboden, "Wisdom without Tears: Statecraft and the Uses of History", *Journal of Strategic Studies*, No. 5, 2018, pp. 1-31.

出来，为中国国际关系研究提供了更为坚实的历史基础。第三，世界历史学科的发展进步，特别是全球史研究的兴起，与国际关系学界有关全球化时代国际关系发展变化，或者说"全球国际关系学"的探索同步，相互之间提供了许多有益的参考，期待这两个学科能有更多的交流和对话。

二　世界史与国际关系跨学科研究的进展

王：请您简要介绍一下国内历史学者和国际关系学者跨学科研究的情况。

刘：中国国际关系学界有几位学者非常重视历史研究。例如，北京大学叶自成教授很早就对春秋战国时期中国外交思想进行了挖掘和梳理，提出了"华夏体系"和"华夏主义"的概念。清华大学阎学通教授近年来把目光转向对中国历史经验和先秦诸子学说的梳理，系统地阐发"道义现实主义"理论，被认为是"道义现实主义"的代言人。[①] 中国人民大学时殷弘教授以历史研究作为其国际关系理论研究的出发点，并强调"国际关系研究基于历史理解。对国际关系理论思想而言，国际关系的历史论述、思考和解释有首要意义；倚重历史—哲理思考的经典方法应当是国际关系理论化的首要方法"[②]。复旦大学唐世平教授以一种更为宏大的"历史"视野构建其国际政治的社会演化理论，认为国际政治始终是一个演化系统，它的根本性质已经经历了转换性改变，尽管它的某些特征（如无政府状态）保持不变。国际关系学界的几次"大辩论"之所以得不到答案，就在于人们试图将一种非演化理论强加于一个演化系统之上。[③] 外交学院青年学者施展引发热议的畅销书《枢纽：3000 年的中国》，围绕中国超大规模性的形成，中原帝国与草原帝国的相互塑造关系，以及中国现代转型中的优势、劣势及在世界秩序转变中"枢纽"位置的形成，进行了多学科的阐释，可以说是对中国历史经验的一次"重构"。[④]

---

① 尽管阎学通强调"道义现实主义"是澳大利亚国立大学副教授张锋提出的概念。参见阎学通《道义现实主义的国际关系理论》，《国际问题研究》2014 年第 5 期。

② 时殷弘：《关于国际关系的历史理解》，《世界经济与政治》2005 年第 10 期。

③ 唐世平：《国际政治的社会演化：从公元前 8000 年到未来》，中信出版集团股份有限公司，2017。

④ 施展：《枢纽：3000 年的中国》，广西师范大学出版社，2018。

就国内历史学与国际关系的跨学科研究而言，有学者有着非常自觉的"跨界"意识，熟悉西方国际关系理论的演变，并把自己的学术研究与国际关系研究有意识地联系起来。如北京大学历史系王立新教授，其研究成果在国际关系学界影响很大，并有意识地借鉴了国际关系理论。[1] 还有学者对中国国际关系学界的发展变化并不敏感，并认为历史与国际关系是两个不同学科，但他们的研究在国际关系学界却影响较大，甚至被认为是"正宗的"国际关系研究。例如，华东师范大学沈志华教授认为，历史和国际关系两个学科间的区别十分明显：思考问题不同，观察角度不同，研究方法不同，使用语言也不同。前者对后者使用系统分析的方法表示怀疑，认为他们这样做是人为地把复杂纷繁的历史简单化了，而后者则对前者沉湎于大海捞针般地挖掘史料的做法提出质疑。沈志华的观点在历史学界非常有代表性。实际上，正是因为历史学和国际关系学两个学科间既有联系又有区别，它们之间的交流、对话和相互启发才成为可能。

如果说中国史学界（不仅仅世界史学界）近年来的研究对国际关系理论研究富有直接和间接的启发和教益，我认为有几个方面值得向读者介绍一下。需要说明的是，由于现在世界史研究内容太广泛，这些介绍并不是世界史研究全部内容的罗列，只是一些初步介绍，肯定有些方面或专题研究对国际关系的理论构建更有意义，但我没有能够介绍出来，请读者谅解。

1. 冷战史研究

近年来，中国的冷战史研究发展迅速。华东师范大学崔丕教授认为 2005 年以后的新进展主要体现在对冷战史演进态势的研究、美国对欧洲政策与中国介入东欧事务的研究、亚洲冷战的起源与发展问题研究、冷战与第三世界研究、意识形态在冷战中作用问题的研究等几个方面。[2] 在冷战史研究领域，多数冷战史专家是历史学家。陕西师范大学白建才教授对冷战的起源、发展进程、结束时间和原因、后果教训等一系列问题进行过系统研究，近年来专注于

---

① 王立新：《世界领导地位的荣耀和负担：信誉焦虑与冷战时期美国的对外军事干预》，《中国社会科学》2016 年第 2 期。

② 崔丕：《中国学术界对国际冷战史研究的现状与课题》，《冷战国际史研究》2008 年第 2 期。

冷战期间美国对外隐蔽行动战略的研究。① 南开大学赵学功教授近年来主要从事冷战时期美国与东亚关系、核武器与美国对外关系研究等方面的个案研究和热点问题研究，与国际关系学界的一些学者所持的观点相反，他认为核威慑理论在大多数情况下并不起作用。② 也有一些冷战史学者就是国际关系领域中人，如北京大学国际关系学院牛军教授，他从中共党内、国共之间的矛盾和斗争，以及中国革命运动与东亚国际格局之间互动的角度，阐释中国共产党对外关系的形成、演变和主要特征；以冷战与新中国对外政策之间互动为基本框架，构建起一个系统阐释中国共产党和中华人民共和国外交缘起的解读体系，③ 在学界有很大影响。

冷战史研究使一批冷战史专家脱颖而出，成为历史学界和国际关系学界共同关注的领军人物。其中，沈志华等冷战史学者通过挖掘和解读不同国家的历史档案，让中苏关系、中朝关系的历史细节逐步展现出来。④ 沈志华为党政机关、新闻媒体、高等院校和研究机构所做学术报告的视频在网上广泛传播，成为中国社会各界了解冷战期间中外关系，特别是中苏关系和中朝关系的重要渠道。冷战史研究本来就是历史和国际关系学界都关注的领域，近年来，冷战史专家依据新解密档案文件发表的最新成果，让这一领域更加充满活力。另外，冷战史研究也催生出一批中青年学者，如北京大学的王栋、华东师范大学的邓峰、首都师范大学的姚百慧和梁志等。⑤ 冷战史研究与国际关系研究的特别关

① 白建才：《"第三种选择"：冷战期间美国对外隐蔽行动战略研究》，人民出版社，2012.
② 赵学功：《巨大的转变：战后美国对东亚的政策》，天津人民出版社，2002；赵学功：《十月风云：古巴导弹危机研究》，天津人民出版社，2009.
③ 牛军：《从延安走向世界：中国共产党对外关系的起源》，中共党史出版社，2008；牛军：《冷战与新中国外交的缘起：1949-1955》（修订版），社会科学文献出版社，2013.
④ 沈志华：《毛泽东、斯大林与朝鲜战争》，广东人民出版社，2013；沈志华《冷战的起源：战后苏联的对外政策及其转变》，九州出版社，2013；沈志华主编《中苏关系史纲：1917-1991》，新华出版社，2007；沈志华：《苏联专家在中国：1948-1960》，中国国际广播出版社，2003.
⑤ D. Wang, "Grand Strategy, Power Politics, and China's Policy toward the United States in the 1960s", *Diplomatic History*, Vol. 41, No. 2, 2016, pp. 265-287；邓峰：《冷战初期东亚国际关系研究》，九州出版社，2015；姚百慧：《冷战时期中美法关系研究》，九州出版社，2017；姚百慧：《冷战史研究档案资源导论》，世界知识出版社，2015；梁志：《冷战与"民族国家建构"》，社会科学文献出版社，2011；梁志：《冷战与情报：美国"普韦布洛"号危机决策史》，世界知识出版社，2015。

联之处，在于它能够与国际关系的理论探讨直接地"链接"起来。澳门大学张曙光教授认为，冷战国际史研究应该成为检测当代国际关系理论假设的一个时空"实验室"，成为设定当代与未来国际关系理论研究新议题的参照体系，成为检验现存国际关系理论模式的参照体系，而冷战档案文献应该成为国际关系理论研究的"数据库"。[①]

2. 中国与周边国家关系史研究

中国与周边国家关系的研究越来越受到学术界的重视。实际上，中国与周边国家关系史研究与冷战史研究、区域与国别研究和边疆研究直接联系在一起，正在成为历史学界新的增长点。如华东师范大学戴超武教授通过系统整理中国、印度、英国、俄罗斯、美国等国的解密档案，分析了中印边界问题、中国西藏问题等重要问题的来龙去脉，凸显历史学对当下国际关系研究至关重要的作用和意义。[②] 在中国与周边国家关系史研究方面，新疆社会科学院研究员、新疆大学特聘教授潘志平非常具有代表性。他的学术生涯从中亚史研究开始，现在的研究方向包括与中国新疆相邻周边国家研究、当代民族分立主义研究、"反恐"与"东突"的历史与现状研究和"一带一路"研究等几个方面，研究范围除中亚五国外，还延伸到与新疆直接接壤的俄罗斯、阿富汗、巴基斯坦、印度等国，发表了相当数量的学术专著和论文。[③] 潘志平的学术研究把历史与现实、新疆与周边，民族与宗教等有机地结合起来，为中国的国际关系研究提供了有益的参考和启示。

3. 区域与国别史研究

近年来，区域与国别研究受到党和国家的高度重视，已经成为中国学界研究的重中之重。这既反映了改革开放以来中国与世界关系发生历史性变化之后

---

① 张曙光：《冷战国际史与国际关系理论的链接：构建中国国际关系研究体系的路径探索》，《世界经济与政治》2007年第2期。

② 戴超武：《中国对印度占领"麦克马洪线"以南地区的反应及其意义（1951~1954）》，《中共党史研究》2014年第12期；戴超武：《中印边界问题学术史述评（1956~2013）》，《史学月刊》2014年第10期等。其他可参见牛军主编《冷战时期的美苏关系》，北京大学出版社，2006；戴超武《敌对与危机的年代：1954~1958年的中美关系》，社会科学文献出版社，2003.

③ 潘志平：《中亚浩罕国与清代新疆》，中国社会科学出版社，1991；潘志平：《民族自决还是民族分裂》，新疆人民出版社，1999。

的现实需求，也是中国人文社会科学发展进步的必然走向。在教育部设置的区域与国别研究基地中，历史学家多于国际关系学家，并发挥着重要作用。最近，北京大学刚刚成立了跨学科的区域与国别研究院，著名历史学家钱乘旦教授任院长。

冷战结束后，特别是美国入侵伊拉克后，中东地区战乱不断，"伊斯兰国"（ISIS）乘势崛起，叙利亚战争久拖不决，中东地区的秩序已经解体。无疑，中东研究是国际关系研究的重中之重，而中东史研究又是中东研究的基础。在这方面，西北大学中东研究所发挥了重要作用，彭树智、王铁铮、黄民兴这三代学术带头人，不仅填补了中国中东史研究的诸多空白，而且把中东史研究与当下中东的地缘政治、族群冲突、国家构建和身份认同等诸多矛盾根源的分析等直接联系起来，为国际关系学界对当今中东局势的探讨提供了有益的参考。① 另外，南开大学哈全安教授、云南大学肖宪教授和郑州大学张倩红教授也在中东史研究方面卓有建树。② 哈全安在中东国家史研究方面著述颇丰，肖宪在中东国际关系史、张倩红在以色列史研究方面都有专门著述发表。最近，北京大学历史系昝涛副教授就中东和土耳其的历史与现实问题在媒体上频繁发声，为人们了解土耳其和伊斯兰世界打开了一扇新的窗口。

随着近年来中国与非洲关系的迅速发展和深入，非洲史研究尤其得到国家有关部委和工商界高度重视。如 2014 年在浙江师范大学召开的中国非洲史研究会年会暨"非洲与外部世界关系的历史变化研讨会"，就有近 40 家部委、高校科研机构、出版媒体机构和工商界企业的 120 多位代表参加。而承办此次会议的浙江师范大学非洲研究院正是新近成立并发展迅速的非洲研究机构。中国非洲史学会李安山会长强调非洲史研究要以人文关怀和国家需要为宗旨，以学术研究为指导，坚持基础研究与政策研究并重、中非关系研究与非洲研究并重、历史研究与现实研究并重。实际上，非洲史研究自身已经跨越了历史学科

① 彭树智主编《中东国家通史》（13 卷），商务印书馆，2000～2005；彭树智：《文明交往论》，陕西人民出版社，2002；彭树智主编、王铁铮等：《中东史》，人民出版社，2010；黄民兴：《中东历史与现状十八讲》，陕西人民出版社，2008。
② 哈全安：《中东史：610 - 2000》，天津人民出版社，2010；肖宪主编《1945 年以来的中东》，中国社会科学出版社，2004；张倩红：《以色列史》，人民出版社，2008。

的限制，与国际关系研究有机地结合起来了，从部落、族群到宗教和教派，从殖民地到现代国家构建中的遭遇，从非洲断代史的划分到非洲社会形态的判定，从中非关系到非洲与所有大国之间的关系，等等。我认为非洲史研究可以成为中国国际关系理论创新的一个切入点，因为非洲的历史经验与欧洲的历史经验悬殊，与东亚的历史经验也没有可比性，非洲历史上甚至没有一个"真正"意义上的"民族国家"。① 中国学派的国际关系理论不仅应该有对中国历史经验的总结，同时也应该有对世界历史经验的总结，非洲的历史经验无疑是一笔宝贵的"财富"。非洲史学者在这方面已经进行了深入的探索。李安山在"部落"或"部族"和"非殖民化"概念的缘起、非洲国家的民族构建、曼德拉民族主义的演变、非洲民主化问题，以及非洲的中国移民、中非关系、中国援助和中国在非洲的国家形象等问题上都有独到研究。② 浙江师范大学刘鸿武教授提出非洲研究是中国学术的"新边疆"，倡导非洲研究的"中国学派"，认为中非关系是撬动中国与外部世界关系结构的一个支点。③

4. 世界现代化进程研究

尽管现代化的理论探讨已经不再热烈，但世界上不同国家和地区"遭遇"现代化的进程研究一直是历史学界关注的重点。北京大学钱乘旦主编的《世界现代化历程》可以被视为世界史学界现代化研究的一个总结。④ 由于它探索的是近代以来世界各国各地区面向现代化不同的变革和转型过程，对于国际关系的现实研究和理论创新具有非常重要的参考价值。钱乘旦教授主编的"总论卷"对现代化及其相关理论进行了系统的梳理和阐释，可与国际关系理论研究直接"链接"在一起。如果我们试着把世界上九个地区的现代化历程分成几组进行比较，会对当今世界问题的根源有更为深刻的认识。如我们可以把

① 〔美〕凯尔文·邓恩、〔加〕蒂莫西·M. 肖主编《国际关系理论：来自非洲的挑战》，李开盛译，民主与建设出版社，2015。

② 李安山：《非洲民族主义研究》，中国国际广播出版社，2004；李安山：《非洲华侨华人史》，中国华侨出版社，2000。

③ 刘鸿武：《中非关系30年：撬动中国与外部世界关系结构的支点》，《世界经济与政治》2008年第11期。

④ 钱乘旦主编《世界现代化进程》（10卷本），江苏人民出版社，2010。各卷主编是钱乘旦（总论卷）、董正华（东亚卷）、李剑鸣（北美卷）、韩琦（拉美卷）、王铁铮（中东卷）、陈晓律（西欧卷）、李安山（非洲卷）、陈峰君（南亚卷）、王云龙卷（苏东卷）、王宇博（澳洲卷）。

西欧、北美和拉美现代化进程放在一起。欧洲被视为现代化的摇篮，南京大学陈晓律教授认为"西欧卷"更难写，因为人们对欧洲现代化的历史都比较了解，很难写出新意。为此，"西欧卷"兼顾了西欧国家现代化进程中共性与个性的统一，强调法治、民主和社会保障是西欧国家现代化进程中的共性发展，但在各国之间道路的选择还是有差别的。复旦大学李剑鸣教授认为美国是现代化理论的发源地，但美国学者却鲜用现代化理论诠释美国自己的历史，而更喜欢用"美国例外论"来说明自己的过去。他所主编的"北美卷"展示出"美、加两国的现代化绝不是一个轻松浪漫、一路凯歌的历程，其中也充满了曲折、苦难和阴暗面"。南北美洲同属美洲大陆，同为欧洲国家的殖民地，但现代化的进程和结果却大不一样。南开大学韩琦教授主编的"南美卷"认为拉丁美洲是现代化的"实验室"，先后经历了古典自由主义、发展主义和新自由主义三种现代化战略，初级产品出口、进口替代工业化和新型出口导向三种经济发展模式，以及寡头威权主义、民众威权主义、官僚威权主义、现代代议制民主等政治模式的演变。当然，也可以把苏联和中东欧国家放在一组里。东北师范大学王云龙教授主编的"苏东卷"认为俄罗斯东欧地区现代化模式的共性是都具有后发性特点，特质是每个国家都具有其鲜明的个性化形态，事实上这些国家的现代化进程并没有脱离现代化的普遍规律。

东亚、中东和非洲是三个典型的"非西方"区域。东亚的现代化在某种程度上取得了成功，中东和非洲国家还有相当的距离。北京大学董正华主编的"东亚卷"分析了东亚地区在西方的压力之下对现代化道路的反复尝试，从学西欧、学德国、学苏俄、学美国到寻找自己的路；从部分西方化、全盘西化到回归民族化；等等，系统总结了近代以来东亚国家的历史经验。西北大学王铁铮主编的"中东卷"从独特的历史背景出发阐释了中东地区现代化进程的曲折。以 19 世纪下半叶奥斯曼帝国的衰落和解体为主线，中东地区分裂成诸多名义上的现代国家，但前现代社会组织在很大程度上依然保被留下来，部落、族群、教派和国家之间的关系错综复杂，从而使中东国家的现代化进程充满艰辛。非洲史是现代化研究的一个重要领域。有学者认为，非洲的现代化进程已经失败，原因在于其社会结构和内在文化与现代化难以相容。但李安山主编的"非洲卷"却给出不同的结论。他认为对比大洋洲和美洲本土文化基本被摧毁的现实，"非洲在如此困难、如此不公平的环境中还能向前发展，这不正表明了这个大陆文化的顽强生命力吗？"

南亚和大洋洲或许可以放在一起考虑。北京大学陈峰君主编的"南亚卷"认为印度模式是发展中国家现代化模式的一个典型代表，并且已经取得阶段性成功。对比印度，南亚的巴基斯坦、尼泊尔和斯里兰卡等国家的现代化进程不够顺利。大洋洲的现代化模式在学术上并没有引起人们足够的重视。苏州大学王宇博教授主编的"澳洲卷"为读者展示了一幅不同画面。他认为现代民族的形成与现代"民族国家"的建设是大洋洲现代化的核心内涵与重要标志，澳大利亚和新西兰各自按照基本相同的程序，相继顺利完成了从英属殖民地向"民族国家"的转型；太平洋岛国则因自然条件或社会因素的局限，各自的现代化建设和发展受到直接或间接的阻碍。

《世界现代化历程》实际上是一套集世界近现代史、区域史和国别史于一身，同时按照复旦大学姜义华观点，又不同于迄今已经出版的各种世界近现代史或地区史、国别史，也不同于一般的现代化通论的学术著作。它根据现代化是一个世界性的普遍现象，超越地区、国别、民族界限的变化历程这一基本事实，分区域研究了历史先行基础与条件的差异，不同国家、不同民族如何选择了适应自身实际的不同路径、不同方式，而由此又如何在现代性成长过程中形成各自特色、各自独特的问题。我认为这些独特的历史经验正是超越西方的历史经验并构建中国特色国际关系理论所需要的。

5. 美苏大国外交研究

从历史角度探讨大国战略和大国外交是历史与国际关系共同关注的话题，而历史学家或历史专业出身的人往往具备更多的知识优势。中国社会科学院邢广程研究员是俄罗斯、中亚及中国边疆研究专家，他的《苏联高层决策70年：从列宁到戈尔巴乔夫》一书是一部长达178万字的著作，系统阐释了苏联的大国战略和大国外交，被视为从高层视角写就的苏联兴亡史。[1] 研究美国大国战略和外交的学者很多。北京大学王立新教授的《意识形态与美国外交政策：以20世纪美国对华政策为个案的研究》阐释了民族主义和自由主义两

---

[1] 邢广程：《苏联高层决策70年——从列宁到戈尔巴乔夫》，中国社会科学出版社，2007。

大意识形态如何塑造了美国外交的独特性。他的《踌躇的霸权：美国崛起后的身份困惑与秩序追求（1913–1945）》一书聚焦美国崛起后既想参与国际政治却又受到国内政治环境牵绊的复杂纠葛，展现了美国通往霸权之路的"踌躇"心态。① 福建师范大学王晓德教授近年来专攻美国文化外交，他的《美国文化与外交》突破以往外交史学研究的陈旧模式，对美国外交的历史文化渊源做了一个深层次剖析。他的《文化的帝国：20 世纪全球"美国化"研究》系统考察了美国软实力在世界上不同国家和地区的影响和渗透，为学界研究美国霸权的特性提供了深层次的思考。②

6. 全球史研究

全球史研究近年来成为我国世界史学界发展变化的一个新亮点。首都师范大学 2004 年成立全球史研究中心，定期出版《全球史评论》，同时还组织翻译了一系列全球史研究的经典著作，召开全球史论坛，对推进中国全球史研究的发展功不可没。全球史也被称为"新世界史"。首都师范大学刘新成教授认为，全球史研究的含义就是"大范围的互动研究"，对比传统意义上的世界史，全球史观的核心理念是"互动"，即不同地域、不同民族、不同文化的人群通过接触在经济、政治、文化等多重领域实现的互动。③ 全球史对于世界史和国际关系研究都有着非常重要的启发意义。首都师范大学夏继果教授认为，中国现代"世界"和"世界史"观念体系的建构过程，不仅是"华夏中心"体系崩溃和"天朝上国"心态失落的过程，也是自我主体消融迷失于"他者"之中并逐渐"他者化"的过程。这样一来，中国的"世界史"从一开始就把中国史排除在外，一切不包括中国在内的历史都可以叫"世界史"，也就是说，在中国的历史学科分类中，"世界史"等同于"外国史"。④ 无疑，全球

---

① 王立新：《意识形态与美国外交政策：以 20 世纪美国对华政策为个案的研究》，北京大学出版社，2007；王立新：《踌躇的霸权：美国崛起后的身份困惑与秩序追求（1913–1945）》，中国社会科学出版社，2015。

② 王晓德：《美国文化与外交》，世界知识出版社，2000；王晓德：《文化的帝国：20 世纪全球"美国化"研究》，中国社会科学出版社，2011。

③ 〔美〕杰里·本利特等：《新全球史》，魏凤莲等译，北京大学出版社，2007，中文版序言第 V 页。

④ 夏继果、〔美〕杰里·H. 本特利主编《全球史读本》，北京大学出版社，2010。

史研究的深入，为改变中国史与世界史的"脱节"状态提供了宝贵的历史机遇。这不仅是因为随着中国的快速发展和中国人自信心的恢复，中国正在以一种新的精神面貌融入世界，而且因为以大范围内的互动研究为着眼点的全球史或"新世界史"，为中国历史叙事和国际关系理论探索超越"欧洲中心论"框架和威斯特伐利亚"束身衣"的束缚，开辟了广阔前景。如果说全球史或"新世界史"像本特利说的那样，代表着"考察历史的不同方法……从这个意义上说，全球史考察的是超越了民族、政治、地理或者文化等界限的历史进程。这些历史进程已对跨地区、大洲、半球甚至全球范围内的各种事务都产生了影响，其中包括气候变迁、物种传播、传染病扩散、大规模移民、技术传播、帝国扩张的军事活动、跨文化贸易、各种思想观念的传播以及各种宗教信仰和文化传统的延展"，① 那么，它或许就能为"人类命运共同体"的理论建构提供令人信服的佐证。

7. 中国史研究

近年来，中国史研究的发展变化也与国际关系研究有着越来越密切的联系，这种联系或许比世界史与国际关系研究，特别是与国际关系的理论创新的关系更为根本和重要。因为改革开放 40 年来，中国与世界的关系已经发生了历史性变化，学术界对"中国"自身来源和身份的反思和追问越来越深入，这方面的反思和追问实际上是对中国不同于西方国家历史经验的梳理和总结，有可能成为中国国际关系理论创新的一个新的出发点。"民族国家"是欧洲近代历史经验的产物，并非自古有之，更不可能放之四海而皆准，西方汉学家在这方面早有议论。② 中国学者近年来关于中国历史的追问也大都围绕着"中国"身份的缘起以及中国与东亚和世界的关系进行。复旦大学葛兆光教授梳理了日韩学者的"亚洲主义论"、欧美学者的中国区域研究和新清史以及中国台湾地区学者的"同心圆理论"，讨论了"中国"作为问题与作为问题的"中国"，认为自宋代以来，中国就有着清晰的"民族国家"的文化认同和历史传

① 夏继果、〔美〕杰里·H. 本特利主编《全球史读本》，北京大学出版社，2010，第45页。
② 〔美〕彭慕兰：《大分流：欧洲、中国及现代世界经济的发展》，史建云译，江苏人民出版社，2003；〔美〕杜赞奇：《从民族国家拯救历史：民族主义话语与中国现代史研究》，王宪明等译，江苏人民出版社，2009。

统基础，生活伦理与政治空间有着清晰的中心。因此，把中国分为传统帝国和现代国家两个时代的理论并不符合中国历史"事实"。① 华东师范大学许纪霖教授阐释了在历史转型过程中中国人如何理解自我和国家，认为特殊的民族认同需要用普世的价值来调节，并由此提出"新天下主义"，这是对"民族国家"理论和传统天下主义的双重超越。② 北京大学李扬帆副教授研究了"天下观"在 1500～1911 年的变迁过程，对中国近世之地理观念、外交思想、对外开放观念、民族身份认同和文化身份认同这些集体的世界观进行了较为全面的梳理，认为中国近代并未真正实现从天下观到"民族国家"观的实质性转化，中国的近代是一个涌动的天下。③

参与这方面讨论的学者有许多，观点见仁见智，我在这里难免以偏概全，但关于中国历史追问的种种讨论表明，作为当今世界最庞大的多民族共同体，中国几千年的演进有许多经验有待于进一步的挖掘和梳理，这些经验不仅有助于中国自身的长治久安，而且也能够为中国与世界关系的重构和全球治理的优化提供有益的借鉴。

8. 国际关系史研究

国际关系史兼具历史学与国际关系学科的双重特点。21 世纪以来，中国学界既有通过对史料广泛深入的解读澄清历史疑点、还原历史真相的重大进展，也有在国际关系史阐释体系上的宏观突破，为历史学与国际关系学科的交叉或跨学科研究提供了更多背景知识。南京大学是中国国际关系史研究最重要的发源地，当今中国学界许多国际关系史学家和国际关系理论家出自南京大学。王绳祖先生主编，光仁洪、蒋相泽、周纪荣、卫林、石磊、鲁毅等六名学者为副主编，全国史学界广泛参与的十卷本《国际关系史》，影响了几代中国的历史学者和国际关系学者。南京大学朱瀛泉教授协助王绳祖教授组织了《国际关系史》（十卷本）的撰写和编辑工作，并且是第十卷的总主编，为这套《国际关系史》的出版贡献良多。之后又作为教育部马工程首席专家和召集人，承担起马工程《国际关系史》的设计和编写工作。21 世纪以来，历史

---

① 葛兆光：《宅兹中国：重建有关"中国"的历史论述》，中华书局，2011。
② 许纪霖：《家国天下：现代中国的个人、国家与世界认同》，上海人民出版社，2017。
③ 李扬帆：《涌动的天下：中国世界观变化史论》，知识产权出版社，2012。

学界推出一系列国际关系史著作。① 这些国际关系史大都以威斯特伐利亚体系为开端，各有侧重，繁简不一。时殷弘的《国际关系史》"论"的色彩最浓。我主编的《国际关系史》第一版以欧洲体系的扩张为主线，第二版拓展了"前现代"国家体系发展史的内容，同时也把非西方世界在应对西方国家挑战过程中向现代国家转型和构建现代国家的过程更为详细地描述出来。

9. 世界史与国际关系经典的翻译和引介

中国世界史学界近年来翻译了许多西方学术界的经典著作和最新成果，对拓展中国学界特别是国际关系学界和历史学界的视野发挥了很大作用。如时殷弘、牛可、翟强、周桂银、夏继果、李安山等翻译和主持翻译了大量历史学和国际关系学的经典著作，为中国的历史和国际关系研究提供了大量可供学习和借鉴的精品。这些经典作品对于开拓世界历史和国际关系学界的眼界，构建中国特色的国际关系理论，拓展中国历史与世界历史的思路，促进历史学与国际关系学的沟通与对话，都有重要的启发意义。② 我和吉林大学同人正在推出一套"英国学派译丛"。除已经重印的巴里·布赞和利特尔的《世界历史中的国际体系：国际关系研究的再构建》之外，这套丛书还有亚当·沃森的《国际社会的演进：比较历史视角的分析》，日裔英国学者铃木胜吾的《文明与帝

---

① 王绳祖主编《国际关系史：1648－1979》（十卷本），世界知识出版社，1996；唐贤兴主编《近现代国际关系史》，复旦大学出版社，2002；刘德斌主编《国际关系史》，高等教育出版社，2003；刘德斌主编《国际关系史（第二版）》，高等教育出版社，2018；袁明主编《国际关系史》，北京大学出版社，2005；方连庆、王炳元、刘金质主编《国际关系史》（五卷本），北京大学出版社，2006；时殷弘：《现当代国际关系史（从16世纪到20世纪末）》，中国人民大学出版社，2006；刘艳、李晓燕编著《国际关系史》，中国政法大学出版社，2016.

② 〔德〕路德维希·德约：《脆弱的平衡：欧洲四个世纪的权势斗争》，时殷弘译，人民出版社，2016；〔美〕诺曼·里奇：《大国外交：从第一次世界大战至今》，时殷弘译，中国人民大学出版社，2015；〔美〕约翰·加迪斯：《遏制战略：战后美国国家安全政策评析》，时殷弘等译，世界知识出版社，2005；〔挪〕文安立：《全球冷战：美苏对第三世界的干涉与当代世界的形成》，牛可等译，世界图书出版公司北京分公司，2012；〔美〕霍华德·威亚尔达：《新兴国家的政治发展——第三世界还存在吗》，牛可、刘青译，北京大学出版社，2005；〔美〕约翰·刘易斯·加迪斯：《冷战》，翟强等译，社会科学文献出版社，2016；〔英〕赫德利·布尔、亚当·沃森主编《国际社会的扩展》，周桂银等译，中国社会科学出版社，2014；〔美〕戈登·克雷格、亚历山大·乔治：《武力与治国方略》，时殷弘等译，商务印书馆，2004；〔美〕罗伯特·B.马克斯：《现代世界的起源》，夏继果译，商务印书馆，2006；〔加纳〕博艾敦：《非洲人在中国：社会文化研究及其对非洲—中国关系的影响》，李安山等译，社会科学文献出版社，2018。

国：中国、日本遭遇欧洲国际社会》，铃木胜吾、张勇进、乔尔·夸克合编的《早期现代世界的国际秩序：西方崛起的前夜》和巴里·布赞的《英国学派理论导论》。这几部作品是几代英国学派学者的思想集合，既阐释了英国学派关于西方国际社会演进、非西方国际社会的由来以及其与西方国际社会之间互动的观点，也探索了东亚国际社会形成的不同路径，希望能为两个学科的交流提供更多的参考。

王：国际关系专业出身的学者与历史专业出身的国际关系学者的研究有何不同？

刘：国际关系专业出身的学者一般有较高的理论修养，也希望从历史中吸纳经验，以使自己的论断更为充实，更有说服力。因此，他们在选取历史事实时有更为明显的目的性。历史专业出身的国际关系学者也对国际关系理论的发展变化怀有浓厚的兴趣，并且喜欢用自己所掌握的史实去验证国际关系理论的"正确"或"谬误"，但他们所做的大部分工作是通过对史料的解读来完成的，并且特别强调"第一手资料"的重要意义。

前面提到，在西方学术界，关于历史与国际关系理论之间的关系也是学界关注的一个话题。实际上，他们的看法与中国学界的看法有相似之处。比如就历史学与国际关系学的区别而言，美国学者认为：第一，表现在以叙事为基础的阐释和以理论为基础的阐释，历史学者寻求以叙事为基础的阐释，强调对特定事件的精准和全面叙事；第二，历史学家不做预测，加迪斯认为，历史学的预测能力有限，因为与化学实验不同，历史很少会完全重复自身，而政治学者则面对预测的压力，否则理论构建就不算成功；第三，国际关系更聚焦政策制定，因此偏重于近期的历史；第四，历史学重在探究历史事件的特殊性，而国际关系理论更倾向于把典型事件发生的原因概念化；第五，国际关系学者倾向于忽略他们认为较弱的原因，保留最有解释力的因素，钟情于简洁性，历史学家倾向于接受复杂得多的原因解释，认为一个结果是多种因素互动所产生的；等等。[①] 关于历史与理论的关系，中国学者也曾进行过认真的讨论，2005 年

---

① "Symposium: History and Theory", *International Security*, Summer 1997; Colin Elman and Miriam Fendius Elman, *Bridges and Boundaries: Historians, Political Scientists, and the Study of International Relations*, Cambridge: The MIT Press, 2001.

《史学月刊》曾以"理解国际关系：历史与理论"为题，邀请时殷弘、石斌、周桂银、张小明、陈玉刚、任东来等学者就这一问题进行深入探讨。① 同济大学的王存刚教授也曾经探讨过国际关系研究的历史向度问题，并且特别提到了思想史和哲学史研究。就国际关系的思想史和哲学史的研究而言，目前中国学界的研究显然还很薄弱，这应是未来国际关系研究需要加强的领域。②

三 历史与国际关系的跨学科尝试和理论创新

王：历史在与国际关系在跨学科研究方面，是否主动进行过跨学科的尝试？

刘：是的，我认为历史学界有相当一批学者主动进行跨学科尝试，即通过吸纳国际关系理论研究的最新进展，探索新的研究方法和研究方向，实际上有相当一批历史学者已经被吸引到国际关系领域，并且成为国际关系领域中卓有成就的专家。如国防科技大学周桂银教授是历史专业出身，他把欧洲体系及国际关系史、英国学派及国际关系理论和战略思想史及国际关系思想史的研究协同起来，研究成果引起国际关系和世界历史两个学科的广泛关注。宋德星教授也是历史专业出身，现在已经成为研究印度海权战略方面的专家。南京大学的郑先武教授一直努力融通国际关系的主流理论，把历史、现实和理论结合起来，形成了独具特色的区域研究优势。这样的例子不胜枚举。实际上，在每一个大学的国际关系学院里，都有一批历史专业出身的专家学者。

进入 21 世纪以来，英国学派国际关系理论的发展变化对中国国际关系学界产生了很大影响。巴里·布赞有十几本书被翻译成中文出版，究其原因，英国学派理论与历史研究之间的密切关系或许是一个重要原因。布赞《世界历史中的国际体系：国际关系研究的再构建》被翻译成中文出版后，在中国历史学界也产生很大影响，实际上推进了历史学与国际关系学的对话。"国际体系"作为一个标准化的概念被吸纳进中国学者的历史研究，许多历史学者在

---

① 关于该专题的讨论，可参见《史学月刊》2005 年第 6 期。
② 王存刚：《论国际关系理论研究的历史向度》，《外交评论》2008 年第 4 期。

论文和著作中使用这一概念。在中国社会科学院世界历史研究所推出的多卷本《世界历史》中，李春放教授主编的《国际关系卷》就吸纳和借鉴了布赞在《世界史中的国际体系》一书对国际体系的阐释，以"世界历史：全球国际体系的演进"为主线，阐释了世界历史发展变化中国际关系的演变过程。

近年来，我也有意识地就历史学与国际关系学的交流做了一些工作。从 2003 年起，我在吉林大学连续举办了十多次以"历史学与国际关系学"为主题的国际学术研讨会，① 与此同时，《吉林大学社会科学学报》和《史学集刊》也开辟了诸如"英国学派与国际关系研究""国际关系史研究""历史与国际关系研究"等专栏，发表了一系列研究论文，② 相关作者包括巴里·布赞、理查德·利特尔、布兰德利·沃麦克、迈克尔·艾达斯、陈志强、沈志华、王立新、刘江永、冯绍雷、黄民兴、郭小凌、李剑鸣和刘新成等国内外历史和国际关系学界的知名学者。《史学集刊》也一直都在跟踪国际学术动态，定期发表海外世界历史和国际关系名家的作品。③ 其中，"海外学人视点"专栏曾先后发表过格奥吉·杰尔卢吉扬、伊曼纽尔·沃勒斯坦、乔治·劳森、迈克尔·艾达斯、布鲁斯·卡明斯、贾斯廷·罗森博格和约翰·沃尔等学者的专文。④

王：您对当前国际关系学界的理论创新有什么看法？

刘：近年来，中国的国际关系理论界一直在努力创建具有中国特色的国际关系理论，或者说国际关系理论中的"中国学派"，如外交学院秦亚青教授的"关系理论"和阎学通倡导的"道义现实主义"，还有上海国际关系学界的"共生学派"。尽管对是否有必要构建国际关系理论的"中国学派"和构建"中国学派"的前提条件是什么存有诸多争论，但我认为作为一个越来越具有世界影响力的新兴大国，中国对世界的发展和演变应该而且必然会有自己的独特看法和主张，甚至会有多种不同的看法和主张，体现在国际关系研究领域就

---

① 例如，2003 年举行的"历史学与国际关系学：方法论探索与学科构建"高级国际学术研讨会，2007 年的"历史学与国际关系学：英国学派的启示"国际学术研讨会，2009 年的"历史学与国际关系学：英国学派理论与国际关系史编纂"国际学术研讨会等。

② 参见《吉林大学社会科学学报》2007 年第 2 期、2010 年第 6 期、2011 年第 2 期。

③ 参见《史学集刊》2002~2014 年间的相关期数。

④ 相关内容可参见《史学集刊》2016 年第 3 期、2017 年第 1 期、2018 年第 2 期。

应该是理论化的创建和创新。中国的振兴也应该表现在中国国际关系研究国际影响力的提升和话语权的扩大，在解读当今世界的来龙去脉、判定国际关系的现状和前景方面有令人信服的解释力。

王： 历史学与国际关系研究跨学科研究将对国际关系理论创新产生什么样的影响？

刘： 虽然多数历史研究的课题很难与国际关系的理论创新直接联系起来，但许多方面的研究能为其提供新的知识储备和智力支持，这至少可以从以下几个方面表现出来。

第一，中国的冷战史研究已经达到了相当高的水平，不仅实现了与国际学术前沿的对话，而且还提出了新的概念和分析框架。例如，从"党际关系"的层次考察历史上的国际关系，开辟了一种新的冷战史研究框架，在一定程度上超越了西方学术界的传统视野。尤为重要的是，冷战虽然结束了，但它所遗留下来的世界体系与国际体系之间的张力依然存在。正如华东师范大学余伟民教授所言，后冷战时代世界体系结构性矛盾的升级和深化使国际社会面临诸多现实的挑战和风险。由于世界体系层面全球治理机制的滞后，缺乏公共产品支撑的国际体系面临失范的风险，[1] 这就使冷战史的研究与当下的世界形势的探讨直接联系起来。第二，区域和国别史研究的深化，已经让"前现代"和"非西方"国家和地区的历史面貌更为清晰地展现在人们面前，为国际关系学界突破威斯特伐利亚"束身衣"提供了更为丰富的知识储备。许多西方学者普遍认为，西方主流国际关系理论是西方历史经验的结晶，呼吁非西方学者把非西方国家的历史经验纳入国际关系理论研究。但迄今为止，非西方国家和地区历史经验的总结和梳理依然是一个尚未完成的课题。[2] 第三，全球史研究的深入为国际关系理论的构建提供了一个更为宽广的历史背景。随着全球化的进展与"停滞"和全球治理问题的凸显，"全球国际关系学"的构建正在成为学界关心的课题。"全球国际关系学"与人们所熟知的"国际关系学"是一种什

---

① 余伟民：《"冷战"的起源与终结——世界历史的视角》，《史学集刊》2013 年第 1 期。

② Barry Buzan and Richard Little, "World History and the Development of Non-Western International Theory", in Amitav Acharya and Barry Buzan, eds., *Non-Western International Relations Theory: Perspectives on and beyond Asia*, London and New York: Routledge, 2010, pp. 197-220.

么样的关系，是对国际关系学的一种补充、衔接、放大，还是超越，这些问题和以大范围的互动研究为关注点的全球史研究为"全球国际关系学"的创建提供了新的知识背景，而"全球国际关系学"的创建也必然会为中国学派国际关系理论的构建提供有利时机。

四 历史与国际关系跨学科研究中存在的问题及展望

王：目前，国内学界在世界史与国际关系的交叉研究中存在哪些不足？

刘：首先，我认为历史学和国际关系学两个学科之间的成见还比较深，有一种相互隔绝甚至厚此薄彼的倾向：历史学家常常只摆事实不讲"道理"，认为国际关系不过是对外政策及其实践之总和，并无抽象理论可言；国际关系理论家则言"义理"而罔顾事实，视历史研究为小道，结果把理论架空。[①] 其次，缺少经常性的深度对话。我前面所提到的两个学科之间的交流，实际上主要是在一部分学术志趣相近的学者之间进行的，大范围、机制性的深度对话并不多。对比西方的一流大学，中国高校内部学科之间的壁垒比较高，缺少跨学科的传统和习惯，这在历史和国际关系学科之间也不例外。再次，最重要的是，中国高等教育中历史教育远远满足不了人文社会科学人才培养的需要。历史是一个学科、一个专业，但也是人文社会科学的基础。在中国的高等教育体系中，除中国近代史外，青年人考上大学之后几乎就没有什么机会接受历史方面的教育了，特别是世界史方面的教育。这就使历史与国际关系方面的跨学科研究缺少必要的知识基础。我就历史学与国际关系学之间的关系与许多学者进行过交流，他们大多对高校世界历史教育的缺失感到遗憾，但他们也对两个学科之间的交融抱有非常高的期许，并且提出了许多好的建议。

王：您对世界史与国际关系学跨学科研究有哪些期许？

刘：第一，两个学科应相互促进，共同把中国乃至非西方的历史经验纳入国际关系理论研究。中国是一个历史悠久的国家，中国的历史经验迄今还没有

---

① 时殷弘：《"理解国际关系：历史与理论"笔谈——战略史考察与大战略理论》，《史学月刊》2005 年第 6 期。

经过详尽的国际关系理论意义上的总结和提升。而世界局势正在经历一场或许是 1500 年以来最重要的变化，这种变化正在迫使西方的国际关系理论与时俱进，同时也为中国国际关系理论的创新了提供了难得的历史机遇。米尔斯海默认为，只有真正意义上的世界大国才能产生真正意义上的世界历史和国际关系理论。原来是英国，现在是美国，接下来就看你们中国的了（Now it is your turn）!① 中国已经快速发展，但中国特色的国际关系理论研究在世界上还没有赢得应有的影响力和吸引力。

第二，合作突破历史和国际关系研究中的难点和重点。我认为有这样几个方面值得进一步付出努力。

一是对"前现代"国际行为体的研究。

当今世界，部族、族群和宗教、教派冲突依然此起彼伏，有许多超出了国家的藩篱，是"前现代"国际行为体的繁衍和放大，但"固守"现代国家行为体的国际关系理论对此并没有给予足够的重视。事实上，不管我们承认与否，伊斯兰体系就是一种跨越多种文明区域、没有被世界经济体系摧毁的世界体系。② 时至今日，我们已经难以用"前现代"的眼光来看待它了。

二是国家的"类型学"研究。

随着威斯特伐利亚体系蔓延全世界，一个全球性国际体系似乎已经形成，但这个全球性国际体系是由不同的区域性国际体系拼凑而成的，每一个区域性国际体系都有不同的历史根源，每一个区域的国家又有不同的历史背景。无视国家之间差异性的国际关系理论就难免遭遇现实的嘲讽。

三是"西方"流变研究。

冷战结束后，"第三世界"已经不复存在，"西方"与"非西方"成为当今世界最简单的分野。但历史地看，西方世界并不是一个永恒的存在，西方世界与非西方世界的分野是近代以来逐渐形成的。③ 作为冷战期间形成的一个阵

---

① 2003 年米尔斯海默到访吉林大学，在就世界历史与国际关系理论的发展问题与刘德斌教授进行讨论时表达过这样的看法。

② 〔美〕约翰·奥伯特·沃尔：《伊斯兰：一个独特的世界体系》，载夏继果、〔美〕杰里·H. 本特利主编《全球史读本》，北京大学出版社，2010，第 308~320 页。

③ 〔美〕布赖恩·莱瓦克等：《西方世界：碰撞与转型》，陈恒等译，格致出版社、上海人民出版社，2013，前言第 1~3、2~6 页。

营，西方现在也已经到了一个新的转型期。在非西方世界"崛起"的大势面前，西方世界可以重新凝聚起来，固守西方主导的世界秩序；也可以与非西方融合在一起，共同面对当今世界所面临的全球问题，并最终消解在人类不同形式的利益共同体、安全共同体和命运共同体之中。无疑，西方的前景事关整个世界的前途，有关西方的缘起和演进的理论阐释应该是国际关系学界和历史学界共同完成的重要课题。

四是把中国历史重新"置于"世界历史之中。

如何重构中国历史与世界历史的关系，不仅是历史学界的一个重大课题，也是中国人文社会科学面对的重大挑战，否则我们就难以摆脱"欧洲中心主义"的束缚。但在中国历史的特性和世界历史的共性之间找到切入点，需要不同学科的共同努力。阿米塔·阿查亚在讨论全球国际关系学与国际关系理论中国学派的关系时，特别担心"中国例外论"的危险。① 全球史研究的深入或许为我们讲出一种全新的中国故事——既摆脱西方中心主义的桎梏，又超越以中国为中心的历史视野，提供新的思路。② 当然，重新构建中国历史与世界历史的关系不是一蹴而就的事情。

五是探寻"多重"的国际关系理论体系。

早在十多年前，巴里·布赞和理查德·利特尔就指出，西方的国际关系理论之所以丧失了对当今世界的解释力，主要在于它自囿于西方自己的历史经验，陷入"现代主义""非历史主义""欧洲中心主义""无政府主义偏好""国家中心主义"泥潭。③ 问题虽然被指出来了，但迄今西方学界依然没有足够的能力和动力改变这种局面。从这个意义上讲，超越"欧洲中心论"的历史研究，对西方和非西方国家国际体系理论的创新都具有非常重要的意义。以全球大范围的互动为主要研究内容的全球史的兴起，似乎为弥补西方国际关系理论历史经验的不足提供了新的机遇，但全球史恰恰以超越国家之间的互动为

① 〔加〕阿米塔夫·阿查亚：《全球国际关系学与国际关系理论的中国学派：两者是否兼容？》，董贺译，《世界经济与政治》2015 年第 2 期。
② 江湄：《重新将"中国史"置于"世界史"之中：全球史与中国史研究的新方向》，载刘新成主编《全球史评论》第七辑，社会科学文献出版社，2014，第 193~222 页。
③ 〔英〕巴里·布赞、理查德·利特尔：《世界历史中的国际体系：国际关系研究的再构建》，刘德斌主译，世界知识出版社，2017，中文版导言第 18~23 页。

根基。面对这种局面，西方国际关系学界似乎面临这样两种选择：坚持和维护西方国际关系理论"欧洲中心论"的历史阐释，在此基础上通过不断地改进已有的理论体系，使之最大限度地包容不断变化的当代世界；或者面对当今这样一个"多重的世界"，探寻全球史进程中多种共同体的互动规律，构建一种新的超越"民族国家"的国际关系理论体系，赋予"international"以新的含义。显然，前者是一种当下的选择，但后者或许是终将迈出的步履。中国数千年的历史经验表明，中国是当今世界上最大的多种共同体的凝聚和整合，是多种共同体的共同体。中国在消除国家纷争、推进共同利益、走向人类命运共同体的研究方面，应该比西方国家富有更多的经验和智慧，承接世界更多的期许。

全球史观与英国学派

"全球历史观"的困局与机遇[*]

近年来，随着全球化进程的不断深入，"全球历史观"问题的讨论再次成为学术界的热点，全球史学的构建也进入了一个新的发展时期。2000 年在奥斯陆召开的第 19 届国际历史科学大会，就把"全球史的前景：概念和方法论"作为大会三个主题的第一个主题，可见全球史的构建在当今国际学术界的重要地位。进入互联网时代，我们会发现围绕全球史的研究和教学项目非常之多，全球史的探索的确是当今各国历史学界的一个重要课题。

人们一般把英国历史学家巴勒克拉夫作为当代"全球历史观"的首倡者和先行者，认为他在 1955 年的论文集《处于变动世界中的史学》中最先提出了全球历史观问题，以后又在 1967 年的《当代史导论》、1978 年的《当代史学主要趋势》和同年的《泰晤士历史地图集》中，对这个问题做了进一步的阐释。而巴勒克拉夫在他的著作中所推崇的斯塔夫里阿诺斯的两卷本《全球

*　原载《史学理论研究》2005 年第 1 期。

通史》（1970 年和 1971 年）和 W. H. 麦克尼尔的《世界通史》（1967 年），则被视为体现了全球历史观的代表作。目前被认为体现了全球历史观的作品还包括汤因比以文明为单位的《历史研究》、沃勒斯坦的《现代世界体系》和弗兰克的《白银资本》等。

巴勒克拉夫等人所代表的全球历史观，主要以突破西方学术界根深蒂固的"欧洲中心论"（或称"西欧中心论""欧美中心论""西方中心论"）的限制为特征，主张历史研究者应"将视线投射到所有的地区和时代"，建立"超越民族和地区的界限，理解整个世界的历史观"，并且"公正地评价各个时代和世界各地区一切民族的建树"。"在当前世界性事件的影响下，历史学家所要达到的理想是建立一种新的历史观。这种历史观认为世界上每个地区的每个民族和各个文明都处在平等的地位上，都有权利要求对自己进行同等的思考和考察，不允许将任何民族和文明的经历只当作边缘的无意义的东西加以排斥。"① 在《当代史导论》中，巴勒克拉夫明确反对以西欧为中心的"古代—中古—近代"和"地中海时代—欧洲时代—大西洋时代"的历史诠释体系。② 在全球化进程不断深入、构建全球史已经成为史学界多数人共识的今天，我们重读半个世纪以来巴勒克拉夫等人的史学作品，不能不被他们的先见之明所折服。没有他们的努力，很难想象今天西方的世界历史诠释体系会是一种什么样子。这里应该指出的是，巴勒克拉夫在努力撼动"欧洲中心论"在西方历史研究中统治地位的同时，也对亚洲和非洲国家历史研究中"民族主义冲动"所可能促成的"思维境界的偏狭"提出了警告，尽管他乐观地肯定它们"已经汇入历史研究的主流"，但仍然坚持说："归根到底，亚洲和非洲的历史学如果想要结出丰硕的果实，就必须像欧洲的历史学一样，置于全球的背景之中。"③

但是，在今天我们努力彰显巴勒克拉夫等人所倡导的全球历史观的同时，却不能对这种历史观所面临多种挑战视而不见。第一，我们必须看到，全球历

---

① 〔英〕杰弗里·巴勒克拉夫：《当代史学主要趋势》，杨豫译，上海译文出版社，1987，第 158 页。
② 〔英〕杰弗里·巴勒克拉夫：《当代史导论》，张广勇、张宇宏译，上海社会科学院出版社，1996，第 13~16 页。
③ 〔英〕杰弗里·巴勒克拉夫：《当代史学主要趋势》，杨豫译，上海译文出版社，1987，第 224 页。

史观的影响力似乎仍然有限。尽管巴勒克拉夫所倡导的"全球历史观"已经问世近半个世纪，尽管像斯塔夫里阿诺斯的《全球通史》这种代表全球历史观的作品不断再版，已经畅销三十余年，但西方人文社会科学的基础还是建立在"欧洲中心论"的历史解读之上。这说明全球历史观还没有能够进入西方人文社会科学的内里。以西方主流国际关系理论为例。尽管第二次世界大战之后发生了从现实主义和自由主义向新现实主义和新自由主义的转变，冷战后又出现了社会建构主义的兴起，但这些主流学派的理论依然是建立在"欧洲中心论"的历史解读基础之上的。进一步讲，是建立在以威斯特伐利亚体系以来欧洲人的历史经验基础之上的。这是西方国际关系理论难以解读现实和预测未来的原因所在。[①] 就此而言，全球历史观的影响恐怕主要还是集中在历史学领域，甚至在历史学领域，也不能说全球历史观已经取得了支配地位。一个突出的例子，就是在《新编剑桥世界近代史》这部在全世界具有重要影响的史学著作中，我们依然能够发现"欧洲中心论"的影子。

第二，我们必须承认时代背景的转换已经对全球历史观提出了新的要求。当年推动巴勒克拉夫等人提出"全球历史观"的历史背景，是20世纪特别是20世纪中期世界历史的巨大变化：欧洲衰落了，失去了对世界的主宰地位；美国和苏联崛起为超级大国，成为可以左右欧洲命运的世界力量；亚洲、非洲和拉丁美洲一批新兴国家在民族解放运动的大潮中崛起，成为欧洲国家所创建的现代国际体系的组成部分，并且在联合国成员国的数量上占据优势。这种形势迫使欧洲学术界的精英做出改变，重新认识非西方国家的历史地位。而今天，推动全球历史观再次成为人们关注焦点的是全球化进程的不断深入，是经济、政治乃至文化全球化把世界各地区、各民族日益紧密地联系在一起，形成一种前所未有的相互依存关系的现实。全球化的进展正在赋予全球历史观以新的含义。在这样一种情况下，历史学的任务应该是对这种现实的到来给予令人信服的说明。全球历史观的主要特征已经不再仅仅体现为对非西方国家历史公正阐释的追求，不再体现为将欧洲还是将亚洲置于近代以来世界历史核心地位

① 〔英〕巴里·布赞、理查德·利特尔：《世界历史中的国际体系：国际关系研究的再构建》，刘德斌主译，高等教育出版社，2004。

的权衡，而是体现为一种新的世界历史诠释体系构建，体现为对"西方中心论"和原来意义上"全球历史观"的双重超越。很明显，这样的作品目前还不多见。

第三，我们必须面对全球化的理论探讨对"全球历史观"构成的理论挑战。20世纪90年代以来，随着全球化进程的不断深入，全球化理论研究成为世界各国人文社会科学研究的重点和热点，相关论著汗牛充栋。实际上，全球化的探索从未拘泥于一个学科，形成的也不是一种理论，而是多种理论，或者说形成了一个迅速膨胀的理论群。按照赫尔德的说法，全球化理论至少可以划分为极端全球主义者、有怀疑论者和变革论者三个宽泛的流派。[1] 但是，尽管全球化的理论五花八门，许多观点还很稚嫩，它们已经对整个人文社会科学的理论基础提出了挑战，而对于历史学的挑战尤其咄咄逼人。因为任何全球化理论的构建都离不开对全球化时空维度的界定。而全球化理论对全球化历史进程的分期似乎"天生"就没有被"欧洲中心论"所缠绕，原因在于它们的出发点与历史学的出发点不尽相同。不能说全球化理论家们没有受到斯塔夫里阿诺斯《全球通史》这样作品的影响，也不能说历史学家的作品与全球化理论的构建无关，[2] 但是，赫尔德等人的全球化理论试图从根本上改变人们观察历史的视角，从而对专业历史学家的历史解读构成了强烈的冲击。例如，尽管全球化理论家们不是专业历史学家，但你不能不承认他们从全球化视角进行的历史分期具有相当强的说服力。实际上，综观最近二三十年来西方学术界在世界历史分期问题上的主要观点，除斯塔夫里阿诺斯和麦克尼尔外，大多出自社会学家、经济学家、政治学家和国际关系学家等非专业历史学家之手，如沃勒斯坦、贡德·弗兰克、戴维·赫尔德、塞缪尔·亨廷顿和巴里·布赞等，而这些人现在大多也被认为是全球化理论的探索者。这就提出了一个问题：全球化理论和全球历史观是一种什么样的关系？是否全球化理论为原来意义上的全球历史观提供了新的理论动力？全球历史观应该与全球化理论融为一体，还是应该

---

① 〔英〕戴维·赫尔德等：《全球大变革：全球化时代的政治、经济与文化》，杨雪东等译，社会科学文献出版社，2001，第3页。

② 我国有学者就把斯塔夫里阿诺斯的"全球历史观"列入全球化的理论谱系。参见程光泉主编《全球化理论谱系》，湖南人民出版社，2002。

保持历史学意义上的相对独立？进一步讲，全球化理论能够在多大程度上为历史研究提供新的理论素养？反过来，从巴勒克拉夫开始的当代全球历史观又在多大程度上能为全球化理论的构建提供基础分析？

总之，全球历史观面临一种困局：在原来意义上的全球历史观尚未在人文社会科学的主流理论中占据主导地位的时候，它已经开始遭遇随全球化的迅速进展而来的全球化理论群的强烈冲击，而全球化理论对历史问题的跨学科探索似乎比历史学科的单打独斗更有说服力。换言之，时代的发展似乎超越了全球历史观的行进速度：在破除"西方中心论"的任务尚未完成、"民族主义的冲动"依然存在的情况下，全球化的迅速发展和全球化理论群迅速崛起似乎掩盖和超越了半个世纪以来历史学界对全球历史观的不倦探索。当然，这种困局也可以演变成一种机遇，这就是拥抱全球化的进展，全面进入全球化的理论探索中去，把全球历史观的探索变成整个人文社会科学的追求。这就又涉及历史学科与其他学科的关系问题。二十多年前巴勒克拉夫在谈到历史学与其他学科的关系时，曾引用过一位比利时作家的话："历史学现在正处于十字路口。它也许能坚持住，并且跨进科学的门槛，在这种情况下，历史学能够成为'人类科学中的科学'。否则的话——如果它想回避这场挑战——便要冒一场失去自己地位的风险，既不成为一门科学，也不成为一门艺术，只能成为一门'业余爱好'而苟延残喘下去。"[①] 我想这段话今天仍有警示意义。或许斯塔夫里阿诺斯对地区发展不平衡的解读也适用于一门学科：这就是愈是敢于与其他学科交往的学科愈能获得发展的压力和动力。

全球历史观的路还很长，信奉者任重道远。

[①] 〔英〕杰弗里·巴勒克拉夫：《当代史学主要趋势》，杨豫译，上海译文出版社，1987，第69页。

全球历史观：理想与现实之间的徘徊[*]

十年前，笔者应邀在《史学理论研究》上发表了一篇文章，题目是《"全球历史观"的困局与机遇》。文章提出我们在欣赏巴勒克拉夫等人的远见卓识，即其早在 20 世纪 50 年代就提出的"全球历史观"的同时，不能对"全球历史观"所面临的多种挑战视而不见。这种挑战首先表现在"全球历史观"的影响力依然有限，没有能够成为西方人文社会科学的精髓；其次是时代背景的转换对"全球历史观"提出了新的要求，不能对冷战结束以来全球化的进展视而不见，不能仅仅体现为对非西方国家历史公正阐释的追求，而应该体现为对"西方中心论"和原来意义上"全球历史观"的双重超越；最后是应对当时迅速崛起的全球化的理论对"全球历史观"构成的理论挑战进行探讨。笔者认为"全球历史观"面临一种困局，即在原来意义上的"全球历史观"尚未在人文社会科学的主流理论中占据主导地位的时候，它已经开始遭遇伴随全球化迅速进展而来的全球化理论群的强烈冲击。时代的发展似乎超越了"全球历史观"的行进速度：在破除"西方中心论"的任务尚未完成、"民族主义的冲动"依然存在的情况下，全球化的迅速发展和全球化理论群迅速崛起似乎掩盖和超越了半个世纪以来历史学界对"全球历史观"的不倦探索。①

十年来，中国学界在全球史研究方面的成就显著，可以说中国学界正在使中国成为美国以外对全球史研究最为青睐的国家。中国学界译介了许多西方特别是美国学界全球史研究的经典著作和重要论文，并以首都师范大学全球史研究中心的成立和《全球史评论》的出版为核心，聚拢了一批国内外全球史研究的名家，使全球史研究迅速成为中国学术界与国际学术界交流和对话的一个窗口。但是，全球史研究的专著依然少见，全球史研究与全球化理论的探索并

---

* 原载《史学集刊》2015 年第 5 期。

① 刘德斌：《"全球历史观"的困局与机遇》，《史学理论研究》2005 年第 1 期。

没有交融在一起，"全球历史观"更是展现出见仁见智的局面。无疑，全球史研究包括对全球历史观的探索，依然徘徊在理想和现实之间。

首先，全球历史观只是一种新提法，还是在反思和批判以往世界历史研究中不同理论和方法基础上的超越和创新？如同其他从西方引进的新概念一样，全球历史观过去十年在中国也引发了诸多解读和争议。① 一方面，我们看到中国学界有学者承认"全球史观"的存在，但并不认为它有什么新颖之处，"全球史观是一种借用历史哲学和历史学已有成果的新提法，而不是解释世界历史的新方法，更不是一种博大周密的理论体系"，实证主义的研究方法在相对主义、后现代主义的强烈冲击下仍是史学研究的基本方法。② 另一方面，也有相当一批学者认为全球史观在中国的流行与全球化的深入密切相关。随着经济全球化进程的不断深入，世界各地区越来越直接地联系在一起，人们越来越以全球的眼光看问题，这样一个全球化时代向人们提出了重构世界历史的新要求。这样一种观点实际上超越了视全球历史观为西方"舶来品"的认识，而与中国深度介入全球化的实践结合在一起。有学者认为："我们所说的全球化时代世界历史的重构，并不是指以某种单一性主题及其代表的价值观为中心来重构世界历史，从而取代原有的单一性世界历史叙述，它事实上旨在以更多的单一性世界历史叙述丰富已有的世界历史叙述，并将选择甚至重构的权利交予大众，避免某些文化精英假借客观性世界历史之名，行垄断世界历史解释权之实，最终令世界历史叙述重新回到现代性的阴影之下。"③

很显然，对全球历史观的不同判断在很大程度上源自人们对历史研究本身性质和价值的判断，但又不可避免地与历史研究和现实需求之间的矛盾再次直接联系在一起。历史研究是否需要服务于现实需求？这是个见仁见智的问题。但如果我们面向当前的图书市场，我们会发现世界历史方面的图书是改革开放三十多年来一直比较受欢迎的图书种类，特别是全球史方面的作品（如北京大学出版社出版的斯塔夫里阿诺斯的《全球通史：从史前史到21世纪》已经畅销中国十多年）。这些作品有别于中国读者所熟悉的"古代—中古—近

---

① 参见刘新成《全球史观在中国》，《历史研究》2011 年第 6 期。
② 郭小凌：《从全球史观及其影响所想到的》，《学术研究》2005 年第 1 期。
③ 参见陈新《全球化时代世界历史的重构》，《学术研究》2005 年第 1 期。

（现）代"三段式的世界历史解读体系，而给人们带来一种新的理解世界历史和中国历史的视角。这说明中国的读者愿意以不同的视角来了解当今世界的来龙去脉。但是，这些作品大多是翻译过来的，其中尤以斯塔夫里阿诺斯、麦克尼尔和本特利的作品最受中国读者的器重和欢迎，而中国学者的原创性作品很少。中国学界关于全球历史观的争论至少向人们揭示了这样两点事实：中国学界已经不再仅仅把全球历史观当成西方的"舶来品"，而是把它与全球化进程的深入乃至全球化问题的探索联系在一起，包含了中国学界自己对全球化和全球史的理解和判定，超越了简单的引进和借鉴。与此同时，尽管中国学界关于全球历史观的争论和全球史研究的探讨不断走向深入，但还没有能够汇集成全球史方面的系列作品，能在中国的图书市场上与国外学者的全球史作品一争高下。

其次，全球史研究是世界历史研究的一个分支还是整个学科的升级换代？全球历史观能否为中国的历史研究带来新的灵感和动力？无论接受还是排斥全球历史观，中国学者大都承认全球历史观与古往今来的世界历史研究方法和理论沿革的继承性和连续性，但在全球史研究和全球历史观的定位问题上却众说纷纭。其中一个关键的问题是全球史与世界史的关系。有学者认为全球史的视角不是对以往世界历史编纂体系的补充和更新，而是从一个全球化的视角来追溯世界历史的演变，其中包括把中国历史的解读置于一个中国与周边和其他地区互动的环境之中，并发现了不同的结论和场景，因此不能与原来意义上的世界史画等号。[1] 也有学者认为全球史依然只是世界历史编纂的方式之一："因其对人类过往所持的全球视角，以及对世界不同国家和地区彼此联系与交相互动的重视，极大丰富和深化了当今的世界史研究，使之更能满足全球化时代人们对一种新的叙事的需要。"但对多数学者来说，当前的世界史和全球史无论在研究方法还是在研究对象上，都存在高度的一致性，因此并不存在本质差别。[2] 这貌似矛盾的情形恰好进一步说明中国学界对全球史研究和对全球历史观正在形成多样化的理解，超越了简单化和片面化的认识，说明在对待全球历

---

① 梁占军：《"世界史"与"全球史"异同刍议》，《首都师范大学学报》（社会科学版）2006年第3期。

② 张旭鹏：《超越全球史与世界史编纂的其他可能》，《历史研究》2013年第1期。

史观和全球史研究的问题上，中国的学术界正在成熟起来。实际上，经过中国学者理解和演绎的全球历史观已经渗透中国历史和世界历史研究的方方面面，为中国学界读懂世界开辟了一条新的路径。在众多世界史的方向和领域之中，国际关系史的编纂或许能与全球历史观更为有机地联系在一起。迄今为止，无论在中国还是在西方学术界，国际关系史的编纂大都以威斯特伐利亚体系的起源和演进为开端和主线，西方的国际关系理论也是建构在对威斯特伐利亚体系的解读基础之上的。但是，冷战后世界形势的发展变化让最近几百年来被西方主导的世界秩序所掩盖的历史矛盾逐渐显露，世界秩序也进入了新一轮的崩塌和重组，很可能是近代以来最具历史性的崩塌和重组。我们看到，一方面，新兴大国的快速发展正在改变近代以来世界经济和政治力量的平衡；另一方面，"套"在中东和非洲国家身上的"民族国家"外衣正在被撕破，种族、宗教、教派、部落之间的矛盾挣脱国界的束缚，演变为持续不断的地区冲突和人道主义灾难。十多年前杜维明就曾指出："现代西方加强自我反省，就能认识到，根源于具体社群的原始联系是怎样促成了现代社会经历的不同形式。"[1] 只有立足于揭示这种"原始联系"，国际关系史才能阐明当今世界的来龙去脉，而这也正是全球历史观所倡导的，也正应该是全球史研究所涵盖的。

最后，全球历史观与全球化理论研究能否契合？这种契合对中国学界有什么重要意义？全球史研究与全球化理论的发展貌合神离，是国际学术界的一种普遍现象。全球史研究问世于20世纪50年代，全球化理论崛起于冷战结束之后。这两者虽然都得力于全球化进程的助推，却没有能够融合在一起。在全球化理论创新的领军人物中，难以发现全球史学家的影子。在笔者应邀组织翻译的由英美学者联合主编的《全球化关键词》中，竟然没有"全球史"（Global History）这样的词条。[2] 在英国、美国和中国学者联合主编的《全球化百科全书》中有"全球史"词条，但编者认为："全球历史的研究受到当代对全球化产生兴趣的启发，但是它不是对这一变革的肯定史，相反它重构了自然和人类

---

① 杜维明：《多种现代性：东亚现代性涵义初步探讨》，〔美〕塞缪尔·亨廷顿、劳伦斯·哈里森主编《文化的重要作用：价值观如何影响人类进步》，程克雄译，新华出版社，2001，第383页。

② 〔英〕安娜贝拉·穆尼、〔美〕贝琪·埃文斯编《全球化关键词》，刘德斌等译，北京大学出版社，2014。

历史的全球性变化，解开了自然与人类纠缠在一起的线索。"① 显然，这样一种对全球史的解释并不被所有人认同。

西方学术界关于全球化理论的讨论最近陷入了低潮。2008 年及其后相继发生在美国的金融危机和发生在欧盟的债务危机，让整个世界的经济放缓，各主要国家政府不得不采取高强度的政府干预措施拯救市场经济，"看得见的手"让美国的杂志发出了"现在我们都是社会主义者了"的惊呼！风行一时的全球化理论构建失去了原来的势头，有些西方知名学者甚至认为全球化理论随着这次危机已经失去了基础和动力，人文社会科学的研究依然在原来的轨道上运行。但这场经济危机对中国学界关于全球历史观和全球化理论的研讨并没有带来同样的冲击。这说明，全球化理论和全球历史观在中国的流行不仅与全球化进程的深入密切相关，更与中国自身不断深度介入全球化的经历有关。虽然有学者依然认为"全球化"的实质就是"西方化"和"美国化"，但中国正是在全球化进程中实现了跨越式发展则是不争的事实，中国也因此被认为是全球化进程中最大的"赢家"，甚至被认为正在以自身积累起来的实力改变甚至重新塑造全球化（如亚投行的构建和"一带一路"倡议的提出），中国对全球化的理解和中国的全球化战略正在成为其他国家学术界全球化研究关注的一个焦点。从被动地应对到主动地参与全球化，再到形成系统的介入全球化的战略，改革开放三十多年来中国的历史经验正在成为全球化理论修正和完善的一个重要的源泉。② 在这个过程中，中国学界再不能置身事外，而全球历史观所带来的中国世界历史研究的发展变化，恰恰可以为中国全球化理论的创新提供有益的参考。因为在中国，对中国和世界历史的解读是中国人文社会科学理论创新的基础。从这个意义上说，中国特色全球史的构建，"中华民族心灵中的全球史"③ 的形成，必将为国际学术界全球历史观的讨论刻下深深的中国烙印，也必将为中国人文社会科学的创新注入新的动力和活力。但愿这一理想与现实之间的距离不会太遥远！

---

① 〔英〕罗兰·罗伯逊、扬·阿特·肖尔特英文版主编，王宁中文版主编《全球化百科全书》，译林出版社，2011，第 297 页。

② Liu Debin, "Engaging Globalization: Chinese Perspectives", *The Third World Quarterly*, Sep. 2015.

③ 于沛：《全球史：民族历史记忆中的全球史》，《史学理论研究》2006 年第 1 期。

巴里·布赞与英国学派[*]

近年来，英国科学院院士、伦敦经济学院国际关系系教授巴里·布赞（Barry Buzan）在中国国际关系学界和世界历史学界的影响越来越大。很多人把他视为英国学派的新一代领军人物，并把他与怀特、布尔和文森特等人并列起来。但是，布赞本人却不把自己归属于英国学派，尽管他公开号召"重聚"英国学派，为英国学派的复兴提出了具体的议程，并在最近几年把自己的主要研究兴趣转向英国学派。对英国学派和巴里·布赞稍有了解的人会发现，布赞与英国学派的前几代领军人物在学术思想和方法上有很大区别，突出标志或许是布赞在学术方法上更加"社会科学化"乃至"美国化"。当然，布赞的治学之道和美国主流国际关系的理论家们也不尽相同。笔者认为，布赞与英国学派的关系和布赞头上被人置放的"英国学派领军人物"的光环，可能恰恰是英国学派发展到今天的一个时代缩影；英国学派所能提供给中国国际关系学界的启发和借鉴，也恰恰能从布赞的学术之路和他与英国学派的关系中展示出来。

一

巴里·布赞 20 世纪 40 年代生于英国伦敦，在加拿大北方长大，成人后又返回英国求学，以后一直在英国居住和工作，具有英国和加拿大双重国籍。布赞 1968 年毕业于英国哥伦比亚大学，获学士学位；1973 年毕业于英国伦敦经济学院，获博士学位。他曾经在英国考文垂郊外的沃威克大学（University of Warwick）任教二十余年，同时担任著名的丹麦哥本哈根和平研究所的安全研究项目主任，并成为安全研究中"哥本哈根学派"的领军人物。1996 年，布赞教授移至伦敦的威斯敏斯特大学任教。2003 年，他又受聘于伦敦经济学院，

---

* 原载《吉林大学社会科学学报》2007 年第 2 期。

回到母校继续他的教授生涯。

布赞教授在英国和国际学术界享有盛誉。早在 1988~1990 年，布赞就曾当选过英国国际关系学会主席；1993~1994 年当选为（北美）国际关系学会副理事长。1998 年，布赞被遴选为英国科学院院士。从 1999 年开始，他成为英国学派"重聚"项目的总协调人。除了理论研究，他还参加有关欧洲、南亚、南非和东亚安全的公共政策讨论。

布赞教授治学勤奋，著述颇丰，在国际关系理论的诸多领域，特别是在安全复合体理论、世界历史与国际体系和英国学派研究等方面都颇有建树。其代表性著作包括《人民、国家与恐惧：国际关系中的国家安全问题》（*People, States and Fear：The National Security Problem in International Relations*，1983，revised 2nd *edn.* 1991）、《战略研究导论：军事技术与国际关系》（*An Introduction to Strategic Studies：Military Technology and International Relations*，1987）、《无政府的逻辑：新现实主义到建构现实主义》（*The Logic of Anarchy：Neorealism to Structural Realism*，1993，*with Charles Jones and Richard Little*）、《安全：一种新的分析框架》（*Security：A New Framework for Analysis*，1998，*with Ole Wæver and Jaap de Wilde*）、《世界政治中的军备动力》（*The Arms Dynamic in World Politics*，1998，*with Eric Herring*）、《世界历史中的国际体系：国际关系研究的再构建》（*International Systems in World History：Remaking the Study of International Relations*，2000，*with Richard Little*）、《地区与权力：国际安全的结构》（*Region and Powers：the Structure of International Security*，2003，*with Ole Waver*）和《从国际社会到世界社会：英国学派理论与全球化的社会结构》（*From International to World Society：English School Theory and the Social Structure to Globalization*，2004）等。布赞的著述不仅记录了他在学术之路上的脚步，而且印证着他与英国学派的关系。

二

早在 1983 年，布赞教授就推出了他的《人民、国家与恐惧：国际关系中的国家安全问题》（第一版）一书，提出了一种新的安全概念和一种新的研究框架。布赞认为，现实主义并没有把"安全"和"权力"区分开来；传统的安全研究偏重于军事，而批评现实主义执迷战争的自由主义者在安全的概念方面也没有什么建树；行为主义的科学分析、价值中立和量化的特征都是与安全概念相矛盾的，干扰了安全研究。布赞试图在国际关系的无政府结构与相互依存的互动之间架设一座桥梁，并把国际研究中许多彼此孤立的理论和分析领域结合到一起，从而提出了一种新的安全观念和一种新的安全研究范式。在这本书中，布赞提出了区域层次分析和领域分析的方法，构建了他的地区安全复合理论（RSCT），推动了安全研究的拓展。这本书不仅奠定了布赞在西方学术界安全研究方面一流学者的地位，而且为他以后学术生涯的独特视角和多元论方法奠定了基础。① 《人民、国家与恐惧》是他学术生涯的开山之作，也是他一生最重要的作品之一。他后来与人合著的《安全：一种新的分析框架》和《地区与权力：国际安全的结构》都是在这本书基础上的发展和升华。1996 年时，布赞等人的批评者麦克斯威尼（Mcsweeney）和诺伊曼（Neumann）开始用"哥本哈根学派"称呼布赞等以丹麦哥本哈根和平研究所为中心、居住在北欧的研究者。"哥本哈根学派"由此成为国际关系学界的一个专用名词，并使布赞等人为更多人所熟知。

1993 年，布赞与查尔斯·琼斯和理查德·利特尔合著的《无政府的逻辑：新现实主义到建构现实主义》，使布赞在国际关系学界的声誉达到一个新的高峰。他们在对沃尔兹新现实主义理论进行批判的同时进一步"完善了新现实主义"。布赞认为，沃尔兹强调结构层次上的权力及其分配，严重低估了国际行为体的权威作用和组织作用。除了权力，规则、机制、国际组织也应该被包括在国际政治结构的定义之中。他们提出了"深层结构"（deep structure）概念。布赞等人认为，政治结构既包括无政府状态，也包括等级结构。"深层结构"不仅包括权力和国际组织，而且包括规则和规范；体系的结构既包含国际政治体系，也包括国际社会体系。他们拓展了沃尔兹关于体系结构的概念，认为结构层次的分析和单位层次的分析是相互关联的。结构现实主义理论必须

① 崔顺姬：《人民、国家与恐惧：布赞及其对国际关系理论的贡献》，《世界经济与政治》2006年第 5 期。

发展这种关联。沃尔兹在很大程度上把单位层次的分析排除在外，而布赞等人则认为，国际关系理论在单位层次上的分析应该与其在体系层次上的分析一样严格。

《无政府的逻辑》不仅奠定了布赞教授在国际学术界一流国际关系理论家的地位，而且使一直在战后国际关系研究中居领导地位的美国学术界对他刮目相看。但是，如果说《无政府的逻辑》是对沃尔兹理论的成功超越和挑战，那么布赞与利特尔在 2000 年出版的《世界历史中的国际体系：国际关系研究的再构建》，则通过对世界史中国际体系形成与演变的立体考察，对整个西方国际关系的主流理论提出了根本的挑战。

《世界历史中的国际体系》在布赞的学术生涯中具有重要意义。首先，这本书对当代西方国际关系理论或者说美国的主流国际关系理论基础提出了根本的挑战。尽管在国际关系学科内部也有范式之争，也形成了众多不同的学派（如现实主义和理想主义）和一系列比较成型的观点，但它们的基本立足点和出发点是相同的：这就是众所周知的威斯特伐利亚体系。在国际关系学者（包括中国学者）看来，威斯特伐利亚体系浓缩了国际关系的基本特征。但随着冷战的结束，随着国家间关系的发展变化，基于威斯特伐利亚模式的国际关系解读已经越来越显得力不从心。然而，冷战结束以来西方主流国际关系理论的反思和批判基本上还是没有摆脱威斯特伐利亚"束身衣"① 的束缚。因此，布赞的研究框架对于美国主流国际关系理论体系的挑战具有根本性质。从这个角度看，布赞的观点不太容易被美国国际关系理论界接受。但是，如果不做出相应的修正，布赞所揭示的问题、西方国际关系理论的缺陷就会永远在那里摆着，明示着它们的"虚幻"。其次，布赞教授的研究框架对于国际关系学科的成熟和成型具有重大意义。一般认为，现代意义上的西方国际关系学产生于20 世纪一战结束之后的英国和美国，成型于二战后的美国，同时也在其他国家逐步发展起来。但是，这一学科的身份一直没有明确。在许多大学，它一直被视为政治学的一个分支。一些著名的百科全书也把它作为政治学的一个分支

---

① 〔英〕巴里·布赞、理查德·利特尔：《世界历史中的国际体系：国际关系研究的再构建》，刘德斌主译，高等教育出版社，2004，中文版序言。

来解释。但它的研究范围已经远远地超过了政治学的范围。政治学很早就采用了体系方法，美国著名政治学家伊斯顿就承认政治体系是社会体系的一部分。① 按照布赞的观点，一国的社会体系是整个国际体系的一部分，一国的社会结构和社会性质是能够对国际体系的互动、结构和过程产生影响的。从这个角度出发，国际关系研究的是全人类的问题，而非传统意义上的政治学范畴所能包含的。同政治学、经济学、法学、历史学和社会学等其他学科相比，国际关系学成型的时间晚，交叉的学科多，而且还具有明显的美国化的特点。这或许是国际关系学身份一直未能明确下来的原因之一。尽管在这本书里布赞和利特尔对英国学派的理论和方法多有批判，英国学者依然认为他们与怀特、布尔和沃森一样，对英国学派在现代国家体系的历史演进和比较研究方面做出了重大贡献，他们的著作构成了正在兴起的世界政治的历史社会学文献的重要组成部分。②

《从国际社会到世界社会：英国学派理论与全球化的社会结构》是布赞教授从事国际关系研究三十多年来第一本专门讨论和研究英国学派的专著，尽管他在以前的著作特别是论文中曾多次提到英国学派。这本书一出版就在国际关系学界包括中国的国际关系学者中引起强烈反响。国际体系、国际社会和世界社会是英国学派经典著作中三个最基本也是最重要的概念（尽管对这三个概念在英国学派学者内部也有不同的解释），但多少年来，国际体系特别是国际社会的概念得到了比较充分的讨论和阐释，而对世界社会概念的讨论则明显不足。布赞以重新梳理和修正这三个基本概念为主轴，力图对英国学派的理论体系进行一次较为彻底的清理和重塑。他认为现在到了英国学派的理论家们远离英国学派思想根源的时候，而应用更为系统的结构方式来表达，否则英国学派就难以成为国际关系元理论的基础。他认为，世界社会概念，尤其是世界社会与国际社会之间的相互关系，既是现存英国学派的最大障碍，也是最有可能发现最大收获的地方。布赞对温特的建构主义思想一直情有独钟，虽然也有批

---

① David Easton, *The Political System: An Inquiry into the State of Political Science*, New York: Alfred A. Knopf, 1953.

② Andrew Linklater & Hidemi Suganami, *The English School of International Relations: A Contemporary Reassessment*, Cambridge: Cambridge University Press, 2006, pp. 260-262.

判，却一直试图把英国学派中的社会思想与温特的国际政治社会理论结合起来，为英国学派注入更多"社会科学"的活力。布赞对英国学派的重塑或许将成为英国学派历史性变化的一个标志。

三

从巴里·布赞的学术经历和代表性著作中我们可以看出，他虽然在英国接受国际关系学的教育，并从 20 世纪 70 年代开始从事国际关系学的教学和研究，但英国学派对他早期的学术研究和作品的影响似乎并不特别大。尽管视角独特，但早期的布赞教授更像是一个美国式的国际关系学者。他关注的热点似乎是美国主流国际关系理论的热点，他的论战锋芒也一直指向以沃尔兹为代表的美国主流理论家。换言之，我们很难发现他与当时的一个美国国际关系理论家有什么重要的区别。在他早期的著作中，如《人民、国家与恐惧》和《无政府的逻辑》中，很少讨论英国学派问题。只是到了 20 世纪 90 年代，他才越来越多地谈到英国学派，并且承担起"重聚"英国学派召集人的角色。当然，由于早在担任这一角色之前他就在国际学术界享有很高的声誉和重要的影响，所以他对英国学派理论研究的投入和推进，壮大了新一代英国学派的声势。

从布赞身上，我们可以发现英国学派新一代领军人物的一些突出特点。首先，他们是在美国国际关系理论主导国际学术界的年代里成长起来的，他们对美国国际关系理论了如指掌，并且参加了美国主流国际关系理论的辩论，但他们是在英国接受的学术训练，或者是在英国从事国际关系的理论研究。这使他们观察问题的角度和思考问题的方式与英国学派的奠基者们有所不同，与所谓美国的主流国际关系理论家们也不一样。这两个方面的特点可以形成新一代英国学派的优势。其次，冷战结束的时间和方式使"科学化"的美国主流国际关系理论"失语"，暂时削弱了其"主流"地位；而全球化进程的持续深入，却为英国学派国际社会的理论提供了新的土壤和发展空间；同时美国国际关系学界兴起的建构主义思潮似乎在英国学派那里汲取了智慧和营养。这一切，都为布赞成为国际关系学术大舞台上的核心人物创造了有利条件，也使多年来穿梭于大西洋两岸，既有英国学派的学术熏陶，又一直向沃尔兹新现实主义理论发起挑战，并对结构主义情有独钟的布赞"左右逢源"，成为当之无愧的英国学派领军人物。如果说是 20 世纪 50~60 年代美国国际关系理论界的方法论革命"催生"了英国学派[①]，那么，也正是 20 世纪 50~60 年代以来美国主流国际关系理论的"独尊"地位，"催生"了像布赞这样一个理论家和英国学派的领军人物。

不过，布赞教授并不认为自己属于英国学派（或其他什么学派）。他指出："关于学派，我认为我难以被塞进任何一个学派……我不认为理论流派之间有不可通约性。这就是为什么英国学派对我富有吸引力的原因所在。我采用多种学派的方法（新现实主义、英国学派、哥本哈根学派），但难以肯定我属于其中的任何一个。"[②] 但布赞和利特尔又强调："我们发现自己更接近英国学派，它的基本参考框架看起来非常适合我们希望建构得更为宽阔、更具历史根基的国际关系学研究方法。"[③] 为了解除中国读者对英国学派的困惑，他们还特意做出了这样的解释："对于中国读者来说，两个在英国工作的学者表示他们被英国学派所吸引看起来可能令人困惑，甚至有为自己谋利的明显色彩。所以让我们在这里说清楚，英国人认为英国学派并没有独特之处。英国学派只是一个相当不适宜的标识，一个恰巧坚持采用历史的、社会的和理论的多元方法理解国际体系的西方国际关系学理论的一个组成部分的标识。"[④]

笔者认为，布赞教授所愿意做的，是打破美国国际关系理论"独尊"的地位，把有关国际关系理论问题的辩论真正地置于一个全球化的舞台之上。在为《世界历史中的国际体系》一书写的中文版序言中，布赞和利特尔在为非西方文明的历史经历未被纳入西方国际关系理论家的视野，即使在这些非西方文明的国家已经获得独立和解放的今天依然如此而鸣不平的同时，也试图激励这些非西方世界的学者加入当代国际关系理论批判的队伍。"也许我们最希望

---

① 郭树勇：《英国学派的研究方法及其演变》，《欧洲研究》2004 年第 5 期，第 24~37 页。

② 〔英〕巴里·布赞、理查德·利特尔：《世界历史中的国际体系：国际关系研究的再构建》，刘德斌主译，高等教育出版社，2004，中文版序言。

③ 〔英〕巴里·布赞、理查德·利特尔：《世界历史中的国际体系：国际关系研究的再构建》，刘德斌主译，高等教育出版社，2004，中文版序言。

④ 〔英〕巴里·布赞、理查德·利特尔：《世界历史中的国际体系：国际关系研究的再构建》，刘德斌主译，高等教育出版社，2004，中文版序言。

的是本书将激励和挑战中国国际关系学界发展起自己关于国际关系理论化的方式，并将其置于全球辩论的平台之上。在国际关系学的概念化方面，西方特别是美国的声音依然过于强大。这些声音告诉我们许多令人感兴趣的东西，但它们代表的是一个相当有限的文化和历史经历，而且在一定程度上，它们还是通过目前占支配地位的大国的眼光和利益来过滤这个世界的。随着权力愈加广泛地分布于世界，随着文化多元主义重申自己的权威，国际关系研究需要代表非西方经历的声音和视角。"①

  按照张勇进教授的说法，是巴里·布赞 1993 年发表于美国杂志《国际组织》上的论文《从国际体系到国际社会》②，帮助把英国学派从美国"走私"（smuggle）到中国。我们当然也应该让中国学者批判英国学派的声音，传到英国、美国乃至全世界。

---

① 〔英〕巴里·布赞、理查德·利特尔:《世界历史中的国际体系:国际关系研究的再构建》，刘德斌主译，高等教育出版社，2004，中文版序言。

② Barry Buzan, "From International System to International Society: Structural Realism and Regime Theory Meet the English School", *International Organization*, No. 3, 1993, pp. 327-352.

作为历史学家的巴里·布赞[*]

近年来，巴里·布赞的学术作品不断地被翻译成中文出版，估计已有 10 本之多。他与历史社会学家乔治·劳森合著的《全球转型：历史、现代性与国际关系的形成》已由崔顺姬等翻译、上海人民出版社出版。巴里·布赞教授已经是为中国学界所熟知的国际关系理论家，新一代英国学派的领军人物，在国际学术界也享有盛誉，似乎没有人把他当作历史学家来看待。但就笔者来看，他也是一位别具一格的历史学家。与西方其他杰出的国际关系理论家相比，布赞的独特之处不仅在于他在理论和方法上兼收并蓄，在整合英国学派优良传统的同时又能与时俱进，推陈出新，还在于他一直专注于历史的思考和研究，形成了独到的历史眼光，从而使他成为西方学界反思和批判"欧洲中心主义"、重构西方国际关系理论的代表性学者。在世界历史遭遇"百年变局"和整个人文社会科学都在反思人类历史经验的今天，巴里·布赞对世界历史的解读尤其具有参考价值和启发意义。

一　别具一格的历史学家

巴里·布赞严格意义上的"历史类"著作并不多，并且都是与人合著的，其中包括他与伦敦国际战略研究所的杰拉德·西格尔合著的《预测未来：人类两万年的进步》（中文版被改名为《时间笔记》）、^① 与理查德·利特尔合著的《世界历史中的国际体系：国际关系研究的再构建》^② 和与乔治·劳森合

---

* 　原载《国际关系研究》2020 年第 4 期。

① 　Barry Buzan and Gerald Segal, *Anticipating the Future*: *Twenty Millennia of Human Progress*, London: Simonand Schuster, 2000；〔英〕巴里·布赞、杰拉德·西盖尔：《时间笔记》，刘淼、张鲲译，山东画报出版社，2002。

② 　Barry Buzan and Richard Little, *International Systems in World History*: *Remaking the* 　（转下页注）

著的《全球转型：历史、现代性与国际关系的形成》①。当然，他的所有作品都有比较厚重的历史感，这与他对历史的解读有直接关系。如果我们把他作为一个历史学家来衡量，他在这几个方面尤其令人印象深刻。

首先，巴里·布赞是一个有着"大历史观"的历史学家，并且构建了与众不同的世界历史解释体系。他的"大历史观"首先表现在《时间笔记》中。这是一本小书，但内容极为丰富，很遗憾没有引起太多中国学者的关注。《时间笔记》实际上构成了巴里·布赞世界史观的基础。时过境迁，不排除他对历史的认识已经超越了这本书中所阐释的观点，但作为一种对世界历史的解读方式，《时间笔记》还是值得我们品读的。它以20世纪90年代末为开端，采取了一种由近及远的"倒叙"方式，从20世纪的全球化与世界大战谈起，然后是中世纪以来欧洲的扩张、文明国家、帝国和蛮族，最后是从史前到文明的过渡。他和西格尔认为，人类历史上唯一能与当下科技、工业、政治革命所释放的人类巨大潜力相媲美的时代只有从史前到文明这个时期。但他们认为这个转变在世界各地大不相同：从公元前3000年就已经开始的中东到19世纪90年代才开始的非洲。读者可能会对书中的观点持有不同看法，但难以否认世界上不同地区历史进程极大的差异性和不均衡性，对惯于按照欧洲古代、中世纪和近现代模式理解和思考世界历史的人来说，这无疑是一幅更为贴近历史真相的图景。在讨论"我们现在何处"这一命题的时候，布赞和西格尔认为，这个西方化的世界很快就将面临人口数量和流动性无限增长的终结，人类社会与地球的关系是我们这个时代最大的问题。现在浏览这本书，读者会发现二十多年前他对历史的理解和阐释竟然与大卫·克里斯蒂安等人倡导的"大历史"有相似之处，即把人类社会置于一个万年时空的视界中去考察。在这个视界中，人类是一个整体，人与环境的关系具有更为重要的意义。

其次，巴里·布赞也是一个极有创见的历史学家，他所创建的学术概念和

（接上页注②）*Study of International Relations*，Oxford：Oxford University Press，2000；〔英〕巴里·布赞、理查德·利特尔：《世界历史中的国际体系：国际关系研究的再构建》，刘德斌主译，高等教育出版社，2004，世界知识出版社，2015。

① Barry Buzan and George Lawson，*The Global Transformation*：*History*，*Modernity*，*and the Making of International Relations*，New York：Cambridge University Press，2015.

他所构建的世界历史的阐释框架拓展了历史学的视野，开辟了一种新的世界历史解读体系。在这方面，有许多皓首穷经的专业历史学家也没能做到这一点。他和理查德·利特尔合著的《世界历史中的国际体系》一书重新定义了"国际体系"这一概念，并以此为主线，阐释了人类如何从分散的采猎群开始，经过部落、城邦、帝国和现代国家的演化，发展到今天高度一体化的全球国际社会的历史进程。历史学界研究人类不同组织形态和进程的专家有许多，但像布赞这样以此构建起一种世界历史解读体系的人似乎还没有。这本书中文版的发行量超过了英文版，一个重要原因是它也成了许多中国历史学界专家和学者重要的参考书，它所阐发的概念也为许多中国的世界历史学者所借鉴。① 有学者甚至以巴里·布赞的"单位"和"解释源"为分析工具，解读先秦时期东亚国际体系的变革。② 布赞和利特尔在《世界历史中的国际体系》一书中讨论了国际关系演进的基准时间，后来他与乔治·劳森对此做出了修正，③ 对中国历史学界和国际关系学界都产生了广泛的影响。④

最后，巴里·布赞是一位博采众长的历史学家。作为一位国际关系理论家，他对西方历史学界非常熟悉，可以根据他在作品中的阐释逻辑，随手拈来历史学界经典和新锐作家的观点和论据作为支撑，或提出挑战和批判。在《全球转型》这本书里，我们会发现一长串著名历史学家的名字，其中很多人也有作品被翻译成中文，为中国学界所熟悉，如于尔根·奥斯特哈默（《世界的演变：19世纪史》）、艾瑞克·霍布斯鲍姆（《革命的年代》《资本的年代》《帝国的年代》《极端的年代》等）、威廉·麦克尼尔（《西方的兴起：人类共同体史》等）、埃里克·沃尔夫（《欧洲与没有历史的人民》）、大卫·阿米蒂奇（《现代国际思想的根基》）、约翰·达尔文（《未终结的帝国：大英帝

---

① 如中国社会科学院联合多家重点大学编写的《世界通史》（多卷本）中，第24卷《全球国际体系的演进》的作者李春放就采用了布赞和利特尔的"国际体系"定义及其相关概念。参见李春放：《全球国际体系的演进》，江西人民出版社，2012。

② 参见杨倩如《先秦国际体系的类型与演变》，《国际政治科学》2010年第1期。

③ 巴里·布赞、乔治·劳森、颜震：《重新思考国际关系中的基准时间》，《史学集刊》2014年第1期。

④ 赵思洋：《反思国际关系史的书写——近代中国国际关系研究中的基准时间》，《世界经济与政治》2017年第12期。

国，一个不愿消逝的扩张梦》）、贾斯廷·罗森伯格（《市民社会的帝国》）、迈克尔·曼（《社会权力的来源》）、彭慕兰（《大分流：欧洲、中国及现代世界经济的发展》）、约翰·霍布森（《西方文明的东方起源》）和伊恩·莫里斯（《西方将主宰多久》），等等。阅读巴里·布赞的著作，你会发现他的文献储备非常充足，围绕每一个主题的阐释都能够展示出一整套类似于学说史方面的信息。在历史学日趋"碎片化"和"专业化"的今天，布赞的作品展示了另一番天地，也给读者传递了更多有价值的信息。

二 《全球转型》 也是知识转型

在巴里·布赞和乔治·劳森为《全球转型》中文版撰写的序言里，第一句话就是"这是一本关于世界历史的书"。但笔者认为，这不是或不仅仅是一本关于世界历史的书，而且是一本以19世纪的历史解读为基础，重构国际关系学理论基础的书。或许得益于与历史社会学家乔治·劳森的合作，这本书与布赞以前的"历史类"著作相比，要更为"立体"和丰富，对西方主流国际关系理论的挑战也更为"细致"。他们讲的是19世纪现代性"全球转型"的历史故事，但实际上提出了国际关系学知识转型的问题。这本书肯定会在国际关系学界引发不同意见的争论，但要想驳倒布赞和劳森的观点又很困难。这本书注定会在国际关系学的发展史上占有重要地位。

《全球转型》的核心观点是认为19世纪的现代性的"全球转型"重塑了国际秩序的基本结构，其中包含工业化、理性国家建设和"进步的意识形态"的复杂结构。[①] 全球转型促成了一个完整的全球性国际体系的形成，同时也生成了诸多的行为体：理性民族国家、跨国公司、政府间国际组织与国际非政府组织，它们已成为国际事务的主要参与者。全球性结构与国际行为体的变化意味着"19世纪见证了当今我们所熟悉的国际关系的诞生"。正是由于忽视了这种全球转型的整体性意义，国际关系学科的基础才"极不牢固"。两位作者强

---

① Barry Buzan and George Lawson, *The Global Translation*: *History*, *Modernity and the Making of International Relations*, Cambridge：Cambridge University Press, 2015, p. 1.

调社会之间的互动在全球转型过程中所起的作用，反对"现代化"是欧洲特有历史现象的观点，同时也不接受"中华中心"和"欧亚中心"的主张；认为现代化是一个持续的不均衡的发展过程；全球转型既在不断地激化差异化发展，又在不断地强化社会之间的互动。无疑，这本书浓缩了巴里·布赞以前历史作品的观点，又引进了更多其他学科特别是社会学的视角和概念，并不是历史画面的平铺直叙，而是通过三个部分十个章节的详细阐释，论证了被国际关系学所忽略的现代性全球转型条件下国际关系的形成。

作者特别指出，主流国际关系学界过于强调历史的延续性和重复性，认为国际关系的基本形式和过程是亘古不变的，没有意识到国际关系中的许多因素是近期历史的产物，从而把国际关系学置于与其他社会科学相"隔绝"的状态，难以进行深度的交流和对话。国际关系学需要像历史社会学家、世界历史学家和经济历史学家那样来思考19世纪。而全球现代性转型不仅为国际关系学者思考当代议程提供了一个共同的出发点，而且还有利于将国际关系学子领域整合起来，拓展和丰富学科的知识性，从而开启与其他学科的深度交流与对话。布赞和劳森对国际关系学界"美国中心主义"和美国学界把国际关系学与政治科学绑定的做法不以为然（称其为"怪癖"）[1]，认为重视全球转型将推动国际关系学科去中心化趋向。布赞和劳森甚至认为国际关系学应该将自身定位为一门旨在为全球现代性提供新的叙事的"历史社会科学"。[2] 如果理解其主要关心的议题在何等程度上源于全球转型，那么国际关系学科本身也会经历一场转型，升格为一个能够也应该在社会科学内产生跨学科综合讨论的知识场域。[3]

三 布赞的历史研究与国际关系学

作为一位西方国际关系学界的理论家和历史学家，巴里·布赞一直致力于

---

[1] Barry Buzan and George Lawson, *The Global Translation*：*History*，*Modernity and the Making of International Relations*，Cambridge：Cambridge University Press，2015，p. 331.

[2] Barry Buzan and George Lawson, *The Global Translation*：*History*，*Modernity and the Making of International Relations*，p. 332.

[3] Barry Buzan and George Lawson, *The Global Translation*：*History*，*Modernity and the Making of International Relations*，p. 333.

清除西方主流国际关系理论的弊端，即现代主义、非历史主义、欧洲中心主义、无政府主义和国家中心主义，呼吁非西方学者将非西方的历史经验纳入国际关系理论的构建。① 无疑，这是一项艰苦的奋斗。但巴里·布赞一直在努力。他与乔治·劳森合作完成的《全球转型》是这种努力的一部分，在这之前他与阿米塔·阿查亚完成的《全球国际关系学的构建》也是这种努力的一部分。对于这位西方学者这种孜孜以求的精神，我们没有办法不表示钦佩。

在西方国际关系理论界，以对历史的解读为基础构建国际关系学说的著作有很多，如约瑟夫·奈不断再版的《理解国际冲突与合作》，约翰·米尔斯海默的经典之作《大国政治的悲剧》，以及约翰·伊肯伯里的《大战胜利之后：制度、战略约束与战后秩序重建》等，但是像巴里·布赞这样以国际体系的演进为主线，系统性地构建一种世界历史阐释框架，或以现代性为主线，阐释一个世纪的全球转型如何构建了现代国际关系的"大手笔"理论家并不多。从这个意义上讲，巴里·布赞是独一无二的。

在《全球转型》中，布赞和劳森公开宣示要以全球的现代性转型为共同起点，拓宽国际关系学的知识基础，使之从狭隘和僵化的知识视野和与政治学的"绑定"中摆脱出来，加入与其他学科的交流和对话。这是一种非常鼓舞人心的前景。布赞的历史作品，特别是《全球转型》，实际上已经在国际关系学与其他学科，甚至在社会科学的不同学科之间发挥了桥梁和中介的作用。我们期待国际关系学界有更多这样的作品问世。我们也期待有更多历史学家、历史社会学家、人类学家和其他领域的专家加入对当代国际关系的探索。现代性的转型涉及人类社会的方方面面，迄今还没有一个学科能够"纵览全局"，发挥引领作用，向人们解释清楚当代世界的来龙去脉，新的全球国际关系学或许能够发挥这种作用。布赞的历史解读不仅要经得起国际关系学科升级换代的考验，而且很有可能还要经受其他学科的评判。如果尚有不足，我们期待巴里·布赞仍旧笔耕不辍，不断有新的历史作品问世。

---

① 〔英〕巴里·布赞、理查德·利特尔：《世界历史中的国际体系：国际关系研究的再构建》，刘德斌主译，世界知识出版社，2015，第19~21页。

软实力与公共外交

"软权力"说的由来与发展[*]

最近一两年来，我们看到有两件事几乎是按照同一个时间表在发展。

一是小布什政府在伊拉克问题上一意孤行并在推翻萨达姆政权后陷入困境，严重地败坏了美国的声誉和形象；美国军队令人发指的虐俘行为，更使美国的国际声誉降到了最低点，美国的"软权力"（或曰"软力量""软实力"）遭到沉重打击。在批评小布什政府一意孤行的著名人士中，就包括"软权力"说的倡导者约瑟夫·奈（Joseph Nye）。他认为"软权力"是美国取得反恐战争胜利必不可少的重要条件，而布什政府中的许多人恰恰忽略了它。

一是中国学者对"软权力"说的兴趣急剧增长，讨论和涉及"软权力"的论文大幅度增加。有学者甚至把中国"软权力"的构建提升到中国能否成功实现发展的高度。可以说，中国学者对"软权力"的关注和重视程度超过了任何一个其他国家，包括美国。笔者曾在 2001 年撰文讨论美国的"软权

---

* 原载《吉林大学社会科学学报》2004 年第 4 期。

力"问题,并把美国"软权力"划分成低、中、高三种形态。① 本文则想对"软权力"这种新的、在西方学术界尚未得到多数人认可的国际关系学说的由来和发展进行一番梳理,对国际关系理论界对"软权力"说的质疑和"软权力"研究在中国的兴起进行简要的评价和分析,以期对中国的"软权力"研究有所裨益。

一 "软权力":概念的提出与发展

最早明确提出"软权力"概念的是美国著名学者、哈佛大学肯尼迪政府学院院长约瑟夫·奈。此公曾在克林顿政府任负责国家安全事务的国防部助理部长,在美国政界和学界都有广泛影响。他是在与20世纪80年代风行一时的美国"衰落论"的辩论中提出"软权力"这一概念的。在那场辩论中,以历史学家保罗·肯尼迪(Paul Kennedy)1987年出版的《大国的兴衰》为代表的"衰落论"无疑占有主流地位。但约瑟夫·奈却认为美国的力量并没有衰落,而是其本质和构成正在发生变化。1990年,他分别在《政治学季刊》(*Political Science Quarterly*)和《外交政策》(*Foreign Policy*)等杂志上发表了《变化中的世界力量的本质》和《软权力》等一系列论文,并出版了一本书,题为《注定领导:变化中的美国力量的本质》(*Bound to Lead:The Changing Nature of American Power*),明确提出了"软权力"概念。这本书的中译本名为《美国定能领导世界吗》,1992年由军事译文出版社出版,但在中国的影响远不及保罗·肯尼迪的《大国的兴衰》。《大国的兴衰》在中国被好几家出版社翻译出版,保罗·肯尼迪也由此在中国学术界名声大噪,而当时约瑟夫·奈及其观点却鲜为人知。这说明中国学术界更倾向于保罗·肯尼迪的观点,相信美国正在重蹈历史上霸权国的覆辙,已经被过度的军事扩张耗尽了精力,不可避免地走向衰落了。②

顾名思义,"软权力"(Soft Power)是相对于"硬权力"(Hard Power)

---

① 刘德斌:《软权力:美国霸权的挑战与启示》,《吉林大学社会科学学报》2001年第3期。
② 〔美〕保罗·肯尼迪:《大国的兴衰:1500-2000年的经济变迁与军事冲突》,王保存等译,求实出版社,1988。

而言的（Power 也可中译为"力量""实力"）。奈认为，冷战后国际政治的变化主要表现在"世界权力的变革"和"权力性质的变化"。过去，对一个大国的考验是其在战争中的实力，而今天，实力的界定不再强调军事力量和征服，技术、教育和经济增长等因素在国际权力中正变得日益重要。① 在冷战时期，东西方对抗的轴心是"硬权力"（军事机器、核威慑力等），特别是大国使用军事力量来平衡国际体系的实力地位。现实主义强调的也是"硬权力"的作用。而现在，随着两个超级大国全球军事对抗的消失，经济、文化因素在国际关系中的作用越来越突出，在世界变革的情况下，"所有国家，包括美国，要学会通过新的权力源泉来实现其目标：操作全球相互依存，管理国际体系结构，共享人类文化价值"②。奈认为这种新的权力源泉就叫作"软权力"。"软权力"的新形式正在出现，特别是在文化、教育和大众媒介方面，"软权力"的性质是无法用传统的地缘政治学来解释和评估的。③

约瑟夫·奈"软权力"的概念是受著名政治学家彼得·巴克莱奇（Peter Bachrach）和摩尔顿·拜拉茨（Morton Baratz）文章的启发提出来的。他们在 60 年代提出了"权力的第二张面孔"（second face of power）的思想。这两位政治学家于 1962 年在《美国政治学评论》（*American Political Science Review*）上发表了《权力的两张面孔》一文④，1963 年又在同一家杂志上发表了题为《决定与非决定：一种分析框架》的文章⑤，提出和分析了权力的"同化"（co-optive）属性问题。

那么具体而论，什么是约瑟夫·奈所说的"软权力"？应该如何为其下一个明确的定义？"硬权力"和"软权力"究竟是一种什么样的关系？综观约瑟夫·奈 1990 年以来的文章和著作，人们会发现他本人的观点也有一个发展变

① Joseph Nye，"Soft Power"，*Foreign Policy*，Fall 1990.

② Joseph Nye，"The Changing Nature of World Power"，*Political Science Quarterly*，Vol. 105，No. 2，Summer 1990.

③ Joseph Nye，"Soft Power"，*Foreign Policy*，Fall 1990.

④ Peter Bachrach，Morton S. Baratz，"Two Faces of Power"，*American Political Science Review*，Vol. 56，No. 4，Dec. 1962.

⑤ Peter Bachrach，Morton S. Baratz，"Decisions and Nondecisions：An Analytical Framework"，*American Political Science Review*，September 1963.

化的过程。在《美国定能领导世界吗》一书中，约瑟夫·奈认为，美国在当今世界上不仅拥有经济和军事等"硬权力"优势，而且还有文化、价值观和国民凝聚力等"软权力"优势。"硬权力"是通过经济"胡萝卜"或军事"大棒"威胁、利诱别人去干他们不想干的事情；"软权力"是通过精神和道德诉求，影响、诱惑和说服别人相信和同意某些行为准则、价值观念和制度安排，以产生拥有"软权力"一方所希望的过程和结果。归根结底，"软权力"是价值观念、生活方式和社会制度的吸引力和感召力，是建立在此基础上的同化力与规制力。① 这里，约瑟夫·奈比较完整地阐释了"软权力"的内涵以及"软权力"与"硬权力"的关系，但他似乎把经济实力归于"硬权力"的范畴，是有形力量。这和他以后有关"软权力"的论述不尽相同。

冷战的终结、美国实力的膨胀，似乎使 80 年代美国是否衰落的辩论有了一个结果，风行一时的美国"衰落论"衰落了，但约瑟夫·奈仍然不断发表文章，强调"软权力"的重要性，特别强调"软权力"在信息化时代的重要战略意义。他把"软权力"与当今国际社会的标准、制度和体制构建联系起来，强调"在今天这个全球信息时代，软权力变得越来越重要"②；并再次提醒美国的决策者，"我们的价值观念是重要的软权力资源。硬权力和软权力都是必不可少的，但在信息时代，软权力正变得比以往任何时候都有影响力"③。

2002 年，约瑟夫·奈发表了《美国霸权的悖论——为什么美国不能独断专行》（*The Paradox of American Power*，中译本译为《美国霸权的困惑》）一书，进一步集中讨论了"软权力"问题。对比十年之前，无论是美国还是这个世界都发生了深刻变化。在对美国"单边主义、傲慢自大和鼠目寸光的外交政策提出警告"④ 的同时，奈在这本书里进一步阐释了他的"软权力"说。他说："软实力并不是什么新事物，美国也不是第一个力图用自己的文化创造软实力的国家。在普法战争失败后，法国试图通过 1883 年创造的法兰西联盟来推广它的语言和文学，以修复其被毁坏的威信。在海外推广法国文化因而成

---

① 〔美〕约瑟夫·奈：《美国定能领导世界吗》，何小东、盖玉云译，军事译文出版社，1992。

② Joseph Nye, "The Challenge of Soft Power", *Time Magazine*, February 22, 1999.

③ Joseph Nye, "The Redefinition of National Interest", *Foreign Affairs*, July-August 1999.

④ 〔美〕约瑟夫·奈：《美国霸权的困惑》，郑志国等译，世界知识出版社，2002，第 7 页。

为法国外交的重要组成部分 。意大利、德国等国很快加以仿效。20 世纪 20 年代无线电广播的出现，使许多国家进入了外语广播的时代，到了 30 年代，纳粹德国把电影宣传片推向了极致。美国政府则很晚才想到要利用美国的文化为外交服务。……随着二战和冷战的展开，美国政府在这方面更加积极，其官方的举措包括美国新闻署、美国之音、富布莱特计划、各地的美国图书馆以及各种讲座项目。但是，许多软实力来自政府控制以外的社会力量。甚至在冷战前，美国公司和广告业的经营者、好莱坞电影公司的老板们，就在不仅向世界其他国家销售他们的产品，而且也推销美国的文化和价值观。"① 关于"软权力"与政府的关系，约瑟夫·奈认为："和硬实力不同，软实力不仅仅属于政府。……许多软实力不属于美国政府，只是部分地与美国政府的目标相呼应。"② "政府有时感到控制和使用软实力很困难。像爱情一样，软实力很难测量和把握，不触及任何人，但这并不降低它的重要性。"③ 换言之，"软实力部分是由政府创造的，部分与政府无关"④。

关于"软权力"与"硬权力"的关系，他在该书第一章的一个注释中专门做了这样的解释：两者都是通过影响他人行为以达到目的的能力。命令性权力（Command power）——改变他人行为的能力——可以建立在强制和引诱的基础之上。同化性权力（Co-optive power）——塑造他人行为的能力——可以建立在文化和意识形态吸引力的基础之上，或建立在某种使行为者不能表达意向，因为他们看起来太不现实的操控政治选择议程能力的基础之上。命令性权力和同化性权力之间的行为方式按一个系列排列：命令性权力，强制，引诱，议程设定，吸引力，同化性权力。"软权力"资源倾向于与同化性权力联系在一起，而"硬权力"资源则与命令性权力联系在一起，但这种关系是不完整的。例如，一些国家可以被具有无敌神话的其他国家的命令性权力所吸引，而且命令性权力有时也可以用来建立后来被认为是合法的制度。⑤ 在该书的正文

① 〔美〕约瑟夫·奈：《美国霸权的困惑》，郑志国等译，世界知识出版社，2002，第 73 页。
② 同上，第 12 页。
③ 同上，第 10 页。
④ 同上，第 73~74 页。
⑤ 同上，第 187 页。

里，奈还特殊强调"硬权力"和"软权力"的相互作用和加强，认为"软权力"并不仅仅是"硬权力"的反映，并认为冷战期间苏联借助"硬权力"而实行专横的政策，实际上削弱了它的"软权力"。①

奈承认"软权力"并不是美国独有的权力。但他认为，在信息时代可能获得"软权力"的国家所需具备的条件中，美国无疑具有巨大优势。这三个条件是：（1）其主流文化和观念更接近普遍的全球规则（目前强调自由主义、多元主义、自治）；（2）它具有多渠道的交流，因此对于各种问题的定性也最具有影响；（3）它的国内和国际上的表现能够增强其信誉。② 约瑟夫·奈在书中还引证德国记者约瑟夫·乔菲的看法，说在他看来，美国的"软权力""甚至比它的经济和军事实力还要大。美国的文化，不论是粗俗的还是高雅的，都强烈地向外散射，类似于罗马帝国时代，只是更具有新奇性"③。

《美国霸权的困惑》一书写作于"9·11"事件之后、伊拉克战争之前，正是小布什政府单边主义外交走向巅峰之即。约瑟夫·奈在书中警告说："如果我们傲慢自大，对外部世界麻木不仁，浪费我们的软实力，我们就会增加受到攻击的危险，卖空我们的价值观，加速我们优势的丧失。"④ 同许多美国的国际关系理论家不同，他在书中明确表示："尽管恐怖主义攻击是可怕的，我的忧虑却不仅如此。我感到忧虑的是美国的前途。"⑤ 现在看来，奈的忧虑不无道理。

二 对"软权力"说的质疑

"软权力"的概念为审视全球化、信息化时代的国际关系提供了一个新的视角。但是，约瑟夫·奈的"软权力"说还没有在西方学术界获得广泛认同。除了他自己不断发表文章讨论这个问题外，迄今其他西方知名学者还很少专门

---

① 〔美〕约瑟夫·奈：《美国霸权的困惑》，郑志国等译，世界知识出版社，2002，第10~11页。
② 同上，第73页。
③ 同上，第11~12页。
④ 同上，第11页。
⑤ 同上，第11页。

撰文讨论"软权力"问题，也未从理论上对"软权力"进行深入的探讨。西方最流行的国际关系理论教材《争论中的国际关系理论》最新一版（第5版，2001年出版）并没有论及"软权力"问题。① 有人甚至不承认"软权力"的存在。就"软权力"问题的讨论而言，约瑟夫·奈几乎是"一枝独秀"，甚至"孤掌难鸣"。② 有意思的是，就在约瑟夫·奈向美国领导人发出警告之时，保罗·肯尼迪，这个十几年前与奈就美国是否衰落进行论战的著名历史学家，也在伊拉克战争之前对美国领导人提出了类似的警告。但是，肯尼迪依然在坚持认为美国力量处于危险之中的同时，否认约瑟夫·奈的"软权力"说。

保罗·肯尼迪认为美国的危险来自大国和地区力量对比的变化。伊拉克战争之前，他把美国当今的世界地位与当年的大英帝国进行了类比，认为现在的美国是有史以来世界最强大的国家。美国摧毁阿富汗的塔利班政权与1898年大英帝国轻而易举地击败苏丹马赫迪的军队没有多大差别。"因此，对巴格达的军事行动是轻而易举还是坚苦卓绝可能对美国的前途并不至关重要。"③ 但是，他认为："美国十有八九处于危险之中。……中国的迅速崛起，使东亚的均势发生了变化。仅仅几年前，美国的互联网流量大约占全世界45%，去年国际电讯联盟公布，美国的份额已降至29%。与欧洲相同，低于亚洲的31%。这一点具有重要意义：经济实力的转移通常先于军事实力的转移。"④

关于"软权力"问题，保罗·肯尼迪认为："约瑟夫·奈指出的第三个角度是在思想和文化，或者说在'软权力'领域。几年前，许多专家认为一切事物都在美国化。美国企业巨头、华尔街金融模式、迪斯尼世界、蓝色牛仔裤和美国有线新闻电视公司席卷了全球。当时我就认为，依此对思想和文化进行衡量是一种肤浅的看法，和好莱坞一样肤浅，现在我仍这么认为。实际上，美国的'软权力'在世界各地都受到了争议，不管争论是关于自由市场、环境还是对公民的定义。一个对国际社会为促进妇女和儿童权益保护和确立某种形

① 〔美〕詹姆斯·多尔蒂、小罗伯特·普法尔茨格拉夫：《争论中的国际关系理论》，阎学通等译，世界知识出版社，2013。

② 倪世雄：《当代西方国际关系理论》，复旦大学出版社，2001，第397页。

③ 〔美〕保罗·肯尼迪：《到了美国退场的时间?》，〔美〕《新闻周刊》2002年12月~2003年2月特辑。

④ 同上。

式的国际刑事司法权限所做的努力嗤之以鼻的美国是与文明世界的其他国家严重脱节的。一个认为联合国无足轻重并在预防性军事行动方面建立新的模糊标准的美国面临着将自己孤立的危险。近期到过欧洲、墨西哥和加拿大等民主国家的人都会惊奇地发现，美国处理国际事务的方式多么不受欢迎。在威尔逊、罗斯福和肯尼迪担任总统的时候，这个国家的崇拜者遍布全球。现在它面临着失去这一资源的危险。……当然所有这些都可以置之不理。没有人可以阻挡我们向巴格达前进。此时此刻，对于我们所说的永远做世界霸主，任何国家都无计可施。但这么做明智吗？"①

保罗·肯尼迪对"软权力"的质疑具有普遍意义。实际上，同其他许多人一样，保罗·肯尼迪并没有对美国思想和文化的影响力持否定态度，而是对把这种影响力计入美国实力的可靠性表示怀疑。人们很难相信一场电影、一个电视节目或一首流行歌曲就可以发挥权力或实力的效力。这或许是"软权力"说迄今尚未在西方主流国际关系理论中占有重要地位的原因所在。

但是纵观世界历史的发展变化，我们不难发现不同时期不同地区权力结构中"同化性权力"的影子。从这方面的意义上说，所谓的"软权力"并不是什么新东西。它实际上是一个国家或民族的吸引力或魅力之所在。这种魅力或吸引力古已有之。古代中国不曾出兵占领周边国家，却对它们拥有巨大的影响力，以至于形成了一个以中国文化为核心的"儒家文化圈"和以中国为中心的东亚"朝贡体系"。这一方面在于古代中国高度发达的物质文明，另一方面更在于中国的文化及生活方式等对周边民族和国家具有强烈的吸引力和"同化式力量"，但是，在那个交通阻隔、信息闭塞和区域割据的时代，民族、国家和区域之间的相互影响是非常迟缓和有限的。古代中国的"软权力"也就难以和现今美国的"软权力"相提并论，难以发挥今日之作用。从这个意义上讲，美国的"软权力"是现代社会的产物，以全球化或信息化时代的到来为前提。而英国历史学家汤因比关于西方技术的传入对东亚文化影响的观察，对我们理解"软权力"的概念具有重要的启示意义。

---

① 〔美〕保罗·肯尼迪：《到了美国退场的时间？》，〔美〕《新闻周刊》2002年12月~2003年2月特辑。

汤因比在考察西方和远东的关系时指出：关于 16 世纪和 19 世纪 "造成西方两次想从精神上占领远东的尝试得到不同的结果的时代背景究竟有什么差异呢？一个显著的区别在于技术背景的不同。在 16 世纪和 17 世纪，西方在舰艇和武器上没有绝对优于远东，因而未能使其对远东取得支配地位。在远东与西方文明的第一次迂回冲突中，远东人保持了主人的地位，当他们想要断绝与西方的关系时，他们的西方来客没有力量来抵制这一举动。但是，当西方人在 19 世纪再度出现在中国和日本的海岸线时，力量天平上的砝码已经明显地偏于西方这一边。因为，当时中国和日本的军队武装停留在 200 年以前的水平上，而西方在此期间则经历了工业革命。现在是其用远东无法抗衡的新式武器装备起来的东山再起，在这种情况下，远东就不得不打开门户接受西方的影响了"[1]。汤因比认为："技术会对生活的表层发生作用，所以，采用外来技术而不放弃自我支配权的危险境地似乎是行得通的。当然，这一点可能会估算错误，因为在采用外来技术时，人们所承受的责任是有限的。事实上，在各种文化形态的所有不同的要素之间，似乎存在着一种内在的联系。因此，如果人们放弃自己的传统技术而用外来技术来取代的话，那么，生活表层在技术方面变化的作用，将不会仅仅局限于这一表面，它会逐渐达到更深的程度，甚至使全部传统文化的地基都被动摇。因此，所有的外来文化都会通过外来技术进入这一媒介，并借助于已经松动了的传统文化的土壤，一点一滴地渗透进来。在西方现代技术首次渗透进中国、朝鲜和日本等国家以来的一个世纪或更长一些时间以后的今天，我们可以看到技术革命正在对这些国家的全部文化发生着进一步的作用。"[2]

综观约瑟夫·奈对"软权力"说的阐释，保罗·肯尼迪对"软权力"说的质疑和汤因比对东亚历史变化的解析，我们可以看到，首先，"同化性"力量并不是国际关系史中的新鲜事物，但作为一种国家力量或权力，它是到了现代，特别是在美国成为世界超级大国并在冷战中逼垮苏联之后，才比较充分地显示出来的。因此，如果我们能够把"软权力"视作国际关系中的一种常态

---

① 〔英〕阿诺德·汤因比：《文明经受着考验》，沈辉等译，浙江人民出版社，1988，第 262 页。
② 同上，第 264 页。

力量，应该说它本质上是一种现代的产物，是与全球化和信息化时代的到来相伴随的；而"硬权力"则几乎是人类文明的伴生物，从古至今一直在人类社会的发展变化中发挥着举足轻重的作用。其次，如果我们承认"软权力"是一种相对于"硬权力"的权力形式，那么必须看到两者之间有着诸多不同。在表现形式上，"硬权力"是摸得着、看得见的实力，是实力的一种外在表现形式；而"软权力"则是一种无形的、潜移默化的吸引、影响和同化的力量，是实力的内在功能。再次，"硬权力"主要源自对国家资源的组织、调配和构建，是政府主导的产物；而"软权力"则在很大程度上（以美国为例）是由非政府组织构建出来的，并且与一国的历史传统、价值趋向和在全球经济中的地位与能力联系在一起。政府可以创造、推进或利用"软权力"，但难以控制和主导"软权力"，这就使"软权力"在决策者眼中失去了"硬权力"的那种可靠性，同时也使像保罗·肯尼迪这样的大历史学家对"软权力"说产生怀疑。实际上，我们在国际关系的现实中面临这样一个难题，即人们难以忽视"软权力"在国际关系中的重要影响，但又难以像对"硬权力"那样对其进行量化的分析、诠释和判断。约瑟夫·奈的"软权力"说似乎还没有解决这个问题。但不管人们承认与否，约瑟夫·奈的"软权力"说既揭示了一个世界历史中早已存在的事实，同时也对国际关系理论界提出了一个挑战。

三 "软权力"研究在中国的兴起

"软权力"（"软实力""软力量"）一词最近在中国大陆"火热"起来。它不仅频繁地出现在学术论文的讨论中，刊登在官方报刊上，而且进入了人文社会科学诸多学科的话语里。这似乎出人意料，但这种现象的出现实际上是与中国特殊的历史经历和当前所面临的挑战直接联系在一起的。

实际上，中国有学者很早就开始关注"软权力"问题。1990 年约瑟夫·奈在美国《外交政策》上发表《软权力》一文后，中国学者就开始对"软权力"问题进行探讨。王沪宁在《复旦学报》（社会科学版）1993 年第 3 期上发表了《作为国家实力的文化：软权力》。这是我国学者第一次就"软权力"问题发表看法。他认为："把文化看作一种软权力，是当今国际政治中的崭新概念。人们已经把政治体系、民族士气、民族文化、经济体制、历史发展、科学技术、意识形态等因素看作构成国家权力的属性，实际上这些因素的发散性力量正使软权力具有国际关系中的权力属性。总的软权力态势对谁有利，谁在国际社会中就占据有利地位；目前影响国际'软权力'势能的因素是工业主义、民主主义、民族主义。软权力的力量来自扩散性，只有当一种文化广泛传播时，软权力才会产生强大的力量。"① "文化作为国家实力的观点早就被人们所注意。……但没有注意它们的发散性的力量，即作为国际关系中权力的属性。对软权力这一性质的认识，是今天的时局和条件演化的结果。……国际风云的变幻和国际力量对比的变化，使'软权力'成为一个国家对外交往的基本力量。硬权力基本上可以在一定的政治共同体内得到和扩展，而软权力更加依赖于国际间对一定文化价值的体认，依赖于一定的体制在国际上得到的支持，所以国家的软权力更加依赖国际文化的势能，即国际整个文化和价值的总趋向。"②

尽管约瑟夫·奈的"软权力"说还没有在西方学术界获得多数认同，但对中国来说却具有重要意义。经过一个多世纪的艰苦努力，中国终于摆脱了半殖民地和半封建社会的处境，"加入"了"国际社会"。在目前市场开放、观念更新、社会转型和文化重塑这样一个特殊的历史时期，"软权力"的构建对中国具有尤为特殊的重要意义。中国是世界历史中唯一从古至今延续下来的文明古国，中国文化凝结和塑造了它的过去，也不可避免地影响它的未来。但是在过去一个多世纪救亡图存的拼搏中，面对欧美大国的压力，中国人根本没有机会从容地思考和解决这个问题。现在，在摆脱了民族存亡的危机之后，在美国"软权力"的巨大优势面前，中国的"软权力"的构建已经成为当务之急。尤其是中国要实现"和平发展"的战略目标，不仅要有"硬权力"的储备，还必须具有文化上的影响力和感召力，必须在"软权力"的发展方面走在世界前列。这就要求我们对"软权力"说的研究投入更多的精力。

随着国内外形势的发展变化，中国的学者对"软权力"和中国"软权力"建设的重要战略意义已经有了更为明确的认识。有学者指出："作为后起的大

---

① 王沪宁：《作为国家实力的文化：软权力》，《复旦学报》（社会科学版）1993 年第 3 期。
② 同上。

国，中国与发达国家尤其是美国相比，差距最大的不是国内生产总值和军事实力，而是各种软力量。这些软力量包括内部软力量如制度创新、人力资源，以及文化辐射力、凝聚力与亲和力，高科技研发能力和外部软力量如国家形象、国际机制的控制力、国际规则的创造力和国际义务的承担能力等。其中尤其以政治体制、核心价值观、国家认同和凝聚力等非经济因素为综合国力或国家竞争力的重要组成部分。在信息化、全球化的时代，软力量在综合国力结构中比硬力量更为重要。在经济实力作为常量确定的前提下，上述非经济因素就是变量或乘数对综合国力和经济实力产生倍增和递减效应。如果把硬力量当作常数，那么软力量就是变数或乘数；它倍增或递减综合国力。随着中国在物质力量方面同发达国家的差距缩减（当然远未达到消除差距），软力量差距就成为中国发展过程中最明显的弱点，同时也是中国在国际环境中又一个主要制约因素。在此意义上，能否提升和强化解决软力量，关系到中华民族的复兴和中国特色社会主义的前途，是强国战略的必经之路。"①

中国人已经习惯于用"霸权"的视角来看待美国。但实际上关于"霸"，中国的《辞源》有"古代诸侯之长：天子衰，诸侯兴，故曰霸"之说，认为"有天下者为王，诸侯之长为霸"。②《辞源》认为"霸权"一词在西方最早出现在希腊历史上，指个别大的城邦（如斯巴达）对其他城邦的控制。后泛指大国、强国不尊重他国主权和独立，对他国强行干涉、控制和统治。③ 而现代西方学术界则认为 Hegemony 指的是支配权，指阶级统治的非强制方面，即统治阶级利用社会化机构把其价值观和信仰加诸其余人的能力。④ 由此看来，中国人对于霸权的解释更接近我们所能看到的美国的"硬权力"，而西方的解释则偏重于我们现在所谈的"软权力"的内容。面对美国在伊拉克问题上所面临的尴尬局面，约瑟夫·奈在批评布什政府的同时强调美国必须重获"软权力"，并对此颇有信心。他认为美国此前已有成功的经验，并认为"民意测验

---

① 黄仁伟：《中国崛起的时间和空间》，上海社会科学院出版社，2002，第109~110页。

② 《辞源》，商务印书馆，1988，第1818~1819页。

③ 同上，第2002页。

④ 〔英〕戴维·米勒等编《布莱克维尔政治学百科全书》，邓正来译，中国政法大学出版社，1992，第319页。

表明，当前的反美主义大多归因于我们的政策，而非我们的文化。幸好，改变政策要比改变文化容易"①。

对于中国来说，"软权力"说的重要意义不仅在于它为中国分析美国霸权提供了一个新的切入点，而且在于为中国能否振兴和如何振兴提供了一个非常有用的参照系。它使我们认识到了中国最根本的缺陷在哪里。这为"软权力"研究在中国的发展和深化创造了极为有利的社会环境。就学术研究而言，笔者认为"软权力"说的发展面临这样几个问题。首先，"软权力"说或者通过构建一个可以量化的诠释体系而与主流国际关系理论衔接起来，"软权力"能够与"硬权力"在国际政治的解读中"并驾齐驱"；或者通过对"同化性"权力学说的深入阐释而重新定义国际关系中的"权力"。其次，迄今"软权力"说的探究已经超出了传统的国际关系领域，而与历史学、文化学、传播学、经济学和管理学等诸多领域联系起来，有希望发展成一种独特的跨学科的学说体系。最后，对"软权力"资源的探究必然与对"软权力"资源挖掘和培育的探讨结合起来。"软权力"不仅将成为国际关系理论中的基础理论研究体系，而且会与文化产业领域中的诸多探讨结合起来，具有相应的应用价值。前面提到，约瑟夫·奈提出了"软权力"说并不断对其进行完善，但并没有完全解决"软权力"说与当今西方主流国际关系理论体系的关系问题，这就给"软权力"说在美国以外的国家和地区的发展留下了空间。实际上，"软权力"说还是一个新兴的领域，其对中国的重要意义是：它要求我们必须在这个领域有所建树。

---

① Joseph Nye, "America Must Regain its Soft Power", *International Herald Tribune*, May 18, 2004.

公共外交时代[*]

近年来，随着世界经济和政治力量对比的发展变化，公共外交引起世界各主要国家的高度重视，公共外交领域里的竞争正在成为国家角力，特别是大国角力的一个焦点。在中国，公共外交异军突起，迅速成为社会各界关注的一种新现象。特别是 2012 年党的十八大提出"要扎实推进公共外交和人文交流"以来，公共外交受到政府各部门和各地区的高度重视，不仅相关部委加入公共外交活动，而且许多地方建立了公共外交的民间机构，许多重点大学也成立了公共外交的研究机构和人才培养机构。可以说，公共外交在中国被提到了前所未有的战略高度。赵启正先生给吴建民先生《公共外交札记》一书所作的序，题目就是"中国进入公共外交时代"。① 中国为什么如此重视公共外交？其他国家的公共外交都有什么可资借鉴之处？公共外交到底能为中国带来什么？为什么说公共外交对中国具有更为特殊的意义？中国的振兴与公共外交有什么关系？本文拟就这些问题做一番探讨。

一　公共外交时代的来临

公共外交在全世界的兴起标志着国际关系史上一个公共外交时代的来临。简单地说，公共外交就是争得他国民意理解和支持的活动。这种活动自古有之，但现代意义上"公共外交"的概念，一般认为源自冷战时期的美国。1965 年，为了纪念美国公共外交的先驱者爱德华·默罗（Edward Murrow），塔夫茨大学弗莱彻法律和外交学院成立了爱德华·默罗公共外交研究中心，埃德蒙·古利恩（Edmund Gullion）院长把"一国政府为争取他国民心而采取的

---

* 原载《吉林大学社会科学学报》2015 年第 3 期。
① 吴建民：《公共外交札记：把握世界的脉搏》，中国人民大学出版社，2012。

公关行动"定义为公共外交，学界普遍认为这是现代意义上"公共外交"这一术语的起源。

美苏之间延续四十余年的冷战，也在很大程度上被视为东西方之间的公共外交之战。冷战以和平的方式结束，苏联自行解体，让美国的冷战斗士欣喜若狂，认为这是"不战而屈人之兵"的美国公共外交的胜利。冷战结束之后，美国沉湎于"冷战的胜利"和"历史的终结"，沉湎于冷战之后国际关系战略格局上的"单极时刻"，陷入孤芳自赏的境地，美国政府所主导的公共外交开始松懈。1999年，克林顿政府将1953年成立的专门负责美国公共外交事务的美国新闻署（United States Information Agency，USIA）并入了国务院，用于公共外交的预算和人员也被削减。但2001年的"9·11"恐怖袭击犹如当头棒喝，让美国惊醒过来。美国人惊讶地发现他们不得不重新努力为美国对外关系中的一个老问题找出答案："他们为什么恨我们？"[①] 公共外交一下子被小布什政府提升至比冷战东西方对抗期间还要重要的战略高度。美国国务院专门设置了负责美国公共外交的副国务卿一职，请来知名的公关专家，并且投入了相当大的财力和物力，试图改善美国的国家形象，特别是改善美国在中东伊斯兰国家人民心中的形象，但收效不大。重塑美国和西方与中东乃至整个伊斯兰世界的关系，成为"9·11"以来美国和西方公共外交的头等大事。

实际上，"9·11"之后，不仅美国，世界上其他许多国家也把公共外交提到了国家的重要议事日程中。因为随着冷战的终结，经济全球化和社会信息化的进程迅速铺开，不仅中东地区，而且世界其他地区的经济、政治和社会都发生了历史性的变化，不同社会之间的互动正在愈益广泛和深入地渗透国际关系中。着眼于赢得其他国家人民理解和认同的外交即公共外交正在成为不同国家外交特别是大国外交赢得主动的主要方式，公共外交已经上升为世界各主要国家大国战略的重要组成部分，国际关系进入了一个"公共外交"时代。

（一）公共外交时代的历史动因

首先，经济全球化的深入发展真正把世界各国各地区直接或间接地联结在

①　Hart J., *Empire of Ideas: The Origins of Public Diplomacy and the Transformation of U. S. Foreign Policy*, New York: Oxford University Press, 2013, p. 1.

一起，形成了愈益密切的依存关系，也是愈益密切的利益关系，从而使一国居民对他国乃至整个世界政治与经济形势的关心愈加强烈，形成了愈加强烈地了解和介入本国和他国"内政""外交"的内在精神动力。换言之，形成了前所未有的一国内政和外交"民主化"与"社会化"的推进力量。这或许就是布热津斯基所描述的"全球政治觉醒"①吧。欧盟的形成和发展是这方面的典型例子。1991~1993年欧共体十二国、1999年欧盟各国及以后东欧诸国几乎都是用全民公决的方式来决定是否加入欧盟和欧元区，即使"大权在握"的国家领导人认为加入是明智的。欧盟成立的时候，瑞士领导人曾经希望加入，但遭到全民投票的否决。英国首相卡梅伦提出要在2017年全民公决是否退出欧盟。中美贸易摩擦不仅仅是两个国家政府之间的较劲，而且与两国不同行业和阶层人民的利益直接联系在一起。美国最大的工会组织劳联—产联的影响力尽管已经日落西山，但依然是美国方面反对中美签署最惠国待遇协定的生力军。由于犹太人集团在美国政治和经济中庞大的影响力，美国在阿以冲突中一直偏袒以色列，因而引起阿拉伯国家多数民众的反感。即使美国还能与一些中东国家维持同盟关系，但这种同盟关系的前景，均因为民众对美国的"憎恨"而堪忧。

其次，信息技术的发展和社会的信息化又为这种互动增加了日新月异的手段和无限扩展的空间。新媒体的出现和发展不仅加速了社会的信息化进程，而且还使网民有能力围绕不同的议题组合起来，形成舆论和压力，成为各国政府不能忽视的政治现实。表现在国际关系史的演进上，就是第一次出现了一国的领导人和民众同时获知一个重大事件发生和发展的情报并能即时表达意见的现象，同时还出现了无论是主权国家的政府机构，还是民间团体乃至跨国的非政府组织，都可利用社交媒体搭建平台聚拢人心、宣传自己的主张、赢得赞同和共识的激烈竞争。这种影响力的竞争不仅表现在对一国内部公共事务的竞争上，而且通过网络，特别是新媒体等互动方式，辐射其他国家，表现为对其他国家民意的竞争。可以说，国际关系已经不再单纯地指政府之间的互动关系，

---

① 〔美〕兹比格涅夫·布热津斯基、布兰特·斯考克罗夫特：《大博弈：全球政治觉醒对美国的挑战》，姚芸竹译，新华出版社，2009。

而且越来越体现为不同国家、不同社会和不同文化之间的互动关系。经济全球化和社会信息化正在改变整个人类的社会形态。就世界历史的进程来说，世界历史进入了一个"国际社会"和"全球社会"双重结构的时代。① 按照国际关系学的解读，就是以国家间互动为主的"国际政治"过渡到了国家、非国家行为体乃至个人都参与其中的"世界政治"阶段。而这种双重结构的基础，就是经济全球化和社会信息化过程的深入。从某种意义上说，当今的世界是一个由网民组成的网络社会和信息社会，这个社会的突出特点就是社会成员具备了更为便捷的接收和传输信息的能力、更为丰富的组织和互动的能力，从而也具备了更为丰富多样的"参政"和"议政"的能力，无论参、议的是"内政"还是"外交"。这是公共外交时代来临的最重要的技术动力和社会基础。这种形势，与当年埃德蒙·古利恩定义公共外交的时候所能感觉到的美国和世界的形势已经不可同日而语了。许多人认为这是一个"新公共外交时代"。② 公共外交被分成了"新"的和"旧"的。实际上，新公共外交的兴起改变了整个外交形态。政府外交依然在国际关系中发挥主导作用，但公共外交的兴起拓展了外交的范围和内容，有人称当今的外交进入了"综合外交""总体外交""复合外交"的时代。任何一个国家的政府都不得不在公共外交领域投入更多的人力和物力，以使公共外交在实现本国意愿过程中发挥更大的作用。另外，埃德蒙·古利恩时代的公共外交更多的是一国意愿的单项输出，具有明显的"外宣"性质，而新公共外交则更强调交流和沟通。"从更广泛的意义上讲，公共外交所反映出来的是一国政府着眼于沟通不同思想文化，促进彼此的理解和交流的外交努力；或者说从根本上昭示了一国政府增进不同文化实体之间的相互理解和认知的社会责任。"③

最后，经济全球化的发展也改变了大国之间的经济力量对比，一批非西方国家走上世界舞台。世界经济的管控从 G7 向 G20 的过渡就是一个最明显的例

① 叶险明：《世界历史的"双重结构"与当代中国的全球发展路径》，《中国社会科学》2012 年第 6 期。

② J. Pamment，*New Public Diplomacy in the 21th Century：A Comparative Study of Policy and Practice*，New York：Routledge，2013，pp. 6-9.

③ 韩方明：《公共外交概论》，北京大学出版社，2011，第 7 页。

子，"金砖五国"（BRICS）的产生也具有划时代的意义。在这个过程中，中国的快速发展最具冲击力，印度也被视为未来排名前三的世界大国。对于主导世界秩序的西方来说，中国和其他新兴大国的快速发展被视为"他者的崛起"①。"他者的崛起"，特别是中国的快速发展，不仅改变了世界经济力量的对比，而且向全世界展示了与西方国家不同的国家治理模式和价值观。在当今许多西方国家经济发展陷入困境，整个西方支配世界的能力显著下降，而地缘政治又有卷土重来之势的形势下，非西方大国的成长给支配世界的西方模式和价值观带来了严重的挑战，新一轮的大国竞争正在悄然展开。这种竞争不仅仅是经济实力、军事实力之争，更是发展模式之争、制度优劣之争、软实力之争。而公共外交既是利用软实力资源塑造和提升一国国家形象和影响力的有力手段，同时公共外交的方式和手段也是一国软实力的具体体现。公共外交时代将首先表现为大国公共外交博弈的时代。实际上，近年来中国的快速发展及在软实力建设和公共外交方面取得的成效，也是对西方大国和其他新兴大国加大公共外交力度的一个强有力的刺激因素，而中国自身也是当今世界各大国施展公共外交的主要对象。举一个简单的例子：微信（wechat）是中国腾讯公司于2011年推出的一种为智能终端提供即时通信服务的免费应用程序，流行迅速，不仅已经成为中国人广泛使用的社交手段，而且成了各国驻华使馆、国际组织、主流媒体和跨国公司乃至知名人士联络中国公众的主要工具。

美国南加州大学公共外交研究中心（CPD）是当今世界最重要的公共外交研究智库之一，在其前不久发布的《2014年公共外交年度评论》（以下简称《评论》）中，通过对英文媒体报道的研究对全世界公共外交的发展给出了一幅全景式扫描。《评论》认为，尽管2014年公共外交在世界各地区展开，但主要表现在北半球。其中，北美是公共外交最为活跃的地区，美国最为突出；其次是亚洲，包括亚洲—太平洋地区、东南亚和中亚；欧洲位居第三，公共外交活动的拓展几乎和亚洲一样。中国、日本和韩国在亚洲—太平洋地区公共外交的活动中发挥着重要作用，印度在南亚最为活跃。土耳其、以色列、卡塔尔

---

① 〔美〕法里德·扎卡利亚：《后美国世界：大国崛起的经济新秩序时代》，赵广成、林民旺译，中信出版社，2009。

和阿拉伯联合酋长国是中东地区公共外交的主要角色。在拉丁美洲，巴西、墨西哥和哥伦比亚是公共外交的主要参与者。而在非洲，还没有非常明显的公共外交在英文媒体中反映出来。从全世界英文媒体承载的信息分析，公共外交最为活跃的国家依次是美国、中国、俄罗斯、印度、巴西、日本、英国、以色列、土耳其和韩国。在《评论》甄选的 2014 年十大公共外交事件中，数字战争的兴起占据了第一的位置，中国提出来的"一带一路"倡议位列第四，其他还有"教皇的进步"、古巴的"埃博拉外交"、美国非洲峰会、俄罗斯媒体机器的复兴以及新当选的印度总理莫迪个人的作为对提升印度全球威望的作用等。①

（二）公共外交内涵的演进

在这样一种形势面前，公共外交的定义也在不断发生变化。一般认为1965 年塔夫茨大学的埃德蒙·古利恩最先给出了现代意义上"公共外交"的定义，曲星称其为公共外交的"经典定义"②。在该"经典定义"产生之后，不同的机构或学者也在不断为公共外交概念确定新的内涵。美国国务院1987 年出版的《国际关系术语词典》中对"公共外交"的定义在美国公共外交实践方面具有代表性："由政府发起交流项目，利用电台等信息传播手段，了解、获悉和影响其他国家的舆论，减少其他国家政府和民众对美国产生错误观念，避免引起关系复杂化，提高美国在国外公众中的形象和影响力，进而增加美国国家利益的活动。"③ 进入 21 世纪，随着经济全球化和社会信息化的不断发展，公共外交的内涵也在不断发展变化。南希·斯诺（Nancy Snow）认为传统公共外交指的是一国政府在讲，他国公众在听，内容包括提供信息、施加影响和进行接触，以赢得他国公众对本国目标和外交政策的支持。近期对公共外交的认知包括了政府、个体以及团体直接或间接影响他

---

① *CPD Annual Review - 2014*, Vol. 8, Issue 1, Spring 2015, http://uscpublicdiplomacy.org/pdin_monitor_issue/cpd-annual-review-2014, 2015-03-01.

② 曲星：《公共外交的经典含义与中国特色》，《国际问题研究》2010 年第 6 期。

③ U. S. Department of State, "Dictionary of international Relations Terms", Department of State Library, 1987, p. 85.

国公众态度和意见，从而对他国政府外交决策施加影响。① 詹姆斯·帕门特（James Pamment）认为公共外交是指国际行为体的政策与外国国民之间的交流。这些国民包括公民社会代表、非政府组织、跨国公司、记者和媒体机构，以及产业、政治、文化等不同领域的专家，还包括普通大众。② 这里的"国际行为体"显然不是专指国家，也包括非国家的国际行为体。杨·梅利森（Jan Melissen）认为公共外交应被视为世界政治结构的一部分，公共外交的兴起意味着外交形态的演进进入了新的阶段。③ 保罗·夏普（Paul Sharp）认为，公共外交是"通过与某一国人民建立直接联系，以促进其所代表的利益和推动价值观的过程"④。当然也有专家依然对公共外交固守成见。著名的外交理论家杰夫·贝里奇在他和艾伦·詹姆斯撰写、2003 年出版的《外交辞典》中这样解释"公共外交"："不要与公开或议会外交相混淆，一个世纪晚期的术语，指的是外交官实施的宣传。"⑤

公共外交成为近年来中国学者特别是中青年学者讨论的热门话题。关于公共外交的主体，2006 年之前，中国学者普遍认为只能是一国政府；2007 年之后，越来越多的学者倾向于认为一国政府主导的多种行为体都是主体。赵启正提出公共外交的行为主体包括政府、民间组织、社会团体、社会精英和广大公众等多个层面。其中，政府是主导，民间组织、社会团体和社会精英是中坚，广大公众是基础⑥，这为许多学者所接受。与传统外交相比，郑华认为新公共外交的"新"主要体现在强调行为体多元化，并更多聚焦非政府行为体在公

① Snow N., "Rethinking Public Diplomacy", in N. Snow & P. Taylor (eds.), *Routledge Handbook of Public Diplomacy*, New York: Routledge, 2009, p. 282.

② J. Pamment, *New Public Diplomacy in the 21th Century: A Comparative Study of Policy and Practice*, p. 1.

③ J. Melissen, "*The New Public Diplomacy: Between Theory and Practice*", in J. Melissen (ed.), *The New Public Diplomacy: Soft Power in International Relations*, New York: Palgrave MacMillan, 2005, p. 6.

④ P. Sharp, "*Revolutionary States, Outlaw Regimes and the Techniques of Public Diplomacy*", in J. Melissen (ed.), *The New Public Diplomacy: Soft Power in International Relations*, New York: Palgrave MacMillan, 2005, p. 106.

⑤ G. R Berridge . & A. James, *A Dictionary of Diplomacy*, New York: Palgrave MacMillan, 2003, p. 218.

⑥ 张皓月、王冷一：《赵启正：国之交在于民相亲》，《社会科学报》2013 年 8 月 30 日。

共外交中的作用和职能；关注以 Web2.0 为代表的新媒体带来的新变化和新挑战；强调公共外交与国内公共事务相一致原则，淡化外交信息传递"内外有别"的传统套路；关注公共外交实施效果的考察；特别强调公共外交主管部门在官僚机构中的角色定位成为关乎公共外交成败的核心要素。① 檀有志对美国的网络外交进行了专题讨论，认为信息技术的迅猛发展催生了网络外交，作为一种新的公共外交形式，它改变了人们对主权、权力的传统认识，给国际关系带来了复合性的影响。网络外交已发展成为美国施展公共外交的一件新式武器，美国政府极力谋求通过网络外交去影响和引导外国公众，欲在提升其外交软实力的同时实现其外交硬目标，旨在展现其"巧实力"进而增进美国的国家利益。② 关于公共外交的对象，多数学者认为公共外交的对象就是外国公众，有人认为也包括本国公众③，甚至有人提出内外并重④。关于公共外交的内容和形式讨论更多，学者所发表的论文涉及世博外交、文化外交、体育外交、宗教外交、危机外交、援助外交、气候外交、高铁外交、灾难外交、熊猫外交和戏曲外交，等等。

中国学者很早就开始对公共外交与国际关系理论的关系进行探索。唐小松和王义桅认为由于主流国际关系理论的基本前提是国际体系的无政府状态，所以强调"合作度"的公共外交从国际关系理论中很难得到概念的支持。但是随着全球化和信息化的深入，越来越多的学者和决策者正在把国际体系定义为"信息交流空间"，从而为公共外交融入国际关系理论并对其形成冲击创造了条件。⑤ 也有学者认为可以根据对公共外交行为体的构成和相互关系的不同理解，把公共外交分成"现实主义公共外交"、"自由主义公共外交"和"建构主义公共外交"，"建构主义公共外交"在理论上有别于以往的范畴，可以称为"新公共外交"。⑥ 赵可金就公共外交的学科建设进行了深入探讨，认为公

---

① 郑华：《新公共外交内涵对中国公共外交的启示》，《世界经济与政治》2011 年第 4 期。
② 檀有志：《网络外交：美国公共外交的一件新式武器》，《国际论坛》2010 年第 1 期。
③ 高飞：《公共外交的界定、形成条件及其作用》，《外交评论》2005 年第 6 期。
④ 曲星：《公共外交的经典含义与中国特色》，《国际问题研究》2010 年第 6 期。
⑤ 唐小松、王义桅：《公共外交对国际关系理论的冲击：一种分析框架》，《欧洲研究》2003 年第 4 期。
⑥ 张庆园：《建构主义视角下公共外交的新概念》，《国际关系学院学报》2012 年第 1 期。

共外交之所以成为显学，从根本上来说，是全球化时代外交转型、学科交汇和中国发展共同汇聚的结果，反映了跨学科交流的发展方向，具有强劲的生命力。然而，公共外交在研究对象、研究范式和研究方法等方面还处于发展之中，面临着严峻的学科发展挑战，在一系列重大理论问题上存在争论。① 也有学者走出国门，与邻国学者就公共外交问题展开对话。② 不难发现，公共外交的讨论与时俱进，正在努力为解决公共外交中遇到的现实问题提供有益的参考。

（三）为什么要拓展公共外交

在考察了公共外交时代的历史动因和内涵演进之后，我们对为什么公共外交在世界各国大行其道的时代背景有了一个基本的了解。如果从一个国家的角度来考察，为什么要拓展公共外交？公共外交能给一个国家带来什么？对于这些问题，每个国家都有自己的答案，但有些基本目标应该是一致的。

首先，公共外交是拓展国家利益最有利的方式和手段。在经济全球化和社会信息化的条件下，每一个国家都以更为鲜明的形象展现在世人面前，一国的投资环境、产品质量、教育水准、旅游设施、国家治理能力和社会安全等条件决定着该国在世界经济和政治竞争中所能获取的地位和资源，进而决定着该国经济与社会的发展速度和质量，决定着该国人民的生活条件和水平。近年来，韩国利用"韩流"文化形成系列产业，不仅让韩国现代文化产品畅销中国、日本、东南亚乃至西方国家，而且为韩国吸引了大批游客，创造了系列商机。英国和澳大利亚利用英语和高等教育优势，大大提升了高等教育的国际化和产业化水平，成为继美国之后吸纳国际学生最多的国家，不仅扩大了两国的国际影响，而且为两国创造了诸多就业机会。阿联酋的迪拜俨然成了中东明珠，汇聚了东西方的投资者和大批游客，为神秘的伊斯兰世界塑造了一个独具魅力的现代化窗口。提出了"北京共识"概念的美国学者乔舒亚·库珀·雷默（Joshua Cooper Ramo）认为，一个国家如果缺少声誉资本，其改革的成本和风

---

① 赵可金：《关于中国公共外交学科建设的思考》，《清华大学学报》（哲学社会科学版）2013 年第 3 期。

② 刘德斌：《以公共外交夯实中韩伙伴关系的民意基础》，〔韩〕《成均中国观察》2014 年第 3 期。

险就将增加，国际社会的压力也会加大。①

其次，在公共外交时代到来之前，一国国际形象的塑造基本上掌握在美国和其他西方国家的所谓世界"主流"媒体手里。在公共外交时代，西方的主流媒体依然能够在国际舆论和国家形象的塑造上呼风唤雨，但非西方媒体的兴起，如半岛电视台和今日俄罗斯电视台，正在瓜分美国 CNN 的话语优势，中国中央电视台的英语频道也正在世界上赢得越来越多的观众；新媒体的兴起更是改变着人类的生活环境和工作环境，移动终端正在成为多数人获取、反馈、制造和传播信息的主要手段，传统意义上的"国际传播秩序"正在土崩瓦解，新媒体时代正在塑造新公共外交时代。这一切，可以使任何一个国家原来的形象发生扭曲、失真，或"返璞归真"，也为任何一个国家重塑或提升自己的国际形象提供了机会。过去，人们对美国的印象大多来自好莱坞大片。大片里讲述的美国故事永远是正义战胜邪恶，美国拯救世界。现在，人们或许更多地根据自己手机上随时刷新的信息来了解和触碰这个世界。美国密苏里州弗格森案的持续发酵让全世界都认识到了该地执法部门长期存在的种族歧视，让人们看到了一个更为真实的美国。从这个意义说，现今的重大新闻已经没有"国际"和"国内"之分了。一场空难、一场火灾、一次地震灾害、一次重大的交通事故，都是全世界评判灾难发生地政府和国家治理水平与国家形象的考试。这给过去被西方媒体边缘化和妖魔化的国家和地区改变和匡正自己的形象提供了历史性机遇，当然也给这些国家提高国家治理水平提出了新的挑战。

最后，公共外交时代的来临正好与世界经济和政治力量对比发生历史性变化的时代同步，大国形象的塑造或重塑实际上已经变成新一轮大国竞争的主战场。人们发现，越是大国，越是把公共外交置于国家战略的重要位置，以便在新一轮的大国竞争中占据主动地位。美国一贯高举"自由、民主和人权"的大旗，对世界各国的人权状况品头论足，目的就是在人权问题上占领制高点，在大国竞争中霸守道德领袖地位。日本领导人不遗余力地在亚洲构建"价值观"联盟，目的就是洗刷自己的历史污点，同时矮化中国作为社会主义新兴

---

① 〔美〕乔舒亚·库珀·雷默：《中国形象：外国学者眼里的中国》，浓晓雷等译，社会科学文献出版社，2008，第 25~32 页。

大国的国际形象。新兴大国，特别是像中国这样的非西方新兴大国，由于处于传统与现代转换的交叉点上，背负着更为沉重的历史负担和社会负担，也面对着美国和西方所塑造和主导的世界秩序的种种压力，在塑造新兴大国形象、争夺公共外交场域方面更为任重道远，需要比那些既成大国付出更多的努力。

二 经验与借鉴：几个国家的公共外交之道

公共外交时代为世界经济和政治力量对比的变化和大国竞争搭建了新的舞台。根据南加州大学公共外交研究中心的观察，美国、中国、俄罗斯、印度、巴西、日本、英国、以色列、土耳其和韩国等是当今世界上公共外交最为活跃的国家。中国作为正在发展的世界大国，在这些国家的公共外交战略中都居于非常重要的位置。美国、俄罗斯、印度、日本、英国和韩国等国的公共外交都有其独到之处，值得其他国家借鉴。

（一）美国：战略部署，官民并举，体制化，网络化

与其他大国相比，美国更早把公共外交置于国家战略的重要位置。如果说英、法、德等国公共外交本质上还是"文化外交"，美国的公共外交则可以被定义为"战略外交"。美国从立国之日起，就自认美国的理想即人类的理想，美国应该被打造成"山巅之城"，成为全世界学习和膜拜的榜样。由于美国是由逃离欧洲封建统治的移民建立起来的，"没有中世纪的废墟挡路"，并在不到二百年的时间里从殖民地发展成首屈一指的超级大国，兼收并蓄各国移民，所以美国的故事别具一格，为美国软实力的构建提供了许多宝贵资源。美国政府主导的公共外交主要通过四种途径进行：以美国之音为代表的国际传播，以富布莱特项目为标志的国际教育和文化交流，以和平队为代表的针对发展中国家的志愿者服务和人文交流以及以对外援助为主要方式的"人心工程"。尽管冷战之后美国一度放松了在公共外交方面的努力，但很快在"9·11"恐怖袭击中惊醒过来，立刻重整旗鼓，排兵布阵，卷土重来。美国希望在阿富汗和伊拉克进行大规模反恐战争的同时，通过公共外交改善美国与伊斯兰世界的关系，消除穆斯林社会对美国的仇恨，最终消除恐怖主义的社会基础。美国视在中东地

区的公共外交为"争取心灵和头脑的战斗"（the battle for hearts and minds）。
从小布什到奥巴马，美国政府不断改进由白宫主导、美国国务院操盘的公共外
交领导和协调体系，不断调整公共外交战略，甚至引进跨国公司的品牌战略和
精英人才［广告公司高管夏洛特·比尔斯（Charlotte Beers）曾被任命为负责
公共外交和公共事务的副国务卿］，以行销商品的手段推销美国的价值观。对
中东地区公共外交的侧重点从社会精英转变为精英与普通民众并重。特别通过
展示美国穆斯林的日常生活，强调美国与伊斯兰世界享有"共同的价值取
向"，同时采用新媒体手段拉近与阿拉伯世界青年一代的感情距离；同时扩大
文化和教育交流规模，广泛动员非政府力量全面参与美国对中东伊斯兰世界的
公共外交。①

　　对比"9·11"之前，美国的公共外交手段已经"柔和"了许多，但并没
有达到预期目的。尽管 2011 年美国成功击毙了本·拉登，美国军队也已经撤
出伊拉克并即将全面撤出阿富汗，针对美国的恐怖袭击已大为减少，但美国依
然没有从"他们为什么恨我们？"的困境中摆脱出来，美国与中东穆斯林社会
的关系并没有得到根本的改善。究其原因，按照美利坚大学国际事务学院和传
媒学院扎哈娜（R. S. Zaharna）教授《从战场到桥梁：美国"9·11"之后的
战略沟通和公共外交》一书的观点，美国对伊斯兰世界公共外交的攻势本质
上延续了冷战时期"信息战"的做法，更多的是单向输出，而不是双向交
流。② 笔者认为，更为重要的原因在于经济全球化和社会信息化的深入，已经
使中东地区固有的矛盾变得更加复杂了。不同的国家之间、教派之间、地区和
部落之间、富裕阶层与贫困阶层之间，以及政府机构与民众之间的矛盾纠缠在
一起，被不断地激化和扩大。美国的反恐战争颠覆了阿富汗的塔利班统治和伊
拉克的萨达姆政权，但并没有消解这一地区的矛盾，反而由于美国所扶植的政
权无力构建新的社会秩序而制造了权力真空，为"伊斯兰国"这种比"基地"
组织和塔利班更为激进的极端组织的兴起创造了条件。美国和其他西方国家与
伊斯兰世界的矛盾还蔓延到美国和欧洲国家的穆斯林社区，出现了恐怖分子和

---

① 黄平：《美国对阿拉伯—伊斯兰世界的非传统公共外交》，《阿拉伯世界研究》2013 年第 4 期。
② R. S. Zaharna，*Battles to Bridges - U. S. Strategic Communication and Public Diplomacy after 9/11*，
New York：Palgrave MacMillan，2010，pp. 4-5.

恐怖袭击本土化的现象。美国所发明的推特和脸书这样的社交媒体，既可以成为美国公共外交的有力武器，也可以成为恐怖组织传播反美思想、吸引和招募包括发达国家境内恐怖分子的工具。尽管奥巴马总统上任伊始美国就致力于改善与中东伊斯兰国家的关系，在阿富汗、巴基斯坦和伊拉克投入巨资用于当地市民社会建设①，同时努力改善与伊朗的关系，但美国仍然没有从与中东穆斯林社会关系的危机中摆脱出来。

实际上，美国政府的公共外交在美国国内一直处于被批评和质疑的地位。美国传统基金会 2010 年专门发表报告《挑战美国：俄罗斯、中国和其他国家如何通过公共外交与美国展开竞争》，强调公共外交在美国还没有得到足够重视，警告美国政府，中国和俄罗斯及其他国家正在与美国进行"人心"的竞争。如果美国想要维持全球领导地位，维护"山巅之城"的光芒，对公共外交的漠视必须得到扭转。② 早在奥巴马登上总统"宝座"之初，美国的专家学者就为新政府出谋划策，认为美国的公共外交太过幼稚。菲利普·赛博（Philip Seib）在其主编的《走向新的公共外交：重新定向美国外交政策》一书中提醒美国政府要更多地学会倾听，制定更为精细的战略，利用阿拉伯媒体来传播美国形象，强调合作而非竞争才是取胜之道。③ 但很显然，美国的公共外交还没有达到预期目标。

美国的案例说明即使软实力资源丰富，但如果公共外交的方式和方法不够充分和得当，也难以达到预期目标。美国的民间机构在塑造美国形象，增强美国在世界上的吸引力方面一直发挥着独特的作用，在某种程度上弥补了美国政府公共外交的失利。例如，美国优质高等教育资源非常丰厚，在《泰晤士报》《美国新闻与世界报道》和上海交大等几个权威机构的世界大学排行榜中，排

① United States Commission on Public Diplomacy, "2014 Comprehensive Annual Report on Public Diplomacy and International Broadcasting", Dec. 12, 2014, http://www.state.gov/documents/organization/235159.pdf.

② H. C. Dale, "Challenging America: How Russia, China, and Other Countries Use Public Diplomacy to Compete with the U. S. BACKGROUNDER, NO. 2698", http://www.heritage.org/events/2012/06/challenging-america.

③ P. Seib, *Toward a New Public Diplomacy: Redirecting U. S. Foreign Policy*, New York: Palgrave MacMillan, 2009.

在前 100 名的美国大学多达 50 个以上。美国大学在构建美国形象、传播美国
文化和价值观方面发挥着不可替代的作用。早在 20 世纪 60 年代，美国专家就
认为"教育是对外政策的一部分"。美国知名教育学家霍华德·E. 威尔逊认
为"教育成了对外政策的有意识的一部分，成了各现代国家在国际关系中所
利用的一种工具"，并认为教育在对外政策中的作用，"主要适用于那些迅速
发展中的地区，即适用于我们和那些试图把几个世纪缩短成几十年的新兴国家
之间的关系"①。尽管美国的国际形象经常因为美国政府的不当举措而遭受打
击，但美国大学特别是美国一流大学依然对全世界的青年精英具有强烈的吸引
力。再如，美国不仅是智库最多的国家（2014 年全球共有 6681 家智库，其中
美国 1830 家，中国 429 家，英国 287 家），也是实力最强的国家。在由宾夕法
尼亚大学"智库与公民社会项目"（TTCSP）公布的世界智库排行榜中，排在
前 10 名的有 6 家是美国智库。美国的智库不仅对美国的公共外交提供智力支
持，而且还身体力行，成为美国与其他国家政府和非政府组织、民间团体和传
媒交流与沟通的重要渠道，从而成为塑造美国公共外交的重要力量。以上种
种，都在为美国国家形象的塑造和价值观的传播、为美国与世界其他国家人民
的沟通和交流发挥着重要的作用，甚至从不同的方面弥补了美国政府公共外交
的失误。美国在这个世界上的号召力和影响力依然不可低估。

（二）俄罗斯：浴火重生，从头再来

俄罗斯在苏联刚刚解体之际曾经全面倒向西方，叶利钦甚至公开宣称俄罗
斯已成为西方的一部分。但是"蜜月"时间不长，俄罗斯依然被美国和欧洲
视为异类，普京领导下的俄罗斯更是不愿听命于美国和西方，双方渐行渐远。
俄罗斯把自己重新定位为欧亚大国，与中国、日本和印度等构建了更为密切的
伙伴关系。与此同时，俄罗斯重新塑造了当今俄罗斯与历史的关系，苏联时期
的国歌曲调被保留下来，歌词被换掉；重新举起了沙皇时代俄罗斯的国旗和国
徽。在 2014 年索契冬奥会开幕式大型文艺演出中，俄罗斯的历史画面波澜壮

---

① 〔美〕霍华德·E. 威尔逊：《教育、对外政策与国际关系》，罗伯特·布鲁姆编《美国文化事
务与对外关系》，世界知识出版社，1965，第 101~106 页。

阔，但展现苏联时期的画面只有工业化的场景，没有出现列宁、斯大林头像或任何其他苏联时期的标志，尽管当今俄罗斯庞大的军事力量和在联合国安理会等国际组织中的地位都是从苏联时代继承下来的。由于 2014 年夺回克里米亚半岛，支持乌克兰东部亲俄势力对抗乌克兰中央政府，俄罗斯受到西方的经济制裁和冷战结束以来最严重的外交孤立。但普京政府依然以公共外交为武器，寻求其他国家民众对俄罗斯立场和做法的理解与支持。实际上，近年来俄罗斯一直在努力重塑大国形象，与美国和西方争夺国际舆论的话语权。一个成功的举措就是 2009 年开设的今日俄罗斯（RT）电视台英文频道，被认为已经成功跻身世界主流媒体地位，在一些重大的国际问题上与西方媒体分庭抗礼。与此同时，俄罗斯也千方百计地利用俄语和俄罗斯历史文化资源、俄罗斯在东正教会中的重要地位及与海外俄罗斯侨民的关系，拓展俄罗斯的公共外交。俄罗斯独立的外交立场，其中包括旗帜鲜明的反美立场，也使俄罗斯在全球的反美国家中拥有众多拥护者和影响力。普京刻意打造的强人形象及其在俄罗斯内外相当一部分民众中的个人魅力，也为俄罗斯公共外交增色不少。但整体看，俄罗斯的软实力资源有限，俄罗斯能为世界所分享的价值观模糊不清，在很大程度上削弱了俄罗斯的软实力和推进公共外交的资源与能力。

（三）日本：以公共外交重塑国际形象

由于日本迄今没有对它所发动的侵略战争对中国、韩国和其他周边国家造成的伤害进行彻底的反省和道歉，否认南京大屠杀的历史，否认强征"慰安妇"的反人权行为，日本领导人坚持参拜供有东条英机等甲级战犯牌位的靖国神社等，严重伤害了周边国家人民的感情，所以日本在中国和韩国等东亚国家的认同度非常低。但这并没有妨碍日本公共外交的拓展，反而成了日本在世界全力推进公共外交的精神动力。实际上，从明治维新时代起，日本就刻意打造自己"文明开化"的国际形象，甚至把对东亚其他国家的侵略刻画为"解放"。二战后，日本积极寻求新的"国际认同"。冷战后，随着中国的快速发展，日本产生了危机感，在公共外交方面更加努力。日本学者在总结日本努力推进公共外交的动力时，特别提到了与中韩两国之间的"历史问题"和随着中国的快速发展美国对日本关注度有所降低等这样的刺激因素。① 安倍实际上是近年来日本公共外交的主要推手。安倍在 2006 年第一次就任日本首相时发表的施政演说的结尾部分，被认为是日本的"公共外交宣言"。安倍认为公共外交"是时代要求的结果"，"向全世界展示面向未来的新的日本'国家认同'，即日本的理念、发展方向以及日本特色，对今天的日本极其重要。要汇集我国的睿智、积极实施国家的对外宣传"②。需要特别注意的是，安倍把向全世界展示新的日本"国家认同"置于日本公共外交战略的重要位置。③

日本公共外交的第一个突出特点是接过西方的民主价值观，在价值取向上与西方保持一致，把日本打扮成西方的一部分，这使日本在按照自己的战略目标拓展国际空间的过程中没有遭遇太大的阻力。近年来，日本政府领导人更是大张旗鼓地拓展"价值观外交"，沿着中国周边构建"价值观联盟"，以凸显中国的"异类"形象，离间中国与其他国家的关系。第二个特点是行为主体多样性，公共外交不仅是外务省的工作，政府的其他部门也积极参与进来，政府与非政府组织（NGO）、非营利组织（NPO）和地方自治体（即地方政府）等各主体间相互合作所构成的网络发挥了重要作用，可以说是由政府主导，民间机构实施，政府与民间机构相互配合，交叉进行，相得益彰。④ 第三个特点是日本公共外交有明确的指向性，最初主要集中在美国和东南亚国家，后来又延伸到中国；手段包括援助外交、奥运外交、世博外交、留学生外交、日语教育、动漫影视作品、教科书"订正"和观光外交等。应该说，尽管日本在中国和韩国民众中缺少一个大国的道德形象，但经过多年来的不懈努力，日本成功地摆脱了"侵略国"和"战败国"的形象，在世界其他地区的国家和民众中享有较高的美誉度，甚至能够在世界知名广告公司麦肯世界集团下属未来品牌咨询公司所发布的世界各国《国家品牌排名指数》中名列第一。⑤ 实际上，中日之争不仅仅表现在"历史问题"和"领土问题"上，从长远看，更主要

① 〔日〕金子将史、北野充主编《公共外交："舆论时代"的外交战略》，《公共外交》翻译组译，外语教学与研究出版社，2010，第 1 页。

② 同上。

③ 同上。

④ 廉德瑰：《日本公共外交的特点》，《日本学刊》2011 年第 1 期。

⑤ Future Brand，"Country Brand Index 2014-15"，http：//www.futurebrand.com/.

地表现为两国制度优劣之争、经济和社会发展质量之争、国际社会美誉度之争，也就是公共外交之争。

（四）英国：从文化外交到公共外交

作为"老牌资本主义国家"，英、法、德等都非常重视国家形象的塑造和价值观的传播，都从文化外交起步，同时还能够与时俱进，根据自身在世界上地位的变化，调整公共外交策略，工作细致入微，着力打造新的国际形象和活动空间。欧盟成立之后也把公共外交作为拓展欧盟影响力的一个重要手段。

作为全球最大的殖民帝国，英国对公共外交历来非常重视，从推广本土文化开始，最早是针对英国殖民地，后来扩展到其他国家。在这个过程中，英国文化协会（British Council）和 BBC 世界广播（BBC World Service）发挥着巨大的作用。这两个机构的共同特点是虽然都有政府拨款支持，但在运行上具有相对的独立性，并不听命于政府领导人。据说二战期间英国信息部一直试图将英国文化协会纳入政府体系，但它"顽固不化"，即使在战时也强烈坚持"建设文化关系的意义优先于政治宣传"。当西方世界的领导权从英国转移到美国时，英语在世界上的影响力进一步扩大了。当今世界有许多人是通过收听 BBC 来学习英语并通过学习英语来了解英国的历史和文化的；也有许多人通过英国文化委员会所提供的奖学金到英国留学。英国文化委员会同英国奖学金获得者保持通信联系几十年不断，形成了一个遍布全世界的纽带和关系网。

英国公共外交的与时俱进体现在 20 世纪末英国政府发起的"酷不列颠"（Cool Britain）运动上。这个运动的宗旨是要改变英国在世人心中古板、严肃、保守和死气沉沉的形象，展示一个现代、年轻、时尚和创新的英国。英国专家建议重新定义不列颠的身份，并为英国形象概括出六个特征：世界枢纽、创意之岛、多元包容、自由开放、默默的变革者、正义的使者。[①] 可以说英国的公共外交有声有色，但由于布莱尔政府领导的英国与美国"捆绑"在一起，成为美国领导的反恐战争最"铁杆"的盟友，2003 年未经联合国授权就与美国一起发动了伊拉克战争，使刚刚通过公共外交塑造起来的英国新形象严重受

---

① 钟新、何娟：《英国：从文化外交到公共外交的演进》，《国际新闻界》2010 年第 7 期。

损，英国本身也成为恐怖分子袭击的主要目标。2005 年，刚刚获得 2012 年奥运会主办权的伦敦遭受英国本土恐怖分子袭击，对布莱尔政府的声望造成沉重打击。2010 年，保守党卷土重来，另一个青年政治家卡梅伦成为政府首相。英国正在力图从反恐战争的战略迷失中摆脱出来，公共外交再次成为展示英国青春活力的主要手段。作为一个势力和影响曾经遍布全球的国家，虽然英国已经从一流大国的行列中跌落，但一直通过其软实力资源和公共外交的努力，保持"世界大国"的影响力。英国的软实力资源比较丰富，除了英语这一全球通用的教育和科技语言之外，英国在国际传播、高等教育、文化产业等方面依然占据着世界一流的位置。BBC 一直保持着与美国 CNN 不同的视角；牛津大学和剑桥大学可与美国的哈佛大学、耶鲁大学比肩；从《哈姆雷特》到《哈利·波特》，英国的文学作品风行全世界并为其文化产业带来无限商机。在全球化不断深入，一批非西方国家相继崛起，世界经济和政治版图正在重构的今天，英国依然能够在世界舞台上占据一个重要的位置，与其一贯重视公共外交的传统有着十分密切的关系。

（五）韩国："成熟的世界国家，全球化的韩国"

韩国可能是在公共外交方面最直言不讳、最积极努力的一个国家，也是公共外交卓有成效的国家，许多地方值得其他国家学习和借鉴。李明博政府在 2010 年提出了从文化外交向公共外交转变的中长期发展战略规划，明确提出"通过实现'成熟的世界国家，全球化的韩国'，提高国家软实力；把韩国打造成一个'送关怀，赢爱心'的大韩民国"；要"克服韩国经济规模（世界排位 13）和国家品牌指数（2009 年第 31 位）之间的差距，把韩国国家品牌提升到 OECD 国家平均水平，在 2013 年使韩国国家品牌指数跻身世界前 15 位"，并要求在政府机构和全民中就公共外交的必要性和重要性达成全民普遍共识。2010 年被确定为"公共外交元年"，韩国外交通商部专门编撰发行了《公共外交手册》。[①] 在政府的大力推动之下，公共外交成功地为韩国在世界上塑造了一个新的形象并为其经济注入了新鲜活力。举止端庄的朴槿惠作为首位女性政

---

① 朴仲锦：《韩国公共外交的主要途径及制约因素》，《当代韩国》2013 年第 1 期。

治家当选韩国总统，更给努力提升国际形象的韩国增添了亲和力。韩国公共外交的突出特点是国家战略思路清晰，国家形象定位明确，政府与民间形成良性互动机制，文化创意产业成为韩国新公共外交的生力军。

（六）印度：想要后来居上

印度也是当今世界的新兴大国，并且打着"最大民主国家"的旗号，在各大国之间纵横捭阖，力图左右逢源，在国际舞台上发挥更大的作用。印度的国际影响力有限，国际媒体上展示的印度是一片脏、乱、差的景象，同时不断有强奸案和凶杀案被报道出来，加上官僚腐败、臭名昭著的种姓制度尾大不掉，印度很难在世界美誉度的排行榜上位居前列。但印度经济近年来发展迅速，是继中国之后最受关注的新兴经济大国，印度的公共外交也开始发力，使印度越来越成为世界瞩目的国家。

印度认为其软实力来源丰富，包括悠久而多元的文化、包容的多教义共存、"最大的民主国家"、对外不结盟立场、较大规模的影视产业（宝莱坞）、日益流行的印度餐饮以及全球化的印度经济发展模式等。从尼赫鲁开始，印度的历届领导人都非常重视对外文化传播。近年来更是模仿美国的一些做法，官民并举，协力推进印度的公共外交。可以看到，印度公共外交在起步较晚的情况下取得了相当的成效，表现为"印度文化中心"在全球范围不断扩展，海外赴印留学生数量不断增加，印度"宝莱坞"电影在全球范围流行，印度的英文小说家常常挤掉英国本土作家拿到布克奖；印度瑜伽风行于全球，新印度教公益组织已在全球建立了 3850 个中心，越来越多的巴基斯坦和阿富汗人将自己的工作地点选为印度和运用社交网络等新媒体开展公共外交；等等。[1] 不可否认，公共外交的拓展不仅改善了印度的国际形象，也为印度社会的发展注入了新的活力。新当选的印度总理纳伦德拉·莫迪更是重视新媒体，其推特账号（@ Narendra Modi）是印度政府官员中最活跃的账号。2015 年春节前夕，莫迪用推特向印度和全球华人拜年，不能不说他是一个善于与国内外公众沟通的政治家。但是，由于印度社会贫富分化严重，腐败横行，效率低下，城市和

---

① 赵鸿燕、王锴：《印度公共外交中的文化传播管窥》，《国际问题研究》2014 年第 6 期。

乡村基本建设落后，陈规陋习较多，所以尽管印度领导人信心满满，印度还没有成为一个令人向往和钦佩的国家。

比较各国公共外交的进展，我们会发现：公共外交进展顺利、效果明显的国家其共同特征是：政府高度重视，战略思路明确；有强大的民间力量支持，成为公共外交的有生力量，甚至可以弥补政府公共外交的缺憾和不足；国家和国家形象定位清晰，既突出了本国特色，又为公共外交的持续发展确定了方向和目标；文化资源得到充分挖掘和利用，传统文化通过现代产业重塑而焕发新的魅力。公共外交处于相对弱势的国家是俄罗斯，主要原因是国家形象定位尚不够清晰，在拒绝或迎合西方价值观方面态度不够明确和清晰；国家的形象和影响力越来越集中于普京个人身上，不仅容易在他国民众中引发争议，而且随时都有崩塌和损坏的危险。印度头顶"最大民主国家"的"桂冠"，又有着丰富多彩的文化遗产，加之经济增长迅速，这些都为短时间内印度国际形象的提升创造了极为有利的条件。但印度社会发展中的种种弊端又难以让印度"改头换面"，印度领导人公共外交的努力仍任重道远。

三　中国公共外交的意义与挑战

（一）从人民外交、民间外交到公共外交

公共外交在中国的外交工作中具有十分深厚的基础，中国共产党和中国政府一直重视争取国外民心的工作。早在 1941 年，中国共产党就在延安开始了对外日语广播，1947 年在陕北开始对外英语广播。中华人民共和国成立后，中国政府对争取国外民心的工作"思想上重视，机制上落实，经费上保证"①。当然，中国的公共外交最早更多地采用的是"人民外交"和"民间外交"的方式。随着改革开放的不断深入，1980 年 3 月成立中央外宣小组，1991 年成立国务院新闻办公室，推动中国媒体走向世界。1997 年中共中央宣传部发出通知，"宣传"一词在英译中由 propaganda 改为 publicity。以此为标志，中国

①　曲星：《公共外交的经典含义与中国特色》，《国际问题研究》2010 年第 6 期。

以外国公众为目标的外交从人民外交、民间外交再到对外宣传，逐步过渡到国际通行的公共外交。2004 年 3 月，外交部宣布在新闻司设立一个"公众外交处"，2012 年又成立了外交部公共外交办公室。

中国对公共外交的研究始于 20 世纪 90 年代，但在 21 世纪初有了跨越式发展，主要原因是中国领导人高度重视，中国公共外交活动日趋活跃。2009 年，国家主席胡锦涛在第十一次驻外使节会议上专门阐释了公共外交在中国外交工作中的地位和作用。2012 年党的十八大明确提出"要扎实推进公共外交和人文交流"，公共外交被提到了国家战略的高度。2008 年北京奥运会和 2010 年上海世博会被视为中国拓展公共外交，展示中国新形象的重大举措。从 2004 年到 2014 年，中国国家汉办/孔子学院总部在 126 个国家建立了 475 所孔子学院，成为中国公共外交的重要平台，有力地促进了中国文化与当地文化的交流与对话。与此同时，公共外交的研究机构也犹如雨后春笋般地在全国高校中出现。作为一所新型的非官方独立智库，2009 年成立的察哈尔学会在推动中国公共外交的理论研究和实践方面发挥了很大作用。2010 年北京外国语大学成立的公共外交研究中心和 2011 年清华大学成立的中国战略与公共外交研究中心，是高校中以公共外交学术研究和人才培养为重点的先行者。2012 年的最后一天，中国公共外交协会在北京宣布成立。目前，全国共有十几家重点高校成立了公共外交研究机构，其中包括 2012 年 12 月吉林大学建立的国内首家公共外交学院。

（二）中国为什么必须更加重视公共外交

首先，与其他大国不同，中国不仅是一个新兴的世界大国，是被许多人视为可以与美国在世界上一争高下的数一数二的世界大国，而且是一个"另类"的大国。中国的 GDP 在 2010 年超过了日本，成为世界第二经济大国；2014 年被认为在经济总量上已经与美国拉平（按购买力平价计算）。中国是世界上许多国家最大的贸易伙伴和投资伙伴，又是高举着社会主义旗帜的大国。尽管中国领导人提出了建立"和谐"世界的主张，提出了针对周边国家"睦邻、安邻和富邻"的外交政策和针对所有国家的"亲、诚、惠、融"的外交理念，但依然难以消除其他国家对中国的疑虑。实际上，当今世界上，许多国家心中都有一个自己版本的"中国威胁论"。这种臆想出来的"威胁"可能是安全性质的，也可能是关涉市场占有、资源分配、文化同化或环境保护方面的。因为中国的体积庞大，制度独特，中国的快速发展给世界经济和政治带来的变化是结构性的。中国需要通过公共外交让世界各国人民理解中国的发展是一个可以与其他国家协同发展的历史机遇。

其次，中国自身也处于千百年来最为剧烈的历史转变之中。中国的发展道路并不是一成不变的，中国特色的社会主义模式依然在探索之中。与其他大国不同，中国的快速发展本身就是在一个经济全球化和社会信息化的过程中实现的。中国的发展助推了这一进程，反过来，中国自身的发展，包括中国社会的转型或重塑，也不可避免地受到这一过程的影响。历史似乎在和中国人开一个莫大的玩笑：一个延续了几千年的"自行其是""独立发展"的文明古国，只有在这个前所未有的全球化和信息化的世界上才能实现自己的复兴。中国的每一个变化，无论是内部行为还是外交举动，都在对世界产生影响。因此，公共外交的拓展也是和中国社会自身的发展变化联系在一起的。换句话说，公共外交的拓展也是重塑中国社会的一种方式和力量。但中国对自己的国家和国家形象的定位依然在摸索之中。由于承载着几千年的历史和改革开放以来巨大的变化，中国的国家定位和国家形象定位非常复杂，难以毕其功于一役。一个简单的例子，中国的国家形象是和中国人的形象联系在一起的，而在外国人眼中，嘈杂、拥挤、闯红灯与"行走的钱包"的中国旅游者形象是很难在短时间内改变的。

最后，多少年来，中国是在西方国家主流媒体所塑造的负面舆论的环境中发展起来的，一个正面的、健康的中国形象构建起来非常困难，中国需要付出比其他大国更多的努力，才能够取得其他国家和人民的理解与信任。有人可能会说，中国可以不在乎，或者不用太在乎外界的看法和评价，我们只要走好自己的路，让其他人说去吧！这或许是一种普遍的心理。但是不要忘记，中国的国际地位、国家形象、国际影响力的构建和改善，是和中国人民的福祉直接联系在一起的。中国的海外工程包括援建工程经常因为所在国一部分民众的反对而突然停止，这或许源自西方的挑唆，或许源自某一个非政府组织的鼓动，但如果中国的公共外交工作提前到位，这些事情或许就不会发生或不会突然发生。

更重要的是这关乎当今国际制度的改革和完善问题。当今主导世界的国际体系，基本上是按照美国人的理想并且得到当时大部分国家的支持而建立起来的。随着世界经济与政治形势的变化，这些制度需要改革和完善。但中国所倡导的改革能否得到多数国家的支持，取决于中国能够赢得多少国家的理解和认同。

（三）中国公共外交所面临的主要挑战

中国的公共外交面临许多困难和挑战，首先面对的是中国国家身份和国家形象认同与定位的挑战。在一个经济全球化和社会信息化的世界上，不仅一种商品和一个企业需要明确的市场定位，一个国家也需要国家身份和国家形象的明确认同与定位，这样才能更好地被世界所理解和认同。但是，由于特殊的历史背景和改革开放以来的急剧变化，中国的国家身份认同一直处于不断变化之中，难以"一言以蔽之"。中国到底是一个怎样的国家？习近平主席 2014 年在比利时布鲁日欧洲学院发表演讲时给出了五点定义："第一，中国是有着悠久文明的国家。……第二，中国是经历了深重苦难的国家。……第三，中国是实行中国特色社会主义的国家。……第四，中国是世界上最大的发展中国家。……第五，中国是正在发生深刻变革的国家。"[1] 这是迄今为止中国官方对中国身份认同最权威、最简洁同时也是最全面的描述。实际上，中国学者也一直在关注这个问题。秦亚青认为，中国与国际社会的关系正在经历意义深远的调整，包括对国家身份的再定义，对战略文化的再构建，对安全利益的再思考，表现出负责任的体系内大国、合作型的战略文化和重视相互安全等重要特征。[2] 王缉思认为："中国学者之所以如此关心本国的国际定位，是因为在国际国内两个大局中，中国比世界上任何其他大国都发生着更为迅速明显的变化。在决定中国国际地位的诸因素中，关键因素在于中国国内发展的连续性与变革，而不在于外部环境。"[3]

---

[1] 习近平：《出席第三届核安全峰会并访问欧洲四国和联合国教科文组织总部、欧盟总部时的演讲》，人民出版社，2014，第 41~44 页。

[2] 秦亚青：《国家身份、战略文化和安全利益——关于中国与国际社会关系的三个假设》，《世界经济与政治》2003 年第 1 期。

[3] 王缉思：《中国的国际定位问题与"韬光养晦、有所作为"的战略思想》，《国际问题研究》2011 年第 2 期。

由于中国特殊的历史经历，中国的国家身份认同难以像其他大国那样简单明了，这就使中国的国家形象定位面临艰巨挑战。有关中国国家形象的研究成果非常之多，对国家形象设计的讨论也非常充分，但都没有能够为当下的中国给出一个简明扼要的、吸引人和鼓舞人的定位。倒是一个外国人，即"北京共识"概念的创造者，乔舒亚·库珀·雷默为当今中国定义了一个"淡色中国"的形象。他认为："这个'淡'字，既包含了水，又包含了火，恰如中国包含了许多矛盾因素。这种化矛盾为和谐的理念是中国延续至今的传统价值观念，当中国饱受国家形象问题的困扰时也是如此。中国需要一种类似于'淡'的国家形象，使矛盾的方面得以统一起来，比如在谈到国内外的看法时，既能看到中国富裕繁荣的一面，也不能忽视其贫困落后的一面。有了这种坦诚，外国人才能认识到，现代中国的矛盾表现并不代表中国的虚伪，而恰恰代表中国的变化。"① 雷默还认为国家形象问题是中国当今最棘手的战略问题，国家形象在某种意义上将决定中国改革发展的前途和命运。② 雷默的观点非常有道理，但他为中国设定的"淡色中国"又难以为中国人所接受，因为这个定位也让人想到了"淡而无味"和"平淡无奇"，而当今中国却正以惊人的发展速度震惊着全世界。

实际上，中国国家形象的定位问题也引起了社会的广泛关注。《南风窗》2015 年第 4 期就以《走向雍容大国》为题就中国的国家形象问题进行了专门讨论，提出"要塑造真正的大国形象，仅仅融入是远远不够的，还需要对世界价值体系有所贡献"。"当中国作为一个大国的存在已经被普遍认可时，国家形象已经不仅仅是一个民族的心理需要，而是国家利益和战略的一部分，并对整个世界形成影响。"王逸舟在接受《南风窗》记者采访时也特别强调了同样处于转型时期的中国内政和外交的联动关系，指出只有"内外兼修"才能塑造新的中国国家形象和影响力。③ 这就涉及中国公共外交深入拓展所遇到的最需要解决的问题即价值观认同问题。中国不承认美国和西方国家所奉行的价

---

① 〔美〕乔舒亚·库珀·雷默：《中国形象：外国学者眼里的中国》，沈晓雷等译，社会科学文献出版社，2008，第 14 页。

② 同上，第 7 页。

③ 张墨宁：《大国形象如何构建》，《南风窗》，http://www.nfcmag.com/article/5336.html，2015-03-01。

值观的普适性，但中国目前还难以用一种价值观来取代西方价值观的"至尊"地位在世界上发挥引领作用。因为这不仅取决于我们怎样说，还取决于我们怎样做；不仅取决于我们在"国外"怎样说、怎样做，也取决于我们在"国内"怎样说、怎样做。从这个角度看，中国公共外交的实践也是中国社会发展和改革的实践，内政和外交在具有中国特色社会主义道路的建设中有机地衔接在一起了。发展了的中国如何赢得世界的理解、认同和钦佩，是需要在一个较长时期内才能解决的重大的战略问题。全世界都在注视着中国，拭目以待中国举起一面什么样的旗帜能让中国站在世界政治道德的制高点上。

经济全球化和社会信息化的迅速发展，不仅使一国的经济、政治和社会发生了历史性变化，而且使世界经济和政治的结构与形态发生了深刻变化，并且以前所未有的方式和速度重新塑造着国与国之间的互动方式，不同社会之间的互动正在愈益广泛和深入地渗透国际关系领域。以政府之间的互动为主要方式的传统外交正在被不同国家民众之间，或者说不同社会和文化之间的互动所推动和左右，着眼于赢得其他国家人民理解和认同的外交即公共外交正在成为一国赢得主动的主要方式。公共外交因此上升为世界各主要国家战略的重要组成部分，国际关系进入了"公共外交"时代。美、俄、日、英、韩、印等国都想借助公共外交更新国家形象，扩大影响力，在世界秩序转换的过程中赢得主动权、话语权和追随者，它们公共外交的战略和举措既有值得借鉴的经验，也有值得汲取的教训。作为延续千年的文明古国和正在快速发展的新兴大国，公共外交对于中国赢取世界理解和认同具有更为重要的意义，同时也对正在急剧变化的中国社会提出了严峻的挑战。这就是以什么定义中国的国家形象？以什么定义既有中国特色，又能为世界其他国家人民所理解、认同和分享的价值观？中国已经步入世界舞台的中央，世界投向中国的目光有期待，也有怀疑。中国经济、政治与社会的健康发展是中国公共外交能否取得成功的基本保证，而中国公共外交的拓展也应该为中国社会的发展注入新的活力。

中国叙事、公共外交与时代博弈[*]

世界局势正在经历历史性的变化。这一变化的突出标志是西方学界和媒体所说的"他者的崛起"（the rise of the rest），即非西方大国乃至整个非西方的崛起。^① 与此同时，美国的"主导"地位正在下降，"西方"作为一个阵营也正在"消解"之中。特朗普打着"美国优先"（America First）的旗号当选为美国总统，并且把美国的利益置于其与盟国共同利益之上的做法，进一步加剧了西方凝聚力的丧失。面对全球化进程所遭遇的"阻滞"，面对世界所面临的越来越多的全球性问题，美国领导的西方正在失去"领导"世界的意愿和动力，而中国则越来越表现出大国的担当和胸怀。中共十八大之后，中国政府积极参与全球治理，提出了一系列新的理念、方案和举措，承办了 2014 年北京亚太经合组织（APEC）第二十二次领导人非正式会议、2016 年二十国集团（G20）领导人杭州峰会、2017 年首届"一带一路"国际合作高峰论坛和 2017 年金砖国家领导人第九次会晤等主场外交活动，并发起成立了亚投行（AIIB），启动了"一带一路"建设项目，在世界上引起强烈反响，第 71 届联合国大会决议首次将中国提出的"共商共建共享"的观念纳入全球经济治理理念，"一带一路"倡议至今已获得 100 多个国家和国际组织的积极支持和参与，中国为这个纷乱和焦躁世界的和平发展注入了新的活力。中共十九大的召开，中国"习近平新时代中国特色社会主义思想"的提出以及"构建新型国际关系"和"人类命运共同体"等新理念的提出，更使中国以一种新的国家面

---

* 　原载《探索与争鸣》2017 年第 12 期。

① 　〔美〕法里德·扎卡利亚：《后美国世界：大国崛起的经济新秩序时代》，赵广成、林民旺译，中信出版社，2009。此外，据"全球语言监测机构"（Global Language Monitor）统计，"中国的崛起"是 21 世纪以来纸质和电子媒体报道最密集的新闻，参见 Global Language Monitor，"Rise of China Still Tops all Stories"，May 2011，http：//www. languagemonitor. com/top-news/bin-ladens-death-one-of-top-news-stories-of-21th-century/。

貌仡立在世界舞台上。中国的变化与世界的变化似乎形成了一个鲜明的对比：中国对自己的道路、理论、制度、文化更加自信，中国对这个世界的发展也更有主见，而这个世界则变得越来越"迷茫"，似乎失去了方向。如果说过去中国以改革开放之后的迅速发展而成为引人注目的新兴大国，那么现在则更以对自己未来最有方向感的大国而成为世界关注的焦点。

作为一个在经济全球化的进程中迅速和平发展的世界大国，作为一个几乎与全世界每一个角落都形成了依存关系的全球性经济体，中国的命运已经和这个世界的命运更为紧密地联系在一起了，中国已经"逃脱"不了作为一个重要国家的责任。但中国是否在"独善其身"的同时已经可以"兼济天下"呢？中国能否给这个"不确定的世界"引领方向？中国在这个世界上能够发挥什么样的重要作用？中国对这个世界抱有什么样的"企图"？这些问题一直是人们观察的焦点，也是西方学界和新闻界"曲解"和"抹黑"中国的重点，影响着不同国家包括非西方国家与中国的关系，对中国的发展造成强大的压力和阻力。中共十九大的召开，中国有关"新型国际关系"和"人类命运共同体"等一系列新的理念、计划和倡议的提出，在赢得人们广泛认同的同时，也给"中国威胁论"、"中国统治论"或"中国阴谋论"的鼓吹者们提供了新的"口实"。逐步改变中国在国际社会中的"负面"形象，化解和消除中国发展所面临的压力和阻力，是中国在发展为世界大国和强国过程中不得不面对的挑战。这个挑战的核心任务就是让世界各国人民更好地了解和理解中国。笔者认为，这是党的十八大明确提出"要扎实推进公共外交和人文交流"的原因所在，也是党的十八大之后习近平多次强调要"讲好中国故事"的原因所在，更是党的十九大之后中国步入"习近平新时代"的一项战略任务。其中，直面西方的"中国政治叙事"、构建中国自己的中国叙事体系和赢得与"冷战思维"的时代博弈，是最为重要的三个方面。

直面西方的"中国政治叙事"

中国公共外交最基本的任务就是"讲好中国故事"。随着经济全球化与社会信息化进程的不断深入，国际关系的形态正在发生历史性变化，不同社会、宗教和族群之间的关系越来越深入地介入国家之间的关系，甚至能够对一国的对外政策产生至关重要的影响。由此，赢得他国民众的了解、理解和认同也就成了一国外交特别是大国外交的重要任务，国际关系进入了公共外交时代。①对于中国这样迅速发展的非西方大国，公共外交任务尤其艰巨。因为迄今为止，整个非西方世界的叙事体系，一直被掌控在西方学界、媒体和智库的手中。本质上讲，所谓的"非西方"都是西方文化想象和构建出来的，是一个与真实存在不尽相同的非西方。西方的非西方想象体现了西方对"他者"的控制和重构，是西方表达自我优越意识的一种霸权话语。②可以说，"讲好中国故事"的基本前提，就是破解一直在世界上占据主导地位的西方的中国叙事体系。

但是，破解西方的中国叙事体系并不是一件容易的事。首先，西方的中国叙事体系在国际学术界和新闻界的优势地位由来已久，这是与近代以来西方在世界上的综合优势联系在一起的。实际上，许多在一战和二战后获得民族独立的非西方国家，都是借助西方的话语体系来构建自己的叙事体系的。当今世界的一流大学和研究机构大多集中于西方（特别是美国），它们塑造和演绎了亚洲叙事、非洲叙事、中东叙事和拉美叙事并传播到全世界。举例来说，在西方世界一流的大学里，很难发现有关中国的历史教科书是由中国人编写的。更有趣的例子是，许多中国的莘莘学子到西方国家大学深造，所学专业就是与自己国家相关的国别或区域研究。西方的影视产业特别是美国的好莱坞，更是演绎不同国家故事的高手。更为重要的是，西方的媒体在国际舆论和国家形象的塑造上呼风唤雨，使包括中国在内的非西方国家在国际话语权上处于弱势地位。其次，西方的中国叙事是一个非常庞大的体系，涵盖中国政治、经济、文化、宗教和社会的方方面面，从历史到现实，西方学界都有多年学术积淀，中国学界要想构建一个能够与其竞争的叙事体系尚需时日。最后，不可否认，西方的中国叙事体系中不乏严谨和严肃的学术作品，他们为中国学界提供了不同的视角和有益的参考。改革开放以来，中国学界在努力构建具有中国特色的人文社

---

① 刘德斌：《公共外交时代》，《吉林大学社会科学学报》2015 年第 3 期。
② 张旭鹏：《想象他者：西方文化视野中的非西方》，《史学理论研究》2005 年第 3 期。

会科学体系的同时，也一直在学习和借鉴西方学术界的先进成果。"海外中国学研究丛书"（其中多为西方学者的作品）能够畅销中国几十年，实际上就说明了这样一个道理。

但西方的中国叙事体系中的"政治叙事"，对当今中国构成了直接的挑战。实际上，西方在政治上对"什么是中国"的探究从未停滞，一个"不真实"的中国也如影随形。随着改革开放以来中国的迅速发展，世界大国之间力量对比的改变，西方学界关于中国的种种定义和预判也越来越多。从"中国崩溃论""中国威胁论"，到"中国机遇论""中国阴谋论""中国统治论"，越来越多，也越来越精细，成为西方的"中国政治叙事"中最有炒作价值的一部分。

"中国崩溃论"以章家敦的《即将崩溃的中国》为代表[1]，新的"中国崩溃论"的代表人物是沈大伟。2014年，沈大伟在《中国权力的幻想》一文中承认中国是"崛起"的大国，但同时指出中国在文化、军事、外交等指标方面的影响力远远不够，中国是"21世纪的纸老虎""不应盲目认为中国未来将展示出过去三十年的活力"[2]。2015年，沈大伟发表《即将到来的中国崩溃》一文，声称中国的政治体制将是中国崩溃的根源，中国的最后阶段已经开始。[3]

很多人把米尔斯海默、伯恩斯坦和芒罗视为"中国威胁论"的代表。他们认为新兴大国与守成大国之间的竞争必然导致冲突的"悲剧"，中美之间也不会例外。[4]但实际上，"中国威胁论"已经升级换代，或者说已经演变成了一种可以称为"中国统治论"的"新观点"。斯蒂芬·哈尔珀可以被视为这一"理论"的代表人物。此公曾经在尼克松、福特和里根等几任美国总统的白宫任职，现在是剑桥大学美国研究中心主任。他在2010年出版的《北京共识：

① Gordon G. Cha, *The Coming Collapse of China*, New York: Random House, 2001.

② David Shambaugh, "The Illusion of Chinese Power", http://nationalinterest.org/feature/the-illusion-chinese-power-10739.

③ David Shambaugh, "The Coming Chinese Crackup", http://www.wsj.com/articles/the-coming-chinese-crack-up-1425659198.

④ 〔美〕约翰·米尔斯海默：《大国政治的悲剧》，王义桅、唐小松译，上海人民出版社，2003；Richard Bernstein & Ross H. Munro, *The Coming Conflict with China*, New York: Vintage, 1998.

中国的威权模式将如何主导 21 世纪》成了畅销书。他认为中美之间是模式之争，美国"和平演变"中国的幻想已经不复存在，不存在中美共治的可能性，中国的优势在于中国的"国家资本主义"，中美之间最后将是"孔夫子和杰斐逊"的对决。① 实际上，即使像马丁·雅克这种对中国持比较赞赏态度的人，也认为中国有可能成为将自己的价值观和偏好强加给世界的霸主。②

中国学界对"中国阴谋论"关注不多。近年来，有西方学者和媒体人发表长篇大论，认为"崛起"的中国有着征服和支配全世界的"预谋"或"阴谋"，其中最具代表性的是美国新闻记者卡德诺和阿罗鸠 2013 年发表的《中国悄悄占领世界》。他们认为中国人正在按照北京的意愿扩张势力范围，最终目的是征服全球。③

西方的"中国机遇论"着重从经济、政治和国际三个层面展开，我们可以将其分解为"经济机遇论""政治机遇论""国际机遇论"。"经济机遇论"认为中国已经成为世界经济增长的发动机和巨大的消费市场，这是一种面向现实的描述。"政治机遇论"认为中国终将走向西方式的民主化，布鲁斯·吉雷在《中国民主的未来》中更是做出了中国"异教徒"最终会皈依西方的判断。④ "国际机遇论"认为中国将成为国际体系中"负责任的利益攸关方"，中国不仅应该被纳入西方主导的国际体系，而且应该承担起更大的国际责任。⑤

西方的"中国政治叙事"在世界上建构了一种极为负面的中国形象。随着中国近年来的发展变化，"中国崩溃论"逐渐失去了市场，但"中国威胁论""中国统治论""中国阴谋论"一直存在，并且在不断发展。"中国威胁论"的叙事认为中国的发展必然会威胁和侵害他国利益，离间中国与他国的关系，制造对中国的不信任。"中国统治论"和"中国阴谋论"比"中国威

① Stefan Halper, *The Beijing Consensus： How China's Authoritarian Model Will Dominate the Twenty-First Century*, New York： Basic Books, 2010.
② 〔英〕马丁·雅克：《当中国统治世界：中国的崛起和西方世界的衰落》，张莉、刘曲译，中信出版社，2010。
③ Juan Pablo Cardenal & Heriberto Araújo, *China's Silent Army： The Pioneers, Traders, Fixers And Workers Who Are Remaking In Beijing's Image*, London： Allen Lane, 2013.
④ Bruce Gilley, *China's Democratic Future*, New York： Columbia University Press, 2004.
⑤ Robert B. Zoellick, "Whither China： From Membership to Responsibility?", https：//2001 - 2009. state. gov/sd/former/zoellick/rem/53682. htm.

胁论"更为极端,核心观点是认为中国正在通过精心谋划,静悄悄地把全世界各个领域揽入怀中,取美国而代之,成为世界的新主人。西方的"中国政治叙事"所暗含的逻辑是:"西方是现存国际秩序的维护者和安全提供者",而"崛起"的中国是一个居心叵测的"外来者",中国对世界的领导权就构成了"僭越"。"中国机遇论"看似对中国的解读较为积极,但从本质上来说,其仍然是以"西方为中心"对中国的解读,是西方对中国的想象,与真实中国存在偏差。"中国机遇论"话语背后隐含的是西方在经济和政治方面具有"超前性"和"优越性",因此有能力影响中国,把中国纳入西方的轨道,使中国变得更像"我们"。[①]

"讲好中国故事"的首要目标是破解西方"中国政治叙事"的影响,超越西方故步自封的道德优势,让习近平所倡导的"新型国际关系"和"人类命运共同体"的理念得以在全世界传播开来。为此,中国学界首先要与西方的"中国政治叙事"展开学术辩论,把中国和平发展的原因阐释清楚并传递出去。同时还要利用中国振兴引起世纪变局的有利时机,为海外研究中国的学者深入研究和体会中国的发展变化创造更为有利的条件。有学者认为,从事当代中国学研究的海外学者的角色正在转变,即从纯粹的"观察中国"(China watching)到"体验中国"(China experiencing/China practicing)。[②] 这些海外的中国学研究者也亲身体验和参与着中国的发展,而非仅仅作为旁观者。这种经历无疑对其所在机构的中国教学和研究有直接的帮助。在破解西方的中国叙事体系、构建中国自己的中国叙事体系过程中,中国学界应该积极寻求与他国中国研究机构的交流合作。当然,能否实现对西方"中国政治叙事"的超越最终还要取决于中国学界自己的努力。

建构中国自己的中国叙事体系:探索与问题

随着中国的快速发展,随着中国与世界关系的历史性变化,"讲好中国故

---

① 〔澳〕潘成鑫:《国际政治中的知识、欲望与权力:中国崛起的西方叙事》,张旗译,社会科学文献出版社,2016。

② 刘宏:《当代海外中国学研究的特征和转型》,《中国社会科学报》2011 年 1 月 6 日。

事"、让世界各国人民了解和认识一个真实的中国，已经成为中国必须完成的一项战略任务。为此，不仅需要破解西方的"中国政治叙事"，而且还要构建中国自己的中国叙事体系，为讲好中国故事提供更为坚实的理论基础和学术资源。实际上，中国的发展进步已经抵达这样一种时刻，这就是重新梳理中国历史的发展脉络，将其与中国的现实追求与探索有机地联系在一起，为世人塑造一个完整、统一和生动的中国形象。这不仅有助于中国人向世界解说自己，也有助于中国人在融入世界的过程中形成更为坚定和自信的身份认同，让中国人的精神世界随着中国的发展而在这个世界上发扬光大。

习近平多次强调要"讲好中国故事"，并且身体力行，在许多重要场合亲自向海外听众讲解中国。习近平 2014 年在比利时布鲁日欧洲学院发表的演讲尤为重要，为"讲好中国故事"构建了一个基本的框架。演讲集中阐释了"中国故事"的五个显著特点，这五个特点实际上决定了当今的中国是一个什么样的国家，即中国是有着悠久文明的国家，所以具有独特的价值体系、精神世界和民族自信心；中国是经历了深重苦难的国家，所以中国人民希望和平、反对战争，奉行独立自主的和平外交政策；中国是实行中国特色社会主义的国家，社会主义是近代以来中国人民反复探索和尝试的结果，并且取得了成功；中国是世界上最大的发展中国家，所以经济建设依然是中心任务；中国是正在发生深刻变革的国家，所以不仅将为中国现代化建设提供强大推动力量，而且将为世界带来新的发展机遇。① 这五个方面向世界回答了当今中国"从何处来，向何处去"的问题，为建构中国叙事体系和"讲好中国故事"提供了逻辑起点。

努力"讲好中国故事"已经成为中国外交、媒体和学界思考和探索的课题。实际上，"讲好中国故事"不仅针对西方学界、媒体和智库对中国的误读，同时也包括对西方学界中国叙事影响力的梳理。就学界的探讨而言，"讲好中国故事"首先需要确立中国的主体性，也就是从中国的历史经验出发来构建中国自己的叙事体系，从而破解西方中国叙事的话语霸权。随着中国一步步地发展，中国正在告别"近代帝国主义受害者的心态"，满怀信心地宣布一

---

① 参见习近平《出席第三届核安全峰会并访问欧洲四国和联合国教科文组织总部、欧盟总部时的演讲》，人民出版社，2014，第 41~44 页。

个敢与西方大国比肩的"新时代"的到来。中国新时代所显示的新的历史定位和身份认同，为中国学界超越西方的中国叙事，提供了新的时代背景和强大的精神动力。

中国本身是一个多元、复杂、庞大、传统性与现代性交织的国家，拥有许多特质和传统，成为一个不同力量介入的场域。以往的革命叙事、现代化叙事只是提供了解说中国的不同角度和切面，还不能够展现中国故事的全景。例如，从传统和现代的因果关系来看，中国社会完成了从传统向现代转型的剧变，在中国迅速发展之际，如何解释、理解和传承这种发展的"历史文化根基"，从而在理论上完成传统与现代之间的衔接，是中国学界一直未能解决的重要课题。只有构建整体的中国叙事体系（包括中国的革命叙事和现代化叙事），才能解释"何为中国""中国何以能迅速发展"等国际关注的问题，才能"讲好中国故事"。"讲好中国故事"的过程，既是对改革开放以来有关"中国"研究和反思的系统梳理，也是通过传统与现代的贯通实现对中国软实力资源的挖掘和整合，无疑需要学术界付出更为艰辛的努力。

事实上，自中国被迫卷入西方主导的现代国际体系以来，中国作为天下中心的观念破灭了，中国一代又一代先进知识分子对"中国"的反思和追问便从未停止过。但是，随着中国的发展和世界局势的发展变化，对于中国的解说具有了新的意义。近年来，华人学术圈不断地就如何解说"中国"问题进行思考和探索。赵汀阳通过研究古代东亚区域秩序和中国人的"天下观"，阐释了具有中国特色的世界秩序观念。[1] 葛兆光提出"从周边看中国"，强调对中国的认知不仅要走出"以中国为天下中心自我想象的时代"，还要走出"仅仅依靠西方一面镜子来观察中国的时代"，这是研究视角的更新和拓展。[2] 汪晖着重考察中国思想界与社会变迁之间的关系、知识与制度的互构，通过分析中国思想界的"科学主义"观念来阐释中国的现代转型。[3] 许倬云从源头入手，细数中国的历史变迁，认为当代中国人的自我认同是错综复杂的，从传统中国

[1] 赵汀阳：《天下体系：世界制度哲学导论》，江苏教育出版社，2005；赵汀阳：《以天下重新定义政治概念：问题、条件和方法》，《世界经济与政治》2015 年第 6 期。

[2] 葛兆光：《宅兹中国：重建有关"中国"的历史论述》，中华书局，2011。

[3] 汪晖：《现代中国思想的兴起》，生活·读书·新知三联书店，2015。

到当代中国已经经历了数次大变迁。① 许纪霖从国家认同的角度入手，研究近代中国人国家认知的变迁及其背后的历史背景，提出了超越民族主义和传统天下主义的"新天下主义"。② 这些学者对"中国"的反思和追问为"讲好中国故事"扩充了新的视角，也为定义"中国故事"提供了新的思考和创见。

　　学界在思考这些问题时，可能还没有与构建中国自己的中国叙事体系和"讲好中国故事"的战略需求联系起来，还没有与中国公共外交的实际需求结合起来。笔者所在的学术团队曾经在 2013 年推出 10 卷本"解说中国"系列丛书③，力图构建一个多侧面解说中国的体系，但这些努力都还是初步的。中国叙事体系构建的进一步拓展和深入，需要解决创新中国本土化的理论、搭建中国学的大数据平台、实现从单一学科到跨学科再到"后学科"时代的转型等多维度的问题，特别是要考虑全球化语境下中国与世界的关系，即不仅要考虑中国在全球格局中的经济发展，同时还要考虑中国的理念和世界的关联；不仅要说明中国的独特性，也要展示出中国可以与世界对话和共享的理念与价值观。因为任何一种知识体系只有能够与其他知识体系对话和沟通才会有生命力，只有处理好中国与世界的关系，才能避免中国叙事成为自说自话的体系。

　　无疑，"讲好中国故事"需要构建中国自己的中国叙事体系，需要深厚的学术基础，需要对西方中国叙事体系进行深入的研讨和批判，需要中国人文社会科学不同学科的协同作战，需要纳入国家文化战略，而目前学界的建构还是分散的、零碎的，还没有有机地组织起来，还难以满足中国新时代的需求。

公共外交的时代博弈

　　中国正在世界上发挥越来越大的作用，而世界依然处于"不确定"的状态之中。大国之间的力量正处于一种新的动态平衡之中，国家之间、种族之

---

① 许倬云：《说中国：一个不断变化的复杂共同体》，广西师范大学出版社，2015；许倬云：《我者与他者：中国历史上的内外分际》，生活·读书·新知三联书店，2015。

② 许纪霖：《家国天下：现代中国的个人、国家与世界认同》，上海人民出版社，2017；许纪霖、刘擎：《何谓现代，谁之中国？现代中国的再阐释》，上海人民出版社，2014。

③ 刘德斌、杨军："解说中国系列"，世界知识出版社，2013。

间、宗教和教派之间、贫富之间的种种矛盾交织在一起，世界秩序风雨飘摇、前途未卜。如何解读中国的"新时代"与世界这个"X"时代之间的关系，成为中国公共外交不可逾越的课题，实际上也是解读何以中国有信心有能力成为"稳定之锚"，并在这个纷乱的世界上发挥作用的出发点。

中国不仅要着眼于中国改革开放以来的发展变化，而且也应着眼于近年来中国与世界关系的历史性变化，着眼于当今世界所面临的诸多问题和中国作为一个冷战后世界新兴大国的担当。中国提出的"构建新型国际关系"和"人类命运共同体"，既着眼于当前世界所面临的诸种问题，又兼顾了世界不同国家、不同地区、不同社会制度国家的价值追求。中国与美国正在形成鲜明的对照。特朗普总统领导的美国正在践行"美国优先"的外交原则，把美国的利益置于其他国家包括美国盟国的利益之上。而中国则提出"亲、诚、惠、容"的外交理念，强调在与他国交往中的"共商共建共享"。实际上，环顾当今世界，能够把东、西、南、北不同国家的利益和价值追求结合起来，明确提出构建"新型国际关系"和"人类命运共同体"的国家，或许只有中国。中国多次表示并不想推翻现有的国际秩序，但要推动这个国际秩序向着更为合理的方向发展。在美国把头"转向国内"，欧洲自顾不暇，中东区域秩序解体，非洲、东亚和拉丁美洲的经济发展都在面临困难局面的情况下，中国的主张应该给世界带来希望，指明方向。

中国的"大公无私"和"高风亮节"引来了无数的喝彩，但也招致疑虑和误读。印度前任驻华大使就认为，中共十八大以来的五年体现了中国通过经济、军事、政治、外交等全方位的利益诉求，逐渐表现出扩张与单边主义的特点，并且认为当今世界正处于中国谋求"大国雄心"的第三个阶段。尽管中共十九大提到了多边，"但我们怀疑中国欲在亚太乃至全球恢复等级制的体系"[1]。还有西方评论家认为，中国正在成为席卷世界的威权主义新潮流的主

---

[1] Ashok K. Kantha, "China Congress: A Multipolar World Goes out of the Window", http://www.scmp.com/week-asia/opinion/article/2117368/opinion-china-congress-multipolar-world-goes-out-window.

要行为体和倡导者，未来会长期成为西方自由主义价值观的主要挑战者。① 不难看出，世界上许多人还在以"冷战思维"，甚至以 19 世纪大国权力政治的思维方式，来看待中国的发展和中国外交新理念的产生。中国所讲的"新时代"与这些人的思维方式明显存在"落差"。这些人的观点与"中国威胁论"和"中国统治论"的观点如出一辙。中国公共外交的重要任务，就是让中国"新时代"的理念在这场有形和无形的"时代博弈"中占据上风，引领世界脱离"零和"状态，向着一个"合作、包容、共享"的方向发展。

要想在这样一场"时代博弈"中胜出，除了耐心地向全世界解说中国特色大国外交新理念之外，归根结底还是要让世界了解和理解中国是一个怎样的国家，中国为什么与那些先前崛起的大国有本质的不同。

第一，中国是一个开放型国家，并且通过深度融入全球化而与世界上绝大多数国家逐步形成了广泛的互利关系和依赖关系，乃至形成了"利益共同体"和"命运共同体"。与近代以来世界上相继崛起的新兴大国不同，中国并不是通过战争赢得今天的国际地位，而是通过在新一轮的全球化进程中发挥比较优势，实现了经济上的跨越式发展。中国与"守成大国"美国通过不断的创造、巩固和扩大共同利益来消弭矛盾、化解分歧，从而一次又一次地避免了中美关系滑向"修昔底德陷阱"。中国与俄罗斯实现了历史性的和解，并且通过在能源、安全、区域和全球议题上积极配合，构建起全面战略协作伙伴关系，使中俄关系成为大国伙伴关系的典范。中国还通过愈益深入的经贸关系与周边国家构建起利益共同体，与广大发展中国家形成了越来越密切的利益关系，同时通过积极参与 G20 峰会和 APEC 峰会多边合作机制参与全球治理，通过提出"一带一路"倡议推动欧亚大陆、东南亚和非洲的资源整合，通过倡议建立亚投行为亚洲国家基础设施建设筹措资金等一系列行动，实现与周边国家的协同发展。中日关系和中韩关系时有波折甚至倒退，但经济上的依存关系一直发挥着"压舱石"的作用。作为"全球化最大的获益国"，推动经济全球化的持续发展是中国的利益所在。中国没有也

---

① Richard Bernstein, "China and the Rise of the New 'Authoritarian International'", http://www.realclearinves tigations.com/articles/2017/11/12/china_and_the_authoritarian_international.html.

不会有武力征服他国和世界的计划或"阴谋"。

第二，中国是一个改革型国家，不仅通过改革实现了与时俱进，而且为世界经济的发展不断注入新活力。中国的改革开放起始于 1978 年中共第十一届三中全会，要比冷战结束后的"转型"国家至少提前了十年时间，这为中国赢得了先机。随着冷战的结束，经济全球化蔓延世界的每一个角落，越来越多的国家进入全球化进程，世界经济和政治形势发生了历史性变化。中国共产党不断地解放思想，摒弃了社会主义与市场经济势不两立的教条主义，不断改革不适应市场经济发展的治理结构和治理方式，努力探索出一条既符合中国国情又顺应时代要求的发展道路，使中国经济保持了几十年两位数的增长速度，创造了"中国奇迹"。中国治理改革的重要内容是协调国内国际两个大局，这是由中国国家形态的逐渐变化决定的。改革开放四十年来，中国已经从一个"闭关锁国"的国家演变成一个全球性国家，中国的国家利益已经全球化了。

中国在不断改革国家治理结构和治理方式的同时，也对世界经济和政治的发展提出建议方案，并承担起越来越多的国际责任。多年来，中国一直呼吁建立新的国际经济和政治新秩序。随着中国与世界的关系愈加密切地依存在一起，中国不断以实际行动推进国际经济和政治秩序的改革。中国与俄罗斯等国发起成立上海合作组织，中国与巴西、俄罗斯、印度和南非等国家发起成立的金砖五国合作机制，中国提出的"一带一路"倡议，中国发起成立的亚投行，中国提出来的一系列为发展中国家和地区设立发展基金的建议（如丝路基金、非洲共同增长基金、中国气候变化南南合作基金），都是推进国际经济和政治秩序改革的有利步骤。中国提出来的"不冲突，不对抗，相互尊重，合作共赢"的新型大国关系原则，更是为冷战之后大国关系的改善和发展注入了新的活力。实际上，中国是在冷战结束之后就改革现有国际秩序提出理念、方案和与他国共同采取行动最多的国家。中国提出的理念、方案和采取的行动，不仅表达了中国改革现有国际秩序的愿望，而且反映了广大发展中国家的利益，同时也弥补了现有国际秩序的不足。在世界陷入"后真相、后西方、后秩序"的"不确定时代"，在作为世界头号强国的美国率先强调"美国优先"的形势面前，中国表现出的改革精神、中国不断推出的改革方案和采取的实际行动，为这个"不确定"的世界带来了新的希望，越来越多的国家，包括西方发达国家，赞赏中国倡导的改革方案，这为中国赢得了越来越多的朋友，也赢得了越来越大的国际发言权和影响力。

第三，中国是一个规模庞大的发展中国家，不仅在开放和改革中实现自身经济与社会的发展，而且也为世界其他国家不断地创造新的机遇。改革开放以来，中国的经济与社会发展日新月异，但中国的潜力依然没有充分释放。这不仅因为中国人口规模最大，拥有庞大、优质的劳动力资源，而且因为中国已经在改革开放的进程中形成了日益强大的制造能力、日益发展的全球经济合作网络和日益增长的庞大消费市场。中国被认为是"经济全球化最大的获益者"，实际上也是最主要的贡献者之一，是世界经济发展的稳定锚和发动机。中国是全球最大的石油、天然气、矿石和农产品消费国，最大的留学生和游客来源国，最大的奢侈品消费国。中国经济的发展必然与他国形成不同层次和领域的竞争关系，但更为不同产业取向的国家提供了投资来源和消费市场。中国是一个规模庞大的发展中国家，中国经济的起飞必然产生许多人们预想不到的影响，其中包括物美价廉的中国产品畅销全世界，"南腔北调"的中国游客漫步在各国首都的街头，中产之家的子女涌向世界各大名校，也包括中国遍及全世界的能源、矿产和粮食采购，中国与日本在高铁建设项目上的激烈竞争，中国不时与"空客"和"波音"签下的巨额订单，中国对发展中国家的大笔投资和慷慨援助，等等。2016 年中国经济增长对世界经济增长的贡献率达到了33.2%，居于世界首位。① 作为世界上规模最大的发展中国家，中国实际上给其他国家提供了一种协作发展、共同起飞的历史性机遇。中国市场的放缩对世界经济具有不可估量的影响。中国愿意在全球治理中发挥重要作用，不仅事关中国利益，也与他国人民的福祉直接联系在一起。

第四，中国还是当今世界上唯一高举社会主义旗帜的大国，公开声言建设中国特色社会主义的国家。这在苏联解体、东欧剧变之后，俄罗斯和东欧国家转向资本主义，历史进入"后冷战时代"的世界上，是绝无仅有的。中国为什么依然坚持走社会主义道路？因为中国的社会主义道路是中国人经过百余年前仆后继的探索与奋斗得出来的结论；因为中国共产党人与时俱进、不断改

---

① 陆娅楠：《2016 年我国 GDP 同比增长 6.7%》，《人民日报》2017 年 1 月 20 日。

革，没有陷入教条主义泥潭；因为改革开放使中国的社会主义焕发了新的生机，不仅摆脱了贫穷落后的面貌，而且成功地实现了和平发展，让这个曾经四分五裂、任人宰割的文明古国，再一次站在了世界舞台的中央。当全球化的深入发展对几乎所有国家的经济、政治和社会构成猛烈冲击，当愈益广泛和深入的资本、技术、商品、人才和信息的流动让几乎所有的国家治理模式都疲于应付的时候，中国却能够处变不惊，通过持续的改革开放，优化国家治理，创造和发挥中国全球经济发展中的比较优势，有效地协调内政和外交两个大局，不断地发展进步，不断地化险为夷。实践证明，在全球化对所有的国家形态都造成前所未有的冲击的时候，中国特色社会主义的国家治理模式表现出特有的效率和优势，如青藏铁路、南水北调、西气东输和西电东送等重大工程的建设。即使是那些戴着有色眼镜观察中国的西方媒体、学者和政治家，也不得不对中国的成就表示钦佩。

中国特色社会主义还表现为中国作为一个大国的强烈的国际责任感。1997年金融危机对亚洲各国造成重创，正是中国在这场危机中坚持人民币不贬值，成为挽救亚洲经济的中流砥柱，赢得了亚洲邻国和整个世界的广泛赞誉。2008年美国的金融危机和欧洲债务危机带来了全球经济危机，中国更是通过加大国内基础设施建设投资的方式维持经济增长，表现出一个世界大国的责任感，而不是像有些国家那样以邻为壑，千方百计地转嫁危机。中国提出的"一带一路"倡议，倡议成立的亚投行，中国对发展中国家不断扩大的经济援助，中国提出来的"新型大国关系"、"和谐世界"和"人类命运共同体"等观念和主张，不仅包含着中国传统文化"穷则独善其身，达则兼济天下"的精神追求，而且是中国特色社会主义核心价值观的真实写照。对比特朗普"美国优先"旗帜下的美利坚合众国，中国无疑表现出更为强烈的责任感和牺牲精神。

中国并不是当今世界首屈一指的强国，但中国是与这个世界上绝大多数国家有着强烈优势互补关系的国家；中国在改革开放的过程中融入了这个世界，同时也给这个世界注入了新的活力和动力。就科学技术而言，中国并不是这个世界上最先进的国家，但中国为这个世界不同国家的合作与发展提出了最为先进和最为可行的理念，这种理念根植于中国千百年来的历史发展，也根植中国作为一个文明古国的现代蜕变。中国在呼唤一个新的时代和新的世界。

　　综上所述，中共十九大有关"构建新型国际关系"和"人类命运共同体"等新理念的提出，标志着中国以一种新的充满自信的国家身份伫立在世界舞台上，中国的公共外交也承担起了更为重大的责任。中国公共外交的一个基本任务是"讲好中国故事"，而"讲好中国故事"的基础在于构建一种能够赢得他国民众理解的中国叙事体系。中国虽然发展了，但西方的中国叙事体系依然在世界高等教育领域和国际媒体中占据优势地位。中国首先必须应对西方学界、媒体和智库有关"中国政治叙事"的挑战，特别是"中国威胁论""中国统治论""中国阴谋论"的蔓延，同时加快构建中国自己的中国叙事体系，并在中国新理念与西方冷战思维的时代博弈中占据上风。新时代的中国迫切需要中国的公共外交向世界说明中国是一个什么样的国家。中国叙事、公共外交和中国的新时代之间有着必然的逻辑联系。中国的开放性、改革性、全球化、超大规模和社会主义特性，决定了中国从"独善其身"到"兼济天下"的必然发展，也决定了中国引导世界走出"不确定"状态的责任和动力。

关于全球史、全球化理论
与全球国际关系学

斯塔夫里阿诺斯
《全球通史(第7版)》评介[*]

  翻开这本书,人类的过去就有如一幅由远及近的画卷,一幕幕地展现在读者的面前。这里有人类的起源、文明的嬗变,有帝国的更迭、宗教的扩散;有对欧亚大陆诸古代文明和古典文明不同命运的宏观思考,也有 1914 年 6 月 28 日萨拉热窝事件的详细介绍;有对人性善恶本质的哲学分析,对文明是"诅咒"还是"福音"的辩证评价,也有对世界愈加两极分化的人道关怀,对人类历史上诸多灾难的渊源——社会变革总是滞后于技术变革——的忧虑与警示。不同于那种把自己的观点和观念强加给读者的历史学作品,这本书平心静

---

 * 原载〔美〕斯塔夫里阿诺斯:《全球通史(第 7 版)》,董书慧、王昶、徐正源译,北京大学出版社,2005,推荐序。

气，娓娓道来，没有教育人的口吻，却把读者引入一种求索的境界，让你不由自主地手不释卷。这本书就是享誉世界几十年，已经与汤因比的《历史研究》齐名但比《历史研究》通俗易懂，被称为"经典中的经典"的《全球通史》。作者是美国著名历史学家 L. S. 斯塔夫里阿诺斯（L. S. Stavrianos）。尽管这个名字对中国人来讲过长难记，但它已经随着《全球通史》一起进入了中国人的知识殿堂，正在为越来越多的中国读者所熟知。

毋庸讳言，阅读历史，特别是通史类的教科书，不是一件轻松的事。但斯塔夫里阿诺斯的《全球通史》却可以让读者比较轻松地读下来。这本书问世 30 多年来一直畅销不衰，不断再版，不仅为英语国家读者所喜欢，而且还被翻译成多种文字，成为在全世界拥有最多读者的通史类作品。有人把斯塔夫里阿诺斯的《全球通史》与西格蒙特·弗洛伊德的《梦的解析》、阿尔贝特·爱因斯坦的《广义相对论的基础》、欧内斯特·海明威的《太阳照样升起》、J. M. 凯恩斯的《就业、利息和货币通论》、让-保罗·萨特的《存在与虚无》、杰克·凯鲁亚克的《在路上》、蕾切尔·卡森的《寂静的春天》、斯蒂芬·霍金的《时间简史》和比尔·盖茨的《未来之路》等并列为 20 世纪影响世界的十本书，可见其在读者心目中的地位。[①] 作为历史教科书，能够享受到这样的"殊荣"，是非常难能可贵的，恐怕也是出乎许多人意料的。

一

那么，斯塔夫里阿诺斯的《全球通史》是如何做到这一点的？《全球通史》何以有如此强的吸引力和影响力？通观全书，读者首先会发现，《全球通史》虽是史书，却具有强烈的现代意识。它虽然是一部历史教科书，但并不是一味地把读者拉向遥远的过去，而是随时把历史上的重大变故与当今世界的现状联系在一起，提醒读者认清所生活的现实世界与历史的内在联系，从而使读者的思想能够跨越时空的限制，在历史与现实的两个时空里驰骋，甚至由此产生自己对历史事件的联想与对比，产生自己思想的火花和创作的冲动。由

① 邢宇皓：《百年回首——影响世界的十本书》，《光明日报》2000 年 1 月 6 日。

此，阅读历史成了一种乐趣，成了一个对历史和现实两个世界的疑问同时不断探询和解答的过程。例如，《全球通史》对伊斯兰教势力从中东不断地向周围扩张，直至非洲、中亚东部、印度次大陆和东南亚的介绍和分析，使读者自然地体会到"这一点至今仍深刻地影响世界事务的进程"，体会到当今世界围绕"大中东"的诸多矛盾和冲突的缘起，体会到历史与现实是如何直接而紧密地联系在一起的。

这就涉及一个历史作品的时代感或现实感问题。"古往今来"是通史类教科书的必然属性。但如果历史学家只是埋头于"从过去到现在"的叙事，而对读者的求索目标和心态需求不能给予足够的关注，那么历史作品的"受众"就只能局限于本专业的学生和学者，局限于以获取学分为目标的"专业读者"之内，而难以拥有历史专业以外的广大读者，历史作品就难以发挥它应有的作用。实际上，许多大历史学家的作品都有强烈的时代感或现实感。汤因比的多卷本《历史研究》，是继施宾格勒1917年《西方的没落》发表之后的另一部历史巨著。但与《西方的没落》不同，《历史研究》并不认为西方的没落在劫难逃，而是对其存续持乐观态度。很明显，《历史研究》不仅是"历史研究"，而且是对当时萦绕西方人心头的现实问题的正面回答。据汤因比先生本人说，他在1924年到1956年撰写《历史研究》期间，还为伦敦的皇家国际事务研究所编写一部当代国际事务的年鉴，之后又同他的妻子一道编写一部有关第二次世界大战的政治史。按照他自己的说法："这两项庞大而耗时费力的工作是相辅相成的。假如我不同时做这两项工作，我便一项工作也干不成。我始终是脚踩着现在和过去两只船。在这本《历史研究》的修订插图中，我同样是两者兼顾，既回顾过去，又展望未来。因为当你研究现在和过去的时候，对未来不可能视而不见，倘若这是可能的话，那反而荒唐可笑了。"① 汤因比在阅读了斯塔夫里阿诺斯《全球通史》（上卷）原稿之后曾撰文指出，尽管此书结束于1500年，却给他以强烈的现实感：它是一种思想武器，可以用来医治我们现在所面临的由于陶醉于技术进步而产生的深深的精神危机；它有助于人们理解

---

① 〔英〕阿诺德·汤因比：《历史研究（修订插图版）》，上海人民出版社，2000，第2页。

未来——包含各种可能性和选择的未来。① 对于许多读者来说，进入《全球通史》的意境之后就会发现：你不仅在阅读历史，也在了解现实；你不仅在与过去沟通，也在与现实对话。可以肯定，当你阅读了《全球通史》之后，会对我们生活其中的当今世界的来龙去脉有一个基本的了解，会对这个世界的走向有一个自己的判定。所以笔者认为斯塔夫里阿诺斯《全球通史》的成功之处，首先就在于它强烈而深刻的现实感。

二

《全球通史》不同凡响，还在于它是"全球史观"的代表作，是迄今为止全球史观最有影响力的作品。在西方，早在启蒙时代就有人试图以全球视野来阐释历史。但后来"由于好战的民族国家的兴起"，民族国家历史的编纂获得强有力的推动，而先前对世界历史的兴趣则消失了。按照斯塔夫里阿诺斯的说法，这种局面一直延续到第一次世界大战之前，在很大程度上甚至一直延续到第二次世界大战之前。一战或二战后，对世界历史的兴趣又在西方学术界重新燃起，代表性作品包括施宾格勒的《西方的没落》、韦尔斯的《世界史纲》、汤因比的多卷本《历史研究》、麦克尼尔的《西方的兴起——人类共同体的历史》和《世界历史》，以及斯塔夫里阿诺斯的《全球通史》等。

人们一般把英国历史学家巴勒克拉夫看成当代"全球史观"理论上的先行者，认为他在1955年的论文集《处于变动世界中的史学》中最先提出了全球史观问题，以后又在1967年的《当代史导论》、1978年的《当代史学主要趋势》和同年的《泰晤士历史地图集》中，对这个问题做了进一步的阐释。斯塔夫里阿诺斯的两卷本《全球通史》（1970年和1971年）和W. H. 麦克尼尔的《世界通史》（1967年），则被巴勒克拉夫视为体现了全球史观的代表作。他在《当代史学主要趋势》中指出："近年来在用全球观点或包含全球内容重新进行世界史写作的尝试中，最有推动作用的那些著作恰恰是由历史学家

① 张广勇：《从文明中心到全球文明的世界史——〈全球通史〉中译本导言》，见〔美〕L. S. 斯塔夫里阿诺斯《全球通史——1500年以前的世界》，上海社会科学院出版社，1988，第49页。

个人单独完成的，其中恐怕要以 L. S. 斯塔夫里阿诺斯和 W. H. 麦克尼尔的著作最为著名。"① 斯塔夫里阿诺斯本人也把 20 世纪 60 年代 "世界历史学会" （World History Association） 的成立、"世界历史杂志"（*Journal of World History*） 的出版和 1970 年与 1971 年他的《全球通史》第 1 版的出版，看成西方学术界从西方中心论向全球史观转变的证据。②

巴勒克拉夫等人所倡导的 "全球史观"，主要以突破西方学术界根深蒂固的 "欧洲中心论"（或称 "西欧中心论"、"欧美中心论" 和 "西方中心论"） 的限制为特征，主张历史研究者 "将视线投射到所有的地区和时代"，建立 "超越民族和地区的界限，理解整个世界的历史观"，以 "公正地评价各个时代和世界各地区一切民族的建树"。"在当前世界性事件的影响下，历史学家所要达到的理想是建立一种新的历史观。这种历史观认为，世界上每个地区的每个民族和各个文明都处在平等的地位上，都有权利要求对自己进行同等的思考和考察，不允许将任何民族和文明的经历只当作边缘的无意义的东西加以排斥。"③ 在《当代史导论》中，他明确反对以西欧为中心的 "古代—中古—近代" 和 "地中海时代—欧洲时代—大西洋时代" 的历史阐释体系。④ 在全球化进程不断深入，构建全球史学已经成为史学界多数人共识的今天，我们重读半个世纪以来巴勒克拉夫等人的作品，不能不被他们的先见之明所折服。

作为全球史观的代表作，斯塔夫里阿诺斯的《全球通史》对于中国读者具有特殊的重要意义。其中最为重要的一点，是《全球通史》摒弃了西方传统的世界历史的阐释方法，如 "古代—中古—近（现）代" 的 "三分法"，将整个人类历史的演进划分成两个基本的阶段，即 1500 年以前诸孤立地区的世界和 1500 年以后西方的兴起并占优势的世界。这样一种划分方法对许多中

---

① 〔英〕杰弗里·巴勒克拉夫：《当代史学主要趋势》，杨豫译，上海译文出版社，1987，第 264~266 页。

② L. S. Stavrianos, "A Global History: From Prehistory to the 21st Century", 2004, 北京大学出版社，第Ⅷ页。

③ 〔英〕杰弗里·巴勒克拉夫：《当代史学主要趋势》，杨豫译，上海译文出版社，1987，第 158 页。

④ 〔英〕杰弗里·巴勒克拉夫：《当代史导论》，张广勇、张宇宏译，上海社会科学院出版社，1996，第 13~16 页。

国读者来说是不习惯的，因为大多数中国读者已经按照"三分法"形成了自己对历史的思维定式。但这样一种划分却有利于消除中国读者头脑中中国历史与世界历史之间的"时间位差"，把对中国历史的理解和认识真正融入对整个世界历史的理解和认识中。众所周知，"上古—中古—近代—现代"是中国历史学家对世界历史最为常见的阶段划分，也是从苏联移植过来的一种世界历史阐释体系，实际上是西方学术界"三分法"的变种。它无视"中世纪"只是欧洲乃至西欧独有的历史经历这样一种事实，而将整个人类社会的发展镶嵌到一个统一的框架之中，同时也把中国历史的阶段划分置于一种十分尴尬的境地：从 1840 年开始的中国"近代"要比世界历史上的"近代"晚几百年。中国人由此不得不按照中国与世界两个不同的时间表来理解中国的过去与世界的过去。

斯塔夫里阿诺斯的《全球通史》无意这样为难我们。它也使用"中世纪"这样的概念，但主要用于描述欧洲的历史进程及其与欧洲以外地区历史进程的比较，而不是要把各地区的历史整齐划一。换言之，它没有设定一个统一的标准来评价世界各地区的历史进度。实际上，当代多数西方学者已抛弃了传统的"三分法"，承认"历史在这个星球上不是按同一个速度进行的"，"三分法"存在清晰的欧洲中心论偏见。① 正如美国学者威廉·麦克高希在他的《世界文明史》中所指出的："世界上大多数人口不是基督徒，并且只有亚欧大陆的最西端属于罗马帝国。一个帝国崩溃后，出现的是一个影响全体的但无帝国疆界的宗教，在后来是它的分裂及由一个世俗的秩序取而代之，这种经历对于西方社会是独一无二的。其他社会的历史表现出一种不同的模式。"② 但是，对于"三分法"的否定并没有阻碍西方学者在世界历史分期上进行的不懈努力。实际上，多少年来，西方学者在世界历史的分期上一直在做不同的努力，他们从不同的角度探求整个世界历史进程中时间与空间的契合点。如沃尔夫从"家族秩序的生产方式—纳贡（封建）的生产方式—资本主义生产方式"的角度

---

① 〔英〕巴里·布赞、里查德·利特尔：《世界历史中的国际体系：国际关系研究的再构建》，刘德斌主译，高等教育出版社，2004，第 342 页。
② 〔美〕威廉·麦克高希：《世界文明史》，董建中、王大庆译，新华出版社，2003，第 19 页。

对世界历史进行的分期，① 麦金德从"开放体系—封闭体系—开放体系—封闭体系"角度进行的分期，② 沃勒斯坦从"微型体系—世界帝国—世界经济"角度进行的分期，③ 霍奇森从"农业时代—技术时代"角度进行的分期，④ 麦克尼尔从"前文明—文明—相互联系的文明—全球文明"角度进行的分期，⑤ 格尔纳从"狩猎—农业—技术"角度进行的分期，⑥ 麦克高希从"文化技术"（原始或表意文字、字母文字、印刷术、电子通信技术和计算机技术等）角度进行的分期⑦和布赞与利特尔从"前国际体系—相互联系的国际体系—全球国际体系"角度进行的分期，⑧ 等等。仔细研读这些分期后我们会发现，尽管他们的切入点不同，在时间上有很大差异，但他们都把 1500 年作为世界历史的一个转折点。换言之，1500 年是多数世界历史分期在时间上的共同契合点。这可以证明斯塔夫里阿诺斯《全球通史》以 1500 年为界的基本划分的合理性和权威性，同时也给中国人对世界历史的认识和世界历史教科书的编纂提供了诸多参考和启迪。

三

《全球通史》不想在阐释体系上束缚读者的想象力，作者的阐释手法是让读者得以"思接千载，视通万里"，"就如一位栖身月球的观察者从整体上对我们所在的球体进行考察时形成的观点，因而，与居住伦敦或巴黎、北京和新

① Eric R. Wolf, *Europe and the People Without History*, University of California Press, 1982.

② Halford J. Mackinder, "The Geographical Pivot of History", *Geographical Journal* 13, 1904, pp. 421-437.

③ Immanuel Wallerstein, *The Modern World-System*, New York Academic Press, 1974.

④ Marshall G. S. Hodgson, *Rethinking World History: Essays on Europe, Islam and World History*, Cambridge University Press, 1993.

⑤ William H. McNeill, *The Rise of the West: A History of the Human Community*, University of Chicago Press, 1963.

⑥ Ernest Gellner, *Plough, Book and Sword: The Structure of Human History*, London: Paladin, 1988.

⑦ 〔美〕威廉·麦克高希：《世界文明史》，董建中、王大庆译，新华出版社，2003。

⑧ 参见〔英〕巴里·布赞、里查德·利特尔《世界历史中的国际体系：国际关系研究的再构建》，刘德斌主译，高等教育出版社，2004。

德里的观察者的观点判然不同"①。例如，《全球通史》打破地区和民族的界限，按照历史运动本身的空间来阐释历史，不仅让读者从地区史和国别史框架的束缚中解放出来，真正进入"整体世界史"的思考境界，而且可以让读者从中悟出许多对现实具有启发意义的思考，尤其对我们深入考察 20 世纪以来"民族国家"形式遮盖之下的真实世界，具有重要的启发意义。

斯塔夫里阿诺斯没有声言自己采用了什么研究方法，但实际上他对历史学和其他人文社会科学多种方法，如文明模式理论、地缘政治理论、文明交流理论、长时段和宏观历史理论等，都了如指掌，应用娴熟，从而为读者构建起一幅幅雄伟的历史画卷。不同领域的读者可以从《全球通史》的不同侧面，汲取不同的知识、观点和方法，这就是一本历史学的巨著应该做到的。当然，《全球通史》也阐释了许多人们共同关心的观点和话题。如作者在考察欧亚大陆文明兴衰时指出：如果其他地理条件相同，那么人类取得进步的关键就在于各民族间的"易接近性"（accessibility）；因为易接近性既为各民族提供了发展的机会，也制造了淘汰的压力；欧亚大陆的历史在很大程度上是欧亚大陆内部的游牧部落和周围的各大河流域文明区之间的历史；农业文明结束了长达数千年的种族平衡，建立起一直持续到今天的蒙古人种、高加索人种和黑人的优势；在古代文明的数千年里，中东一直是创始力的中心，但到了古典时代，中东的优势渐渐消失，除了宗教领域外，中东不再是创造发明的重要发源地；古典时代形成的，并在许多情况下一直存续至今的新思想和新制度，都是原先从欧亚大陆诸边缘地区发展起来的文明的产物，如希腊文明和罗马文明、印度文明和中国文明；正是欧亚大陆的西方古典文明比其他文明遭受了更彻底的破坏，无法复原，被一种崭新的东西所代替，才使西方走在了世界的前面；西方衰落了，但西方开启的现代革命却蔓延全世界，因而西方也是成功的；等等。

斯塔夫里阿诺斯对中国文明与其他文明的比较，让读者对中国的历史留下更深刻的印象，对中国读者理解中国的历史也具有启发和借鉴意义。如他认为

---

① 〔美〕L. S. 斯塔夫里阿诺斯：《全球通史——1500 年以前的世界》，上海社会科学院出版社，1988，第 54 页。

中国在种族和文化上的统一性是由于中国文明——这个在任何时候都未产生过祭司阶级的伟大文明——具有独特的现世主义，因而存在于欧亚其他文明中的教士与俗人之间、教会与国家之间的巨大分裂，在中国是不存在的。他还认为在中国长达数千年的历史上，只有三次从根本上改变了中国的政治和社会结构的大革命，这就是公元前221年秦王朝对中国的统一、公元1911年辛亥革命的爆发和1949年中华人民共和国的成立。当然，《全球通史》中充满富有哲理的睿见，笔者常读常新，这里只是简单地举要而已。

四

北京大学出版社推出的斯塔夫里阿诺斯的《全球通史》中译本是这本享誉世界的历史教科书的第7版。该书第1版上卷问世于1970年，下卷问世于1971年。北京大学出版社的这个中译本是根据作者1999年推出的最新版本译出的。

同第1版相比，第7版有很大的不同。首先，覆盖的时间跨度扩大了。作者把他所阐释的内容延展到20世纪90年代末。新版本加入了冷战终结和第二次工业革命全球性影响的内容，最后以苏丹的饥荒和印巴核试爆结尾，更加凸显了他一直强调和忧虑的这样一个历史主题，即社会变革滞后于技术变革一直是人类许多灾难的根源。其次，原来上下两卷的副标题分别是"1500年以前的世界"和"1500年以后的世界"，第7版上下两卷只有一个副标题——"从史前史到21世纪"，突出全书是一个整体。再次，对许多章节的内容做了调整和简化，更加适应历史学专业以外读者的需求；同时还增加了许多新的原始文献资料，反映了时代发展的需要。如新版本开辟一章专门介绍波利尼西亚即太平洋地区的历史发展，从而更加显示了"全球通史"的完整性。更值得一提的是，本书新增了数百幅生动珍贵的照片和脉络清晰的地图，使这部经典之作更加图文并茂。最后，作者为读者提供了大量最新参考书目，进一步丰富了《全球通史》的信息含量。

关于这个新版本，斯塔夫里阿诺斯本人在"致读者"中有这样的表述："每个时代都书写它自己的历史。不是因为早先的历史书写得不对，而是因为每个时代都会面临新的问题，产生新的疑问，探求新的答案。这在变化节奏成指数级增长的今天是不言自明的，因此我们需要一部提出新的疑问并给出新的答案的新历史。"① 为什么本书第 1 版问世才 30 个年头现在又要出版面向 21 世纪的新版本呢？斯塔夫里阿诺斯回答说："答案与第 1 版时的理由是相同的，还是那句话：新世界需要新史学。20 世纪 60 年代的后殖民世界使一种新的全球历史成为必需。今天，20 世纪 90 年代和 21 世纪的世界同样要求我们有新的史学方法。60 年代的新世界在很大程度上是殖民地革命的产物。而 90 年代的新世界则正如教皇保罗六世所言，是'科技的神奇影响力'的结果。"②

五

最后，我们该来谈谈《全球通史》的作者本人了。L. S. 斯塔夫里阿诺斯是美国加州大学的历史学教授，是享誉世界的历史学家，曾获得过古根海姆奖、福特杰出教师奖和洛克菲勒基金奖等一系列学术荣誉。虽然他以《全球通史》闻名世界，但实际上他著述颇丰，还有大量其他作品为学术界所称道。除《全球通史》外，斯塔夫里阿诺斯的其他作品还包括《1453 年以来的巴尔干各国》、《奥斯曼帝国：它是欧洲的病人吗？》、《全球分裂：第三世界的历史进程》和《源自我们过去的生命线：新世界史》等。《全球分裂：第三世界的历史进程》英文版出版于 1981 年，1993 年我国的商务印书馆出版了中译本。这本书可以说是作者《全球通史》的延续和发展。斯塔夫里阿诺斯没有采用冷战期间对"第三世界"的意识形态界定，而是将其置于全球视野中进行整体的历史考察，认为第三世界不是一个凝固不变的实体，也与地理位置没有绝对的关系；最早的第三世界发端于东欧，之后才将世界上一些其他地区纳入其中；第三世界不是与西方偶有联系的遥远异域，而是西方自己历史的一个组成部分。显然，这也是一本非常值得研读的历史著作。在 1997 年发表的《源自我们过去的生命线：新世界史》中，斯塔夫里阿诺斯通过把人类历史定义为

---

① L. S. Stavrianos，"A Global History from Prehistory to the 21ˢᵗ Century"，p. 13.

② L. S. Stavrianos，"A Global History from Prehistory to the 21ˢᵗ Century"，p. 13-14.

三个类型，即家族社会、纳贡社会和资本主义社会而对世界历史提出了一种独特诠释。在每一个类型的内部，斯塔夫里阿诺斯又研究了生态、两性关系、社会关系和战争四个生命线问题，并就与这四个生命线有关的 21 世纪可能的前景进行了展望。相信斯塔夫里阿诺斯这本书也会给中国读者诸多启示。

当然，同其他学术作品一样，斯塔夫里阿诺斯的《全球通史》也不可能完美无缺。我们在研读和欣赏这部 20 世纪的优秀作品时也应该有一种批判精神。尽管他一直在努力突破西方中心论的窠臼，但由于他特别强调西方是 1500 年以来世界的动力之源，所以人们就对他是否真正地突破了西方中心论产生了怀疑。另外，人们普遍认为西欧文化并没有在中世纪荡然无存，因此他关于西方何以从落后变为先进的立论就不够坚实，他对整个欧亚大陆诸古典文明历史命运的整体解读因而也就不能说完全站得住脚了。

不过，这些问题都可以见仁见智，重要的是我们在学习别人优秀作品的时候应该具有一种批判精神，这样才能够为我所用，充实自己。遗憾的是，尽管中国是一个文明古国，是当今世界上文化链条唯一没有中断过的文化大国，是一个历史资源极为丰富的国家，但中国迄今还没有奉献给世界一本像斯塔夫里阿诺斯的《全球通史》这样为不同地区和国家的人们所熟知和欣赏的史学力作，中国甚至依然在用别人的模式理解自己和整个世界的历史。这是与中国的历史地位和现实身份不相符的。中国的强大有赖于中国文化力量的发展和强大，其中包括中国人对中国历史和世界历史的解读能力和阐释能力。从这个意义上说，斯塔夫里阿诺斯及其《全球通史》是一面镜子，它映照着无数的你和我。

巴里·布赞、理查德·利特尔
与国际关系研究的再构建[*]

英国科学院院士巴里·布赞（Barry Buzan）教授近年来越来越为中国学界所熟悉。许多人认为他是英国学派的"领军人物"，是西方学术界安全研究领域的"泰斗"，国际关系学界的"大师级人物"。他的作品已经被译成中文的有《世界政治中的军备动力》、《时间笔记》（英文原著书名为《预测未来》，与西格尔合著）和《新安全论》（与奥利·维夫和德·怀尔德合著）等。据笔者所知，《世界历史中的国际体系：国际关系研究的再构建》（与理查德·利特尔合著）是巴里·布赞教授第四本被译成中文的著作。

巴里·布赞教授20世纪40年代生于英国伦敦，在加拿大北方长大，成人后又返回英国求学，以后一直在英国居住和工作，具有英国和加拿大双重国籍。布赞教授1968年毕业于英国哥伦比亚大学，获学士学位；1973年毕业于英国伦敦经济学院，获博士学位。他曾经在英国考文垂郊外的沃威克大学（University of Warwick）任教20余年，讲授国际关系，同时担任著名的丹麦哥本哈根和平与冲突研究所的安全研究项目主任，并成为安全研究中"哥本哈根学派"的领军人物。1996年，布赞教授转至伦敦的威斯敏斯特大学任教。2003年，他又受聘于伦敦经济学院，回到母校继续他的教授生涯。

布赞教授著述颇丰，在诸多领域有所建树。其代表性著作包括《人民、国家和恐惧：国际关系中国家安全问题》（*People，States and Fear：The National Security Problem in International Relations*，1983，revised 2nd edn. 1991）、《战略研究导论：军事技术与国际关系》（*An Introduction to Strategic Studies：Military Technology and International Relations*，1987）、《无政府的逻辑：新现实主义到建

＊ 原载〔英〕巴里·布赞、理查德·利特尔《世界历史中的国际体系：国际关系研究的再构建》，刘德斌主译，高等教育出版社，2004，译者序。

构现实主义》（*The Logic of Anarchy*：*Neorealism to Structural Realism*，1993，with Charles Jones and Richard Little）、《安全：一种新的分析框架》（*Security*：*A New Framework for Analysis*，1998，with Ole Waver and Jaap de Wilde）、《世界政治中的军备动力》（*The Arms Dynamic in World Politics*，1998，with Eric Herring）和《世界历史中的国际体系：国际关系研究的再构建》（*International Systems in World History*：*Remaking the Study of International Relations*，2000，with Richard Little）等。

布赞教授在英国和国际学术界享有盛誉。早在 1988～1990 年，布赞教授就曾当选英国国际关系学会主席；1993～1994 年，当选为（北美）国际关系学会副理事长；1994～1998 年，当选为国际关系研究协调委员会的常务秘书长；1998 年，布赞教授被遴选为英国科学院院士；从 1999 年开始，他还担任国际关系英国学派重聚项目的总协调人。除了理论研究之外，他还参加了有关欧洲、南亚、南非和东亚安全的公共政策讨论。他目前的研究兴趣主要集中在国际安全的概念和地区安全、国际关系史、史前史时期以来国际体系的演变和国际关系理论，特别是建构主义理论上。

巴里·布赞教授最早以对传统安全研究的批判而为国际学术界所瞩目。第二次世界大战后，安全研究引起学术界的高度重视，成为国际关系研究中的一个重要领域。但把这时的安全研究称为"战略研究"更为贴切。一战前夕，马汉的"海权论"和麦金德的"陆权论"，以及 20 世纪 60 年代出现的"威慑理论"都已经成为这一时期国家安全或战略研究的经典。换言之，安全研究主要体现为以国家为主体的战争现象研究。随着 70 年代东西方关系的缓和及经济因素在国际关系中的作用日益凸显，安全指涉的范围也进一步扩大了。新现实主义与新自由主义的大辩论催生了真正意义上的安全研究。新现实主义认为，国家最终关心的不是权力而是安全。随着冷战的结束，开始了关于安全研究的第三次大辩论。在这之中，建构主义的安全观逐步形成。建构主义安全观可以分为欧洲学派和美国学派。欧洲学派即以巴里·布赞和奥利·维夫为代表的"哥本哈根学派"，美国学派以亚历山大·温特和彼得·卡赞斯坦为代表。1990 年，布赞等五人合著的《欧洲安全的重铸：后冷战时代的前景》出版；1991 年，布赞本人的《人民、国家和恐惧》第二版问世；1993 年，布赞的《认同、移民和欧洲的新安全议程》出版，这三本书奠定了所谓"哥本哈根学派"的分析基础。1996 年，"哥本哈根学派"的批评者马克斯威尼（Mcsweeney）和纽曼（Neumann）开始用"哥本哈根学派"称呼这些以哥本哈根和平与冲突研究所为中心、居住在北欧的研究者。没想到，"哥本哈根学派"却由此成为国际关系学界的一个专用名词，并使布赞等人为更多人所熟知。

布赞等人认为，随着冷战的结束，欧洲传统的军事安全成见必将式微，非军事安全因素将发挥越来越大的作用，并认为"社会安全"将成为理解欧洲新安全日程的最有效工具。在《人民、国家和恐惧》一书中，布赞提出了复合安全理论对新现实主义的一些核心概念和研究方法的质疑和挑战。传统的安全研究只关心国家和全球层次。布赞则认为，在国家和全球层次之间，存在一个地区子系统，即所谓的"安全复合体"。布赞的古典复合安全理论提出后，此书成为冷战后安全研究领域被引用最多的著作之一，并由此奠定了布赞在国际学术界一流学者的地位。1998 年，他与维夫和怀尔德合著的《安全：一种新的分析框架》（中译本为《新安全论》）问世，进一步发展了"哥本哈根学派"的安全理论（但遗憾的是，由于经费来源的中断，哥本哈根和平与冲突研究所安全研究项目即将中断）。

1993 年，布赞与查尔斯·琼斯和理查德·利特尔合著的《无政府的逻辑：新现实主义到建构现实主义》，使布赞在国际关系学界的声誉达到一个新的高峰。他们在对沃尔茨新现实主义理论超越的同时进一步"完善了新现实主义"。布赞认为，沃尔茨强调结构层次上的权力及其分配，"严重低估了国际行为体的权威作用和组织作用"。除了权力，人们普遍认为"规则、机制以及国际组织也应该包括在国际政治结构的定义之中"。他们提出了"深层结构"（deep structure）概念。布赞等人认为，政治结构既包括无政府状态，也包括等级结构。"深层结构"不仅包括权力和国际组织，而且包括规则和规范。系统的结构既包含国际政治体系，也包括国际社会体系。他们拓展了沃尔茨关于体系结构的概念，认为结构层次的分析和单位层次的分析是相互关联的。结构现实主义理论必须发展这种关联。沃尔茨在很大程度上把单位层次的分析排除在外，而布赞等人则认为，国际关系理论在单位层次上的分析应该和在体系层次上的分析一样严格。他们还认为，单位行为体的实力的性质能够影响国际体系结构。布赞等人对新现实主义的反思和拓展，还特别关注了体系转型和体系延续之间的关系。他们认为应该超越沃尔茨关于结构是国际体系根本特征的观点，认为作为国际体系构成单位的国家也是由其自身结构决定的。与沃尔茨的论断正好相反，国际体系的无政府结构并没有产生同质的单位。国内结构影响了构成国际体系的单位，这一事实部分地解释了国际体系在任何一个历史时期的异质性。他们认为，国际社会在无政府状态下形成了主权国家，但主权并不意味着无政府状态与合作和相互依存不能相容。以无政府状态为基础的国际体系包括了合作模式。

《无政府的逻辑》不仅使布赞教授成为国际学术界公认的一流国际关系理论家，也使一直在战后国际关系研究居领导地位的美国学术界对他刮目相看。但是，如果说《无政府的逻辑》是对沃尔茨理论的成功超越和挑战的话，那么布赞与利特尔在 2000 年出版的这本《世界历史中的国际体系：国际关系研究的再构建》，则通过对世界历史中国际体系形成与演变的立体考察，对整个西方国际关系的主流理论提出了根本的挑战。

理查德·利特尔也是一位出生于 40 年代的英国顶尖学者，是布里斯托尔大学（University of Bristol）教授，英国国际关系学会现任主席。他的主要研究领域集中于国际关系理论及其方法论研究和国际关系史。近年来，他与巴里·布赞教授密切合作，先是共同（还有查尔斯·琼斯）撰写了旨在为新现实主义重定方向的《无政府的逻辑》，继之又发表了挑战西方主流国际关系理论基础——威斯特伐利亚国家体系——的《世界历史中的国际体系》。他与布赞教授的研究兴趣并不完全相同，但对多元方法论的推崇，对"英国学派"优秀传统的珍爱和对权威理论的怀疑和挑战精神，使他们能够几度联手，亲密合作，在几年的时间里接连推出令国际学术界刮目的扛鼎之作，成为西方学术界领军人物中的黄金搭档。

关于《世界历史中的国际体系》

《世界历史中的国际体系》阐释的是在 6 万年的时间里，人类如何从分散的采猎群演进成今天高度一体化的全球性国际政治经济体的历史。该书追溯了范围最为广泛的经济、社会和军事-政治国际体系的演绎，以及这些体系与部落、城邦、帝国和现代国家这些人类组织形式之间的相互影响。

布赞和利特尔把诸种主流国际关系理论与世界历史视角相结合，第一次从一种国际关系的视角讲述了 6 万年的世界历史，对现有无论是理论上还是历史上的国际体系思想提供了最为全面的阐释。他们对作为一个学科的国际关系学进行了尖锐的批评，认为其欧洲中心主义观念、狭隘的历史视角和理论上的破碎，使其无论在跨学科影响方面，还是在对过去与未来进行内在思考的能力上，几乎都已经失去了价值。布赞和利特尔在该书中对重铸国际关系学，并将其置于一个更广阔的历史视野，进行了有力的论证，展示出其核心概念是可以经受时间跨度的考验，并为国际关系学提出了一个新的理论议程。

1. 当代国际关系理论的威斯特伐利亚"情结"

人们很早就对国家间关系的本质进行过探索和思考，如古代中国的孔子、孟子、墨子和商鞅的著述，印度的《摩奴法典》，古希腊的柏拉图、亚里士多德、修昔底德的著作以及古罗马的法学家所制定的《万国法》等。从这些论述中可以看出国际关系古已有之。然而，1618～1648 年发生在欧洲的"三十年战争"和 1648 年签订的《威斯特伐利亚和约》却成为国际关系学界关注的一个焦点。1648 年和《威斯特伐利亚和约》不仅在国际关系研究的主流——英美理论界——成为一种时间标识，而且对世界其他国家和地区的国际关系研究产生了巨大的影响，以至于形成了一种弥漫于国际关系研究领域的威斯特伐利亚"情结"。这种"情结"不但左右了大多数的国际关系理论研究，还渗透国际关系史的研究和编撰之中。

在早期的国际关系理论研究中，理论家们将主权民族国家、政府权力的来源和动能、国家内部的个人权利以及民族自决和民族独立作为研究的重心，"1914 年以前，国际关系理论家几乎一致认为，国际社会的格局是一成不变的，世界划分为主权国家是理所当然的。国际关系研究内容几乎就是外交史和国际法，而不是考察国际体系的演变过程"①。在自一战后直至今日的国际关

---

① 〔美〕詹姆斯·多尔蒂、小罗伯特·普法尔茨格拉夫：《争论中的国际关系理论》，阎学通等译，世界知识出版社，2003，第 14 页。

系理论研究中，无论是理想主义、古典现实主义、行为主义、新现实主义以及新自由主义等理论流派，还是威尔逊、摩根索、多伊奇、沃尔茨以及基欧汉等具有代表性的理论家，尽管他们建构理论的基础和方法各不相同，但他们也和早期的理论家们一样，未能摆脱威斯特伐利亚"情结"的影响。在国际关系史的研究和编撰中，有的学者认为："在古代和中世纪，因受种种客观条件所限，相互交往和联系既松弛，又不经常，多局限于经济、文化方面的交流，或为谋取王族的、宗教的权益而争斗。当时只是一种地区性的国际关系格局，还未构成全球性的国际关系。"因此，国际关系史应"着重从 17 世纪世界进入近代时期写起，其上限为结束'三十年战争'的《威斯特伐利亚和约》（1648年）"①。无可讳言，在笔者所主编的《国际关系史》（高等教育出版社 2003年版）中，也或多或少地受到了威斯特伐利亚"情结"的影响。

按照布赞和利特尔的观点，威斯特伐利亚"情结"遮蔽国际关系理论家的视野，造成了国际关系理论研究的停滞。他们认为，当代西方国际关系理论有五大弊端——现代主义（presentism）、非历史主义（ahistoricism）、欧洲中心主义（Eurocentrism）、无政府主义偏好（anarchophilia）和国家中心主义（state-centrism）。

现代主义是指国际关系理论将注意力主要集中于当代历史和现行政策问题上。学科快速紧凑的特性和对当前重大事件有专门见解的迫切需求，助长了一种前瞻性而非追溯往事的视角。因此，往往是利用现在去理解过去。非历史主义并不意味着过去与社会科学家毫不相干，相反，他们应该正在探究一些既适用于过去又适用于现在的普遍法则。这种目标是受这样的意愿支配的，即社会科学家效仿跨越时空的自然科学不变法则。带有实证主义者癖好的社会科学家们渴望效法自然科学，并试图确定那些不受历史变化影响的法则。尽管在社会科学的大多数领域，对于非历史主义和历史主义二者的相对价值存在一场持续的争论，但是，这类争论在国际关系学界罕有发生。例如，沃尔茨就认为国际政治的"结构"不会随时间的变化而改变。②又如 20 世纪的现实主义者假定

---

① 王绳祖主编《国际关系史》（十卷本），世界知识出版社，1996，总序第 5 页。
② Kenneth N. Waltz, *Theory of International Politics*, Reading, Mass：Addison-Wesley, 1979, p. 66.

均势为一种超越历史的理论提供了根基，这种超历史理论既恰如其分地解释了希腊城邦的行为，又为美苏间关系做出了合理的说明。在 20 世纪最后 1/4 的时间里，现实主义的非历史主义受到越来越多的批评。欧洲中心主义曾经困扰了社会科学的方方面面，国际关系学科也未能幸免。欧洲人通过把世界上各个角落的人们纳入有秩序的经济和战略联系中，创造了第一个全球性国际关系体系，这一点并没有什么不当之处。但是，现代国际关系的历史不能像非历史主义者那样以忽略和曲解大部分历史的方式来讲述。因为欧洲中心主义的解释总是忽视非洲—欧亚大陆体系在欧洲人开始全球扩张前就早已存在这一事实。①另外，欧洲中心主义也与东方学思想紧密相连。无政府主义偏好是非历史主义和欧洲中心主义观念的结果。无政府主义的假定在新现实主义理论中表现得最为强烈。古典现实主义者对于无政府状态的效能经常表现出更加复杂的情感，自由主义者则倾向于把无政府状态视为战争和无序的主要原因。正因为我们头脑中有一个用无政府视角去思考国际体系或国际关系的先入之见，所以国际关系理论界很难摆脱无政府主义偏好的支配。而在其他学科中则很少见到这种束缚。欧洲和当代世界经验的特性对无政府主义偏好产生了重大影响。尽管国家中心主义（或者是政治偏好）几乎不能从无政府主义偏好中分割出来，但它依然是产生威斯特伐利亚"情结"的一个独特原因。虽然在国际关系学科里，对于国际关系的经济、社会和环境维度都已经给予了广泛关注，但是，对国际关系的研究仍然压倒性地集中于军事-政治维度。大卫·伊斯顿在第二次世界大战后曾指出：战后政治体系的概念不过是国家的代名词。②

威斯特伐利亚"情结"使大多数的国际关系理论不知不觉地囿于相对狭隘的欧洲和西方历史的范围内，并产生了一种狭隘的视野。巴里·布赞认为，这样一种经常用于标示 1648 年《威斯特伐利亚和约》之后欧洲国家体系开始的方法，发挥着一种"威斯特伐利亚束身衣"（"Westphalian straightjacket"）的作用。

---

① 参见 Marshall G. S. Hodgson, *Rethinking World History: Essays on Europe, Islam and World History*, Cambridge: Cambridge University Press, 1993。

② 参见 David Easton, *The Political System: An Inquiry into the State of Political Science*, New York: Alfred A. Knopf, 1953。

时至今日，威斯特伐利亚"情结"所产生的研究视角仍在国际关系领域居于支配地位，这一状况造成了诸多后果。首先，它意味着一种无政府结构和均势行为的假设被植入国际体系的正常条件下，并衍生出历史的其余部分。其次，它意味着部落、帝国、城邦国家和其他政治形式被边缘化了，而国家则成为国际关系的定义性实体。再次，它意味着作为一个学科，国际关系学不仅通过一个高度扭曲的透镜（从某种程度上它影响了对历史的整个检视）来检视过去，而且它还严重地阻碍了国际关系学超越威斯特伐利亚国际关系模式的前瞻能力。最后，意味着不同于欧洲和西方的文化和历史视角基本上被排除在国际关系学理论的构建之外。

为了克服和消除威斯特伐利亚"情结"对国际关系研究的负面影响与局限性，有必要引入和借鉴其他社会科学对国际关系理论进行重新构建。巴里·布赞和理查德·利特尔在《世界历史中的国际体系》一书中，从世界历史的视角对国际体系进行了考察，试图以此重新构建国际关系研究。

2. 世界历史与国际体系

巴里·布赞教授在《世界历史中的国际体系》一书的导言里，开宗明义地阐明了本书与其他国际关系著作的最大差别："我们考察多重国际体系的整个历史，这段历史构成了一个超过 5000 年的时期；而不只是追溯 1648 年《威斯特伐利亚和约》签订以来 350 年间当代国际体系的历史。"巴里·布赞认为三方面的原因将世界历史与国际体系结合在一起。第一，现有国际关系理论中国际体系的概念化没有一个能够描述和分析国际体系在世界历史的进程中是如何出现和如何演变的。第二，国际关系理论的理论水平由于不能从世界史视角考察国际体系，已经停滞不前了。第三，国际体系构成了发展世界史，同时也是帮助社会科学家提高宏观社会现实分析的最有效的单位。这三个原因也是支撑《世界历史中的国际体系》一书的三个假设。

众所周知，二战后"体系"思想在界定所有社会科学的学科界限方面发挥了重要作用，这个术语越来越受到重视。体系思想不仅与学科界限的确立相关，它也与"行为的"或"实证主义的"转变紧密相关，这一转变寻求确保将自然科学方法论的严密和技巧应用于社会科学领域。20 世纪后半期美国国际关系学强调体系思维，也与希望该学科沿着科学路线发展的意愿有关。致力于将国际关系变为一门科学的理论家们，像卡普兰、辛格和沃尔茨，都将注意力集中于国际体系思想，并且通过引证循环的行为模式确认体系的存在。将国际关系发展为一门科学学科的意愿，无疑鼓励了一种非历史主义的分析方法。到了 20 世纪末，虽然整个社会科学界开始更广泛地意识到历史学解释的重要性，但是理查森仍然注意到"国际关系史（international history）与国际关系学两个学科之间人为的分离"①。非历史主义和现代主义作为美国国际关系学的界定性特征已经持续下来。

创建于 20 世纪 50 年代末期的英国学派，其成员有历史学家、社会学家和国际关系理论家或研究者，这种混合构成有助于解释其研究国际关系的独特方法。对英国学派而言，用体系视角去思考问题是非常重要的，但是这种方法与美国国际关系学所采用的方法迥然不同。与主流美国国际关系学形成对比，英国学派的确没有受到历史研究和理论发展是不相容的这种观念的限制，他们承认许多历史学家确实洞察到了历史发展中的模式，并且设想理解这些模式发生的原因是可能的。英国学派避开欧洲中心论、非历史主义和现代主义，以及在亚当·沃森的著作中讨论过的无政府主义偏好和国家中心主义。按照巴里·布赞和理查德·利特尔的解释，《世界历史中的国际体系》一书使用"国际体系"而非"国家间"或者是更古老的"国家体系"，以及更具包容性的"世界体系"的术语，是出于以下的原因："第一，'国际的'之主要对等物是'世界的'和'全球的'，后两者都注重所论关系的地理规模，而不注重牵扯到的关系的本质。……第二，我们愿意接受国际的这个术语中固有的可作多种解释的含义。它既有政治学含义又有社会学寓意。因此它不仅包含国家间关系，而且包括跨国关系。……就我们的需要而言，英国学派'国家体系'概念中的国家中心倾向过于明显。第三，当今'世界体系'一词与沃勒斯坦及其追随者紧密相连，我们不想混同于那个学派。第四，本书的一个意图是再次重申国际关系学作为一个独立研究领域的自主性。我们认为国际体系思想对此至关重要。……第五个理由就是，国际体系思想能够使我们在世界史学家的著

① J. L. Richardson, "New Perspectives on Appeasement: Some Implications for International Relations", *World Politics*, Vol. 40, 1988, p. 316.

作与国际关系学的社会科学理论之间架设起跨学科的桥梁。"在此，巴里·布赞也阐明了写作这本书的目的："我们期待通过为国际体系确立一个更加广阔的框架来推进理论家与历史学家的通力合作，进而通过增强对国际体系理论的和历史的理解，扩展我们对国际关系的全面认识。因而我们把本书视为'长时段'历史与国际关系学体系方法之间的联姻。我们的目的是从根本上改变国际关系学的定义和理解方法，这不仅要依靠从事国际关系学的研究者本身，还有赖于那些对社会科学的宏观方面感兴趣的学者和世界史学家。"

然而，在过去 50 多年的时间里，国际关系理论家没有能够就体系的含义达成任何共识。这不仅使国际体系概念化论争中的方法未能确立起来，而且不同方法所包含的思考范围时常也没有被完全地绘制出来。一个后果是，对国际关系研究各种竞争的体系方法之间所存在的分歧程度没有进行适当的评价。另一个后果是，对国际关系学中体系思想的复杂性理解没有达到应有的程度。为了避免这两个后果的出现，为了建构一种有效而全面的对国际体系的理解，巴里·布赞摈弃了国际关系学界大部分思想家（如辛格、沃尔茨等）在理论和方法论上的一元论，而从理论多元论的方法论假定出发来建构国际体系理论。"而且，只有采用理论上和方法论的多元论视角，我们才能吸纳一些世界史学家发展起来的观念。"

巴里·布赞在区分了科学的世界历史与哲学的世界历史的差别后，考察了在国际关系学、历史社会学、地缘政治学、主流世界历史以及经济史等领域里关于世界历史的各种观点。当求助于像麦金德这样的地缘政治学家、像霍奇森和麦克尼尔这样的文明史学家以及像琼斯和戴蒙德这样的比较主义学者的作品的时候，作者发现了他们迥异于国际关系学中的那些框架，即这些框架扩展到整个欧亚大陆，并包括世界历史上的各种文明，甚至包括将这些文明分割开来的不断迁移的游牧民族。巴里·布赞认为在国际关系研究中已经建立起来的国际体系概念，是不能与这类框架竞争的。

那么，采用什么方式才能将上述这些思想结合在一起呢？巴里·布赞利用分析层次（levels of analysis）、分析部门（sectors of analysis）与解释源（sources of explanation）这些工具概念将国际关系理论与世界历史连接在一起，并据此开辟一条对国际体系进行全方位叙述或描述的道路。同时，巴里·布赞也确立了国际体系的标准问题。首先考察了定义国际体系必要的基本问题：互动（interaction）程度如何，有什么样的互动类型（type），互动的规模（scale）怎样，互动模式（pattern）有哪些。其次，探讨了下列问题：国际体系由什么单位构成，国际体系是一种机械的还是一种社会性建构现象（phenomena），休系的单位和结构之间如何联系。出于简练和连贯的目的，作者依据工具库思想而构建的年代顺序来阐释世界史中的前国际关系体系、古代和古典时代多重国际体系的兴起与联系，以及全球性国际体系的建立和演变，这些内容大多围绕着四个标题（单位、互动能力、过程、结构）来组织，并把四个标题下的讨论分成四个部门（军事-政治、经济、社会、环境）。

最后，巴里·布赞和理查德·利特尔还对其理论进行了推测、评估和反思。他们对后现代国际体系进行了引人瞩目的展望，这种展望表现出他们的国际体系思想对国际现象突出的解释能力。他们还提出了国际关系学界和世界历史学界尚须努力才能解决的问题。综观全书我们会发现，布赞和利特尔围绕"世界历史中的国际体系"搭建起一个精深的理论框架，这个框架对历史、现实和未来都有非常强的分析力和解释力。从某种程度上讲，如果我们把他们称为"国际体系学派"，我们会发现他们与"世界体系学派"有非常相近的一面：两者都是通过对长时段的历史考察，不仅构建起一种新的宏大历史叙事，而且为整个人文社会科学提供了一种"元理论"思考，提供了诸多引人注目的"论域"。但"世界体系学派"对军事-政治领域的忽视则为"国际体系"的崛起创造了时机。布赞对"国际体系"历史演变的纵向延伸瓦解了西方主流国际关系理论的基本前提，同时也把世界历史研究逼到了一个不进则退的境地。

布赞和利特尔的挑战与贡献

巴里·布赞和理查德·利特尔在《世界历史中的国际体系》一书中所阐释的思想，对国际关系学乃至整个社会科学构成了多重挑战，但同时也引发了我们对社会科学发展前景的深度思考。

第一，布赞教授对当代西方国际关系理论基础提出了根本性的挑战。尽管在国际关系学科内部也有范式之争，也形成了众多不同的学派（如现实主义和理想主义）和一系列比较成熟的观点，但它们的基本立足点和出发点是相同的，这就是众所周知的威斯特伐利亚体系。在国际关系学者（包括中国学者）看来，威斯特伐利亚体系浓缩了国际关系的基本特征。但随着冷战的结束，随着国家间关系的发展变化（合作愈益成为大国关系的主导方式，冲突特别是战争的可能性大大减小），随着非国家行为体数量上的增多和功能上的增强，基于威斯特伐利亚模式的国际关系解读已经越来越显得力不从心。"21世纪初，我们用来认识未来世界政治的范式（理论分析框架）正在转变。范式转变之所以重要是因为范式为理论提供了最根本的基础。"① 然而，冷战结束以来西方主流国际关系理论的反思和批判基本上还是没有摆脱"威斯特伐利亚束身衣"的束缚。因此，布赞的框架对于西方主流国际关系理论体系的挑战具有根本性质。从这个角度看，布赞的观点不太容易被国际关系理论界所接受。但是，如果不做出相应的修正，布赞所揭示的问题和西方国际关系理论的缺陷就会永远在那里摆着，明示着它们的"虚幻"。

第二，布赞教授的研究框架对于国际关系学科的成熟和成型具有重大意义。一般认为，现代意义上的西方国际关系学产生于20世纪一战结束之后的英国和美国，成型于二战后的美国，同时也在其他国家逐步发展起来。但是，这一学科的身份一直没有被明确。在许多大学里，它一直被视为政治学的一个分支。一些著名的百科全书也把它作为政治学的一个分支来解释。但它的研究范围已经远远地超过了政治学的范围。政治学很早就采用了体系方法，美国著名政治学家伊斯顿承认政治体系是社会体系的一部分。按照布赞和利特尔的观点，一国的社会体系是整个国际体系的一部分，一国的社会结构和社会性质是能够对国际体系的互动、结构过程产生影响的。从这个角度出发，国际关系研究的是全人类的问题，而非传统意义上的政治学范畴所能包含。同政治学、经济学、法学、历史学和社会学等其他学科相比，国际关系学成型的时间晚，交

---

① 〔美〕詹姆斯·多尔蒂、小罗伯特·普法尔茨格拉夫：《争论中的国际关系理论》（第五版），世界知识出版社，2003，第1页。

叉的学科多，而且还具有明显的美国化的特点。这或许是国际关系学身份一直未能明确下来的原因之一。

第三，布赞和利特尔在治学态度和风格上也为学术界树立了风范，提出了挑战。布赞和利特尔虽然对西方国际关系理论的基础提出了挑战，但他们的挑战并不是一种割断，而是在充分吸收了这一成长中的新兴学科优秀成分基础上的创新；他们承认自己也是美国主导的西方国际关系学学统的一部分，但通过这部作品，他们把自己从这一学科的威斯特伐利亚束缚中解脱出来了；他们的探索没有囿于一个专业、学科，而是把触觉深深地探入人类学、社会学、考古学和历史学等诸多领域，从而构建了一个博大精深的框架。尽管他们并不完全赞同沃勒斯坦世界体系论的学术观点，但他们的学术探索与沃勒斯坦"开放社会科学"的主张不谋而合。沃勒斯坦所指出的"仍然盘踞在许多学者意识深处"的围绕着社会科学分类的两个矛盾，即存在于过去与现在之间和存在于注重研究个别性的学科与探寻普遍规律的学科之间的矛盾，[①] 在布赞和利特尔的作品中已经不复存在了。布赞和利特尔不是专业历史学家，但他们对世界历史的了解和把握却不逊于西方学术界的一流历史学家。特别是他们通过世界历史考察对国际体系概念的重构，不仅为国际关系学突破威斯特伐利亚模式的束缚开辟了广阔的视野，同时也为世界历史学科填充了一条主线，给予了启迪。

布赞教授在挑战西方国际关系理论基础的同时，也向正在努力构建具有中国特色国际关系理论体系的中国学者提出了严峻的挑战。

第一，中国的国际关系理论研究严重滞后，与中国不断上升的国际地位很不相称。改革开放20多年来，我们的国际关系理论研究虽然可以说是从无到有，但大家公认迄今基本上依然处在介绍和引进西方国际关系理论和方法的水平上，距离"建立有中国特色的国际关系理论体系"还有相当的差距。冷战终结的方式及其所促动的西方学术界对传统国际关系理论的反思和批判，为我们缩小与西方学术界在理论建构方面的差距创造了一个机会，但同时也提出了

[①] 〔美〕华（沃）勒斯坦等：《开放社会科学：重建社会科学报告书》，刘锋译，生活·读书·新知三联书店，1997，第104页。

一个更严峻的挑战。因为近年来西方学术界的反思与批判已经超越了冷战结束初期的水平，正在表现出把这一学科推向一个新的高度的趋向。如果说温特的社会建构主义已经与沃尔茨的结构现实主义和基欧汉的新自由主义呈鼎足之势①，那么布赞的新结构-现实主义则是对一代学术大师沃尔茨的成功超越。如何从整体上把握西方国际关系的理论体系，而不是片面模仿和局部引进，成为中国国际关系学者面临的一个重要课题。

第二，同西方国家一样，中国的国际关系学同样也处于身份不明的地位。它既没有被设定为一个独立的学科，却又超过了一个一般分支学科所能享受到的"待遇"，并且随着形势发展的需要正在形成一个不断壮大的研究和教学队伍。但是，中国人文社会科学领域条块分割、学科壁垒和专业排斥的现象远超西方发达国家。中国的国际关系研究基本上还是政治学和历史学两个学科的领地，还没有与社会学、经济学和人类学等其他人文社会科学连接起来。如果这种局面在短时间内得不到改善，我们在新的国际关系学的建构中依然会落在西方学术界的后面。

第三，同其他学科不同，国际关系理论建构的本身本质上也是国际关系的一个组成部分。布赞教授在写给笔者的信中说，"我们自己当然也是欧洲中心论传统的组成部分，在这个传统范围内，我们又是迄今一直主导着国际关系研究的英国-美国传统的组成部分"，并希望《世界历史中的国际体系》一书"将刺激和挑战中国国际关系学界发展自己理论化国际关系的方式，并将其置于全球辩论的平台之上"。"随着权力愈加广泛地分布于世界，随着文化多元主义重申自己的权威，国际关系研究需要代表非西方经历的声音和视角。"问题是，如果西方学者被"威斯特伐利亚束身衣"束缚住了，还情有可原；但如果西方学者已经从这种束缚中解脱出来，而我们这些非西方人还在这种束缚中自得其乐，那不是很可悲吗？

最后，我们似乎应该对布赞的"学派"属性给出一个交代。因为这是一个困扰人们许多年，同时也是许多年来人们众说纷纭的一个话题。许多人把他视为英国学派新的领军人物，但他自己却不这样认为。笔者虽曾有幸求学于布

---

① 〔美〕亚历山大·温特：《国际政治的社会理论》，秦亚青译，上海人民出版社，2000，译者序。

赞教授，但对他的学派属性也难下定义。为了给关心他的中国读者有个交代，笔者在本书的翻译即将完成之际，专门就此求教布赞本人。他的回答是："关于学派，我认为我难以被塞进任何一个学派。我深受新现实主义的影响，并依然认为它是一个非常好的出发点，但并不是一个停下来的好地方。一般地说，我喜欢结构方法，无论是物质的还是社会的，但这是一种个人的偏好，而不是思想上的信奉。从这一点上说，我一生是一个理论上的多元论者，乐于思考任何一种能对眼前的问题提供深入探察的方法。我不认为理论流派之间有不可通约性。这就是英国学派对我富有吸引力的原因所在。我采用多种学派的方法（新现实主义、英国学派、哥本哈根学派），但难以肯定我属于其中的任何一个。希望这些对你有所帮助。也许只是更令人费解。"

布赞的治学方法似乎也向中国学者提出了挑战和借鉴。

美国历史的生动解读[*]

由加里·纳什（Gary B. Nash）和朱莉·罗伊·杰弗里（Julie Roy Jeffrey）等编著的《美国人民：创建一个国家和一种社会》（以下简称《美国人民》）是一部非常特别的美国历史教科书。无论你受过多少教育，学习过什么专业，了解多少美国历史，对历史的美国和现实的美国喜欢与否，你都会一下子被这本书所吸引，被这本书娓娓道来的叙事风格、丰富多彩的文献举要，乃至于书里跌宕起伏的个人命运和把美国历史与古代非洲历史衔接起来的写作手法所吸引，不经意间走进一种历史场景，了解到许多通俗易懂但又不失新鲜、深刻的美国历史知识。读完之后，你可能会不由自主地发出一声感叹：啊，原来历史教科书也可以这样写！确实，历史教科书应该和历史本身一样丰富多彩，应该和现实一样生动鲜活。如果说历史学家应该成为搭建历史和现实之间桥梁的工程师，那么我认为《美国人民》的作者做到了这一点。这或许就是北京大学出版社愿意把它翻译成中文呈现给中国读者的原因所在，也是这本美国历史教科书最重要的特色和价值之所在。

美国无疑是当今世界上最重要的国家之一，是影响世界经济、政治乃至文化走势的一个基本因素。无论你身居发达的都市，还是劳作于偏远的乡村，你都不可避免地要和美国的影响打交道。从好莱坞电影到微软视窗，从麦当劳快餐到 SCI 引文检索，从波音飞机的制造到互联网的发明，从行销世界每一个角落的可口可乐到吸引全世界目光的 NBA 赛场，从美国大兵喋血巴格达街头到纳斯达克指数的起起落落，美国的产品、信息和影响无所不在。这种情况就使美国历史教科书的读者群比其他国家历史教科书的读者群大许多。换言之，美国历史教科书不仅是给学习历史的大学生写的，也是面向社会各界读者的。在

---

[*] 原载〔美〕加里·纳什等编著《美国人民：创建一个国家和一种社会》，刘德斌主译，北京大学出版社，2008，译者序。

中国改革开放即将进入第三十个年头的今天，在中美之间的交流、合作和冲突发展到如此之广、之深、之频的今天，中国人主要还是通过即时的新闻报道来了解美国，通过好莱坞的电影来形成美国印象的，这就难免使我们对美国的认识产生误差。中国需要一本生动和完整地讲述美国历史的作品。《美国人民》的翻译和出版恰恰可以填补这样一项空白。它不仅为从事美国历史学习和研究的高校师生提供了一部参考教材，同时也为高校以外社会各界的读者提供了一种对美国历史通俗而系统的解读。

首先，从技术层面讲，《美国人民》有非常强的可读性。这种可读性表现在许多方面。

《美国人民》的每一章大都从一个普通人或一个普通家庭的遭遇开始，即书中的"美国故事"。作者把美利坚人的个人遭遇与美国历史的大背景结合在一起，一下子就增强了历史教科书的鲜活性和真实感，缩短了历史与现实的距离。这些故事的主人公有从欧洲来到美国的白人移民，有印第安土著，也有从非洲被贩卖到美国的黑人奴隶；有传教士，有士兵，有蓝领工人家庭的悲惨遭遇，也有白领丽人价值观的转向过程。美国历史中的各类人在这本书里登场，他们的身份和遭遇就是美国历史变迁的缩影。

《美国人民》更以丰富多彩的图表阐释和变化多样的文献举要使其与过去二十多年来美国所出版的美国历史教科书区别开来。从家庭账簿、民间故事、日记、海报、征兵名单，民意测验报告，到广告、流行音乐、服饰、人口普查报表和照片，这些专业历史学家所使用的多种形式的"原始材料"，都在这本历史教科书的不同章节里被恰到好处地运用起来。这就脱离了多数历史教科书单纯的文字表达手法，而以一种更为丰富多彩的形式展现在读者面前。应该承认，这种表现手法，远远比历史学家单纯的文字描述——无论历史学家能够怎样妙笔生花——更吸引人，而许多历史情景也是文字形式难以充分表达出来的。一篇日记所展现的当时美国人内心深处的喜怒哀乐，对读者来说，比历史学家的描述更为质朴和真实。一张 19 世纪美国黑人奴隶的照片——他们的装束、神态，包括他们的眼神以及照片的背景——所折射出来的当年美国黑人奴隶生活的真实场景，胜过历史学家的千言万语。

《美国人民》的作者还选取了部分立意深刻的绘画作品（多为油画），置放于各章的标题下以及内容中，从而更为形象地刻画和渲染了该章的主题和时代背景。如第 16 章标题下的油画《原主人的拜访》，就非常形象地展示了内战结束后一个白人奴隶主和自己原来的奴隶相见时尴尬而又复杂的场景。再如第 30 章的标题之下是一张里根竞选总统时的张贴画："选举里根，让我们使美国重振雄风"，恰到好处地揭示了 20 世纪 80 年代，伴随着里根的当选，保守主义卷土重来，美国摆脱了越南战争综合征的困扰，整个内外政策都发生重大变化的时代特性。

除了借用这些"史料"作为表现手法，并向读者推荐相关的美国历史作品外，作者还专门设计了一个"美国历史在线"，向读者推荐了大量有关美国历史的网上资源，以供读者自己进一步探索。许多历史学家认为，历史学从 IT 革命中获益最大，它使历史学家从繁重、费时的资料检索劳动中解脱出来，大大加快了历史研究的工作进程，从而正在带来一场史学研究手段和方法的革命。《美国人民》的作者充分利用网络资源的优势，为读者在文本教材的基础上挖掘更为广阔的历史资源提供了基本的线索。

总之，《美国人民》的表现手法丰富多彩，生动活泼，克服了传统历史教科书的古板、单调和局限，也没有说教的口吻，使阅读历史成为一种乐趣。这是《美国人民》能够畅销美国，几次再版，并为广大读者所欢迎的首要因素。

第二，《美国人民》更为引人注目的是作者改变了对美国历史起源的解读方式，与更为久远的非洲历史衔接起来。

第 6 版新增了一章即现在的第 1 章，题目是"古代美洲与非洲"；讲述 1492 年前美洲的原住民和欧洲人入侵前夕的古代非洲世界。人们通常理解的美国历史，一般是从英国人在北美建立英属殖民地开始的，印第安人的遭遇在美国历史中只是个陪衬，更没有把欧洲人到达前夕的非洲历史与美国历史的起源直接地联系起来。白人移民在北美蛮荒之地的披荆斩棘，"五月花号公约"精神的奠立等，这些是多数美国历史教科书所津津乐道的故事，也是美国历史的起点。《美国人民》的独特之处在于通过这样一种衔接延伸了美国的历史，深化了美国历史的根源，把美国历史与更为古老的世界历史联系在一起，从而使读者愈发感觉到美国历史是世界历史运动的一部分，当代美国文化的多元性早在美国建国之前就已经出现了。作者的这种写作手法抬高了非洲裔美国人和美洲原住民在构建美国历史过程中的地位和作用，相对削弱了欧洲白人移民的影响。这种写法在美国历史教科书中还不多见，可谓独树一帜，尽管强调美国历史的形成是与全球史的开始联系在一起的学者大有人在。

实际上，作者的这种改变与1994年推出并在美国引起轩然大波的《美国历史教学标准》（以下简称《标准》）的基本精神相一致。本书的第一主编加里·纳什就是加州大学洛杉矶分校全国中小学历史教学中心（NCHS）主任，也是授命牵头组织制定美国"全国历史教学标准"（the National History Standards Project，包括《美国历史教学标准》）的负责人。虽然《标准》出台后"引发美国历史上时间最长、程度最激烈的关于美国历史的辩论"，并且被迫做了修改，但通观《美国人民》全书，读者会发现主编还是按照当年他所负责制定的《标准》来解读美国史的。对中国读者来说，这也不失为领略一种以新的视角解读美国起源的机会。本书的观点如果能够经受住推敲，无疑提升了美国历史的世界历史意义。

第三，作者对美国历史的褒贬有度，进一步增强了这部历史教科书的说服力和吸引力。

同任何一个国家或民族的历史一样，美国历史中有许多令美国人骄傲的成就，也有许多令美国人汗颜的失败乃至难以示人的耻辱。一部好的历史教科书，应该实事求是地把这两个方面都展示给读者，在促动国民的自豪感和自信心的同时，也提供一种对自己国家历史的反思和批判，这样这个国家和民族才能够不断地吸取教训，不断地有所进步。《美国人民》没有刻意渲染美国的历史成就，也没有隐瞒美国历史上的污点，而是把美国历史上的艰难曲折比较真实地刻画出来。举例说，今天的读者很难相信，如此富裕的美国在一百多年前竟有1/5的10~14岁的儿童都不得不出来工作养家。《美国人民》对19世纪工业革命时代美国人民遭遇的描写，让读者真切地感受到今日美国的发达和富裕来之不易。《美国人民》对美国白人对印第安人的迫害和对白人长期保有黑人奴隶制度的展示，更让人们了解到，今天动辄以"人权"政策攻击其他国家的美国，在历史上曾经是对有色人种人权的集体践踏者，提醒今日善良之美国人何为美国历史上和精神上永远的伤和痛。

《美国人民》的作者队伍集中了几位在教学和研究两个领域都有卓越建树

的历史学家。主编加里·纳什教授 1964 年毕业于普林斯顿大学，现在是美国加州大学洛杉矶分校历史系教授。他除了在殖民地和革命时代的教学和研究方面卓有建树外，还是一系列与美国历史教学和研究有关的重要学术组织的领导人或者发起者。他曾经是"美国历史学家组织"（OAH）的主席，也是美国全国历史教育协会的发起者和副主席。作为 1992～1996 年"全国历史教学标准"项目的主席之一，在 1994～1998 年围绕《标准》的大辩论中他始终处于旋涡的中心。不仅有人批评他所主持制定的《标准》迎合多元文化主义的思潮，贬低了欧洲文明在构建美国历史中的作用，而且有人谴责《标准》过多地渲染了美国的阴暗面。美国参议院甚至专门通过决议，反对采用纳什教授牵头制定的《标准》。当然，也有许多学术界人士支持纳什教授在美国起源问题上的多元主义文化主张。无疑，纳什教授是美国历史教育改革中的先锋人物。围绕《标准》展开的大辩论过去之后，美国各州中小学的历史教学或多或少地吸纳了《标准》所坚持的历史观点和教学方法。这本英文版出版于 2004 年的第 6 版《美国人民》是为大学历史学科撰写的教材，但也集中体现了纳什教授的美国史观和解读方法。按照他在前言中所说，这本书的主要目标是为学生提供一种"丰富、均衡，并能促进学生思考的美国历史叙述"，这种叙述包括居住在这个国家所有地区、居于这个社会各个阶层的各种民族出身和文化背景的美国人的生命和经历。这本书还要终止对历史有用论的怀疑，激励学生开创一种与历史进行坦诚而透彻的对话的历史。作为一个历史教育家，他还特别强调了历史在个人自身培养方面的重要作用，认为一个人的自觉和自尊为其实现一生的尊严和完满奠定了基础。总之，通过他所参与制定的《标准》和这本《美国人民》的历史教科书，我们看到他所追求的是：通过将非洲文明和美洲印第安土著文明与欧洲文明并列为美国起源的方法，凸显美国文化的"马赛克"现象和诸多社会矛盾产生和发展的根源，为美国学生应对今日美国愈加多元化的社会现实，乃至应对整个国际社会愈益多元化的现实提供心理或精神准备。由此，不管遭到多少批评和谴责，纳什教授不失为一位对美国的前途和命运富有高度责任感的杰出历史教育家。

本书的其他作者也都是在全美享有盛誉的教师：弗雷德里克曾于 2000 年被"美国历史学会"（AHA）授予尤金·埃舍尔优秀教学奖（the Eugene Asher

Award for Excellence in Teaching）；约翰·豪（John R. How）从耶鲁大学获得博士学位，是明尼苏达大学伍德罗·威尔逊研究生奖学金、约翰·史密斯·古根汉姆奖学金和查尔斯·沃伦美国历史研究中心研究基金的获得者；艾伦·戴维斯（Allen F. Davis）是《美国历史中的冲突与一致》的主编，曾经担任美国学会（the American Studies Association）的主席。

毋庸讳言，《美国人民》不仅给我们展示了一幅生动的美国历史画卷，同时也为我们展示了一支优秀的美国历史教学队伍，他们所创作的历史教科书为中国学者编写中国的历史教科书提供了非常有益的借鉴。

认识一个国家，应该从了解这个国家的历史开始。对于美国历史，中国人经常提出的问题是：为什么美国能够在这样短的时间内从彼此独立的 13 个英属殖民地凝结为一个民族国家并成长为超级大国？为什么这样一个如此之多的种族、肤色和宗教拼凑在一起的"马赛克"没有沦为一盘散沙，而是一直保持着凝聚力和向心力？回答这些问题的一些耳熟能详的解释包括：美国"得天独厚的地理条件并远离欧洲是非之地"，"没有中世纪的废墟挡路"，"后发国家优势"，"欧洲列强在两次世界大战中的衰落"和"'山巅之城'的精神追求"，等等。但《美国人民》一书并没有提供类似的解释或答案，而是不断地向学生提出问题使其思考。相信读过本书之后，中国读者会得出许多自己的解释或答案。

美国与中国的关系是两种历史经历的相遇：东方与西方，古老与年轻，孔子与耶稣，一元与多元，集体与个人，等等。年轻的美利坚合众国崛起的过程正是古老的"中华帝国"走向衰落的过程，但是现在，中国正在快速发展，正在以一种新的精神面貌出现在世界舞台上。占据世界头号强国一个世纪之久的美国，正在以一种复杂而又忧虑的目光注视着中国的发展。

无疑，中美之间正在重新确认自己的历史定位。而作为"现代化进程中"的中国，一定会在已经"后现代"了的美国的历史经历中吸取许多经验和教训。这本书不仅会为中国读者了解美国的历史提供一种完整的介绍和阐释，同时也会促进中国读者的许多历史反思。同时，当我们掩卷沉思的时候，我们也会想，是否曾经或将会给美国人和其他国家的读者也提供一本生动而又深刻的中国历史教科书呢？对自己国家或世界历史的解读能力也是一个国家文化力的表现形式。中国正在吸引着全世界的目光，全世界都在享受着中国人制造的物美价廉的产品，但世界上真正了解中国历史与现实的人并不多。中国人已经把自己深深地融入这个世界之中，但或许中国人自己还没有做好解释自己、在世界人民的心中为自己的国家塑造一种生动而又丰富的国家形象的准备。在这方面，一本优秀的历史教科书的影响力可能是金钱、商品乃至飞机、大炮所替代不了的。

全球化关键词的辨识与借鉴[*]

近年来，一股无形的力量正在影响着这个星球上每一个国家的运作和每一种社会的变迁，甚至影响到每一个家庭抑或每一个人的命运。这种影响表现为一个国家实力兴衰的加速，表现为一种社会矛盾的突发，也表现为一个家庭或一个人贫富的改变。无论是在幅员辽阔的俄罗斯，还是在弹丸之地的新加坡，无论是在已经被"超国家行为体"欧盟聚拢起来的欧洲社会，还是在被种族或教派冲突"撕裂"着的中东国家，无论是对一个离开了土地到城市里务工的农民，还是对一个曾经在华尔街上呼风唤雨的金融大亨，一个国家、一种社会和一个人的处境都有可能被这股无形的力量所改变或左右。实际上，整个世界都在被这股力量推动着加速运转。这股力量就是来自人们愈加强烈地感觉到的资本、技术、人员、商品、服务、时尚和流行文化等的"全球化"运动。

自然，"全球化"也就成了我们这个时代最流行最时髦的话语，也是经常被滥用的话语。无论是在媒体上还是在课堂里，"全球化"一语随处可见。尽管多数人对"全球化"的确切含义并不能给出十分精确的界定，但这不能阻止人们使用它。这也难怪，因为"全球化"本身及其相关的概念一直处于争辩和变化之中，研究全球化的权威学者对此也是众说纷纭，一直都没有统一的定义。全球化既被视为一种概念，又被视为一种进程；既被视为数千年来人类从起源地逐渐蔓延世界每一个角落的历史进程的继续，又被视为地理大发现把世界联结为一个整体（以及19世纪末世界经济一体化或二战结束）以来世界现代化进程的结果；既被视为西方所主导的世界现代化进程的逻辑演进，又被视为超越西方崛起"片段"的大历史的复归，东方大国正在全球化的进程中重新获得自己的历史定位；既被视为一种历史过程的延续，也被当成20世

———————————

　*　原载〔英〕安娜贝拉·穆尼、〔美〕贝琪·埃文斯编《全球化关键词》，刘德斌等译，北京大学出版社，2014，译者序。

纪 80 年代以来信息与技术革命所制造和加速的人类经济、政治与社会关系变革的开始；全球化既加深了世界各国各地区之间的相互依存，又加剧了各国各地区之间乃至各种社会内部的贫富分化；既被认为加强了国与国之间经济上的相互依存关系，削弱了国界的重要意义，甚至改变了国际关系特别是大国关系的性质，又被认为加强了大国博弈的实力和手段，带来的是和平的幻景和地缘政治的复归；对有些国家、有些社会和有些群体，全球化是一种改变命运的历史机遇，而对另一些国家、另一些社会和另一些群体，全球化则演变成走向深渊的灾难和陷阱；全球化既被视为资本主义的全球蔓延，制造了诸多悲剧和不平等，应该被阻止和击败，又被描述成一种人类社会的进步，是一种不可避免的历史必然；等等。显而易见，全球化研究不是任何一个学科能够胜任的，因为它所涉及的问题关系到人类生活的方方面面。本书对全球化研究的特性概括得非常简练："全球化关注的是一个更多地被它所提出的问题所定义的领域，它所研究的主题是：世界作为一个整体及其部分与这个整体的关系。"

在西方学术界，全球化作为一个探讨的主题出现于 20 世纪 80 年代，90 年代迅速升温，20 世纪和 21 世纪之交更是大作迭出，形成了一道独特的风景线，几乎人文与社会科学的每一个学科都受到了全球化理论研究的冲击和影响。除了已经初具体系的全球化理论构建以外，还出现了或推进了全球社会学、全球史学、全球政治经济学、全球经济学与金融学、全球人类学、全球地理学、全球媒体与大众传播学，等等。2001 年 "9·11" 恐怖袭击及其以后在巴厘岛、马德里、北奥塞梯和莫斯科、伦敦、卡拉奇和孟买等一系列的恐怖袭击发生之后，甚至全球性的组织化暴力也成为一个全球化研究中的一个重要论题。但是，2008 年美国金融危机发生之后，全球化研究趋冷，因为还是国家，特别是大国和大国合作，在拯救全球经济衰退的过程中发挥了至关重要的作用。全球化理论所预言的"国家的终结"似乎与现实不符。在经济全球化日趋深入，发生在美国的金融危机有可能演变成全球经济危机的情况下，阻止经济危机蔓延的主要力量依然来自国家政府的强力干预，而不是日趋全球化的市场的自我调节或跨国公司这样影响力日趋庞大的非国家行为体。2009 年 2 月美国《新闻周刊》封面文章的题目竟然是《现在我们都是社会主义者了》（"Now We Are All Socialist"），对奥巴马政府的救市措施展开批评。有人甚至认为 2008 年以后人文社会科学研究出现了向国家的"回归"。但是，全球化研究仍然在不断地取得进展。事实上，作为一场有可能改变人文社会科学基础的"革命"，全球化研究不能不受到近年来全球局势迅速发展和往往出人意料的变化的影响，但作为一场牵扯人文社会科学几乎每一个学科每一个领域观念和基础的"革命"，全球化研究又必须与世界上每天都在发生的变化保持一定的距离。归根结底，20 世纪 80 年代以来全球化的高速进展是人类历史进程中一次质的变革和提升，还是传统意义上现代化的延续，这不仅需要人们对现实的观察和思考，更需要人们冷静下来之后的学理探讨和分析。在这样一种形势下，《全球化关键词》的翻译和出版可谓正逢其时，它为中国人思考和探讨全球化研究提供了一种简明扼要的对比和参照。

《全球化关键词》并不是一部全球化研究的百科全书，也不是某个或某些全球化研究视角的系统阐释，而是对 20 世纪 80 年代以来西方学术界全球化研究基本概念简明扼要地概括和梳理。笔者认为这正是当前中国读者所需要的。《全球化关键词》所给出的术语和概念是其来自多个领域的编撰者在仔细研究了全球化研究领域中具有重大影响力的作品之后筛选出来的，特别是那些在全球化研究的辩论中经常被使用的术语和概念，并概述了不同学者对这些术语和概念的不同观点和争论，这就使读者可以在最短的时间内对所要了解的全球化的术语和概念有一个基本的了解。由于全球化研究几乎与人文社会科学的每一个学科都有联系，如何处理全球化关键词与各学科的关系就成了该书成败的一个关键。《全球化关键词》的做法是：相关学科的基本术语不选；只对少数理论家重要的术语不选；不仅对某一个学科具有重要意义，而且对全球化研究领域的一般趋向也具有重要影响的术语和概念加以选择；对以一种与全球化研究相联系的方式被用于其"本"（home）学科以外使用的术语加以选择。无疑，这是一项非常艰巨的任务，不仅因为全球化研究几乎涉及每一个学科，术语和概念非常多，而且还因为"全球化"本身及全球化研究的相关术语和概念一直存有争议，了解和把握这些争论和争议需要多学科多专业的分工、凝聚与配合。从这个意义上讲，《全球化关键词》是成功的。按照本书主编安娜贝拉·穆尼（Annabelle Mooney）和贝琪·埃文斯（Betsy Evans）的说法，《全球化关键词》的目标是在浩如烟海的全球化研究文献的迷宫中为读者提供导航，提供一个出发的起点。我认为编者的目标达到了。

面对西方全球化研究的迅速发展，中国学术界反应格外迅速，译介了大量西方学术界的扛鼎之作，发表了大量的论文和专注，取得了不俗的成就，很快形成全球化研究的中国声势并引起西方学术界的某些关注。但是，中国的全球化研究似乎与西方学术界的互动并不多，中国全球化研究作品的主要读者还是中国人，中国学者的声音没有充分地传递到西方学者所主导的国际学术界。翻开《全球化关键词》，几乎找不到由中国学者在全球化研究方面所创造并被国际学术界所广泛采用或争论的概念或观点。这与改革开放以来中国在这个世界上所获得的地位极不相称。普遍认为中国是最近三十年来为数不多的在全球化不断深入的过程中获益的发展中国家，也是借助自己的比较优势在全球化的进程中实力迅速发展的新兴大国，中国国内生产总值（GDP）已经超越日本位居世界第二，中国的一言一行正在被全世界所关注。中国人自己也已经意识到中国与这个世界的关系发生了历史性的变化，中国的利益已经全球化了，中国的命运已经和这个世界的命运更为有机地联系在一起。但是，中国学界还不能很好地诠释这个日趋全球化的世界。

从这个意义上讲，《全球化关键词》的翻译和出版具有多方面的意义。首先，它为我们吸纳和借鉴西方学界的全球化研究提供了一个简明扼要的词典性质的参考书。翻开这本书，读者会发现你所接触或感悟到的全球化的进展和影响正在被人以精练的语言概括或定义出来，这有利于读者在关键词所涉猎的问题上思考的深化，也有利于中国读者之间和中国读者与西方学术界观点的交锋与对话。其次，启发和推动中国学者特别是人文社会科学的学者在概念和理论上的创新。改革开放三十年来，中国的人文社会科学获得了长足的发展和进步，但所用的术语和概念基本上还是舶来品，久而久之，就容易戴上别人的眼镜来审视自己和这个世界，甚至自觉或不自觉地成为顶起某个学派的标签。而这与中国在当今世界上的地位是不相称的。最后，推动中国人文社会各学科的交叉和融合。中国或许是这个世界上学科壁垒最为森严的国家，尽管跨学科研究已经被鼓吹多年，但真正身体力行的学者和机构并不多。因为中国大学生从进入大学（甚至在高中阶段就分出文理）开始就被安排甚至固化到某一个学科，改变的机会很少，成本很高，而大学的学科建设和评价标准也都以某一学科（一级学科，甚至是二级或三级学科）为出发点，这不仅使人文社会科学的人才培养面临困境，而且使中国的全球化研究后劲乏力，缺少必要的人才储备。而全球化研究恰恰可能是新一轮人文社会科学革命的序曲，中国已经没有理由在这场革命中依然以学生的身份示人。

尽管《全球化关键词》为我们吸纳和借鉴西方全球化研究提供了简明扼要的参考和对比，但归根结底，它还是以西方学者对这个世界的历史和现实的认知为基础的，中国和其他非西方国家的经验并没有被充分地吸纳进来，而正是中国等新兴国家在近年来的全球化进程中改变了西方和非西方的力量（至少是物质力量）对比。抛开其他新兴大国不谈，当代中国是人类历史上唯一一个历史和文化绵延数千年而没有断裂的国家，中国改革开放以来融入全球化的进程也是中国社会和文化的再造过程，中国的快速发展也正是在全球化不断深入的过程中实现的。构建中国的全球化解说体系，是中国振兴过程中不可或缺的文化振兴的一个有机组成部分。本书的翻译出版，不仅提供了一种启发和借鉴，也提供了一种刺激！

是为序。

全球国际关系学的挑战[*]

《全球国际关系学的构建：百年国际关系学的起源和演进》是阿米塔·阿查亚（Amitav Acharya）和巴里·布赞（Barry Buzan）在 2019 年联合推出的力作。尽管他们并不认同国际关系学科诞生于 1919 年的观点，但他们还是愿意抓住机遇，在人们纪念这一学科百年诞辰之际，把他们对国际关系学的反思和批判、对"全球国际关系学"的倡议和构想，系统地阐释出来，以期引发学界的讨论，并将更多的学者，特别是非西方国家的学者吸引到全球国际关系学的构建中来。他们认为既有的国际关系理论是西方（主要是西欧和美国）历史经验和政治理论的产物，已经落后于全球化时代非西方国家的迅速崛起和国际关系发展变化的现实，这一学科到了"第三次奠基"的时候。无论接受与否，阿查亚和布赞在这本书里所提出的问题和所阐释的观点，考验着每个国际关系学人对这个学科的认知。无论你是皓首穷经的资深学者，已在这一知识的海洋遨游多年，还是初出茅庐的青年才俊，正在寻找一条适合自己的发展之路，当你读完这本书的时候，你至少对这门学科的"来龙去脉"会有更为深入、更为系统的了解，对其当下的处境和发展前景也会产生新的认知。

一本与众不同的书

有关国际关系学诞生百周年的故事人们早已耳熟能详。但《全球国际关系学的构建》却讲述了一个不太一样的故事。两位作者通过对 19 世纪以来国际关系实践与国际关系思想阶段性的演进和交互影响的梳理，深化了对国际关系学 1919 年创始"神话"的质疑，对国际关系学科史的传统叙事提出了挑

———————————

　*　原载〔加〕阿米塔·阿查亚、〔英〕巴里·布赞《全球国际关系学的构建：百年国际关系学的起源和演进》，刘德斌等译，上海人民出版社，2021，译者序。

战，并把 19 世纪非西方的历史演进和有关国际关系的思考也纳入叙事，从而为全球国际关系学的构建提供了一种阐释框架。全书共有十章，每两章为一个组合，前一章叙述这一时期国际关系的演进，后一章分析和梳理这一时期国际关系思想和理论的发展变化，以及国际关系学科制度化的进展。通过这样一种设计，作者系统地阐释了 19 世纪以来不同历史时期，即 1914 年以前、两次世界大战期间、冷战和去殖民化时代、1989 年的世界和后西方世界等五个不同历史时期国际关系实践和国际关系学的发展变化，把国际关系史、国际关系思想史和国际关系理论的演进融合在一起，呈现了一幅学科发展的全景式图画，并由此证明国际关系学的发展已经落后于"他者"崛起后世界的现实，全球国际关系学的构建已是大势所趋。众所周知，国际关系学既是一门非常"年轻"的学科，又是一个外延不断扩大的研究领域，新的问题和新的理论探索不断涌现，即使是在这一领域耕耘多年的学者，也难以对其每一个"分支"的发展变化把握清楚。因此，笔者相信这本书将很快成为国际关系学人必备的参考书。

《全球国际关系学的构建》有许多内容和观点是其他有关国际关系的著作未曾涉及或着墨不多却对中国学界极富启发意义的。这里仅举几例。首先，阿查亚和布赞认为 20 世纪实际上是 19 世纪西方引领的世界现代性转型的延续。19 世纪的现代性转型把世界分割成"中心"和"外围"两部分，中心由欧洲、北美和 19 世纪末崛起的日本构成，是为"文明世界"；其余为"原始的"或"野蛮的"社会，不被视为"国际社会"的组成部分。而国际关系学的大部分基础是在 1914 年以前奠定的，它的关切和定义几乎完全是从中心的视角出发，其涵盖的内容要比 1919 年创始"神话"所涵盖的内容重要得多。中心国家主导国际关系学发展变化的情况并没有随着一战、二战和冷战的发生而发生变化，国际关系学主要反映的是欧美国家特别是美国的视角，直到冷战结束之后，国际关系和国际关系学在"中心"和"外围"国家之间的这种不平衡才开始被打破。显然，在我们接触到的国际关系学术作品中，很少有作者从这样一个角度来阐释国际关系学的发展变化，也很少有读者从这个角度去理解国际关系学。

其次，在阐释 19 世纪的现代性转型和"中心"与"外围"分流的过程中，两位作者特别强调了 19 世纪现代性革命的重要意义，认为正是这一转型使王朝和农业帝国主导的国际体系发生了改变，为定义当今国际关系学的思想、行为体、体系和过程奠定了基础。在观念方面，现代性革命把传统农业社会的概念基础一扫而空，代之以自由主义、社会主义、民族主义和"科学"种族主义等四种"进步主义"意识形态。其中"科学"种族主义尤其容易引发读者的关注。19世纪中叶至20世纪中叶，"科学"种族主义成为现代性的一股强大的意识形态力量，并与欧洲国家的民族主义出现了明显的协同，为19世纪末的新帝国主义提供辩护，由此产生了西方所谓的"文明标准"。阿查亚和布赞认为，这四种意识形态仍然支配着国际关系，除正在形成的环境治理意识形态外，还没有出现任何一种能与这四种意识形态等量齐观的新意识形态来重塑国际关系。显然，读者不一定赞同阿查亚和布赞的判断，但通过阅读本书，会对西方国际关系理论的文化基因有进一步的了解。

最后，引入"前理论"（pre-theory）概念，强调"思想的部分不一定是理论，但它们为理论的形成提供了可能的起点"，开辟了一条通往阐释"外围"地区国际关系思想的新渠道。作者认为，虽然"外围"地区的国际关系学大多始于第二次世界大战之后，但与国际关系相关的思想，早在19世纪之前就出现了。全书将各个地区能够用于理论构建的资源分为五类，分别为古典的宗教和哲学传统，历史上宗教、政治和军事人物的国际关系思想，当代后殖民主义领导人的国际关系思想，当代重要的具有全球视野国际关系学者的作品，以及全球政治实践中汲取的洞见。以此为基础，《全球国际关系学的构建》析出了非西方世界包含的丰富的国际关系学思想，并将西方以外国际关系思想置于更大的国际关系学演进脉络和发展方向的语境之中，第一次对非西方国际关系学的思想贡献进行了系统性的梳理。显然，读者肯定会发现他们做得还不够，但他们的系统性梳理对于我们进一步挖掘中国乃至其他国家的思想文化资源，无疑是具有启发意义的。

两位非同凡响的学者

阿查亚和布赞是近年来国际关系学界的风云人物，他们兴趣广泛，著述丰富，不仅在国际学术界闻名遐迩，而且随着他们的作品被不断地翻译成中文出版，也为中国国际关系学界所熟悉。与阿查亚相比，布赞资历更深，"出道"也更早，从 20 世纪 80~90 年代挑战华尔兹的新现实主义，构建安全复合体理论，发起"哥本哈根学派"开始，到在超越国际关系理论范式之争的过程中重新发现英国学派学术传统的潜力，成为英国学派"卷土重来"的领军人物，构建从国际社会到世界社会的阐释体系，再到与阿查亚合作，发起构建全球国际关系学项目。纵观布赞的学术生涯，人们会发现他一直致力于挑战西方国际关系理论中的欧洲中心主义，并努力把非西方的历史经验纳入国际关系理论的构建。与布赞相比，阿查亚可以说是国际关系学界新一代的学术领袖。他因对东南亚国家和区域的"实证建构主义"研究而在国际学术界声名鹊起，之后逐步把他的学术兴趣扩展到国际关系理论和全球秩序，并在 2014 年当选为国际研究协会（ISA）主席。他是第一位担任这一职务的"非西方学者"。与布赞一样，他也是多产作家，并且一直对国际关系理论中的西方中心主义持批评态度。阿查亚出生在印度，后加入加拿大国籍，现在位于华盛顿的美利坚大学任教；布赞出生在伦敦，在加拿大长大，目前在伦敦经济学院任教。两个人的学术轨迹在十年前开始交集。按照他们自己的说法，"过去十年我们两个各自的工作看起来惊人地相似"，从而为构建全球国际关系学准备了坚实的基础。

"全球国际关系学的构建"起始于 2005 年，标志是阿查亚和布赞组织的一个研究项目，提出了"为什么没有非西方国际关系理论"这个问题，邀请了一批非西方学者特别是亚洲学者参与其中，其研究成果最初发表在 2007 年出版的《亚太国际关系》专辑上，后来又以论文集《非西方国际关系理论：亚洲及其之外的观点》的形式出版。第二个节点是 2014 年阿查亚当选国际研究协会主席的就职演讲，正式提出了全球国际关系学（Global International Relations，GIR）的名称和倡议。在这个倡议中，阿查亚不仅概括了全球国际关系学的意义和目的，而且提出了全球国际关系学应该具备的六个基本特征。第三个节点就是阿查亚和布赞在 2019 年联合推出的这本《全球国际关系学的构建》。在这本书出版之后，布赞和阿查亚又很快完成了这本书的下卷——《重塑国际关系：印度、中华和伊斯兰文明思想和实践中的世界秩序》（Re-Imagining International Relations：World Orders in the Thought and Practice of Indian，Chinese，and Islamic Civilizations）。他们认为，如果国际关系学在印度发展，它可能会走与现代西方国际关系理论相似的路线；如果是在中国发明的，它将会与当今的国际关系学"非常不同"；而在伊斯兰世界，会有一些与西方国际关系理论相当不同的经验和实践，但在国家之间/帝国领域的一些实践，似乎与西方国际关系理论和实践是一致或互补的。

国际学术界知名的国际关系学者有许多，为什么是阿查亚和布赞发起了"全球国际关系学"的倡议？这肯定是见仁见智的问题，但这肯定与他们的学术经历有密不可分的联系。阿查亚出生于印度并在那里完成本科和硕士训练，在澳大利亚莫道克大学获得博士学位，长期专注于东南亚研究，并有在东南亚工作多年的经历，最后又到美国定居和工作，这使他对"中心"和"外围"国际关系思想和实践，特别是对两者之间的反差有切实的了解和体会，更愿意把"外围"地区国际关系的思想和实践带入国际关系理论的构建。布赞出生在伦敦，在加拿大长大，在英属哥伦比亚大学获得本科学位，在伦敦经济学院完成博士学业，此后一直在英国大学任教。布赞在重启英国学派项目的过程中就不断呼吁突破威斯特伐利亚"窠臼"，将更为深远的历史背景纳入国际关系理论的重构。两个人的共同特点是在学术上都没有拘泥于国际关系理论中的任何一种"主义"或"范式"，而是兼收并蓄，根据研究主题的需要而不断扩充自己的"工具箱"。两人还都对国际关系的现实走向极为关注，并有相应的作品问世。如布赞的《美国和诸大国》和阿查亚的《美国世界秩序的终结》等。在过去二十多年的学术生涯中，阿查亚和布赞一直与非西方世界保持着密切联系，阿查亚曾经在东南亚工作，布赞与东亚国家特别是与中国国际关系学界交流频繁，笔者相信这样的经历对他们发起"全球国际关系学"项目有着潜移默化的影响。

三个需要直面的问题

首先，中国学者是否接受国际关系学的基础奠定于 19 世纪欧洲的现代性转型，即国际关系理论是西方特别是西欧和美国历史经验和政治理论产物，是以"中心"视角解读世界的结果，是"中心"支配"外围"的一种表现形式这样的说法？如果接受，我们是否需要改变对西方主流国际关系理论的价值判断呢？当然，对于这样的问题可能没有整齐划一的回答，但在深入了解了国际关系学的来龙去脉之后，人们应该能够以一种更为批判性的眼光来看待所谓的主流国际关系理论。

其次，"全球国际关系学"是否能够成立？人们已经习惯在既有的国际关系理论"轨道"上思考和探究国际关系问题，当把"外围"国家的历史经验和思想遗产纳入国际关系学的构建时，面对一个更为久远和宽广的时空转换，人们需要增加更多的历史知识包括思想史知识，才能适应抑或抵制这一过程。相比之下，既有的看似纷繁复杂的国际关系理论体系倒显得简单明了了。更为重要的是，当把人类所有宝贵的历史经验和文化遗产都纳入国际关系理论构建时，"全球国际关系学"所阐释的国际关系肯定已经不仅仅是国家之间的关系了，全球国际关系理论也不再是传统意义上的国家关系理论了。"全球国际关系学"将是一个学科群，而不是现在大家心目中一个"二级"甚至"一级"学科所能包含得了的。

最后，中国特色国际关系理论创新如何面对全球国际关系学的构建？秦亚青指出，"全球国际关系学"的兴起是 21 世纪国际关系学领域最重要的事件之一，对于中国国际关系理论的发展有着非常积极的意义。一方面，"全球国际关系学"是各种学派共生共存、互学互鉴的知识生产场所，必然需要中国的理论贡献；另一方面，中国国际关系理论的发展也需要与世界其他地区和国家的学界同人和理论话语进行交流切磋，以便成为全球国际关系学科发展的重要内容，并对国际关系知识做出的积极贡献。[①] 实际上，中国国际关系学界把中国的历史经验和思想遗产纳入国际关系理论研究和构建的尝试早已开始，并且取得了相当的成就，在国际学术界产生重大影响，但是能够深入其中的学者并不多，因为这需要相当深厚的中国历史和文化方面的知识储备。很显然，这需要国际关系学科与其他学科的共同努力。实际上，近年来中国历史学界已经有人从不同的角度开始"重构"中国的历史叙事了。中国国际关系学界只要敞开心扉，与历史学等其他学科展开深入的交流和对话，就一定能够让自己的思想和理论更加丰满。阿查亚和布赞认为，中国在恢复西方和"他者"之间

---

① 秦亚青：《全球国际关系学与中国国际关系理论》，《国际观察》2020 年第 2 期。

财富、权力和文化权威的平衡方面发挥着主导作用，中国国际关系学界也在某种程度上处于挑战欧洲中心主义和构建"全球国际关系学"的前沿位置上。无疑，这是对中国国际关系学界的一种鼓励，也是一种刺激！实际上，以一个更为久远的历史眼光来看，所谓的"国际关系学"依然处于构建之中。从国际关系学到"全球国际关系学"的转换无疑是一个历史性的进步。其中，中国故事、中国人讲述的世界故事，应该占有重要地位。

结　语

中国之路的世界历史意义[*]

在最近一个世纪世界历史的巨变中，中国共产党走过了 90 年的光辉历程。回顾这 90 年来中国共产党在探索和引领中国人民摆脱生存危机，克服四分五裂，从衰败走向富强，从一个半封建和半殖民地国家跃升为世界强国时，我们会发现，中国共产党领导中国人民所走过的道路，不仅改变了中华民族的命运，改变了世界力量的对比，而且改变了世界现代化的进程和方式，具有重要的世界历史意义。

中国国家的现代转型

中华人民共和国的成立不仅结束了 1840 年以来中国社会的半殖民地和半封建状态，而且把一个四分五裂的东方文明古国重新整合起来，实现了中华民

＊　原载《史学集刊》2011 年第 4 期。

族命运的逆转。中华人民共和国成立和发展的过程，也是中国作为一个新的现代民族国家的构建过程。从一个古老、衰败的帝国升华为现代民族国家，中国共产党领导中国人民走的是一条既不同于西方国家，也不同于其他东方国家的道路。当苏联解体、东欧剧变的冲击波蔓延整个发展中世界的时候，当全球化的冲击令许多古典文明国家的现代政权摇摇欲坠时，中国共产党领导的中华人民共和国却能够坚如磐石，甚至在经济全球化的浪潮中如鱼得水，这得益于中华民族共同体在中国共产党的领导下完成了从封建帝国向现代民族国家的转型。

中国曾经是傲视群雄的文明古国，但在世界现代化的进程中落伍了。自鸦片战争开始，在西方列强的种种挑战面前，中国也不断做出回应。但无论是洋务运动还是百日维新，都没有能改变社会的机理。到了辛亥革命，一批仁人志士试图以效法欧美的方式来实现国家的现代转型，结果却使中国陷入四分五裂的军阀割据之中。日本帝国主义的侵略更是把中华民族推向生死存亡的关头。这一切都为中国共产党人提供了经验和教训，也为1949年中国共产党执政后构建国家的方式提供了注脚，那就是国家的统一和独立是压倒一切的政治目标，实际上也是共产党保持其执政地位的基本前提。因此，虽然中国共产党建立的社会制度一直是西方攻击的目标，但没有人能够否认中国共产党在消除腐败和割据，整合社会资源和维护国家统一方面所取得的成功；没有人能够证明在当时的历史条件下可以产生一种替代中国共产党的政治力量和不同于中国共产党的国家改造方式。只有在统一和独立的民族国家建立起来之后，中国才有了改革和开放的资本，才没有在20世纪80~90年代苏联解体和东欧剧变的情势中惊慌失措，才没有像许多其他东方国家那样在经济全球化大潮冲击中陷入动荡和分裂的深渊。曾几何时，中国也曾经是战乱频仍、哀鸿遍野、军阀割据和民不聊生的所在啊！在中国共产党的领导下，这样的时代一去不复返了！

中国的历史经验不同于西方国家，中华民族共同体实现从传统向现代演进的过程和方式也必然不同于西方国家。中国共产党的成功之处在于其既不像国民党那样向中国社会的旧势力妥协，也没有照搬西方国家转型的"先进"经验，而是立足于本国的实际，实现了中国由一个衰败帝国向现代民族国家的升华。在迄今出版的世界历史教科书中，都没有把这一点充分地表达出来。

"中国改革"的跨"主义"探索

当然，古老的文明古国向现代民族国家的升华并不意味着社会生产力可以自然而然地产生飞跃，现代化的道路就可以畅通无阻。尽管中国共产党曾经虚心地把苏联视为学习的榜样，但并没有全面照搬苏联经验，而是在 20 世纪 70 年代末就开始了对改革开放之路的探索。以 1978 年中国共产党十一届三中全会的召开为标志，中国的改革和开放有条不紊地开展起来，中国的经济发展也从此步入了快车道。中国经济逐渐与世界经济融为一体，并且成为世界经济发展的主要推动力量。在与世界经济融合的过程中，中国经济不仅实现了升级换代，而且使 4 亿中国人脱离了贫困状态，中国自身的精神面貌和与世界的关系都发生了历史性变化。2011 年，就在临近中国共产党成立 90 周年之际，中国超过日本，成为仅次于美国的国内生产总值（GDP）第二的经济大国，并且由于其生产能力、市场需求和外汇储备等而成为影响世界经济走势的一支主要力量，成为世界政治舞台上的核心角色。基辛格承认，中国在过去 30 年时间里所经历的历史性变化和对世界构成的愈来愈大的影响力，是他在 30 多年前开始与中国接触和交往时怎么也无法想象的。

由此，围绕现代中国演变的"中国学"再度成为东西方国家重点大学的"显学"，有关"中国奇迹"、"中国崛起"、"中国经验"、"中国模式"和"北京共识"的争论此起彼伏，人们都想在中国改革开放 30 年所走过的道路中找到自己可以借鉴的成功经验。尽管许多中国学者对"中国模式"和"北京共识"这样的命题并不感兴趣，甚至否认它们的存在，但这并不能阻止人们对这些命题的热议。即使像弗朗西斯·福山这位 20 多年前以《历史的终结》而名噪全球的政治哲学家，也不得不对改革开放 30 多年来中国经济与社会发展的历史经验投入更多的精力，挖掘"中国模式"的有效性。尽管他依然坚持"历史终结论"的基本观点，但坦言"历史终结论"有待于进一步推敲和完善，有待于未来二三十年世界历史的验证，并认为人类思想的宝库应该为中国传统留有一席之地。可见，有关"中国模式"等命题的讨论已经超出中国人的掌控而成为一种世界话语了。

笔者认为，用"中国改革"这样的表达能够更准确地概括改革开放 30 年来中国所走过的道路。"中国改革"的实质是在把中国经济与世界经济融合在一起的过程中国家依然把握涉及国计民生的命脉产业，是在融入市场经济机制的过程中保持政府干预与市场机制之间的适度平衡，是在全球化不断深入的条件下后发现代化国家趋利避害的一种动态调整。迄今为止，"中国改革"的成功表现了中国共产党人的智慧和求索。进一步讲，"中国改革"的发展已经超越了美苏冷战时代所定义的资本主义和社会主义的分野，而与中国特有的国情和经济全球化的现实有机地结合在一起了，从而为实现现代政治转型的中国国家经济现代化建设开辟了一条新的道路，这条道路既有别于欧美的西方国家现代化之路，也有别于已经失败了的苏联的现代化之路，从而丰富了中国的历史变迁，使中国从千百年来束缚自己的经济和社会框架中解脱出来，而与世界融为一体了。

"中国之路"的世界历史意义

"中国之路"的表达方式可以概括以上两个方面的内容，它证明了中国特色社会主义道路的生命力，同时也为世界现代化进程提供了一种新的范例。中国等一批新兴国家的快速发展，中东和北非国家最近发生的起义和动乱，都证明世界现代化的进程正在更为深入地展开，西方学术界创造的现代化理论和发展理论没有预见到近些年来发展中国家现代化的经验和经济全球化的现实，所以在解读现实的时候愈加乏力。进一步讲，回首冷战，重新斟酌我们对冷战的定义，我们会发现，如果把冷战视为资本主义和社会主义两种社会制度的"对决"，甚至认为苏联解体、东欧剧变就意味着社会主义的失败、"历史的终结"，似乎为时过早。因为当时大部分发展中国家的发展道路还没有稳定下来，世界现代化的进程拖着一个长长的尾巴，这些国家的工业化和城市化进程实际上是在冷战结束、经济全球化的藩篱被清除之后才真正地开展起来，美国和苏联两个集团怎么就能够代表资本主义和社会主义两种社会体制的优劣和胜负呢？从这个意义上说，中国之路不仅加快了世界现代化的历史进程，而且也开辟了一条新的社会主义发展道路。这条道路是依据占世界人口 1/5 的中国人民的历史经验确定下来并在不断地完善之中，不一定适合其他国家的国情，但它为其他发展中国家，实际上在某些方面也为发达国家，提供了宝贵的经验和参照。"中国之路"正在改变人们对"世界现代史"单调和狭隘的界定，使其变得更加丰富多彩。

图书在版编目（CIP）数据

国际关系研究的历史路径 / 刘德斌著. -- 北京：
社会科学文献出版社，2022.3（2022.10 重印）
　　ISBN 978-7-5201-9718-2

　　Ⅰ.①国… Ⅱ.①刘… Ⅲ.①国际关系-研究 Ⅳ.
①D81

　　中国版本图书馆 CIP 数据核字（2022）第 024560 号

国际关系研究的历史路径

著　　者／刘德斌

出 版 人／王利民
组稿编辑／祝得彬
责任编辑／张苏琴　仇　扬
责任印制／王京美

出　　版／社会科学文献出版社·当代世界出版分社（010）59367004
　　　　　地址：北京市北三环中路甲 29 号院华龙大厦　邮编：100029
　　　　　网址：www.ssap.com.cn
发　　行／社会科学文献出版社（010）59367028
印　　装／三河市东方印刷有限公司

规　　格／开 本：787mm×1092mm　1/16
　　　　　印 张：26.25　字 数：426 千字
版　　次／2022 年 3 月第 1 版　2022 年 10 月第 2 次印刷
书　　号／ISBN 978-7-5201-9718-2
定　　价／128.00 元

读者服务电话：4008918866